자연사 박물관

생명 관찰 실험실

DK

자연사 박물관

생명 관찰 실험실

DK『자연사 박물관』 편집 위원회 지음
데릭 하비 자문/ 이한음 옮김

비룡소

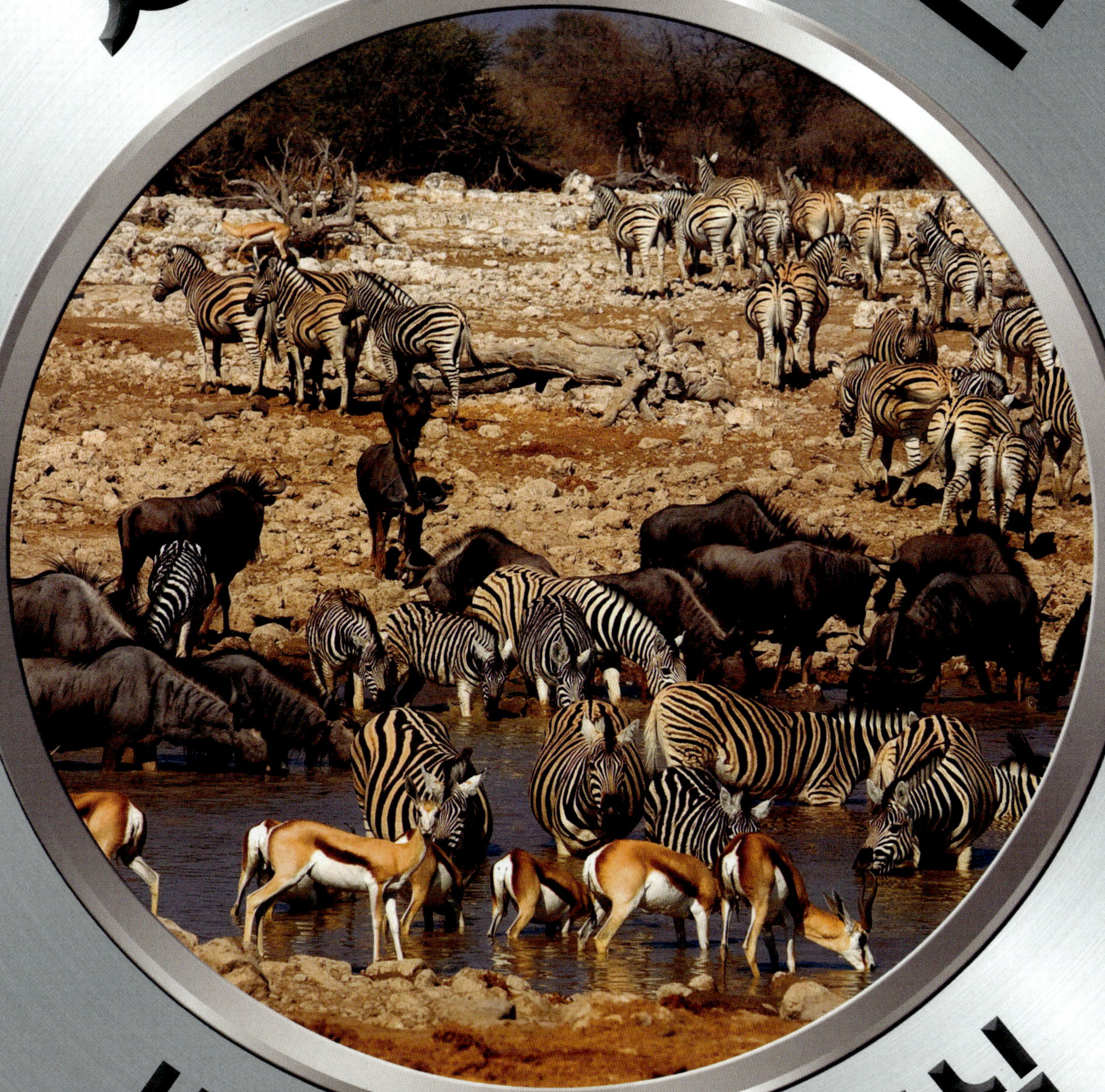

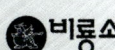

지은이 DK『자연사 박물관』편집 위원회
편집 | 조너선 멧칼프, 샘 앳킨슨, 벤 모건,
사일라 브라운, 스티븐 카턴, 에마 그런디 하이, 헬렌 리치,
새러 맥러드, 소피 파크스, 로라 샌포드, 아만다 와이엇
참여 필자 | 프랜시스 디퍼, 데릭 하비, 벤 호어,
벤 허버드, 존 우드워드
디자인 | 캐런 셀프, 필 오머로드, 로라 가드너, 재키 스완,
에이미 차일드, 실라 콜린스, 수니타 가히르, 레이첼 그레이디,
알렉스 로이드, 그레고리 맥카시, 션 로스, 메리 샌드버그,
미셸 스테이플스, 스밀카 술라, 마크 카바나
사진 | 로라 바워, 데이비드 킹, 개리 옴블러, 나이젤 라이트
일러스트레이션 | 에드우드 번, 마이클 파킨, 거스 스콧

자문 데릭 하비
영국 리버풀 대학교에서 동물학을 공부했으며, 생물학을
가르치면서 코스타리카와 마다가스카르 탐험대를 이끌었다.
『자연사』를 포함해 여러 권의 책을 집필했다.

옮긴이 이한음
서울대학교 생물학과에서 공부했고,
지금은 과학 저술가이자 번역가로 일하고 있다.

자연사 박물관 생명 관찰 실험실

1판 1쇄 펴냄 2018년 9월 5일
1판 4쇄 펴냄 2022년 9월 15일

지은이 『DK 자연사 박물관』편집 위원회 자문 데릭 하비 옮긴이 이한음
펴낸이 박상희 편집주간 박지은 편집 김지호 디자인 김은지
펴낸곳 ㈜비룡소 출판등록 1994.3.17.(제16-849호)
주소 06027 서울시 강남구 도산대로1길 62 강남출판문화센터 4층
전화 영업 02)515-2000 팩스 02)515-2007 편집 02)3443-4318,9
홈페이지 www.bir.co.kr
제품명 어린이용 각양장 도서 제조자명 Leo Paper Products Ltd.
수입자명 ㈜비룡소 제조국명 중국 사용연령 3세 이상

EXPLANATORIUM OF NATURE
First published in Great Britain in 2017 by Dorling Kindersley Limited,
One Embassy Gardens, 8 Viaduct Gardens, London, SW11 7BW
Copyright © 2017 Dorling Kindersley Limited
A Penguin Random House Company
All rights reserved.

Korean Translation Copyright © 2018 by BIR Publishing Co., Ltd.
This Korean translation edition is published by arrangement with
Dorling Kindersley Limited, London.

이 책의 한국어판 저작권은 Dorling Kindersley Limited와
독점 계약한 ㈜비룡소에 있습니다.
저작권법에 의해 한국 내에서 보호를 받는 저작물이므로
무단 전재와 무단 복제를 금합니다.

ISBN 978-89-491-5287-5 76470

이 도서의 국립중앙도서관 출판시도서목록(CIP)은
서지정보유통지원시스템 홈페이지(http://seoji.nl.go.kr)와
국가자료공동목록시스템(http://www.nl.go.kr/kolisnet)에서
이용하실 수 있습니다. (CIP제어번호 : CIP2018011991)

For the curious
www.dk.com

생명의 기초

10	생명이란 무엇일까
12	번식은 어떻게 이루어질까
14	세포는 어떤 활동을 할까
16	DNA는 어떤 일을 할까
18	진화는 어떻게 일어날까
20	생물 분류는 어떻게 할까

미생물과 균류

24	미생물은 어떻게 살아갈까
26	단세포 생물의 종류
28	병균은 어떻게 활동할까
30	조류는 어떻게 살아갈까
32	바닷말(해조류)
34	버섯은 어떻게 살아갈까
36	버섯의 종류
38	곰팡이는 어떻게 살아갈까
40	지의류는 어떻게 살아갈까

식물

- 44 식물은 어떻게 살아갈까
- 46 꽃식물은 어떻게 자랄까
- 48 씨는 어떻게 자랄까
- 50 뿌리와 줄기는 어떤 일을 할까
- 52 나무는 어떻게 살아갈까
- 54 잎은 어떤 일을 할까
- 56 꽃은 어떤 일을 할까
- 58 꽃의 종류
- 60 열매는 어떻게 자랄까
- 62 씨는 어떻게 퍼질까
- 64 낙엽수림
- 66 식물은 어떻게 방어를 할까
- 68 식충 식물은 어떻게 살아갈까
- 70 사막 식물은 어떻게 살아남을까
- 72 수생 식물은 어떻게 살아갈까

무척추동물

- 76 무척추동물은 어떻게 살아갈까
- 78 달팽이는 어떻게 살아갈까
- 80 조개는 어떻게 살아갈까
- 82 조개껍데기의 종류
- 84 문어는 어떻게 살아갈까
- 86 말미잘은 어떻게 살아갈까
- 88 산호는 어떻게 살아갈까
- 90 산호 공동체
- 92 해파리는 어떻게 살아갈까
- 94 불가사리는 어떻게 살아갈까
- 96 지렁이는 어떻게 살아갈까
- 98 바다 지렁이는 어떻게 살아갈까
- 100 곤충은 어떻게 살아갈까
- 102 곤충의 종류
- 104 겉뼈대는 어떻게 작동할까
- 106 탈바꿈은 어떻게 이루어질까
- 108 곤충은 어떻게 볼까
- 110 더듬이는 어떤 일을 할까
- 112 곤충은 어떻게 들을까
- 114 곤충의 날개는 어떻게 움직일까
- 116 사마귀는 어떻게 사냥할까
- 118 기생 생물은 어떻게 살아갈까
- 120 화학적 방어는 어떻게 이루어질까
- 122 침은 어떻게 작동할까
- 124 위장은 어떻게 이루어질까
- 126 의태는 어떻게 이루어질까
- 128 벌은 어떻게 살아갈까
- 130 개미는 어떻게 살아갈까
- 132 반딧불이
- 134 거미는 어떻게 살아갈까
- 136 거미는 어떻게 거미줄을 자아낼까
- 138 전갈은 어떻게 사냥할까
- 140 노래기는 어떻게 살아갈까
- 142 게는 어떻게 살아갈까

차례

어류

- 146 어류는 어떻게 살아갈까
- 148 물고기는 어떻게 헤엄을 칠까
- 150 물고기는 어떻게 감각을 느낄까
- 152 물고기는 어떻게 번식할까
- 154 어류는 어떻게 새끼를 돌볼까
- 156 연어의 이주
- 158 상어는 어떻게 살아갈까
- 160 어류는 어떻게 방어할까
- 162 위장은 어떻게 이루어질까
- 164 물고기 떼
- 166 공생은 어떻게 이루어질까
- 168 심해어류는 어떻게 살아갈까

양서류

- 172 양서류는 어떻게 살아갈까
- 174 올챙이는 어떻게 자랄까
- 176 개구리 알
- 178 개구리는 어떻게 움직일까
- 180 개구리는 어떻게 의사소통을 할까
- 182 개구리는 어떻게 방어할까
- 184 도롱뇽은 어떻게 살아갈까
- 186 아홀로틀은 어떻게 살아갈까

파충류

- 190 파충류는 어떻게 살아갈까
- 192 비늘은 어떤 일을 할까
- 194 뱀은 어떻게 감각을 느낄까
- 196 파충류의 알은 어떻게 발달할까
- 198 바다이구아나
- 200 악어는 어떻게 사냥할까
- 202 카멜레온은 어떻게 사냥할까
- 204 카멜레온은 어떻게 색깔을 바꿀까
- 206 도마뱀붙이는 어떻게 기어오를까
- 208 투아타라는 어떻게 살아갈까
- 210 뱀은 어떻게 움직일까
- 212 뱀은 어떻게 사냥할까
- 214 뱀은 어떻게 먹을까
- 216 거북은 어떻게 살아갈까

조류

220	새는 어떻게 살아갈까
222	새의 뼈대는 어떻게 움직일까
224	부리의 종류
226	새는 어떻게 날까
228	날개는 어떻게 움직일까
230	깃털은 어떻게 일할까
232	벌새는 어떻게 날까
234	이동하는 삶
236	새는 어떻게 이주할까
238	새의 구애는 어떻게 이루어질까
240	둥지는 어떤 일을 할까
242	알은 어떻게 발달할까
244	새는 어떻게 자랄까
246	뻐꾸기는 어떻게 살아갈까
248	올빼미는 먹이를 어떻게 찾아낼까
250	수리는 어떻게 사냥할까
252	새의 발 종류
254	오리는 어떻게 헤엄칠까
256	새는 어떻게 잠수할까
258	펭귄은 어떻게 움직일까
260	눈보라에서 살아남기
262	타조는 어떻게 살아갈까

포유류

266	포유동물은 어떻게 살아갈까
268	털은 어떤 일을 할까
270	포유동물의 감각은 어떻게 작동할까
272	포유동물은 어떻게 태어날까
274	포유동물은 어떻게 새끼를 먹일까
276	포유동물은 어떻게 새끼를 돌볼까
278	포유동물은 어떻게 자랄까
280	서열은 어떻게 매겨질까
282	무리 사냥은 어떻게 이루어질까
284	바다의 거인들
286	충돌은 어떻게 이루어질까
288	방어는 어떻게 이루어질까
290	육식 동물은 어떻게 살아갈까
292	식충 동물은 어떻게 먹이를 잡을까
294	초식 동물은 어떻게 먹을까
296	설치류는 어떻게 살아갈까
298	비버는 어떻게 살아갈까
300	포유동물의 팔다리 종류
302	박쥐는 어떻게 살아갈까
304	천장에 매달려 자는 동물들
306	포유동물은 어떻게 날까
308	긴팔원숭이는 어떻게 나무를 탈까
310	포유동물은 어떻게 굴을 팔까
312	코끼리는 어떻게 살아갈까
314	육지의 거인들
316	고래는 어떻게 살아갈까

서식지

320	생물 군계는 어떻게 살아갈까
322	열대 우림의 생물들은 어떻게 살아갈까
324	온대림의 생물들은 어떻게 살아갈까
326	한대림의 생물들은 어떻게 살아갈까
328	열대 초원의 생물들은 어떻게 살아갈까
330	온대 초원의 생물들은 어떻게 살아갈까
332	습지의 생물들은 어떻게 살아갈까
334	고산 지대의 생물들은 어떻게 살아갈까
336	사막의 생물들은 어떻게 살아갈까
338	툰드라의 생물들은 어떻게 살아갈까
340	극지방의 생물들은 어떻게 살아갈까
342	강과 호수의 생물들은 어떻게 살아갈까
344	바다의 생물들은 어떻게 살아갈까
346	낱말 풀이
350	찾아보기

지구 생명은 37억여 년 전에 시작되었다.
시간이 흐르면서 최초의 단순한 생물은
미생물, 균류, 식물에서 어류, 양서류, 포유류 등에
이르는 놀라울 정도로 **다양한 생명체**로 진화했다.
모든 생명체는 몇 가지 공통점이 있다.
모두 **세포**라는 기본 단위로 이루어지고,
먹이에 저장된 **에너지**를 이용하며,
번식이라고 알려진 과정을 통해 자식을 낳는다.

생명의 기초

성장
어린 허리노린재는 자라려면 껍데기를 벗어야 한다. 허물을 5번 벗으면 성체가 된다.

생명이란 무엇일까

생명은 37억여 년 전에 시작되었다. 최초의 생명은 미세한 단세포였지만, 시간이 흐를수록 갖가지 생명체로 진화하면서 엄청나게 다양해졌다. 오늘날에는 핀 머리에 100만 마리를 올려놓을 수 있을 만큼 아주 작은 세균에서부터 지구에서 가장 큰 동물로 무게 150톤에 달하는 대왕고래에 이르기까지 다양한 생물이 산다. 이 모든 생물들은 무생물에 없는 중요한 공통점 몇 가지를 지니고 있다.

번식
허리노린재는 알을 낳아서 번식을 한다. 하지만 다른 생물은 씨나 홀씨를 만들거나, 새끼를 낳아서 자손을 남긴다.

▲ 생명의 특징
허리노린재는 알에서 깨어나자마자 움직이고, 주변을 감지하고, 먹고, 배설하고, 산소를 이용하여 먹이에서 에너지를 얻을 수 있다. 금방 다 자라서 알을 낳을 것이다. 이러한 7가지 활동, 즉 이동, 감각, 영양, 배설, 호흡, 성장, 번식은 모든 생명체들이 공유하는 특징이다.

생명의 왕국들

지구에 사는 약 200만 종류의 생물(종)은 '계'라고 일컫는 7대 주요 집단으로 나뉜다. 식물계, 동물계 등이 대표적이다.

동물
모든 동물은 다른 생물을 먹는다. 대부분의 동물은 신경, 근육, 감각 기관을 지닌다.

식물
대부분의 식물은 육지에 살며, 광합성 과정을 통해 햇빛을 이용하여 양분을 만든다.

균류(팡이무리)
버섯과 곰팡이는 균류다. 많은 균류는 죽은 유기물에서 양분을 흡수한다.

조류(말무리)
조류는 식물처럼 빛을 이용하여 양분을 만들지만, 구조가 더 단순하고 주로 물에 산다.

생명의 기초

감각
대부분의 곤충처럼, 허리노린재도 더듬이로 느끼고 맛을 본다.

호흡
모든 생물은 양분을 분해하여 에너지를 얻는다. 이 과정은 세포 내부에서 일어난다.

생명과 물
생명을 유지하는 화학 반응은 물에서 일어나며, 그래서 물은 모든 생물에게 반드시 필요하다. 생명은 아마 물에서, 특히 바다 밑에서 시작되었을 것이다. 가장 오래된 화석에 속하는 스트로마톨라이트는 세균들이 만드는 커다란 바위나 방석 같은 구조물이다. 지금도 오스트레일리아 해안의 얕은 물에서 스트로마톨라이트가 자라고 있다.

배설
모든 생물의 세포 안에서는 노폐물이 생긴다. 곤충은 꽁무니로 노폐물을 배출한다.

이동
모든 생명체는 움직인다. 그저 동물이 식물보다 더 빨리 움직일 뿐이다. 어린 허리노린재는 걸어서 움직이지만, 성체는 날 수도 있다.

영양
허리노린재는 구기(곤충 등 무척추동물의 입 부분)로 식물에 구멍을 뚫어서 당분이 든 수액을 빨아먹는다.

원생동물
단세포이지만 세균보다 더 크고 더 복잡한 세포로 이루어진 생물의 계다.

세균
지구에서 가장 많고 가장 널리 퍼져 있는 단세포 생물이다.

고세균
세균과 비슷하지만 끓는 물속 등 보다 혹독한 환경에서 살아갈 수 있다.

번식은 어떻게 이루어질까

모든 생명체는 자식을 낳으려고 애쓴다. 이와 같은 번식 과정이 없다면, 생명은 더 이상 존재할 수 없을 것이다. 번식하는 속도는 종에 따라 크게 다르다. 코끼리 암컷은 평생 새끼를 5마리 낳는 반면, 어떤 개구리는 해마다 알을 2만 개씩 낳는다. 자식을 많이 낳는 종은 극심한 생존 경쟁에 시달리며, 성체가 될 때까지 살아남는 개체는 극소수에 불과하다. 생물이 번식할 수 있는 방법은 크게 두 가지다. 유성 생식과 무성 생식이다.

▶ 유성 생식

다른 모든 포유동물처럼, 가시생쥐도 유성 생식만 할 수 있다. 유성 생식은 대개 수컷 한 마리와 암컷 한 마리로 이루어진 부모가 필요하다. 부모는 생식 세포라는 특수한 세포를 만드는데, 이 생식 세포들이 결합하면 새로운 생물로 자라난다. 생식 세포는 부모 양쪽의 유전자들을 조합하여, 자식마다 서로 다른 유전자 집합을 지니게 하는 수단이다. 그 결과로 각 자식은 조금씩 다르며, 그럼으로써 그중 일부는 살아남을 확률이 높아진다.

가시생쥐 부모는 자식의 생존 기회를 높이기 위해 갓 태어난 새끼를 돌본다.

가시생쥐 새끼는 태어날 때부터 털이 있고 눈도 금방 뜬다.

식물은 어떻게 번식할까

대다수의 식물은 꽃에서 생식 세포를 만든다. 많은 꽃은 화려한 색깔로 벌 같은 동물을 꾄다. 벌을 비롯한 동물은 자신도 모르게 한 식물에서 다른 식물로 수 생식 세포를 옮김으로써 식물의 번식을 돕는다. 수 생식 세포는 꽃가루라는 가루 물질 안에 숨겨져 있다. 벌은 꽃꿀을 찾아 비비다가 꽃가루를 몸에 묻혀서 다음 꽃으로 옮긴다.

벌은 꽃꿀을 모으러 돌아다니면서 꽃가루를 옮긴다.

암수한몸(자웅동체)

대부분의 식물과 많은 동물은 암컷과 수컷으로 나뉘지 않는다. 대신에 암수한몸으로, 한 개체가 암수 생식 세포를 다 만들 수 있다. 민달팽이는 암수한몸이다. 민달팽이 두 마리는 거꾸로 공중에 매달려서 서로 몸을 맞대고 비비꼰다. 이때 생식 기관 사이에 생식 세포가 교환된다.

민달팽이들은 점액으로 밧줄을 만들어서 매달린다.

민달팽이들의 생식 기관들이 서로 얽히면서 생식 세포를 교환한다.

무성 생식

무성 생식은 부모 중 한쪽만 있으면 되고, 부모와 유전적으로 똑같은 자식이 나온다. 유성 생식보다 빨리 번식할 수 있지만, 모든 자손이 같은 질병이나 문제에 똑같이 시달릴 수 있다.

단성 생식
진드기는 짝짓기 없이 새끼를 낳을 수 있는 곤충이다. '단성 생식'이라는 종류의 무성 생식을 한다. 몸속에 자신의 새끼를 잉태한 채로 태어나기 때문에, 진드기는 엄청난 속도로 불어날 수 있다.

분열 생식
많은 식물과 일부 동물은 몸의 일부가 떨어져 나와서 무성 생식을 할 수 있다. 떨어져 나온 조각마다 새로운 개체로 자랄 수 있다. 해면동물은 수천 조각으로 잘게 나뉘어도 살아남을 수 있고, 심지어 조각들이 다시 하나로 합쳐지기도 한다.

이분법
말미잘은 둘로 나뉘어서 무성 생식할 수 있다. 이 번식법은 세균 같은 미생물에 흔하다. 일부 세균은 20분마다 분열을 할 수 있어서, 세포 하나가 하루 만에 수백만 마리로 불어난다.

세포는 어떤 활동을 할까

세포는 생명의 기본 단위, 모든 생물을 구성하는 단위다.
가장 작은 생물은 세포 하나로 이루어지지만, 식물과 동물은 수조 개의 세포로 이루어진다. 이 세포들은 무작위로 뒤죽박죽 섞여 있는 것이 아니라 벽을 이루는 벽돌처럼 잘 짜여서 조직이라는 판이나 덩어리 모양을 이룬다. 그리고 조직들은 모여서 각종 기관과 몸 전체를 만든다.

▶ 현미경으로 보는 세포
대부분의 세포는 지름이 수백분의 1밀리미터에 불과하여, 너무 작아서 맨눈으로 볼 수 없다. 하지만 현미경으로 확대하면 오른쪽 사진처럼 볼 수 있다. 수생 식물인 엘로데아의 세포는 특히 잘 보인다. 잎이 아주 얇고 섬세하기 때문이다.

잎 끝
40배로 확대하면, 잎 끝의 세포들이 드러난다. 세포들은 벽돌처럼 줄지어 배열되어 판 모양 조직을 이룬다.

세포들

엘로데아의 잎은 물이 떠받쳐서 두꺼울 필요가 없으므로, 얇고 섬세하다.

40배 확대

잎
잎은 식물의 기관 중 하나다. 잎은 햇빛의 에너지를 가두어서 포도당 같은 양분 분자에 저장하는 일을 한다. 이 과정을 광합성이라고 한다.

생명의 기초 15

세포 속

모든 세포는 안팎으로 드나드는 물질을 통제하는 세포막으로 감싸여 있다. 세포의 사령부는 세포핵이며, 세포핵에 든 DNA 분자에는 세포를 움직이는 데 필요한 모든 명령이 담겨 있다. 세포는 미토콘드리아라는 작은 구조물에서 생산하는 에너지를 통해 움직인다. 많은 식물 세포는 엽록체도 지닌다. 엽록체는 태양의 에너지를 흡수하여 저장한다. 동물 세포와 달리, 식물 세포는 바깥에 뻣뻣한 세포벽이 있고, 안쪽에 액체로 채워진 액포를 지닌다. 둘 다 식물 세포가 더 직육면체 모양을 유지하도록 돕는 구조들이다.

잎 세포

1,200배로 확대하면 세포 전체와 그 내부 구조들이 뚜렷이 보인다. 많은 식물 세포들처럼, 엘로데아의 잎 세포에는 엽록체라는 밝은 초록색 구조물이 많이 들어 있다. 엽록체 안에서는 광합성이 일어난다.

DNA는 어떤 일을 할까

지구의 모든 생명체는 DNA(데옥시리보핵산) 분자를 토대로 삼는다. DNA는 정보를 화학 물질로 이루어진 암호 형태로 저장하는 놀라운 능력이 있다. 이 암호에는 세포가 생물을 만들고 유지하는 데 필요한 모든 명령이 들어 있다. 동물이나 식물의 몸을 이루는 거의 모든 세포는 이 정보를 완벽하게 복사한 사본을 적어도 하나씩 지닌다.

두 가닥이 서로 꼬여서 이중 나선 모양을 이룬다.

각 가닥의 뼈대는 단순한 당(검은색)을 인산기(회색)로 연결한 사슬이다.

정상인 고슴도치의 가시는 멜라닌이 들어 있어서 갈색이다.

알비노 고슴도치의 눈은 색소가 없어서 피 색깔이 그대로 비치기 때문에 빨간색이다.

생명의 기초

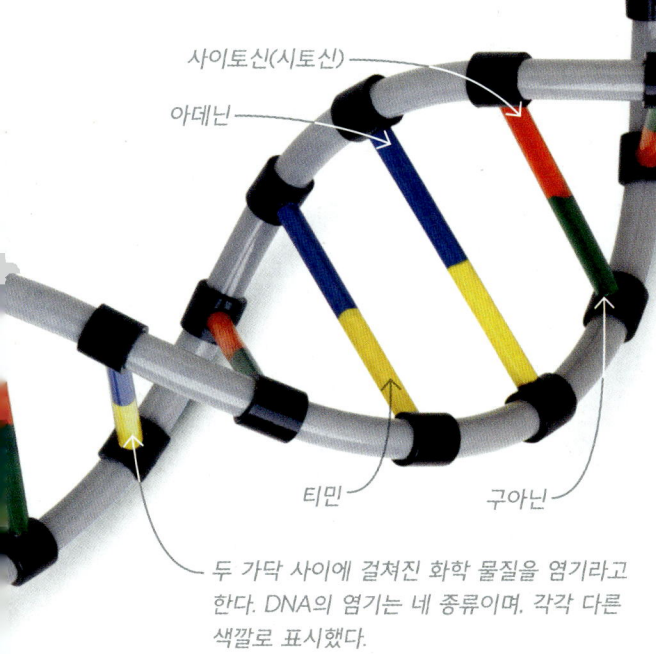

사이토신(시토신)
아데닌
티민
구아닌
두 가닥 사이에 걸쳐진 화학 물질을 염기라고 한다. DNA의 염기는 네 종류이며, 각각 다른 색깔로 표시했다.

DNA 분자
DNA 분자는 서로를 감고 있는 두 개의 긴 가닥으로 이루어진다. 사다리 단처럼 두 가닥을 연결하는 것은 염기라는 화학 물질이다. 염기 두 개가 연결되어 사다리 단 하나가 된다. DNA 염기는 네 종류이며, 항상 같은 짝(아데닌은 티민, 사이토신은 구아닌)과 쌍을 이룬다. DNA 분자를 따라 늘어선 염기들의 순서가 암호가 된다. 이 암호문에 유전 정보가 담겨 있다.

유전자

염기 서열은 네 글자를 써서 만든 암호가 된다.

유전자
DNA 중에서 특정한 일을 하는 암호를 지닌 부위를 유전자라고 한다. 가장 작은 유전자는 염기쌍 수십 개로 이루어져 있다. 가장 긴 유전자는 염기쌍 수백만 개로 이루어진다. 대부분의 유전자는 세포에 이런저런 단백질 분자를 만들라는 명령문을 지닌다. 단백질은 세포 안에서 일어나는 화학 반응을 통제한다. 유전자 중에는 다른 유전자를 켜거나 끄는 스위치 역할을 하는 것도 있다.

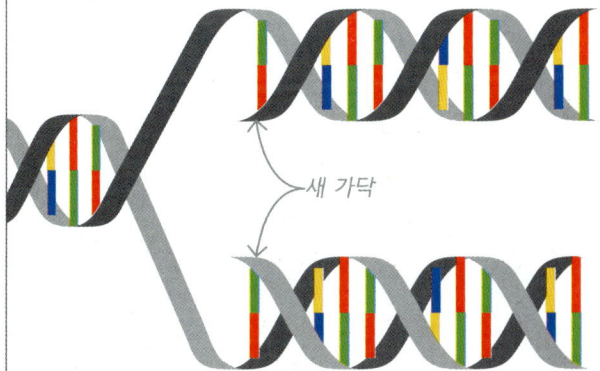

새 가닥

사본 만들기
다른 분자들과 달리, DNA는 자신의 사본을 만들 수 있다. 이중 나선이 쭉 갈라져서 단일 가닥이 되고, 각 단일 가닥은 자신과 짝을 이룰 새 가닥을 만드는 주형 역할을 한다. 염기마다 짝을 이루는 염기가 늘 같으므로, 새로 만들어진 두 DNA 분자는 똑같다. 이 자기 복제 능력 덕분에 생물은 자신의 유전자 사본을 만들어서 자식에게 전달할 수 있다. 지구 최초의 생명체는 아마 DNA와 흡사한 자기 복제 분자를 토대로 생겨났을 것이다.

알비노 고슴도치는 몸에서 검은 색소인 멜라닌을 만들지 못하여 가시가 하얗다.

◀ 암호 오류
때로 DNA에 담긴 암호에 오류가 생긴다. 이 오류를 돌연변이라고 한다. 대부분은 전혀 해롭지 않지만, 돌연변이가 생식 세포에 일어나면 그 생식 세포에서 유래한 자식의 몸을 이루는 모든 세포에 영향이 미친다. 때로 큰 변화가 일어나기도 한다. 예를 들어, 멜라닌(동물의 피부에 색깔을 부여하는 검은 색소)을 만드는 일을 돕는 유전자에 돌연변이가 일어나면 동물의 색깔이 바뀔 수 있다. 돌연변이로 이 유전자가 작동을 멈추면, 동물은 몸의 색소가 전혀 없어서 흰 몸에 빨간 눈을 지닌 채 태어난다. 이런 현상을 알비노(백색증)라고 한다.

진화는 어떻게 일어날까

수백만 년 전에 살았던 동식물은 지금 살고 있는 동식물과 달랐다. 시간이 흐르면서 종은 자기 환경에 적응하면서 변한다. 이 과정을 가리켜 진화라고 한다. 지금까지 지구에 살던 종들은 대부분 멸종했다. 하지만 일부는 자신이 살았다는 흔적을 화석으로 남겼다. 선사 시대의 흔적들은 과거를 들여다보는 창문이 된다. 시간이 흐르는 사이에 진화가 어떤 놀라운 변화를 일으켰는지를 보여 준다.

짧은 목
풀이 무성하게 자라는 이사벨 섬의 땅거북은 풀을 뜯어 먹기 좋도록 목이 짧다.

긴 목
메마르고 풀이 적은 후드 섬의 땅거북은 덤불을 뜯어 먹기 위해 목이 길어졌다.

자연 선택

사람 부모의 자녀처럼, 동식물이 번식하여 생긴 자식도 서로 조금씩 다르다. 서로 조금씩 다르기 때문에, 환경에 더 잘 적응하여 자신의 유용한 형질을 다음 세대로 더 잘 전달하는 개체도 생긴다. 이 과정을 자연 선택이라고 한다. 자연 선택이 많은 세대에 걸쳐 일어나면서 종은 환경에 적응해 간다. 갈라파고스 제도에서도 다른 섬들보다 더 메마르고 풀이 적어서 덤불을 뜯어먹어야 살 수 있는 섬에 사는 땅거북은 목이 더 길어지는 쪽으로 진화했다.

▶ 코끼리의 진화

화석들은 코끼리에게 긴 코와 엄니가 진화하는 데 6000만 년이 걸렸다고 말해 준다. 오늘날 코끼리는 긴 코를 지닌 장비목 중에서 마지막으로 살아남은 존재다. 최초의 장비목은 이리저리 움직일 수 있는 주둥이로 부드러운 식물을 뜯어 먹었다. 세월이 흐르면서, 그들은 몸이 점점 커지고, 이빨이 점점 커져서 엄니가 되고, 코가 더욱 길어지면서 풀에서 나무 꼭대기의 잎에 이르기까지 온갖 식물을 뜯어 먹을 수 있게 되었다.

털매머드의 덥수룩한 털은 빙하기의 혹독한 추위를 막아 주었다.

지금의 코끼리와 달리, 데이노테리움은 아래턱에 엄니가 있었다.

무게를 지탱하기 위해 다리가 굵은 기둥처럼 변했다.

모에리테리움
초기 장비목은 돼지만 했다. 윗입술이 자유자재로 움직여서 입술로 부드러운 식물을 뜯어 먹었을 것이다.

데이노테리움
짧은 코끼리 코에 아래로 뻗은 엄니를 지녔다. 엄니는 무기나 땅 파는 도구로 썼을 수 있다.

곰포테리움
코가 짧은 코끼리로 엄니가 위턱과 아래턱 양쪽에 나 있었다.

털매머드
선사 시대 코끼리로 수천 년 전까지 살았다. 풀을 뜯기 좋게 코끝이 두 '손가락'처럼 갈라져 있었다.

스텝매머드
몸집이 현생 코끼리의 두 배이며, 춥고 탁 트인 초원을 돌아다녔다.

생명의 기초

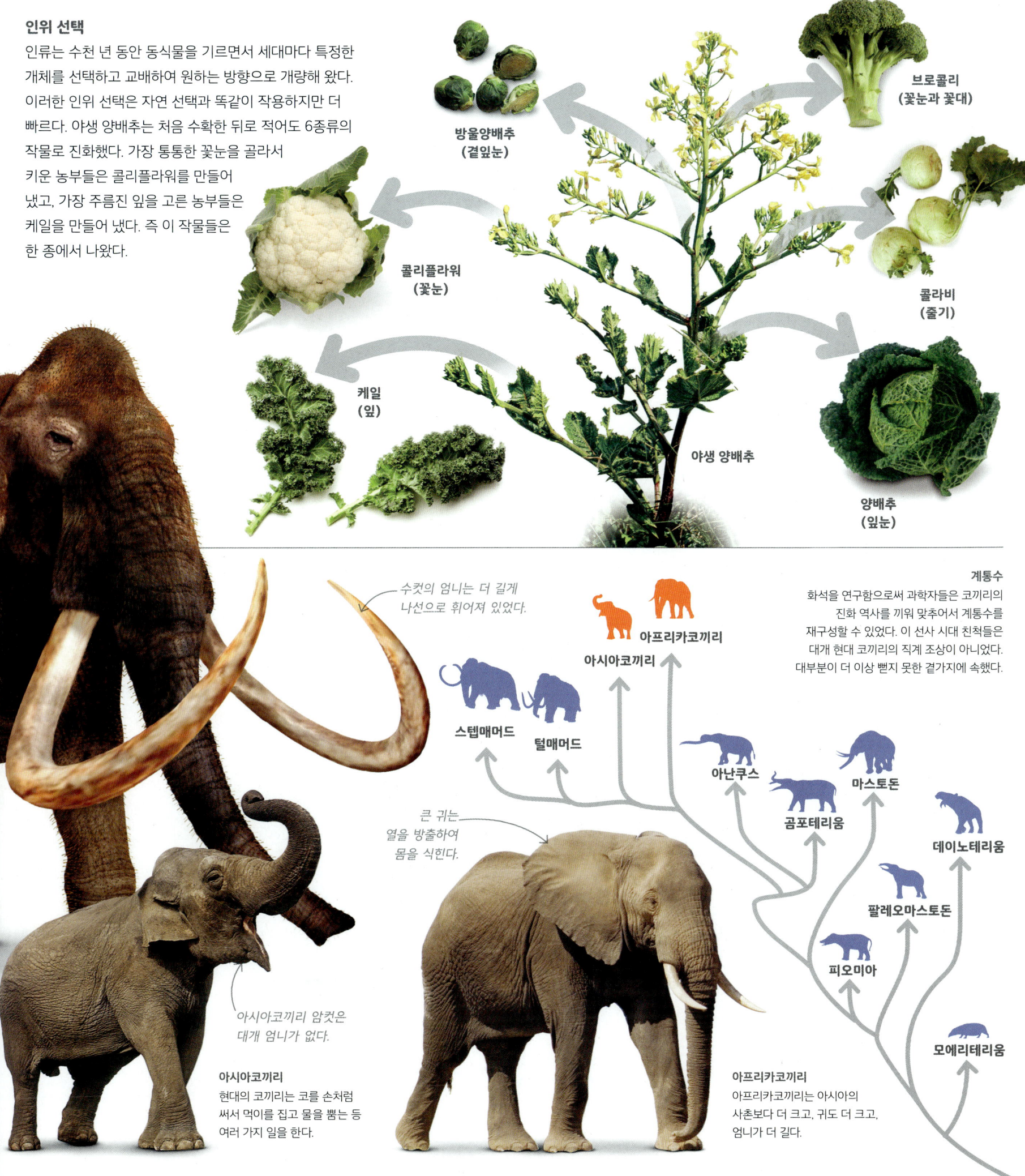

인위 선택

인류는 수천 년 동안 동식물을 기르면서 세대마다 특정한 개체를 선택하고 교배하여 원하는 방향으로 개량해 왔다. 이러한 인위 선택은 자연 선택과 똑같이 작용하지만 더 빠르다. 야생 양배추는 처음 수확한 뒤로 적어도 6종류의 작물로 진화했다. 가장 통통한 꽃눈을 골라서 키운 농부들은 콜리플라워를 만들어 냈고, 가장 주름진 잎을 고른 농부들은 케일을 만들어 냈다. 즉 이 작물들은 한 종에서 나왔다.

계통수

화석을 연구함으로써 과학자들은 코끼리의 진화 역사를 끼워 맞춰서 계통수를 재구성할 수 있었다. 이 선사 시대 친척들은 대개 현대 코끼리의 직계 조상이 아니었다. 대부분이 더 이상 뻗지 못한 곁가지에 속했다.

아시아코끼리
현대의 코끼리는 코를 손처럼 써서 먹이를 집고 물을 뿜는 등 여러 가지 일을 한다.

아프리카코끼리
아프리카코끼리는 아시아의 사촌보다 더 크고, 귀도 더 크고, 엄니가 더 길다.

생물 분류는 어떻게 할까

수백만 년 전에 살았던 동식물은 지금 살고 있는 동식물과 달랐다.

시간이 흐르면서 종은 자기 환경에 적응하면서 변한다. 이 과정을 가리켜 진화라고 한다. 지금까지 지구에 살던 종들은 대부분 멸종했다. 하지만 일부는 자신이 살았다는 흔적을 화석으로 남겼다. 선사 시대의 흔적들은 과거를 들여다보는 창문이 된다. 시간이 흐르는 사이에 진화가 어떤 놀라운 변화를 일으켰는지를 보여 준다.

▲ 생명의 나무

현대의 생물 분류 체계는 진화를 토대로 한다. 종들을 공통 조상에서 진화한 집단별로 배열한 것이다. 생물 분류에 대한 연구는 계속되고 있다. 여기 실린 그림은 생명의 나무 전체 중 일부 집단만을 나타낸다.

학명

북극여우를 가리키는 학명인 불페스 라고푸스(Vulpes lagopus)처럼 모든 종에는 라틴어 단어 두 개로 이루어진 학명이 붙어 있다. 뒤쪽 단어는 종을 가리키고, 앞쪽 단어는 속을 가리킨다. 속은 가장 가까운 친척 종들을 묶은 집단이다. 불페스라는 속에는 여우 10여 종이 포함된다. 모든 속은 더 큰 집단으로 엮여 묶인다. 불페스속(여우속)은 차례로 개와 여우를 포함하는 개과, 식육목, 포유동물강에 속한다.

포유류

현생 포유류는 알을 낳는 단공류, 주머니가 있는 유대류, 고기를 (주로) 먹는 식육류를 포함하여 20목이 넘는다. 모든 포유동물은 몸에서 젖으로 새끼를 먹이는 공통 조상에서 유래한 핵심 특징들을 등 고통으로 가진다.

종 | 속 | 과 | 목 | 강 | 문 | 계

- 종 (불페스 불페스) 붉은여우
- 종 (불페스 라고푸스) 북극여우
- 여우속
- 개속
- 개과
- 식육목
- 유대목
- 영장목
- 단공목
- 포유강
- 설치목
- 박쥐목
- 우제목
- 양서강
- 개구리목
- 도롱뇽목
- 갈매기목
- 오리목
- 올빼미목
- 참새목
- 명금목
- 조강

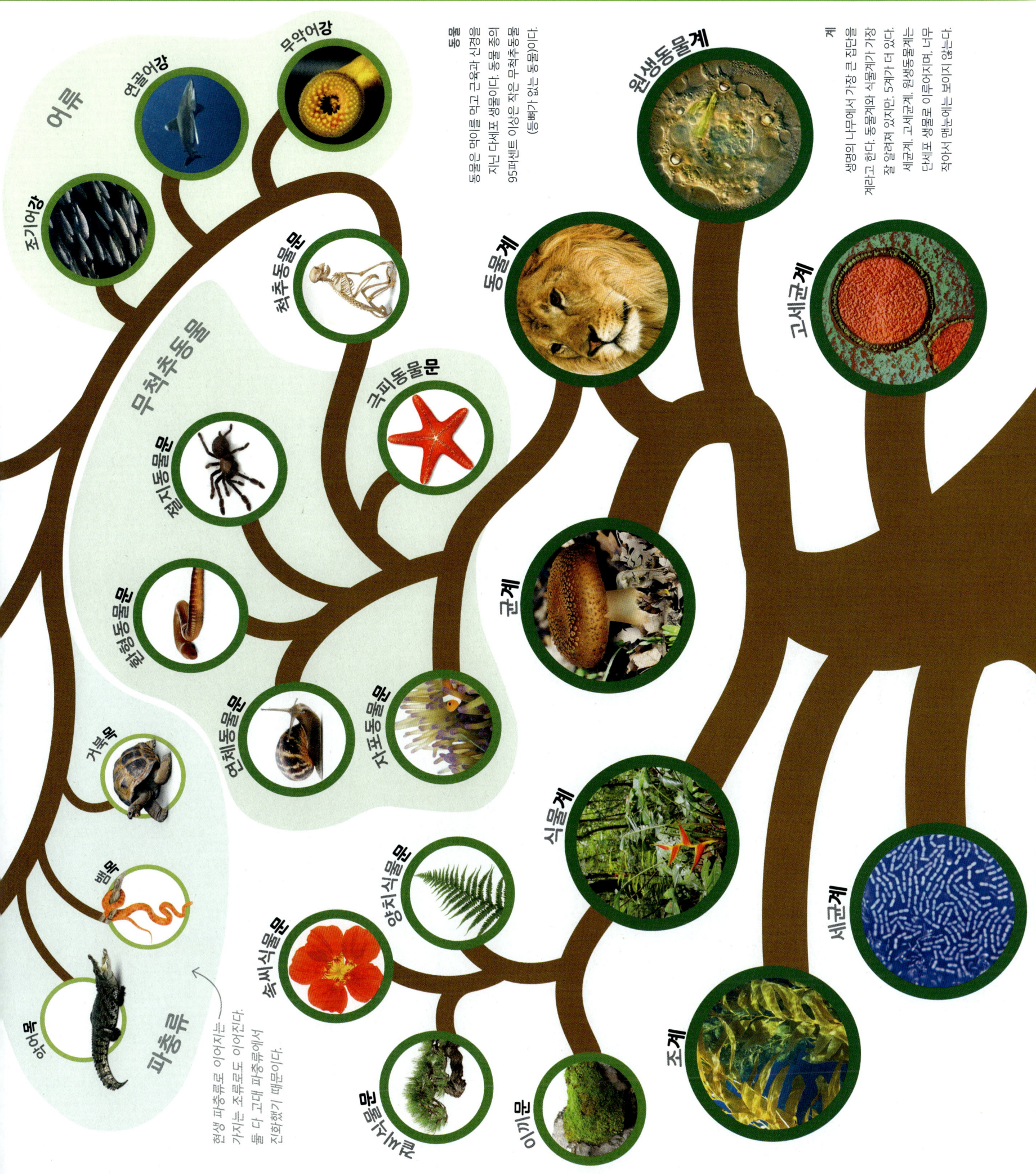

우리가 주변에서 보는 **생물**들은 대부분 동물과 식물이다.
하지만 두 범주에 들어가지 않는 생물이 훨씬 더 많이 있다.
확대하지 않으면 볼 수 없을 만치 아주 작은 생물도 많다.
미생물은 거의 어디에나 살지만, 현미경을 써야만 보인다.
한편 땅에서 자라는 **버섯**과 같은 **균류**도 있다.
균류는 식물을 닮았지만, 동물과 더 가깝다.

미생물과 균류

미생물은 어떻게 살아갈까

어떤 생물들은 너무 작아서 현미경이 있어야 볼 수 있다. 미생물이라는 이 미세한 생명체들은 지구의 어디에나 있다. 흙먼지 한 알이나 연못물 한 방울에도 수천 마리가 들어 있을 수 있다. 미생물은 대부분 세포 하나로 이루어진다. 뇌도, 감각 기관도, 팔다리도 없다. 그럼에도 미생물은 움직이고, 환경에 반응하고, 서로를 잡아먹을 수 있는 생물이다.

삼킨 먹이는 식포라는 주머니 안에 갇힌 뒤 소화된다.

▶ 아주 작은 포식자
크기가 사람 머리카락 굵기의 절반에 불과한 유플로테스는 연못 같은 민물 서식지에 사는 단세포 포식자다. 조류 같은 더 작은 미생물을 먹는데, 커다란 깔때기 모양의 목으로 삼킨 뒤 산 채로 소화시킨다. 이 사진에서 초록색 덩어리로 보이는 것들이 먹이다.

유플로테스는 짧고 뻣뻣한 털 같은 강모들을 물결치듯 움직여서 먹이를 목 안으로 삼킨다.

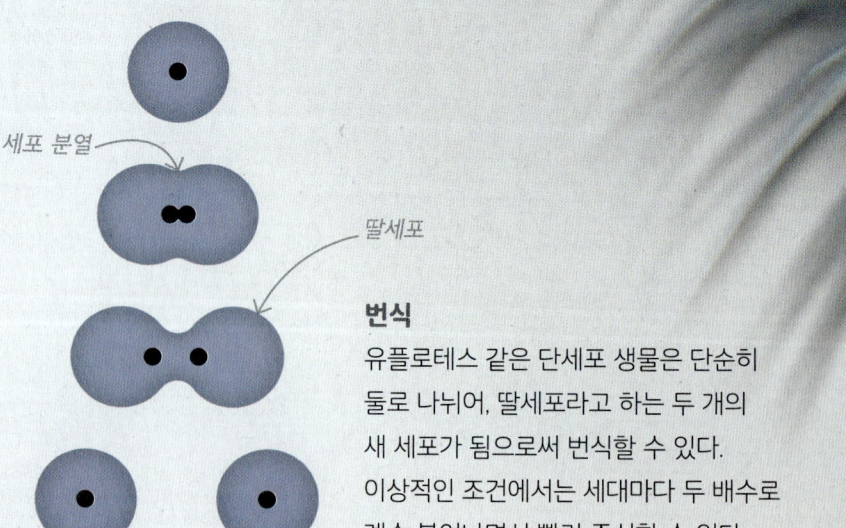

세포 분열

딸세포

번식
유플로테스 같은 단세포 생물은 단순히 둘로 나뉘어, 딸세포라고 하는 두 개의 새 세포가 됨으로써 번식할 수 있다. 이상적인 조건에서는 세대마다 두 배수로 계속 불어나면서 빨리 증식할 수 있다.

세포는 대부분 세포질이라는 액체로 차 있다.

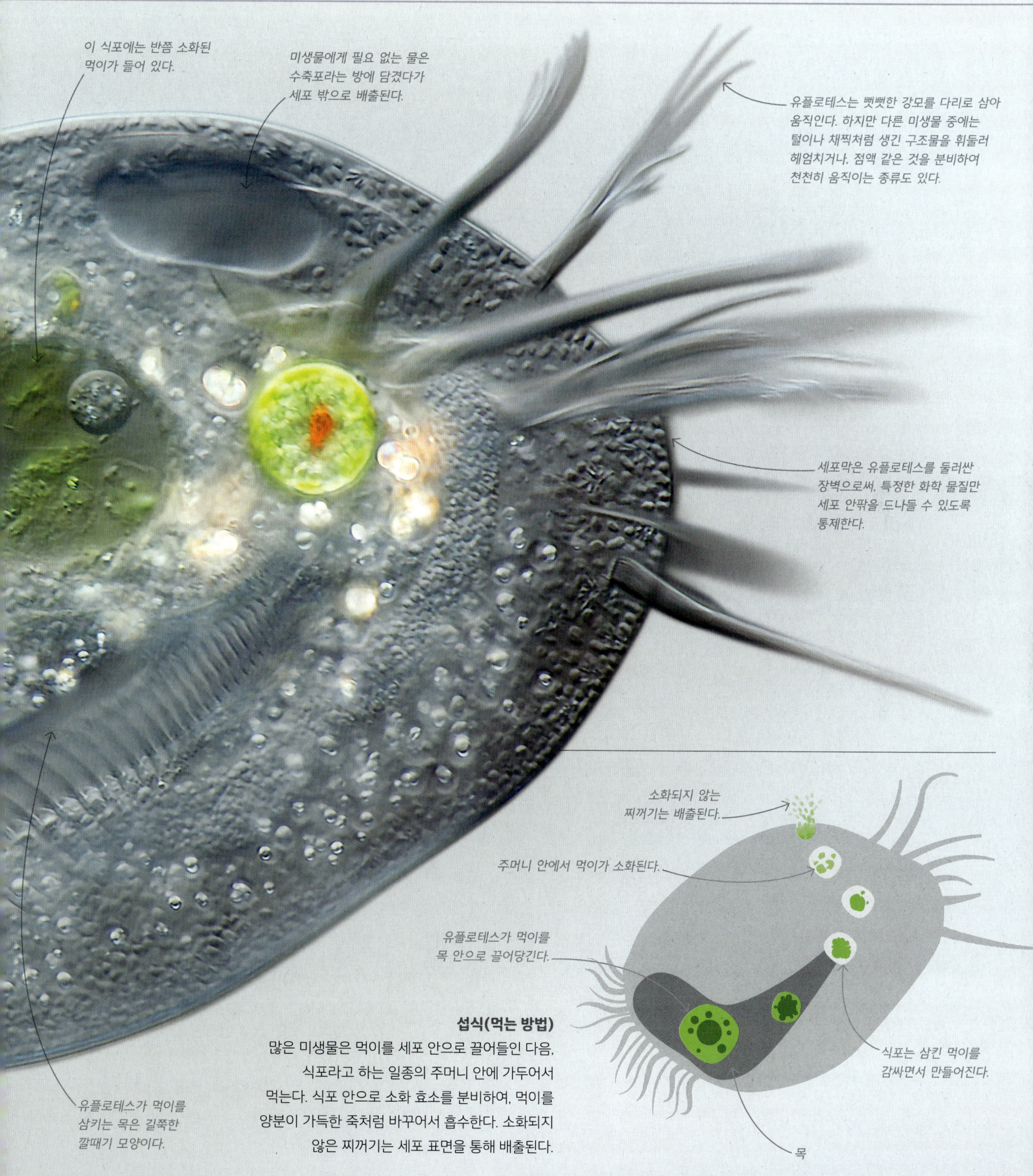

미생물과 균류 25

이 식포에는 반쯤 소화된 먹이가 들어 있다.

미생물에게 필요 없는 물은 수축포라는 방에 담겼다가 세포 밖으로 배출된다.

유플로테스는 뻣뻣한 강모를 다리로 삼아 움직인다. 하지만 다른 미생물 중에는 털이나 채찍처럼 생긴 구조물을 휘둘러 헤엄치거나, 점액 같은 것을 분비하여 천천히 움직이는 종류도 있다.

세포막은 유플로테스를 둘러싼 장벽으로써, 특정한 화학 물질만 세포 안팎을 드나들 수 있도록 통제한다.

소화되지 않는 찌꺼기는 배출된다.

주머니 안에서 먹이가 소화된다.

유플로테스가 먹이를 목 안으로 끌어당긴다.

식포는 삼킨 먹이를 감싸면서 만들어진다.

섭식(먹는 방법)
많은 미생물은 먹이를 세포 안으로 끌어들인 다음, 식포라고 하는 일종의 주머니 안에 가두어서 먹는다. 식포 안으로 소화 효소를 분비하여, 먹이를 양분이 가득한 죽처럼 바꾸어서 흡수한다. 소화되지 않은 찌꺼기는 세포 표면을 통해 배출된다.

유플로테스가 먹이를 삼키는 목은 길쭉한 깔때기 모양이다.

목

단세포 생물의 종류

우리 주변에 있는 생물들은 대부분 식물과 동물이며, 각각의 생물은 수백만 개의 미세한 세포로 이루어진다. 하지만 다세포 생물보다 단 하나의 세포로 이루어진 생물이 훨씬 더 많다. 단세포 생물들은 작은 웅덩이와 연못에서 대양에 이르기까지 물과 영양소가 있는 곳이면 어디에서나 번성한다. 심지어 우리 몸속에서도 산다. 여기 실린 사진들은 눈에 보이도록 약 700배로 확대한 것이다.

5,000배 확대해 보기

700배 확대해 보기

효모균
효모균은 당분을 먹고사는 단세포 균류로서 많은 과일에서 발견된다. 제빵사는 효모균을 이용하여 빵을 만든다. 효모균이 밀가루에 든 당분을 먹고 이산화탄소를 내뿜으면, 이산화탄소 기체가 늘어나서 빵 반죽이 부풀어 오른다.

3,000배 확대해 보기

700배 확대해 보기

세균
거의 어디에서나 사는 단순한 생물이며, 대다수의 다른 생물들보다 훨씬 오래된 수십억 년 전부터 지구에 살아 왔다. 질병을 일으키는 것도 있지만, 대부분은 지구의 생명에 중요한 역할을 한다. 위 사진은 유산균이며, 우유를 요구르트로 만든다.

— 유리 같은 껍데기가 세포를 감싼다.

규조는 음식을 담는 통과 뚜껑처럼 서로 딱 들어맞는 두 부분으로 된 이산화규소 껍데기가 있다.

채찍처럼 편모를 휘두른다.

— 구멍

— 보호하는 가시

방산충
뾰족뾰족한 이산화규소(유리를 만드는 데 쓰이는 광물) 껍데기로 세포를 보호한다. 아메바처럼, 껍데기에 난 구멍을 통해 위족을 내밀어서 먹이를 잡는다.

규조류
지구 대기를 이루는 산소 중 약 3분의 1은 규조류에서 나온다. 규조류는 바다와 호수에 떠다니는 미세한 조류다. 이들도 식물처럼 햇빛을 이용하여 스스로 양분을 만든다.

편모충
편모충류에 속하는 미생물은 편모라는 채찍 같은 구조물을 휘둘러서 헤엄을 친다. 위의 유글레나는 식물처럼 햇빛을 이용하여 양분을 만들지만, 다른 생물도 잡아먹는다.

병균은 어떻게 활동할까

우리 몸의 안팎에는 미생물 수조 마리가 산다. 미생물은 대다수가 무해하거나 유익하지만, 일부는 병을 앓게 할 수 있다. 일부 세균과 균류를 포함하여 해로운 미생물을 병균 또는 병원체라고 한다. 바이러스는 너무 작고 단순해서 생물로 여겨지지 않지만 병균에 포함시킨다.

바실루스 미코이데스
토양 세균이며, 흙을 만진 손을 통해 쉽게 옮겨진다. 바실루스 중에는 음식물에서 증식할 수 있는 종류도 있다. 바실루스가 든 음식물을 덜 익혀서 먹으면, 식중독을 일으킬 수도 있다.

몸의 방어
병균은 감염성을 띤다. 즉 이 사람에서 저 사람으로 옮겨질 수 있다는 뜻이다. 인체는 여러 가지 방법을 써서 병균으로부터 자신을 지킨다.

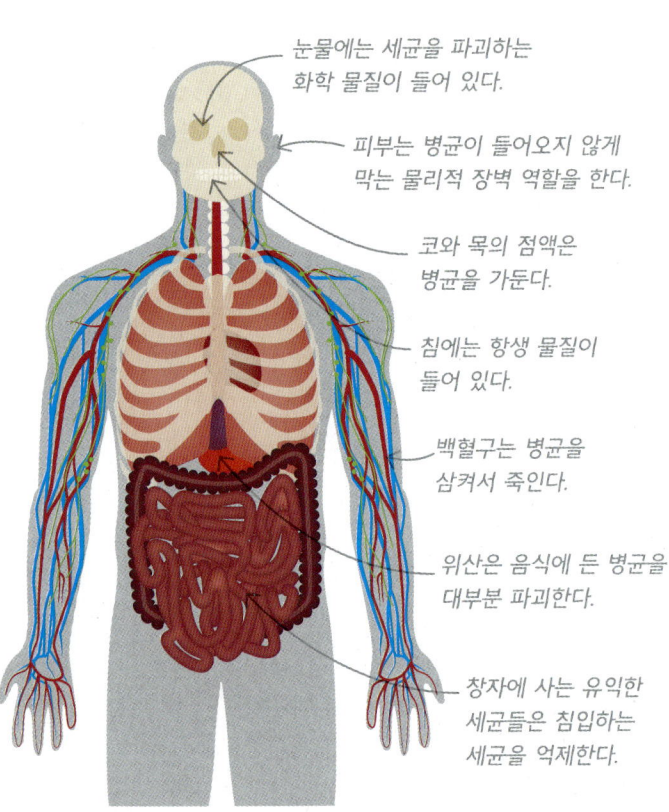

- 눈물에는 세균을 파괴하는 화학 물질이 들어 있다.
- 피부는 병균이 들어오지 않게 막는 물리적 장벽 역할을 한다.
- 코와 목의 점액은 병균을 가둔다.
- 침에는 항생 물질이 들어 있다.
- 백혈구는 병균을 삼켜서 죽인다.
- 위산은 음식에 든 병균을 대부분 파괴한다.
- 창자에 사는 유익한 세균들은 침입하는 세균을 억제한다.

▶피부의 미생물들
세균 배지에 손을 꾹 눌러서 손자국을 만들고 배양한 모습이다. 반점 하나는 수천 마리의 미생물로 이루어진 군체다. 각 군체는 세포 하나에서 자랐다. 사람의 피부에는 약 1,000종의 세균과 60종이 넘는 균류가 죽은 피부 세포, 기름, 땀을 먹고 산다. 보통은 해롭지 않지만, 병균이 상처에 들어가서 증식하여 감염을 일으키면 해로워진다. 우리 피부에는 우리가 만진 것에서 옮은 더 위험한 미생물들도 종종 번식한다.

가장 빠르게 분열하는 미생물이 가장 큰 군체를 형성한다.

스타필로코쿠스 파스테우리
포도알균의 일종이며, 사람 피부에서 사는 미생물 중 가장 흔한 종류다. 이 종은 대개 무해하다.

바이러스
작은 병균으로, 세균이나 균류와 달리 세포로 이루어져 있지 않다. 유전 물질을 껍데기로 감싸 놓은 형태다. 바이러스는 살아 있는 세포에 침입해 통제권을 빼앗아서 번식한다. 흔한 감기 바이러스는 호흡기의 세포를 감염시키고, 재채기를 일으켜 퍼진다. 세균을 공격하는 바이러스도 있는데, 박테리오파지라고 한다.

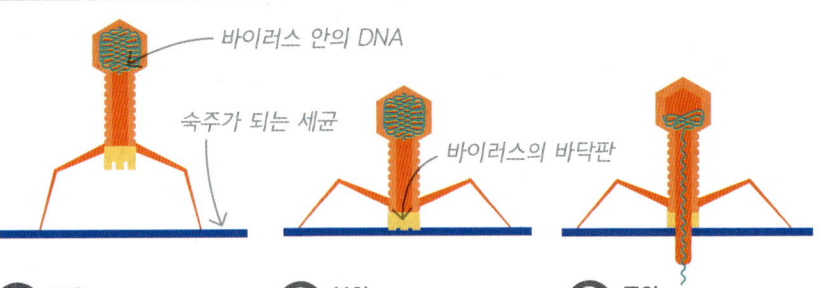

❶ 접촉 박테리오파지가 꼬리 섬유로 숙주로 삼을 세균에 달라붙어서 표적이 맞는지 확인한다.

❷ 부착 꼬리 섬유가 구부러지면서 바이러스의 바닥판이 세포막에 달라붙는다.

❸ 주입 바이러스가 DNA를 세포로 주입한다. 바이러스의 DNA가 세균 세포를 장악한다. 이제 세균 세포는 바이러스를 복제한다.

미생물과 균류　29

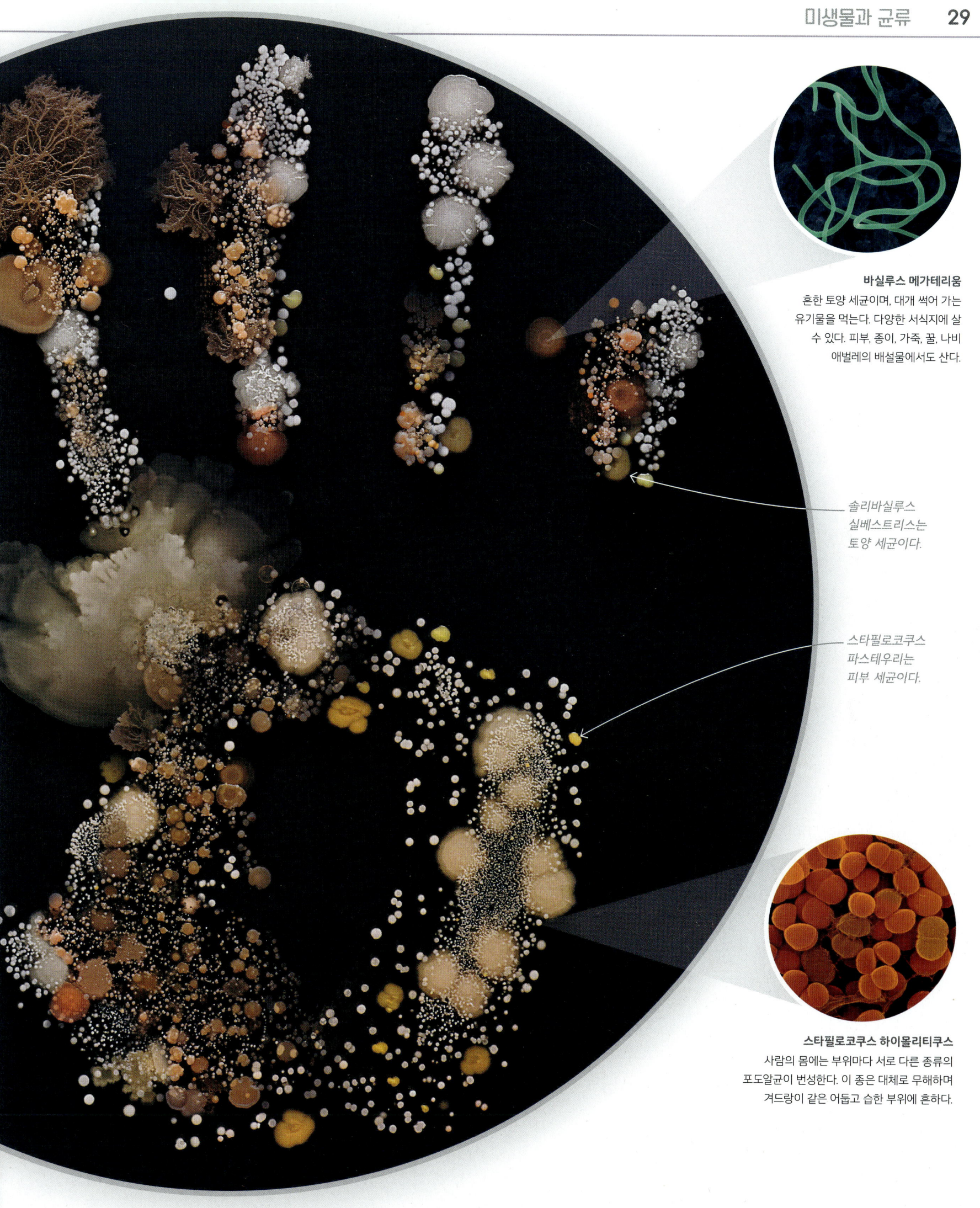

바실루스 메가테리움
흔한 토양 세균이며, 대개 썩어 가는 유기물을 먹는다. 다양한 서식지에 살 수 있다. 피부, 종이, 가죽, 꿀, 나비 애벌레의 배설물에서도 산다.

솔리바실루스 실베스트리스는 토양 세균이다.

스타필로코쿠스 파스테우리는 피부 세균이다.

스타필로코쿠스 하이몰리티쿠스
사람의 몸에는 부위마다 서로 다른 종류의 포도알균이 번성한다. 이 종은 대체로 무해하며 겨드랑이 같은 어둡고 습한 부위에 흔하다.

조류의 종류

말무리로도 불리는 조류는 단세포 생물에서 바닷속에 숲을 형성하는 자이언트켈프 (크로키스티스속)에 이르기까지 종류가 다양하다. 조류는 단일한 친척 집단을 이루지 않으며, 진화 역사가 복잡하다. 그래서 단순하게 색깔로 조류를 분류하곤 한다.

일부 홍조류는 얼음과 눈에서도 살 수 있다.

갈조류는 켈프를 비롯하여 많은 바닷말을 포함한다.

엽록체는 빛 에너지를 가둔다.

세포핵은 세포의 사령부다.

점액층이 세포벽을 덮어 세포를 보호한다.

액포는 물을 저장한다.

세포질

▼해캄

해캄 같은 일부 민물 조류는 가느다란 실처럼 자란다. 보이고 만져지는 느낌은 점액 같지만, 현미경으로 보면 세포 안에서 아름다운 광경이 펼쳐진다. 해캄의 각 세포 안에는 커다란 엽록체 한 개가 촘촘하게 스프링처럼 말려 있다. 엽록체에는 엽록소라는 녹색 색소가 가득하다. 엽록소는 태양 에너지를 가두어서 양분을 만드는 데 쓴다.

세포 안

실처럼 생긴 해캄은 폭이 단세포만 하다. 해캄 같은 녹조류의 세포는 식물 세포와 닮았다. 세포벽, 엽록체, 물을 저장하는 공간인 액포도 들어 있다. 하지만 해캄의 세포핵은 세포질 속 섬유에 얽혀서 세포 중앙에 떠 있고, 엽록체도 육상 식물의 것과 모양이 다르다.

각 세포를 세포벽이 감싸고 있다.

미생물과 균류

녹조류는 나무늘보의 축축한 털에도 자란다.

나무늘보는 갈고리 같은 손으로 나뭇가지에 매달린다.

나무늘보의 털은 조류 때문에 녹색을 띤다.

나선형 엽록체가 해캄의 세포마다 가득 채워져 있다.

담요처럼
해캄처럼 실 모양을 한 조류는 가느다란 가닥들로 이루어진다. 물에 영양소가 풍부하고 햇빛을 잘 받는다면, 연못과 강을 담요처럼 뒤덮을 수도 있다.

조류는 어떻게 살아갈까

창가에 물 한 잔을 몇 주 동안 놔두면, 조류가 끼면서 서서히 녹색으로 변할 것이다. 조류는 식물과 비슷한 단세포 생물로, 물과 빛이 있는 곳이라면 어디에서든 번성한다. 다른 식물처럼 조류도 햇빛에서 에너지를 수확할 수 있다. 하지만 조류는 줄기, 잎, 뿌리가 없고 미생물만큼 작은 종류가 많다. 조류는 지구에서 햇빛이 드는 거의 모든 서식지에 살며, 나무들보다 더 많은 산소를 만든다.

바닷말(해조류)

몇몇 바닷말은 방해나 위협을 받으면, 가물거리는 파란빛을 내뿜는다. 작은 동물을 놀라게 해서 멈칫하게 만들 수 있는 방어 전술이다. 생물 발광이라고 하는 현상인데, 파도가 칠 때도 불빛이 일곤 한다. 사진 속 오스트레일리아 남부의 해변에서도 그렇다. 미세한 조류는 산호에서 대왕고래에 이르기까지 온갖 해양 생물들을 지탱함으로써 해양 먹이사슬 전체의 토대가 된다. 또 생물들이 호흡하는 대기 산소의 절반 이상을 생산하므로, 육지 생물들에게도 꼭 필요한 존재다.

버섯은 어떻게 살아갈까

버섯은 식물이 아니라, 균류라는 다른 생물계에 속한다. 균류는 대부분 흙에서 썩어 가는 나무, 죽은 동물 같은 분해되는 유기물을 먹는다. 균류는 몸을 이루는 땅이실들을 그물처럼 먹이 안으로 뻗으며 자라기 때문에 생애 대부분의 시기에는 드러나지 않다가 번식할 때에만 눈에 띈다. 때가 되면 많은 균류는 자실체를 만들어서 홀씨(포자)라는 미세한 알갱이 수백만 개를 훌훌 뿌린다. 자실체가 바로 땅에서 솟아나는 버섯이다.

▶광대버섯

광대버섯은 독특한 흰색과 빨간색 무늬를 띠고 있어서 알아보기 쉬운 버섯이다. 광대버섯이 선명한 색은 독이 있다고 동물에게 경고하는 신호일 수 있다. 북반구 전역의 숲에서 자란다.

갓이 새빨간 색은 시간이 흐르면서 흐릿해지고, 모 비에 젖어도 약해질 수 있다.

이 고리는 버섯이 주름살을 덮고 있던 보호막이 떨어진 잔해다. 주름살이 홀씨를 방출할 준비가 되었을 때 찢어진다.

흰 비늘
흰 비늘은 갓 아랫부분에 나는 작은 흰 비늘은 성체로 자라기 전에 어린 버섯을 보호하던 껍질이 찢겨져서 남은 흔적이다.

버섯의 아쪽 우산 모양을 한 부분을 갓이라고 한다.

버섯의 종류

모든 균류는 홀씨를 만들어서 번식한다. 홀씨란 새 팡이로 자랄 수 있는 미세한 단세포다. 홀씨는 팡이의 자실체에서 생산된다. 우리가 버섯이나 독버섯이라고 부르는 팡이실 덩이가 바로 자실체다. 자실체는 여러 형태가 있으며, 여러 방식으로 홀씨를 퍼뜨린다.

홀씨는 작은 구멍으로 이어지는 수천 개의 작은 관에서 발달한다.

주걱간버섯

이 버섯은 나뭇가지에 붙어 있다.

주걱간버섯
선명한 색깔을 띤 주걱간버섯의 자실체는 마가목, 자작나무, 벚나무 같은 나무에 자란다. 홀씨는 밑면의 미세한 관 안에서 발달한다. 자실체가 다 익으면, 홀씨는 떨어져 나와 바람에 흩어진다.

홀씨는 구름처럼 뿜어져 나온다.

바깥 표면이 벗겨지면서 구멍이 열린다.

댕구알버섯

갓 안에서 수백만 개의 홀씨가 만들어진다.

댕구알버섯
댕구알버섯은 거의 전 세계에서 자란다. 홀씨는 갓 안에서 형성되고, 갓은 익으면 얇은 종이처럼 변한다. 건드려지거나 빗방울에 부딪힐 때마다 꼭대기에 난 구멍에서 홀씨들이 구름처럼 뿜어진다.

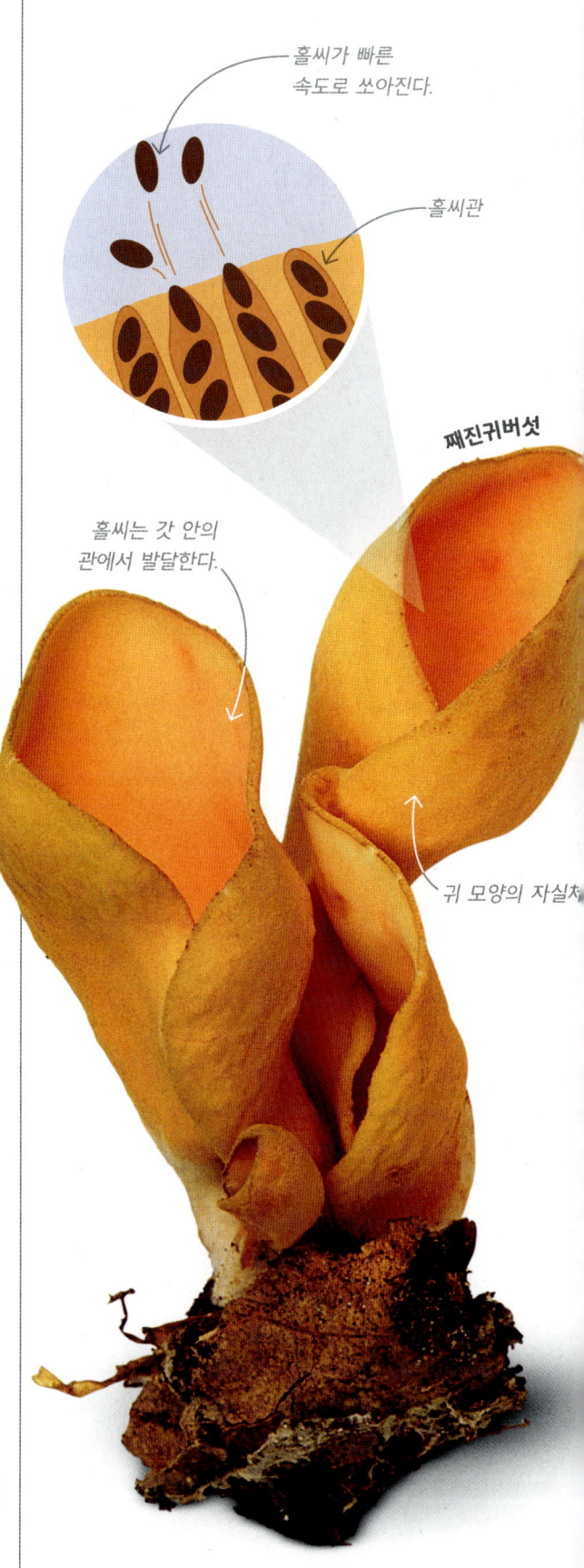

홀씨가 빠른 속도로 쏘아진다.

홀씨관

째진귀버섯

홀씨는 갓 안의 관에서 발달한다.

귀 모양의 자실체

째진귀버섯
참나무나 너도밤나무 숲에 자라는 버섯으로, 숲길 옆에서도 종종 자란다. 생김새가 멧토끼 귀를 닮아서 째진귀버섯이란 이름이 붙었다. 홀씨는 자낭이라는 관 속에서 자란다. 홀씨는 자실체에서 엄청난 힘으로 쏘아진다.

냄새 나는 검은 점액은 파리를 꾄다.

갓

자루

주름살은 바퀴살처럼 배열되어 있다.

주름살에서 떨어져 나온 홀씨 수백만 개가 바람에 실려 간다.

팽이버섯
이 버섯은 썩어 가는 나무에 무리지어 핀다. 홀씨는 갓 아래 종잇장 같은 주름살 표면에서 발달하는데, 주름살들을 다 더하면 아주 넓은 면적이 된다. 다 익으면 홀씨는 떨어져서 바람에 멀리 폭넓게 흩뿌린다.

팽이버섯

갓은 방수가 되어서 홀씨가 잘 마른다.

말뚝버섯

말뚝버섯
숲에서 흔히 보이는 버섯으로 땅에서 자라난다. 갓은 점액으로 덮여 있고, 안에 홀씨가 들어 있다. 점액은 썩은 고기 냄새를 풍겨서, 굶주린 파리들이 꼬여든다. 파리가 점액을 먹고서 홀씨를 옮긴다.

털곰팡이가 솜털처럼 표면을 뒤덮는다.

꽃받침

곰팡이는 어떻게 살아갈까

썩어 가는 음식의 표면이 솜털로 덮인 모양을 띠는 이유는 곰팡이 때문이다. 곰팡이는 대부분 죽어서 부패하는 동식물을 먹고 분해하여 영양소가 자연에 재순환되도록 돕는다. 하지만 살아 있는 생물을 공격하는 종류도 있다. 곰팡이는 홀씨를 수백만 개씩 만들어서 퍼뜨리며, 홀씨는 아주 작아서 공중에서 어디로든 떠다닐 수 있다.

◀ 딸기에 핀 곰팡이
흔한 곰팡이인 털곰팡이는 과일과 빵을 비롯한 여러 음식에서 금방 자란다. 이 딸기의 털곰팡이는 서늘한 곳에서 12일 동안 자란 모습이다.

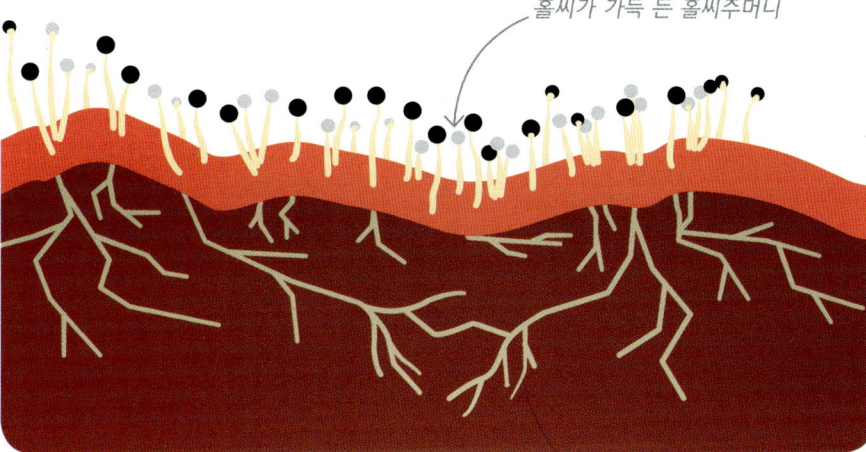

홀씨가 가득 든 홀씨주머니

곰팡이 균사가 과일 표면에 그물처럼 뻗는다.

균사의 그물
곰팡이는 팡이실 또는 균사로 불리는 가느다란 실로 이루어진다. 균사는 분해되는 생물 속으로 파고들어서 분해를 더욱 촉진한다. 표면으로 뻗은 균사는 홀씨가 든 아주 작은 홀씨주머니를 만든다.

홀씨주머니
홀씨주머니가 무수히 자라면서 털곰팡이는 보풀보풀한 모양이 된다. 홀씨주머니는 홀씨가 익으면 흰색에서 검은색으로 변한다. 이윽고 홀씨주머니가 터지면서 홀씨가 공중으로 흩어지고, 새로운 먹이가 있는 곳으로 곰팡이가 퍼진다.

분해
곰팡이나 미생물이 죽은 생물을 먹을 때, 그 안에 든 영양소들이 더 단순한 성분으로 쪼개진다. 이 과정을 분해 또는 부패라고 한다.

❶ 1일째
신선한 과일은 곰팡이가 자라기에 이상적인 환경을 제공한다. 미세한 홀씨가 과일 표면에 내려앉으면, 균사가 안으로 뚫고 들어가서 자라기 시작한다.

❷ 5~7일째
약 일주일 뒤, 과일 표면에 군데군데 보풀이 일면서 곰팡이에 감염되었다는 첫 징후가 나타난다. 균사가 뻗어갈수록, 과일은 점점 더 물렁해진다.

❸ 10일째
곰팡이가 퍼질수록 균사에서 나오는 소화 화학 물질로 과일이 더욱더 분해되면서, 곳곳이 삭아 내리면서 시큼한 냄새가 난다. 잎에 가까운 꽃받침은 부드러운 과일보다 더 늦게 분해된다.

❹ 12일째
12일쯤 지나면 곰팡이가 과육의 많은 부분을 먹어 치운 상태다. 표면에 솟아난 홀씨주머니들에서 홀씨가 나와서 새로운 식품을 찾아 퍼진다.

지의류는 어떻게 살아갈까

지의류는 하나의 생물이 아니라, 두 생물이 모여서 하나가 된 것이다. 한쪽은 균류이고, 다른 한쪽은 대개 조류다. 주로 바위나 나무에 붙어 자란다. 지의류는 건조한 사막에서 극지방의 툰드라에 이르기까지 지구에서 가장 혹독한 환경에서도 살아갈 수 있다. 지의류는 성장하는 데 필요한 것이 거의 없기에, 단단한 바위 속에서도 자랄 수 있다.

이렇게 잎처럼 생긴, 엽상 지의류는 약 2만 종이 알려져 있다.

이 지의류는 나무를 더 선호하지만, 바위를 선호하는 종류도 있다.

개척자
지의류는 뿌리가 아예 없어서 흙이 전혀 필요 없다. 따라서 다른 생물이 살 수 없는 헐벗은 바위 표면 같은 곳에서도 자랄 수 있다. 바위를 뒤덮은 채로 산성 물질을 분비하여 바위를 조금씩 분해해서 흙으로 만든다. 시간이 흐르면, 부식된 바위 부스러기들은 죽은 지의류의 잔해들과 섞여서 새로운 식물이 자라기에 좋은 흙이 된다.

미생물과 균류

치밀하게 들어찬 균사가 지의류의 바깥 구조를 이룬다.

더불어 사는 공생

지의류의 두 협력자는 공생이라는 긴밀한 관계를 이루어서 서로에게 도움이 된다. 균류는 조류를 보호하고, 조류가 주변에서 물과 광물질을 흡수하도록 돕는다. 조류는 광합성을 통해 양분을 만들며, 그중 일부를 균류에게 줘서 보답한다. 지의류를 이루는 조류는 대개 홀로 살아갈 수 있지만, 균류는 그렇지 못하다.

균사로 이루어진 구조 한가운데에 조류가 산다.

털처럼 생긴 가근체(가짜뿌리)라는 구조로 표면에 단단히 들러붙는다.

이 커다란 주황색 그릇에서 지의류가 번식할 홀씨가 만들어진다.

▲주황녹꽃잎지의

사진 속 널리 퍼진 지의류는 대개 나무, 바위, 벽에 붙어산다. 연한 주황색 그릇처럼 생긴 것이 자실체이며, 여기에서 홀씨를 만들어서 퍼뜨린다.

가장 높은 참나무에서 가장 짧은 풀에 이르기까지, **식물**은 지구의 거의 모든 환경에서 일어나는 생명 활동의 중심이다. 식물은 태양으로부터 오는 **빛 에너지**를 포획하여 **광합성**이라는 화학 반응을 통해 자신에게 필요한 양분을 만든다. 이 광합성 과정에서 **산소**라는 기체도 생산된다. 산소는 모든 동물이 호흡할 때 필요한 기체다.

식물

식물은 어떻게 살아갈까

오늘날 지구에는 39만 종이 넘는 식물이 살고 있다.

지구에서 가장 더운 곳과 가장 추운 곳, 가장 습한 곳과 가장 메마른 곳에서 사는 종들도 있다.

새 식물은 동물, 바람, 물을 통해 운반된 씨로부터 자라난다. 동물과 달리 식물은 광합성이라는 과정을 통해 스스로 양분을 만든다.

▶ 꽃식물

식물이 부위마다 하는 일이 다르다. 뿌리는 식물을 땅에 고정시키고, 물과 광물질을 빨아들인다. 긴 줄기는 식물을 지탱하고, 뿌리와 잎 사이에서 물과 영양소를 운반한다. 잎은 태양에서 오는 빛 에너지를 흡수하여 당이라는 형태로 양분을 만든다.

꽃, 씨, 열매는 번식에 중요한 역할을 한다.

새콤을 띤 꽃잎은 꽃가루를 옮겨 줄 곤충을 끌어들여서 식물이 번식을 돕는다.

잎자루는 물과 광물질을 잎으로 운반하고, 잎에서 새로 생산된 양분을 다른 부위로 운반한다.

열매는 처음에 작고 녹색이지만, 익을수록 더 부드러워지고 즙이 많아진다.

많은 꽃식물이 먹을 수 있는 열매 안에 씨를 맺는다. 동물이 열매를 먹으면, 씨는 소화되지 않고 배설물에 섞여 나와서 땅에 떨어진다. 그러면 새 식물로 자랄 수 있다.

씨

익은 열매는 동물에게 먹으라고 유혹하는 선명한 색깔을 띠기도 한다.

꽃눈에는 덜 자란 꽃이 들어 있다.

잎맥은 잎으로 물을 전달한다.

식물　45

얇은 잎은 이산화탄소와 햇빛을 잘 흡수할 수 있도록 표면적이 넓다.

뿌리는 갈라지고 또 갈라지면서 뻗어 나가 식물을 땅에 고정시키고, 넓은 공간에서 물과 광물질을 흡수한다.

물줄기는 식물 전체를 지탱한다. 속에는 물과 광물질을 뿌리로부터 위로 보내는 미세한 관들이 들어 있다. 또 잎에서 뿌리로 양분을 운반한다.

민꽃식물

꽃이 없이, 심지어 씨도 없이 번식할 수 있는 식물들도 있다. 이끼류나 고사리를 비롯한 양치류는 씨 대신에 작은 홀씨를 퍼뜨린다. 홀씨는 바람에 먼지처럼 흩날려서 축축한 흙에 떨어지면 새로운 식물로 자란다.

홀씨는 고사리 잎의 뒷면에서 만들어진다.

햇빛 수확하기

잎에는 태양의 빛 에너지를 가두는 녹색 색소(엽록소)가 있다. 햇빛에서 얻은 에너지를 써서 물과 이산화탄소를 식물에게 필요한 양분으로 바꾸는 광합성을 한다. 이 과정에서 산소도 생산된다. 식물도 주위가 어두워서 광합성을 못할 때에는 동물처럼 산소를 흡수하고 이산화탄소를 내뿜는다.

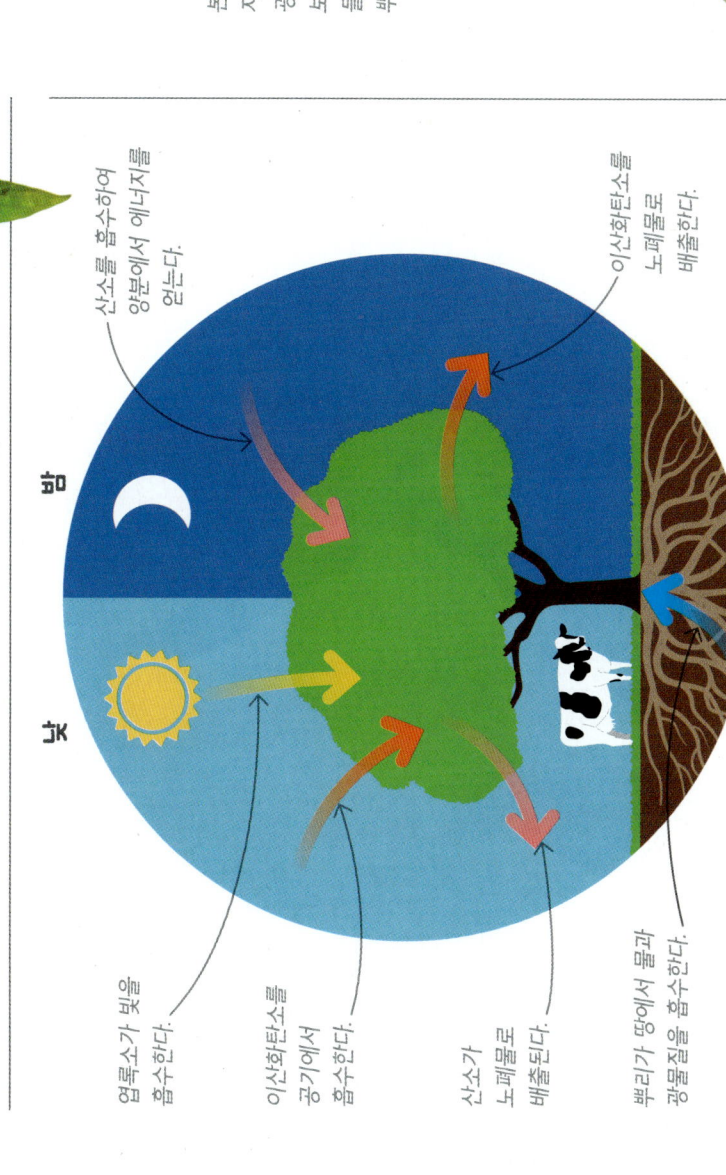

꽃식물은 어떻게 자랄까

모든 꽃식물은 씨앗으로 삶을 시작한다. 씨에서 뿌리와 싹이 자라나면서 식물의 삶이 시작된다. 잘 자라 성숙하면 밝고 향기를 풍기는 꽃이 피어서 동물을 꾄다. 동물은 꽃가루를 이 꽃 저 꽃으로 옮겨서 씨가 맺히도록 돕는다. 씨가 퍼짐으로써, 식물은 새로운 한살이를 시작할 수 있다.

❶ 발아
해바라기 씨의 껍질이 쪼개지면서 발아라는 과정이 시작된다. 뿌리가 아래로 뻗고, 새싹과 첫 잎(떡잎)이 땅 위로 올라온다.

1일째

각각의 씨는 단단한 겉 껍질에 감싸여 보호된다.

씨껍질

3일째

뿌리

떡잎(맨 처음 나는 잎)

줄기

8일째

씨껍질은 벗겨져서 땅에 떨어진다.

줄기가 더 길어진다.

❷ 발달
줄기가 더 길어지면서 떡잎이 펼쳐진다. 떡잎에 붙어 있던 씨껍질은 벗겨진다. 새 잎이 생겨나고 광합성으로 양분을 만들면서 성장이 더욱 빨라진다. 시간이 흐르면 꽃눈이 생긴다.

10일째

뿌리가 뻗으면서 물과 광물질을 흡수한다.

덜 벌어진 꽃눈

줄기에서 잎이 뻗으면서 태양으로부터 에너지를 모은다.

잎자루

50일째

105일째

씨가 발달한다.

씨가 떨어져 나온다.

노란 낱꽃들이 시들어 떨어진다.

④ 씨 맺기
꽃의 꽃가루가 다른 꽃으로 옮겨지는 꽃가루받이(수분)가 이루어진 뒤, 해바라기의 두상화에 속한 낱꽃들은 씨를 맺기 시작한다. 곧 두상화에 씨가 빽빽하게 들어차고 널리 퍼질 준비를 한다. 각 씨는 식물의 한살이를 다시 시작해 한 그루의 해바라기가 될 수 있다.

95일째

▶ **해바라기의 한살이**
성숙하여 다음 세대가 될 씨를 맺기까지 여러 해가 걸리는 식물도 있지만, 해바라기처럼 한살이를 한 해에 끝내는 식물도 있다. 해바라기는 무게 0.1그램에 불과한 씨에서 출발하여, 겨우 두 달 사이에 어른의 키만큼 자랄 수 있다. 해바라기 꽃은 한 송이가 아니라, 아주 많은 작은 꽃들이 모인 것이다. 이런 꽃을 두상화라고 한다.

중앙의 어두운 원반은 최대 2,000개에 달하는 작은 낱꽃들이 모인 것이다.

꽃이 열리면 꽃잎 같은 노란 낱꽃들이 핀다.

하나의 키 큰 줄기 꼭대기에 두상화가 핀다.

③ 개화
꽃눈이 자라도록 양분의 대부분이 꽃눈으로 전달된다. 생식 기관이 일단 성숙하면, 꽃이 활짝 피면서 샛노란 꽃잎처럼 생긴 낱꽃들이 동물들을 꾄다.

75일째

70일째

씨는 어떻게 자랄까

많은 식물이 씨 안에 들어 있는 작은 배아에서 삶을 시작한다. 배아는 씨의 단단한 겉껍질에 보호되어 있고 자체 양분으로 살면서 성장하기에 알맞은 외부 조건이 갖춰질 때까지 기다린다. 물도 온기도 없는 상태에서 수십 년 동안 견딜 수 있는 씨도 있다. 그러다가 물과 온도가 적절한 수준이 되면, 배아는 이윽고 발아하여 한살이를 시작할 수 있다.

씨 안
씨는 배아 단계의 식물을 담은 캡슐이다. 안에 떡잎, 첫 뿌리, 생장을 시작하는 데 필요한 에너지를 제공할 양분이 다 갖추어져 있다. 속씨식물의 씨는 두 종류이다. 떡잎의 수에 따라 외떡잎(단자엽)과 쌍떡잎(쌍자엽)으로 나뉜다.

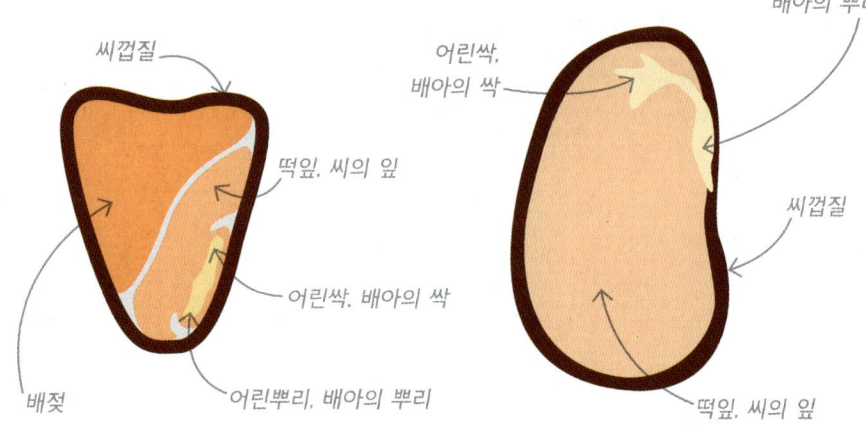

외떡잎
옥수수 같은 외떡잎 식물의 씨에는 떡잎이 한 장만 들어 있다. 이런 외떡잎식물은 배젖이라는 양분 공급원에서 에너지를 얻는다.

쌍떡잎
콩 같은 쌍떡잎식물의 씨에는 떡잎이 두 장 들어 있다. 두 장의 떡잎에 식물이 자라기 시작하는 데 필요한 양분이 들어 있다.

▶ 콩은 어떻게 자랄까
씨가 발아하려면 물, 산소, 적절한 온도가 필요하다. 씨는 물을 흡수하면 부풀기 시작한다. 씨껍질이 갈라져 열리고, 싹과 뿌리가 자라기 시작한다. 2주 사이에 콩은 씨에서 작은 식물로 변한다.

 잠자는 씨
씨는 발아하기에 좋은 조건이 갖춰질 때까지 땅 속에서 잠자고 있다.

 생장을 시작하다
씨껍질이 갈라지고, 배아의 뿌리인 어린뿌리가 흙 속으로 자라기 시작한다.

 싹이 나다
어린뿌리가 흙에서 물을 빨아들이면, 배아의 싹인 어린싹이 위로 자라기 시작한다.

새싹이 자라기 시작한다.

다닥냉이의 싹은 가능한 한 효율적으로 광합성을 하기 위해 빛을 향해 잎을 뻗는다.

잎맥은 줄기에서 온 물과 광물질을 잎으로 전달한다.

본잎

본잎

진짜 잎 밑의 떡잎

다닥냉이 씨

빛을 향해
빛이 식물 줄기의 한쪽에서 비치면, 옥신이라는 호르몬이 반대쪽으로 이동한다. 옥신은 주변의 세포가 더 길게 자라도록 해서, 줄기 전체가 빛을 향해 기울어진다.

떡잎

4 땅 위로 솟다
어린싹은 흙을 뚫고 나와서 빛을 받는다. 광합성을 할 본잎이 돋기 전까지, 식물이 자라는데 필요한 에너지는 떡잎이라는 특별한 잎 두 장에 든 양분에서 나온다.

5 본잎
어린 식물의 첫 번째 본잎이 돋았다. 이제 광합성을 통해 햇빛을 이용하여 식물이 쓸 양분을 만들 수 있게 된다.

6 새 잎
새 잎은 잎맥을 통해 뿌리로부터 물을 공급받으면서 부푼다. 새로 나는 잎들은 자라는 식물에 양분을 공급하는 일을 맡는다.

뿌리와 줄기는 어떤 일을 할까

뿌리와 줄기는 식물의 생명줄이다. 식물을 고정시키고 지탱할 뿐 아니라, 영양소를 운반하는 미세한 관도 지니고 있는 부위이다. 뿌리에서부터 물과 광물질을 나르는 관은 물관이라고 하고, 줄기에서부터 물과 양분을 나르는 관은 체관이라고 한다.

▶뿌리 속

뿌리 끝 주변은 솔처럼 미세한 털로 덮여 있다. 뿌리털은 흙 알갱이 사이로 뻗으면서 물과 광물질을 흡수한다. 물과 광물질은 뿌리의 바깥층을 통과하여 중심에 있는 물관으로 들어와서 줄기로 운반된다. 뿌리에는 체관도 있어서, 줄기로부터 양분과 물이 내려온다. 때로 뿌리는 우리가 먹는 당근처럼 양분이나 물을 저장하기 위해 커지기도 한다.

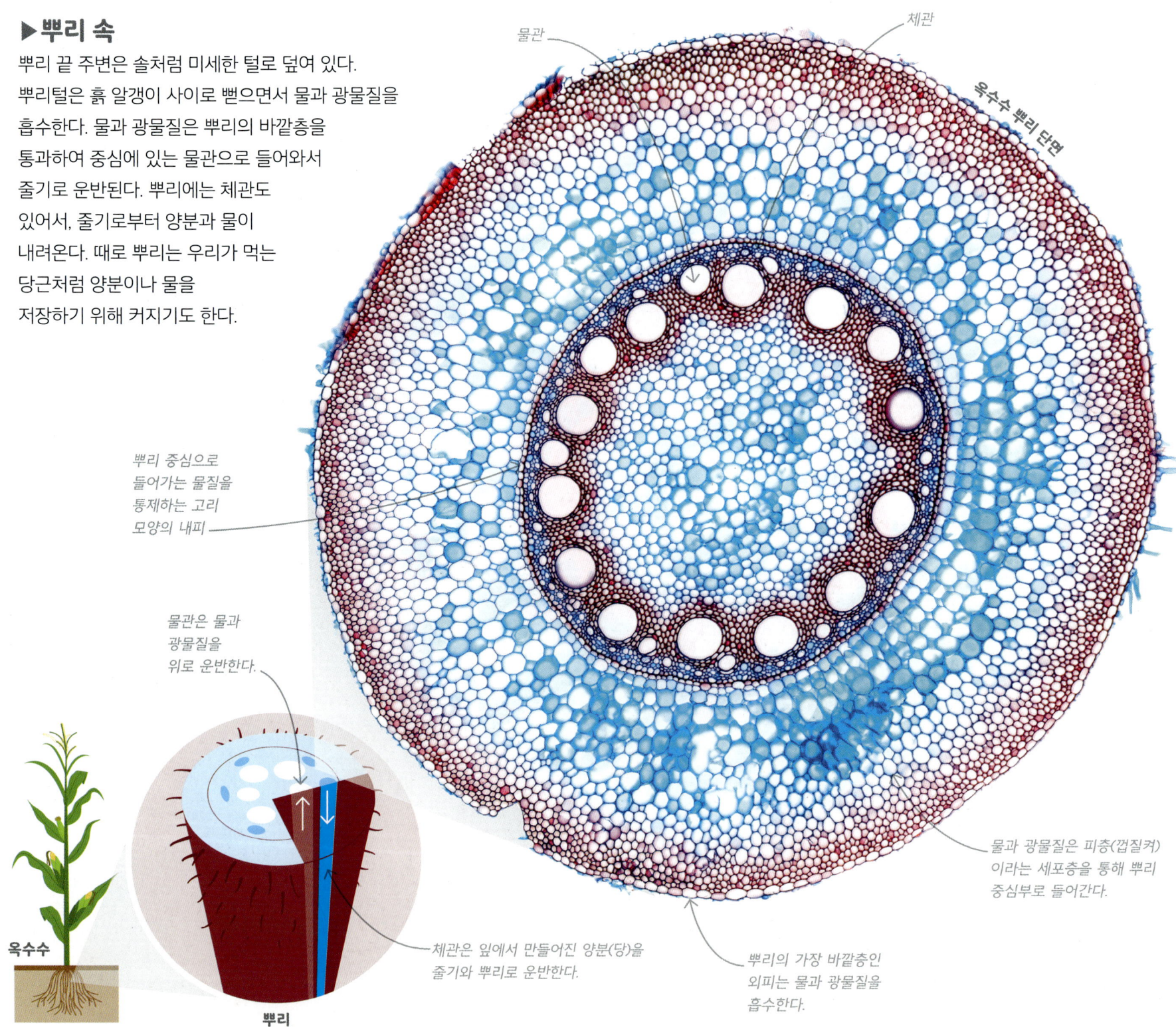

옥수수 뿌리 단면

물관

체관

뿌리 중심으로 들어가는 물질을 통제하는 고리 모양의 내피

물관은 물과 광물질을 위로 운반한다.

체관은 잎에서 만들어진 양분(당)을 줄기와 뿌리로 운반한다.

뿌리의 가장 바깥층인 외피는 물과 광물질을 흡수한다.

물과 광물질은 피층(껍질켜)이라는 세포층을 통해 뿌리 중심부로 들어간다.

옥수수

뿌리

땅에 고정하기

대개 뿌리는 점점 더 갈라지면서 아래로 뻗어서 식물을 한 자리에 고정시키고, 물과 광물질을 빨아들인다. 많은 식물은 수직으로 뻗는 굵고 긴 중심 뿌리가 있다. 이것을 가리켜 원뿌리라고 한다.

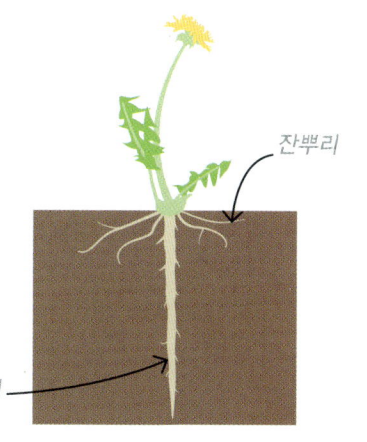

잔뿌리

원뿌리

위로 흐르게 하기

물관 속의 물은 끊기지 않고 한 줄기를 이루어서 올라간다. 잎에서 물이 증발할 때, 더 많은 물이 흙에서부터 뿌리와 줄기를 거쳐서 올라온다. 이 물 흐름을 이용하여 식물은 흙에서 광물질을 빨아들일 수 있다.

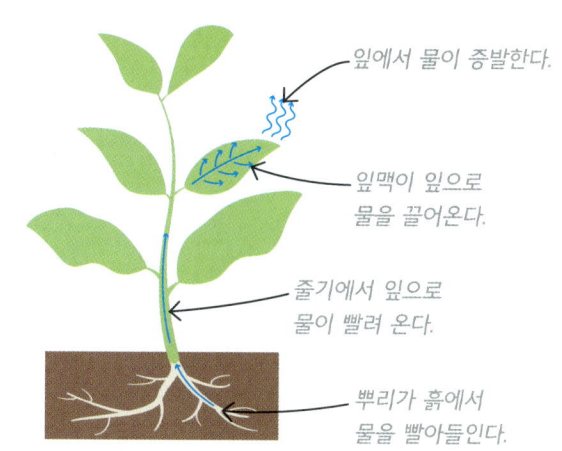

잎에서 물이 증발한다.

잎맥이 잎으로 물을 끌어온다.

줄기에서 잎으로 물이 빨려 온다.

뿌리가 흙에서 물을 빨아들인다.

◀줄기 속

줄기는 위로 갈수록 갈라지며, 셀룰로오스라는 섬유질로 보강되어서 똑바로 서 있을 수 있다. 이 옥수수 줄기는 키가 3미터까지 자랄 만큼 튼튼하다. 하지만 단단한 나무줄기를 이루어서 옥수수보다 훨씬 더 높이 자랄 수 있는 식물도 많다. 모든 줄기 안에는 물과 양분을 운반하는 관들이 들어 있다. 물관이 안쪽, 체관이 바깥쪽에 자리한다. 이것을 관다발이라고 한다.

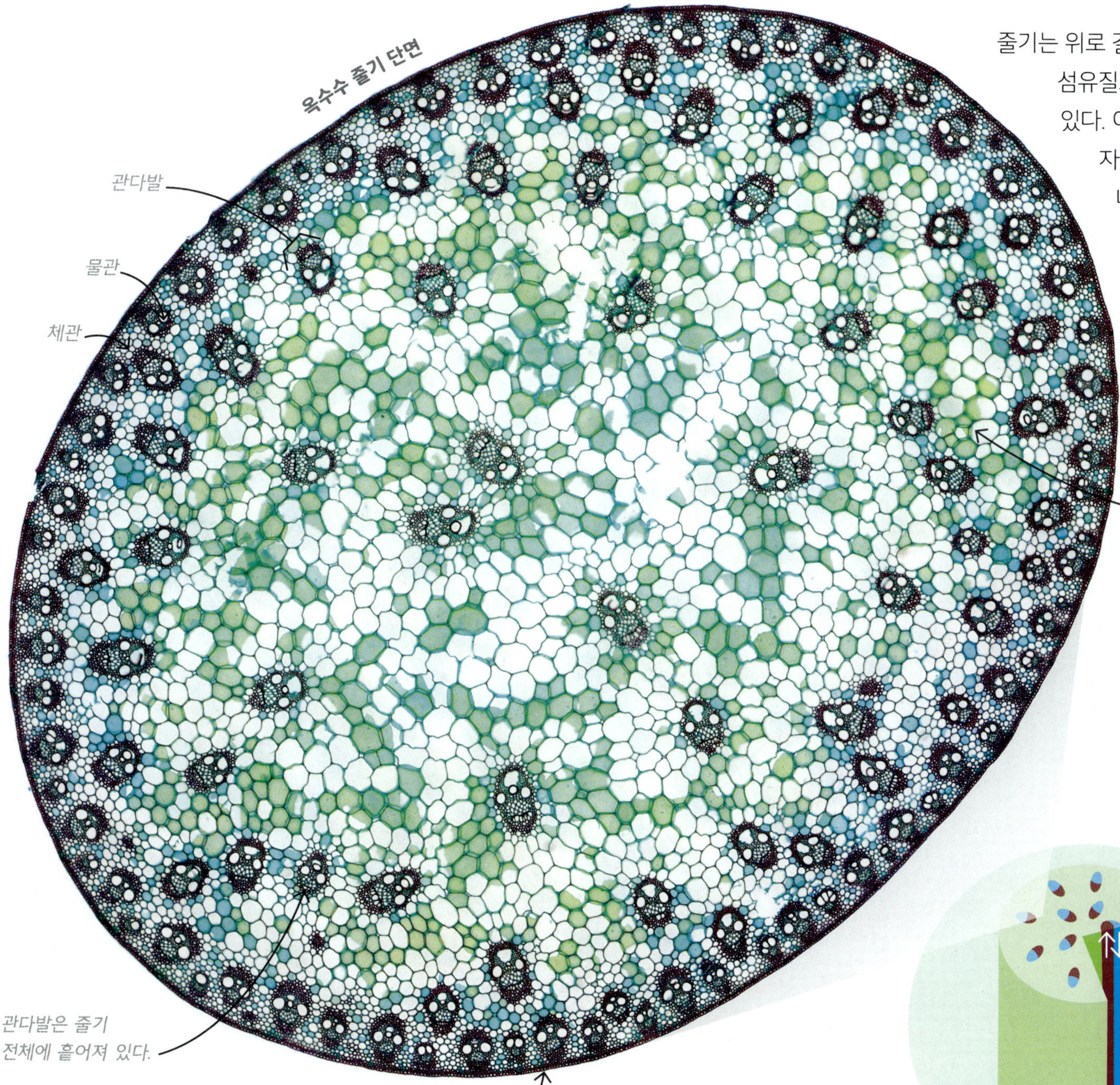

옥수수 줄기 단면

관다발

물관

체관

관다발 사이의 세포들이 줄기의 고갱이를 이루며, 세포 안에는 물이 꽉 들어차 있다.

관다발은 줄기 전체에 흩어져 있다.

줄기의 질긴 바깥층(표피)은 식물이 상하지 않게 보호한다.

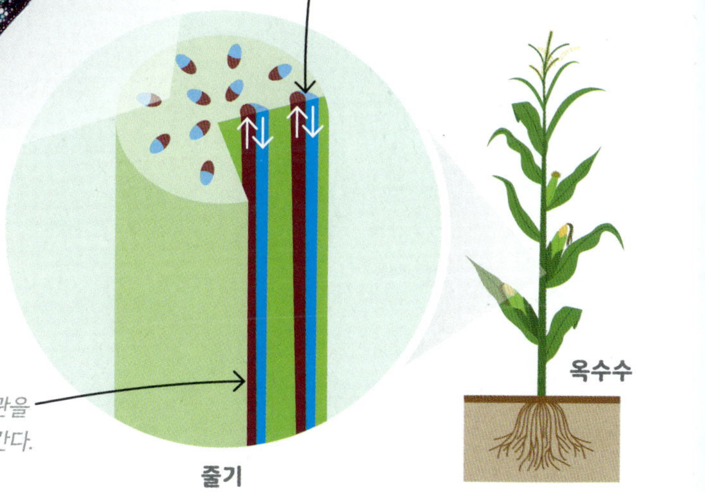

체관은 줄기 속 관다발의 바깥쪽에 자리한다.

물과 광물질은 물관을 타고 잎으로 올라간다.

줄기

옥수수

나무는 어떻게 살아갈까

현재 살아 있는 가장 큰 나무는 30층 건물 높이만 하고, 가장 오래된 나무는 2,000년 넘게 살고 있다. 우리가 나무라고 부르는 거대한 식물들은 대부분 속이 단단한 목질로 된 줄기를 지닌다. 그래서 높이 자랄 수 있어서 햇빛을 더 많이 받기 위한 경쟁에서 이길 수 있다. 한편 나무가 아주 크다는 것은 많은 생물들에게 집이 되어 줄 수 있다는 뜻이기도 하다.

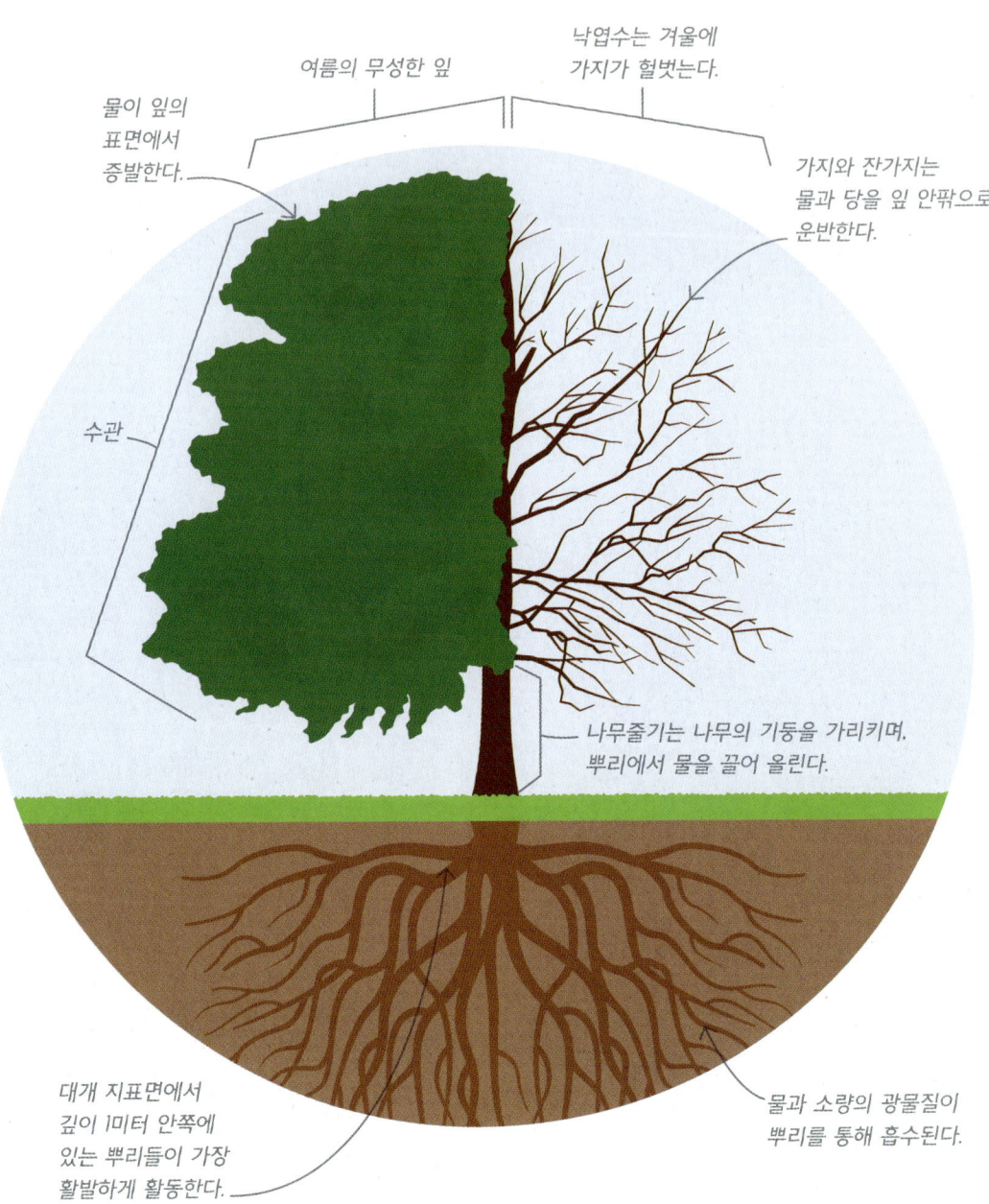

나무의 구조
대부분의 식물처럼, 나무도 뿌리로 흙에서 물과 광물질을 효율적으로 빨아들일 수 있는 구조를 지닌다. 물은 뿌리에서부터 줄기, 가지, 잔가지를 통해 잎으로 전달된다. 잎의 표면에서 물이 증발될 때, 더 많은 물이 빨려 올라온다.

상록수　　낙엽수

상록수와 낙엽수
상록수는 일 년 내내 푸르고, 오래된 잎을 조금씩 떨구면서 새 잎을 피운다. 한편 낙엽수는 춥거나 건조한 계절에 잎을 다 떨구고 가지만 남는다. 기온을 비롯한 조건이 좋아지면 새 잎이 한꺼번에 난다.

나이테
나무줄기는 나무껍질 바로 안쪽에 새 목질이 생기면서 해마다 굵어진다. 새 목질층이 생길 때마다 나이테가 하나씩 늘어난다. 나무를 베면, 나이테를 세어서 나무의 나이를 알 수도 있다.

식물 53

◀참나무 줄기 속

큰 나무줄기의 99퍼센트 이상은 사실상 죽은 부위인 심재이다. 메마른 심재는 줄기 한가운데서 줄기를 지탱한다. 심재를 감싸는 변재에는 물이 지나간다. 심재와 변재는 둘 다 물관 조직으로 만들어진다. 변재 바깥쪽은 살아 있는 부위인 부름켜와 속껍질, 즉 체관이 감싸고 있다. 체관 바깥에는 겉껍질이 있다.

나무줄기 한가운데서 나무를 지탱하는 심재는 더 이상 물을 나르지 않는 오래된 물관들로 이루어져 있다.

연한 색의 변재는 뿌리로부터 물을 위로 운반하는 새 물관들로 이루어진다.

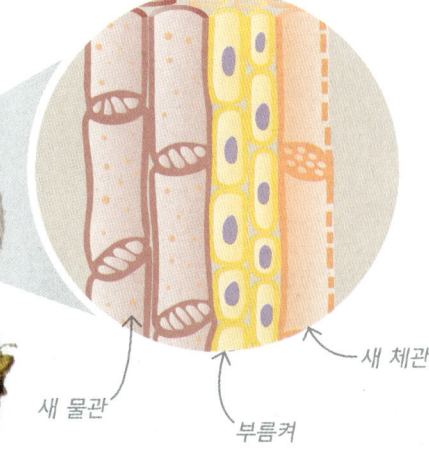

새 물관   부름켜   새 체관

새 층

목질부(물관)와 속껍질(체관) 사이에는 부름켜라는 생장 세포층이 있다. 새로운 목질부와 속껍질을 만드는 곳이다. 살아 있는 이 층이 나무의 가장 젊은 부위다.

속껍질은 살아 있는 체관 세포로 이루어지며, 물과 양분을 나무 곳곳으로 운반한다.

겉껍질은 안쪽의 살아 있는 속껍질을 보호하기 위해 표면이 단단하다. 동시에 줄기가 산소를 흡수할 수 있도록 미세한 구멍이 나 있다.

잎은 어떤 일을 할까

잎은 햇빛 에너지를 모아서 광합성을 통해 식물이 쓸 양분을 만들어 낸다. 잎이 만든 양분에 저장된 에너지는 식물을 먹은 동물이 뽑아 쓸 수 있으므로, 광합성은 거의 모든 동물이 의지하는 양분을 생산하는 과정이기도 하다. 또 광합성 과정에서 생겨난 산소는 지구 대기로 뿜어져서, 동물이 숨 쉬는 데 이용할 수 있다.

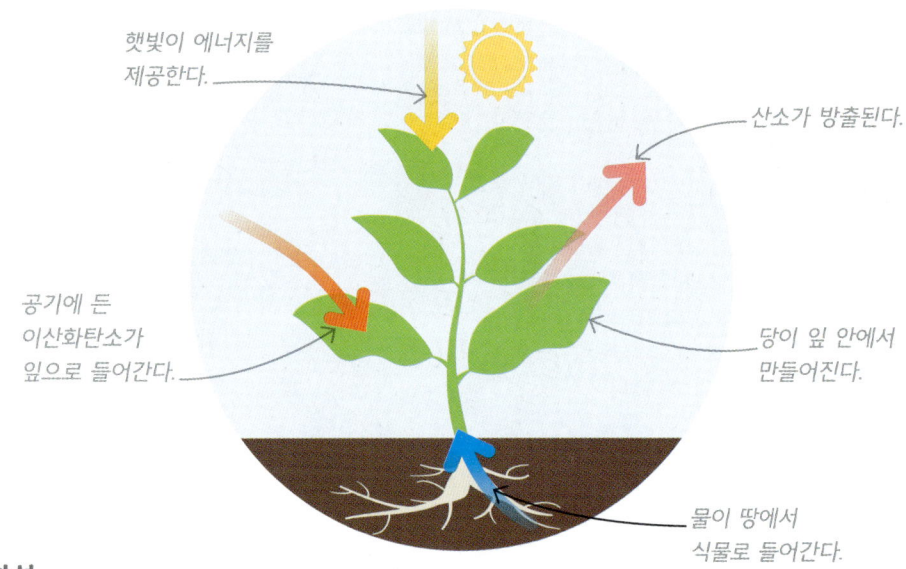

광합성
광합성을 할 때, 식물의 잎은 태양에서 오는 빛 에너지를 이용하여 공기의 이산화탄소와 땅에서 빨아들인 물을 결합한다. 이 복잡한 화학 반응으로 당과 같은 탄수화물이 생산된다. 식물은 이 물질을 이용하여 에너지를 저장하고, 자라는 데 필요한 새로운 조직을 만든다.

시금치

▶잎 속
시금치 잎을 잘라 전자 현미경으로 수백 배 확대해 잎 속에 있는 세포들을 들여다보았다. 잎의 한가운데로 주맥이라는 굵은 잎맥이 지난다. 주맥은 물과 광물질을 잎으로 운반하고, 새로 만들어진 양분을 다른 부위로 보내는 통로다. 광합성은 햇빛을 가장 많이 받는 잎의 윗면 가까이에서 주로 이루어진다.

식물 55

세포층
잎은 여러 겹의 층으로 이루어지며, 층마다 세포의 종류가 다르다. 세포층마다 하는 일도 다르다.

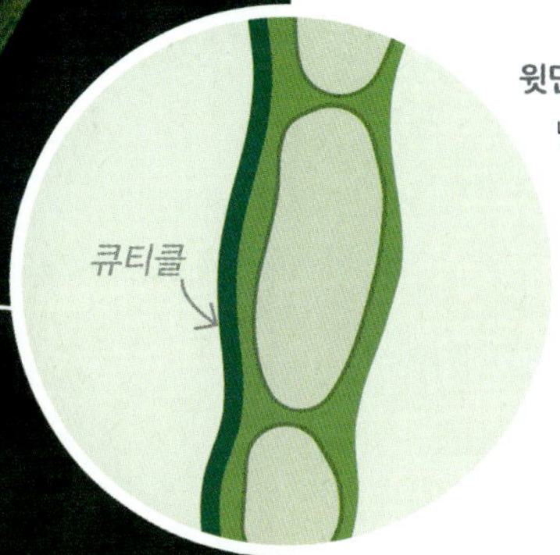

윗면 표피
납작한 세포들로 이루어진 겉으로 드러난 층으로, 빛이 투과한다. 큐티클이라는 왁스 방수막이 뜨거운 태양의 열기에도 수분이 너무 많이 빠져 나가지 못하게 막는다.

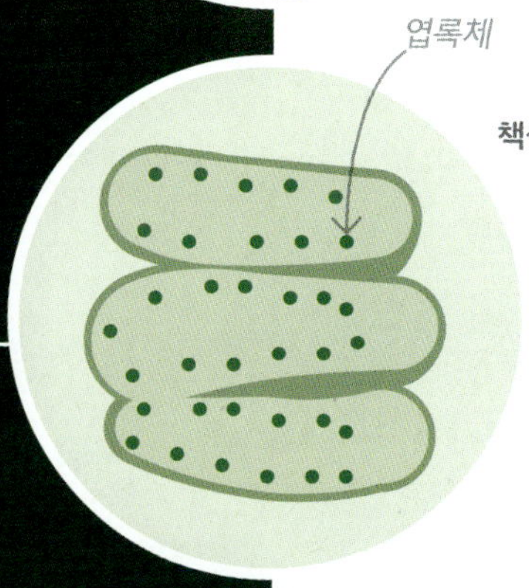

큐티클

책상 조직
이 층에는 엽록체를 지닌 타원형 세포들이 빽빽하게 들어 있다. 광합성은 엽록체 안에서 일어난다. 엽록체는 엽록소로 빛을 포획한다. 엽록소가 녹색 색소여서 식물이 녹색을 띤다.

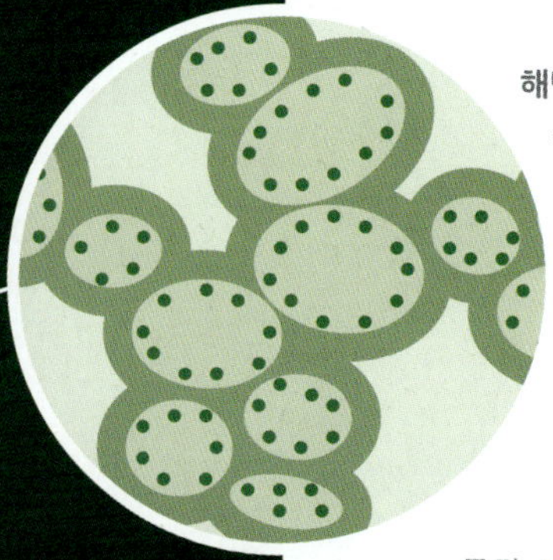

엽록체

해면 조직
책상 조직 밑에는 얇은 벽을 지닌 세포들이 성기게 자리하여 빈 공간이 많은 층이 있다. 이 빈 공간을 통해서 이산화탄소가 책상 조직층으로 들어간다.

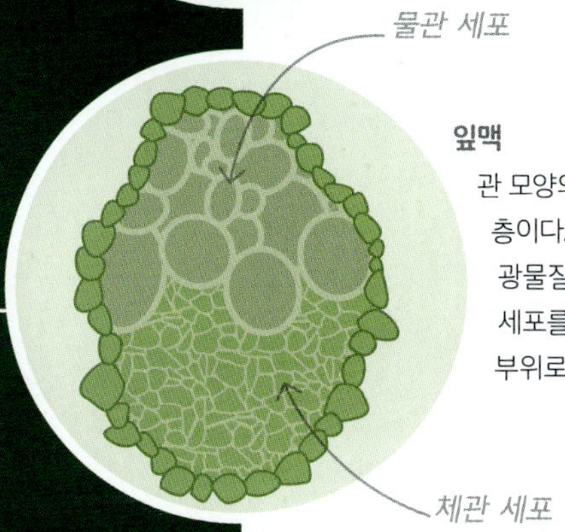

잎맥
관 모양의 세포 다발로 이루어진 층이다. (물관 세포를 통해) 물과 광물질을 잎으로 운반하고 (체관 세포를 통해서) 당을 잎에서 나머지 부위로 운반하는 일을 한다.

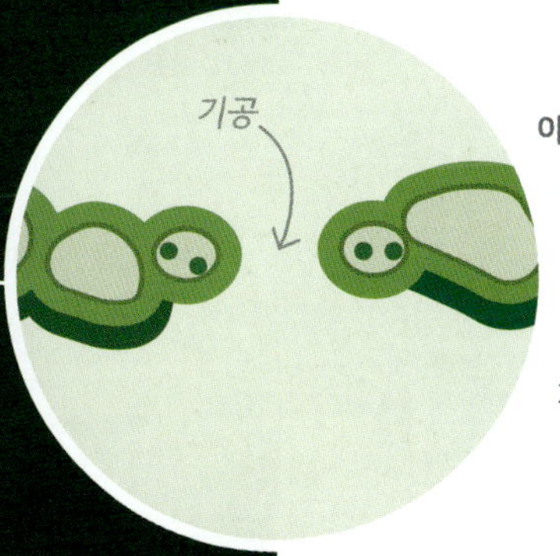

물관 세포
체관 세포

아랫면 표피
세포의 바닥층인 아랫면 표피에는 기공이라는 미세한 구멍이 나 있다. 공기가 잎으로 드나드는 통로다. 기공은 건조한 날씨에는 수분을 지키기 위해 닫힌다.

기공

꽃은 어떤 일을 할까

많은 꽃이 화려한 색깔과 달콤한 향기를 지닌다.
사람이 아니라 벌과 박쥐 같은 동물들을 끌어들이기 위해 준비한 것이다. 동물은 꽃꿀을 찾아서 꽃 사이를 옮겨 다니는 동안 자신도 모르게 식물을 위해 중요한 일을 한다. 꽃가루를 몸에 묻혀 다른 꽃에 옮김으로써 식물의 번식을 돕는다.

벌의 다리에 묻은 **꽃가루**

뒤영벌

▶ 꽃가루받이(수분)
꽃식물은 꽃가루받이 과정을 통해서 유성 생식을 한다. 꽃의 수 생식 기관은 노란색의 꽃가루를 만든다. 꽃가루에는 수 생식 세포가 들어 있다. 꽃가루가 바람이나 동물(꽃가루 매개자)에 실려 다른 꽃으로 옮겨져 암 생식 기관에 전달되면, 암수 생식 세포가 결합하고 씨가 맺힌다.

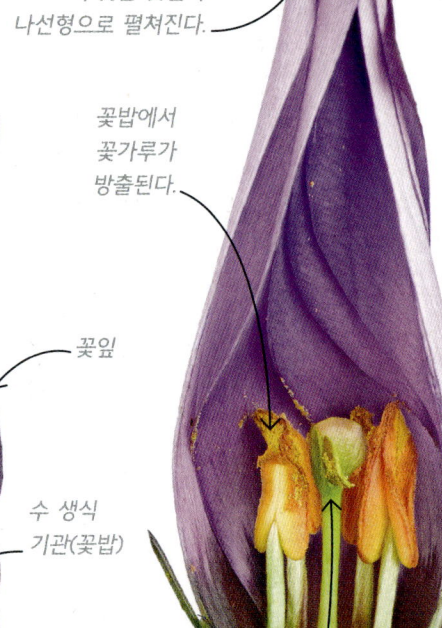

- 선명한 색깔로 꽃가루 매개자를 꾄다.
- 이 꽃은 꽃잎이 나선형으로 펼쳐진다.
- 꽃밥에서 꽃가루가 방출된다.
- 꽃잎
- 수 생식 기관(꽃밥)
- 암 생식 기관(심피)
- 벌어지지 않은 암술머리
- 암 생식 기관의 꼭대기를 암술머리라고 한다.
- 꽃의 바닥에 있는 꿀샘에서 꽃꿀을 만든다.
- 꽃눈
- 꽃받침
- 꽃대

① 새 꽃눈
꽃이 피기 전, 꽃잎과 생식 기관은 꽃눈 안에 뭉쳐 있다. 꽃받침이라는 잎처럼 생긴 기관이 눈을 감싸서 보호한다.

② 꽃잎이 펴질 시간
생식 기관이 형성되면, 꽃은 펴질 준비를 한다. 꽃받침이 뒤로 휘어지고 꽃대의 맥으로부터 물이 흘러들면서 꽃잎이 빠르게 펼쳐진다. 꽃도라지 꽃을 수직으로 가르면 안쪽의 생식 기관들이 보인다.

③ 펼쳐지는 꽃눈
꽃잎이 팽창하면서 펼쳐진다. 이윽고 밝은 색깔의 테두리를 이룬다. 곤충의 눈에는 우리 눈보다 훨씬 더 밝게 보인다.

④ 곤충 꾀기
꽃이 벌어지면 많은 꽃은 강한 향기를 풍겨서 꽃가루 매개자를 꾀어 들인다. 동물을 안쪽 깊숙이 끌어들이기 위해서 꽃잎이 붙은 밑동 가까이에서 뿌리치기 힘든 달콤한 액체를 분비한다. 바로 꽃꿀이다.

벌어진 암술머리는 꽃가루가 잘 붙도록 표면이 끈적거린다.

암 생식 기관의 아래쪽은 씨방이라고 한다.

꽃가루 매개자가 꽃밥을 건드릴 때 꽃가루가 몸에 묻는다.

씨방에는 밑씨라는 작은 알갱이들이 들어 있다. 밑씨가 바로 씨로 자라나는 부위다.

꽃도라지(리시언더스)

꽃가루는 자라면서 **암술머리**에서 **씨방**으로 들어간다.

씨방 — 밑씨 — 꽃가루관

❺ 꽃의 손님들
곤충이 꽃꿀을 먹으려고 들른다. 곤충은 꽃 안으로 기어들 때 꽃밥을 건드리면서 꽃가루를 뒤집어쓴다. 이 꽃가루는 곤충이 다른 꽃을 들를 때 떨어져 암술머리에 묻는다.

❻ 꽃의 손님들
암술머리에 묻은 꽃가루는 씨처럼 싹을 뻗는다. 이 싹은 암술머리 밑으로 파고드는 관이 된다. 관이 심피로 뻗으면서, 수 생식 세포가 씨방으로 들어간다. 수 생식 세포는 밑씨로 들어가서 알세포와 융합하여 배아를 형성한다. 배아는 아주 어린 식물이다. 배아 주변의 밑씨가 익으면 씨가 된다.

꽃의 종류

모든 꽃은 동일한 과제를 안고 있다. 유성 생식을 하려면 꽃가루를 다른 꽃으로 옮겨야 한다는 것이다. 이 목표를 이루는 방식은 다양하다. 어떤 꽃은 달콤한 꽃꿀로 날아다니는 동물을 꾀어서, 꽃가루를 묻혀 옮긴다. 또 어떤 꽃은 꽃가루를 공중에 흩뿌려서 바람을 타고 날아가도록 한다.

조매화

일부 꽃은 자신의 꽃가루가 확실히 같은 종의 꽃으로 옮겨질 수 있도록, 특정한 꽃가루 매개자와 긴밀한 관계를 맺는 쪽으로 진화했다. 새를 통해 꽃가루를 옮기는 식물은 꽃이 긴 통 모양일 때가 많다. 부리가 긴 새만이 꽃 안쪽 깊숙이 있는 꽃꿀을 얻을 수 있게 한 것이다.

널리 광고하기

꽃가루 매개자를 최대한 많이 꾀기 위해서, 일부 식물은 다양한 동물들이 꽃꿀을 먹을 수 있도록 한다. 잘 보이는 단순한 모양에 강한 향기를 풍기는 꽃을 피운다. 절굿대는 벌에서 나비에 이르기까지 다양한 곤충을 자석처럼 꾄다.

의태

난초들은 저마다 다른 전략을 써서 자기 꽃만을 찾는 꽃가루 매개자를 꾄다. 꿀벌난은 벌 암컷처럼 생긴 꽃을 피운다. 벌 수컷은 꿀벌난의 꽃에 와서 짝짓기를 하려다가 꽃가루를 옮긴다.

절굿대의 낱꽃(작은 꽃)은 꽃꿀을 쉽게 먹을 수 있도록 얕은 형태이다.

긴 부리를 지닌 새는 대롱꽃 깊숙이 든 꽃꿀을 쉽게 먹을 수 있다.

새가 꽃꿀을 빨 때 끈끈한 꽃가루가 머리에 묻는다.

난초의 꽃은 벌 암컷을 흉내 낸다.

풍매화
풍매화는 꽃가루를 공중에 흩뿌린다. 대부분은 버려지지만, 아주아주 많이 만들기 때문에 꽃가루받이가 확실히 이루어진다. 암꽃은 꽃가루를 붙잡을 수 있도록 깃털 같은 암술머리를 지닌다.

수 꼬리꽃차례

히말라야자작나무

바나나 꽃

자라는 바나나

암꽃마다 바나나가 한 개씩 열린다.

꽃턱잎이라는 커다란 자주색 기관이 바나나 꽃을 보호한다.

바람으로 꽃가루받이 하는 자작나무의 꼬리꽃차례는 수백만 개의 꽃가루를 공중에 뿌린다.

야간 꽃가루받이
일부 꽃은 나방이나 박쥐처럼 밤에만 돌아다니는 동물을 통해 꽃가루를 옮긴다. 밤에는 꽃 색깔을 보기 어려우므로, 밤에 꽃가루받이하는 꽃은 하얀 꽃잎에 강한 향기를 풍기는 경향이 있다. 야생 바나나는 박쥐가 꽃가루를 옮긴다. 박쥐는 튼튼한 꽃턱잎에 매달린 채 꽃꿀을 빤다.

새벽박쥐

금파리

강렬한 색이 썩어 가는 고기를 닮았다.

시체꽃

미세한 털은 곰팡이를 닮았다.

냄새로 꾀기
시체꽃은 꽃을 피우면서 썩어 가는 고기 냄새를 풍긴다. 이 악취에 동물 사체를 흔히 먹는 금파리와 딱정벌레가 모여든다. 이 곤충들이 시체꽃의 꽃가루를 다른 꽃으로 옮겨서 수정시킨다.

열매의 종류

사과처럼 열매임을 쉽게 알아볼 수 있는 것도 있지만 토마토, 후추, 완두콩처럼 채소라고 부르지만 실제로는 열매인 것도 있다. 꽃의 씨방에서 발달하기 때문이다. 감귤류와 배처럼 과육이 많은 열매 중 상당수는 씨방이 하나뿐인 꽃에서 생긴다. 씨방이 여러 개이거나 여러 개의 꽃에서 생기는 딸기 같은 더 복잡한 열매도 있다.

헛열매
꽃의 씨방에서 발달하지 않은 열매를 헛열매라고 한다. 일례로 사과는 씨방 밑의 조직이 발달하여 형성된 것이다.

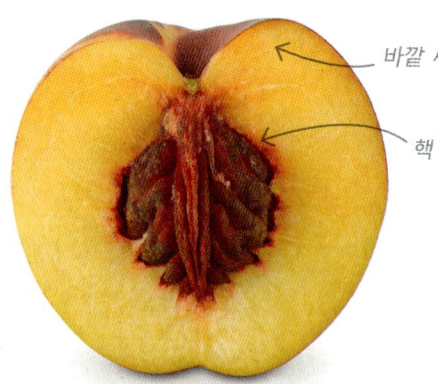

핵과
중심에 단단한 핵 한 개가 들어 있는 다육질 열매다. 핵은 씨방의 안쪽 부분이 딱딱해져서 형성된 것이고, 그 안에 씨가 하나 들어 있다.

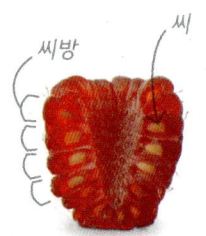

집합과
한 꽃의 여러 씨방에서 발달한다. 씨방들이 합쳐져서 딸기와 오디 같은 열매가 된다.

견과
견과는 씨가 든 씨방이 단단해져서 껍데기가 되는 열매다. 다른 마른 열매와 달리, 견과류는 익어도 갈라져서 씨가 밖으로 나오지 않는다.

꼬투리
우리는 꼬투리에 든 완두콩을 채소라고 생각하지만, 사실은 열매다. 꼬투리는 꽃의 씨방에서 발달하며, 그 안에 든 완두콩이 씨다.

▼꽃에서 열매로

꽃의 노출된 부위들이 시들 때, 씨 주위로 열매가 형성되기 시작한다. 열매는 식물의 다른 부위들이 광합성을 통해 만드는 녹말 같은 양분을 저장한다. 커지고 익을수록, 저장된 녹말이 당으로 변하면서 열매는 점점 더 부드러워지고 달콤해진다. 다른 많은 열매처럼 토마토도 익을수록, 씨를 퍼뜨릴 동물을 끌어들이기 위해 녹색에서 빨간색으로 변한다.

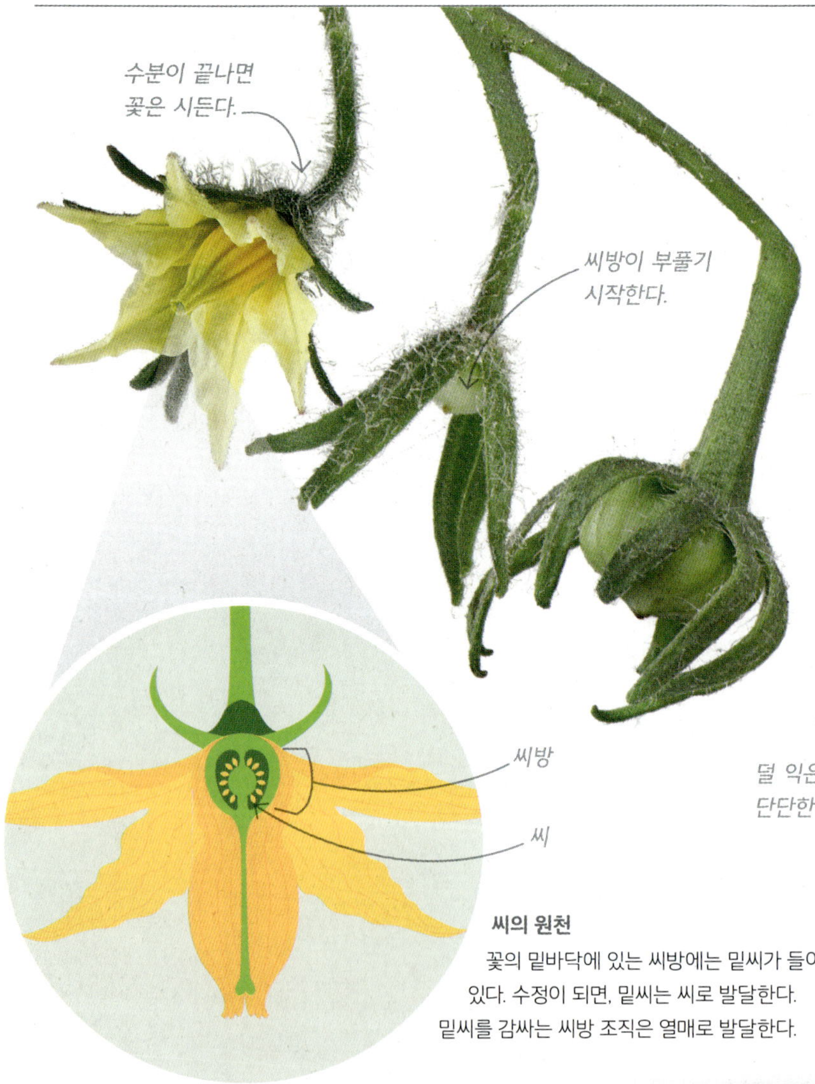

씨의 원천
꽃의 밑바닥에 있는 씨방에는 밑씨가 들어 있다. 수정이 되면, 밑씨는 씨로 발달한다. 밑씨를 감싸는 씨방 조직은 열매로 발달한다.

열매는 어떻게 자랄까

꽃이 수정되고 나면, 씨방은 부풀고 익어서 열매가 된다. 많은 열매는 선명한 색깔과 달콤한 과육을 지닌다. 동물이 먹고, 먹은 후에는 씨가 배설물에 섞여서 배출되도록 하기 위해서다. 열매 중에는 바짝 말라서 단단해지는 것도 있고, 사실은 열매이지만 우리가 채소라고 생각하는 것도 있다.

꽃받침

꽃대

씨

씨방 벽

열매가 익으면서 색깔이 변한다.

꽃턱

각 씨는 두상화에 느슨하게 붙은 단단한 껍데기(수과)에 들어 있다.

공기와 물을 따라 여행하기

공중에서 여행하는 씨는 작고 가벼워야 한다. 공기 저항을 높여서 계속 떠 있기 위해 날개나 털이 달린 씨가 많다. 물로 퍼지는 씨는 공기보다 물에 잘 떠야 하므로 훨씬 더 커질 수 있다.

양귀비
씨가 맺힌 양귀비 두상화는 바람에 흔들릴 때마다 씨를 공중으로 흩날린다.

단풍나무
단풍나무 씨의 날개는 회전을 일으켜서 떨어지는 속도를 늦춘다. 그래서 나무에서 멀리 떠갈 수 있다.

코코넛
코코넛은 바다에 둥둥 떠서 먼 해안까지 밀려가서 싹이 튼다.

씨는 어떻게 퍼질까

씨는 부모 식물로부터 멀리까지 여행해야 한다. 새 서식지를 찾아 잘 자라기 위해서 멀리 가려는 것이다. 씨가 적당한 목적지에 도착할 수 있도록, 식물은 엄청나게 많은 씨를 다양한 방식을 써서 퍼뜨린다. 바람을 타기 쉽게 날개나 낙하산이 달린 씨도 있다. 동물의 털에 달라붙거나 심지어 몸속에 들어가서 운반되는 씨도 있다.

갓털이 바람을 탄다.

캡슐 같은 딱딱한 수과가 씨를 보호한다.

갈고리

◀민들레 씨

민들레꽃은 100~150개의 씨를 만든다. 낱꽃마다 하나의 씨를 만들어서 수과라는 자그마한 단단한 열매에 담아 뿌린다. 씨는 깃털 낙하산(갓털, 관모)이 달려 있어서, 바람을 타고 멀리 날아간다.

작은 미늘들이 있어서, 일단 내려앉은 씨는 땅에 달라붙는다.

동물에 실려 여행하기

동물을 통해 퍼지는 씨는 바람에 날리는 씨처럼 작을 필요가 없다. 그래서 더 크고 수가 더 적다. 동물의 몸에 달라붙는 것도 있고, 열매째 삼켜지는 것도 있다. 씨는 멀리 떨어진 곳에서 비료가 될 동물 배설물에 섞여서 배출된다.

우엉
우엉의 씨에는 갈고리가 달려 있어서 지나가는 동물의 몸에 달라붙어 퍼진다.

도토리
도토리는 새와 다람쥐를 통해 퍼진다. 나중에 먹으려고 도토리를 묻어서 숨겨두었다가 잊곤 하기 때문이다.

까치밥나무
까치밥나무 열매처럼 작은 장과는 새가 먹는다. 씨는 나중에 새의 배설물에 섞여서 나온다.

낙엽수림

여름에서 가을로 접어들 때, 미국 뉴잉글랜드의 나무들이 무성한 녹색에서 노란색, 주황색, 빨간색, 자주색으로 서서히 잎 색깔이 변했다. 가을에 단풍이 드는 이유는 낮이 짧아짐에 따라 햇빛에서 에너지를 흡수하는 일을 하는 잎의 녹색 색소가 분해되어서 사라지고 다른 색소들이 겉으로 드러나기 때문이다. 이윽고 나무에 쓸모가 없어진 잎은 다 떨어지고, 겨울 동안 가지만 남게 된다.

식물은 어떻게 방어를 할까

잎과 줄기에는 가시가 아닌 털도 많이 나 있다.

털 속에는 통증을 일으키는 자극 물질이 가득하다.

단단한 관 모양의 밑동은 찌르는 털을 지탱한다.

가시 끝은 약해서 쉽게 부러진다.

바늘처럼 생긴 가시가 잎 밑면을 덮고 있다.

굶주린 동물에게 공격을 받아도, 식물은 달아나거나 맞서 물어뜯을 수 없다. 대신에 식물은 질긴 껍질과 떫은 맛, 소화시킬 수 없는 잎부터 찔리면 무척 아픈 가시와 침에 이르기까지, 다양한 방어 전략을 써서 스스로를 지킨다. 식물의 무기들에 고통을 겪은 동물은 같은 식물을 두 번 다시 건드리지 않을 수 있다.

▶ **쐐기풀**
쐐기풀의 줄기와 잎은 속이 빈 작은 가시로 덮여 있다. 가시 안에는 독한 화학 물질 혼합물이 들어 있다. 이 화학 물질들은 최대 12시간 동안 동물에게 고통스러운 염증을 일으킬 수 있다.

찌르는 털

쐐기풀의 속이 빈 가시는 털의 일종으로서 주사기처럼 작용한다. 접촉하면 끝이 부러지면서 날카로운 가시가 피부를 찌르고 유독한 화학 물질을 주입한다.

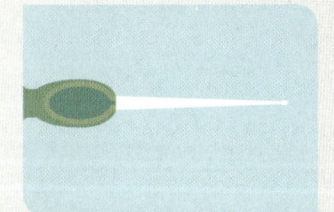

1 독을 지닌 침
유독한 화학 물질들은 쐐기풀 가시의 밑동에 저장된다.

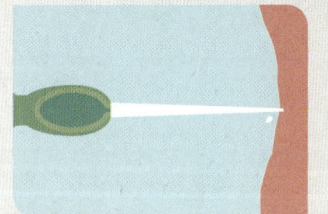

2 끝이 부러진다
동물이 잎을 뜯어 먹으면 가시의 약한 끝이 부러진다.

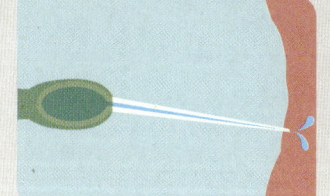

3 피부를 꿰뚫는다
가시가 피부를 뚫고서 유독한 화학 물질을 주입한다.

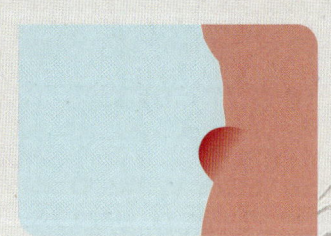

4 고통스러운 발진
피부에 발진이 일어나고, 타는 듯이 아프고 쓰리다.

식물 | 67

식물의 무기

식물은 굶주린 동물을 막는 여러 수단을 갖고 있다. 무해해 보이지만 잎에 강력한 독소를 지닌 식물도 있다. 날카로운 가시를 지니거나 곤충을 보호자로 삼아서 자신을 지키는 식물도 있다.

가시
건조한 서식지에 사는 일부 동물들은 식물을 먹어서 갈증을 해소한다. 먹히지 않기 위해, 선인장 같은 식물은 몸을 가시로 뒤덮어서 보호한다.

화학 물질
디펜바키아는 무해한 실내 식물처럼 보이지만, 독성이 아주 강하다. 씹으면, 잎의 세포들이 동물의 입으로 유독한 결정들을 내뿜는다. 동물은 토하고 마비되고 장기 손상까지 입을 수 있다.

동맹자
일부 식물은 보호받는 대신 보상을 하여 동물과 동맹을 맺는다. 남아메리카의 세크로피아나무는 공격적인 아스테카개미에게 집을 제공하며, 그 보답으로 개미는 나무로 접근하는 다른 곤충들과 식물들을 공격한다.

나뭇진
일부 나무는 끈적거리는 나뭇진을 분비하여 상처를 치유하고, 갉아 대는 곤충을 막거나 죽인다. 나뭇진은 곤충을 가둘 수 있고, 시간이 흐르면서 단단히 굳은 나뭇진이 화석화하면 호박이 된다.

68 식물

선명한 색깔이 먹이를 꾄다.

▼끈끈이주걱
끈끈이주걱은 세계 식충 식물의 약 4분의 1을 차지한다. 많은 식충 식물처럼 핵심 영양소가 부족한 늪 주변의 흙에 살기 때문에 동물을 잡아먹어서 보충한다. 잎은 접착제 같은 방울을 분비하는 끈적거리는 붉은 촉수로 덮여 있어 먹이를 잡는 역할을 한다.

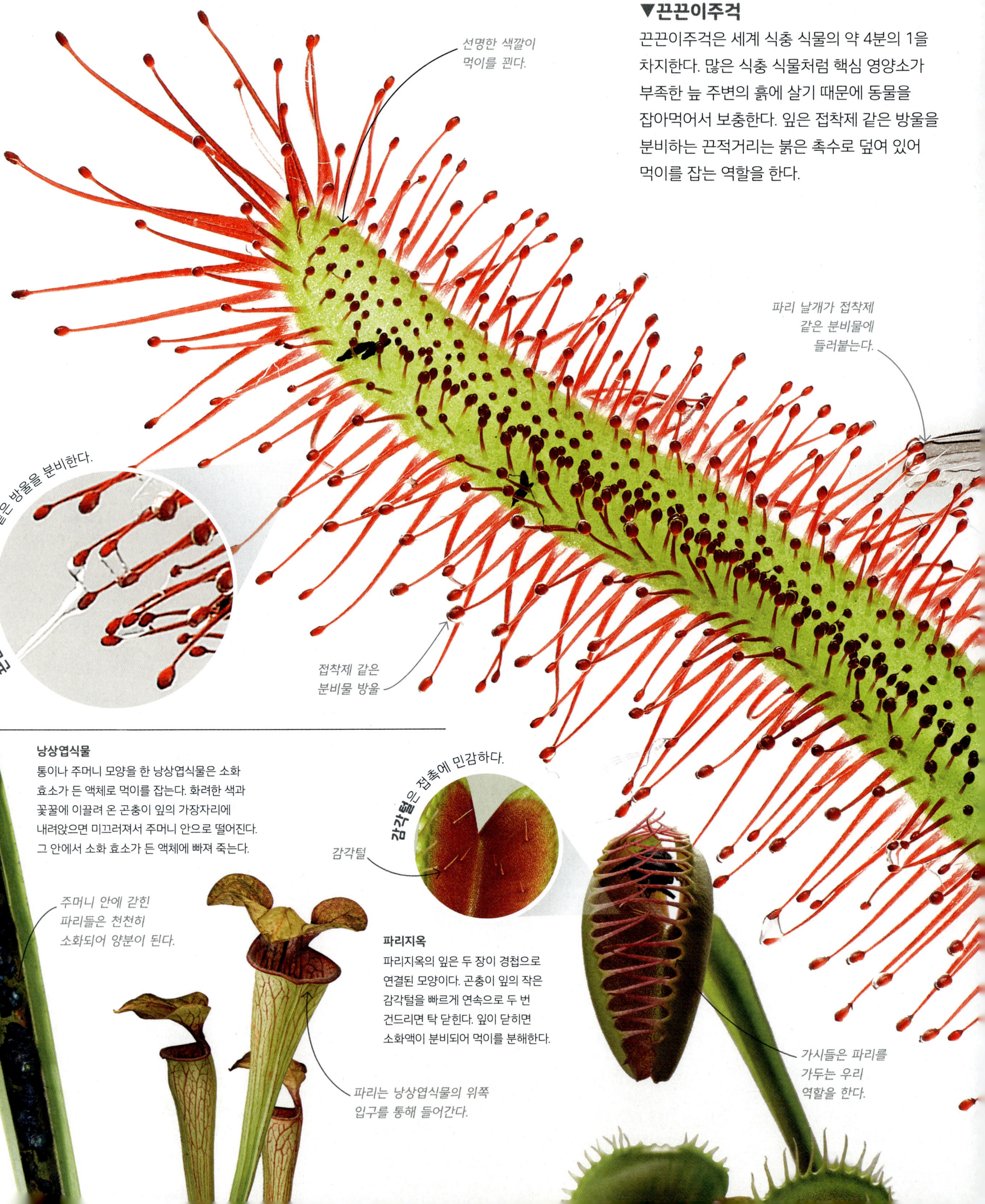

파리 날개가 접착제 같은 분비물에 들러붙는다.

끈끈이주걱의 털은 접착제 같은 방울을 분비한다.

접착제 같은 분비물 방울

낭상엽식물
통이나 주머니 모양을 한 낭상엽식물은 소화 효소가 든 액체로 먹이를 잡는다. 화려한 색과 꽃꿀에 이끌려 온 곤충이 잎의 가장자리에 내려앉으면 미끄러져서 주머니 안으로 떨어진다. 그 안에서 소화 효소가 든 액체에 빠져 죽는다.

감각털은 접촉에 민감하다.

감각털

파리지옥
파리지옥의 잎은 두 장이 경첩으로 연결된 모양이다. 곤충이 잎의 작은 감각털을 빠르게 연속으로 두 번 건드리면 탁 닫힌다. 잎이 닫히면 소화액이 분비되어 먹이를 분해한다.

주머니 안에 갇힌 파리들은 천천히 소화되어 양분이 된다.

파리는 낭상엽식물의 위쪽 입구를 통해 들어간다.

가시들은 파리를 가두는 우리 역할을 한다.

식충 식물은 어떻게 살아갈까

식충 식물은 작은 동물을 잡아서 영양소를 얻는다. 붙잡힌 동물은 달아나지 못하면 죽는다. 먹이를 잡기 위해, 식물은 유혹적인 색깔과 냄새, 탁 닫히는 덫, 끈적끈적한 분비물을 이용한다. 일단 잡히면 먹이는 강력한 효소로 소화되고, 그 영양소를 식물이 흡수한다.

❶ 끈적이는 덫
끈끈이주걱 잎이 풍기는 달콤한 꿀 같은 냄새에 이끌린 파리가 끈적거리는 잎에 내려앉았다가 붙들린다.

❷ 먹이의 몸부림
끈끈이주걱의 잎에서 벗어나려고 파리가 몸부림을 칠수록 더 많은 털들에 들러붙는다.

❸ 또르르 말리는 잎
파리는 15분 안에 죽는다. 잎이 천천히 파리를 감싸기 시작한다.

❹ 소화
끈적거리는 방울에는 파리를 분해하는 소화 효소가 들어 있어서 스며 나오는 영양소를 끈끈이주걱이 흡수한다.

❺ 남은 찌꺼기
잎이 다시 펴지면 소화되지 않은 부위들만 남아 있다.

한번 건드리면, 촉수들이 곤충을 향해 휘어진다.

사막 식물은 어떻게 살아남을까

사막은 지구에서 가장 메마른 곳이며, 한 번에 몇 달 또는 몇 년까지 비 한 방울 내리지 않기도 한다. 이렇게 혹독한 환경에서 사막 식물들은 특수한 적응 형질을 갖추어야 살 수 있다. 비가 내리면 물을 재빨리 모으고, 모은 물을 장기간 저장한다. 물은 사막에서 소중한 자원인 만큼 목마른 동물들과 무자비한 태양에게 빼앗기지 않도록 지켜야 한다.

▶ **선인장은 어떻게 살아갈까**

대부분의 식물이 잎을 지탱할 길고 가느다란 줄기를 지닌 반면, 선인장은 물을 저장하기 위해 줄기가 술통 모양으로 변했다. 또 잎은 몸을 보호할 수 있는 가시로 진화했다. 이 황금술통선인장(금호)의 뿌리는 얕지만 넓게 퍼져 있다. 비가 짧게 내릴 때 토양 표면을 축축이 적시는 물을 언제든 빨아들일 준비가 되어 있다.

물은 두꺼운 스펀지 같은 조직에 저장된다.

날카로운 가시로 동물을 물리친다.

뿌리는 내린 빗물을 빨리 흡수할 수 있도록 얕게 퍼져 있다.

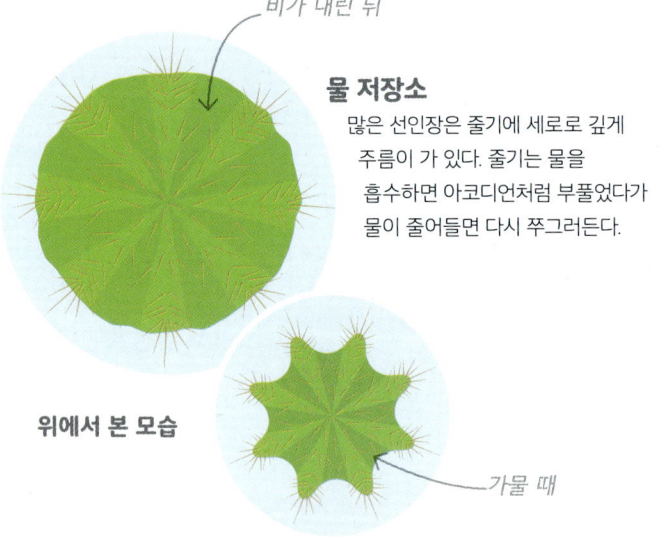

비가 내린 뒤

물 저장소
많은 선인장은 줄기에 세로로 깊게 주름이 가 있다. 줄기는 물을 흡수하면 아코디언처럼 부풀었다가 물이 줄어들면 다시 쭈그러든다.

위에서 본 모습

가물 때

날카로운 가시
선인장은 뜯어먹으려는 동물을 막기 위해서만이 아니라, 물을 절약하기 위해서도 가시를 진화시켰다. 보통의 잎은 표면적이 넓어서 물이 증발하기 쉽다. 선인장은 물을 덜 잃기 위해 잎이 가시로 변했다.

가시는 빗물과 이슬을 모은다.

날카로운 가시

물을 모으는 식물
비가 내릴 때, 빗물은 선인장의 고랑들을 타고 아래로 흐른다. 그러면 바닥에 얕고 넓게 퍼진 뿌리들이 재빨리 물을 빨아들인다. 뜨거운 태양이 물을 말리기 전에 흡수한다.

물이 졸졸 흘러내린다.
얕은 뿌리가 물을 흡수한다.

햇빛 가리개
줄기에 난 5~8개의 이랑에 가려진 덕분에 낮 동안에도 몸의 일부는 그늘에 놓인다. 이랑에서 자라난 흰 털 같은 보푸라기도 햇빛으로부터 선인장을 보호하는 역할을 한다.

이랑은 그늘을 만들어 준다.

부푼 나무줄기
바오바브나무의 줄기는 물을 저장하여 엄청나게 부풀 수 있다. 가뭄 속에서 장기간 살아남기 위해 적응한 결과이다.

살아 있는 돌 (리톱스)
아프리카 나미브 사막에 살며 '살아 있는 돌'이라는 별명이 있는 식물은 잎이 조약돌처럼 생겼다. 그래서 목마른 동물들이 돌인 줄 알고 지나친다. 물을 저장하는 두껍고 통통한 잎 두 개만 있고, 가뭄이 극심한 시기에는 잎을 땅 속으로 움츠릴 수 있다.

부레옥잠

수련

수련 꽃은 강한 향기로 꽃가루를 옮길 곤충을 꾄다.

부레옥잠의 깃털 같은 뿌리는 바닥에 고정되어 있지 않아서, 햇빛이 드는 수면에 떠다닐 수 있다.

수생 식물은 어떻게 살아갈까

물속에서 살아가기란 식물에게 힘든 일이다. 육상 식물처럼 수생 식물도 광합성을 통해 양분을 만들려면 태양의 에너지가 필요하다. 그런데 진흙이나 모래가 섞인 탁한 물은 햇빛을 차단하여 광합성을 어렵게 할 수 있다. 물속 환경에 적응한 수생 식물은 대개 특수한 형질을 갖추거나, 수면에 떠 있는 형태로 진화했다. 흐르는 물에 찢기거나 꺾이지 않게 강한 뿌리와 잎을 갖춘 종류도 많다.

▶ 물속의 삶

일부 수생 식물은 싹을 길게 뻗을 수 있어서, 물속 깊이 바닥에 뿌리를 내린 채 잎과 꽃을 햇빛이 드는 수면 위로 내밀 수 있다. 한편 뿌리가 고정되지 않고 물에 둥둥 떠다니는 식물도 있다. 강에 사는 식물은 뽑히거나 찢기지 않도록 강한 뿌리와 물살에 저항하지 않는 잎이 필요하다. 얕은 물속에 완전히 잠긴 채 사는 식물도 있다.

해안에서

해안은 특히 살기가 어려울 수 있다. 대부분의 식물 세포는 바닷물의 염분에 손상되기 때문이다. 해안 습지에 자라는 맹그로브는 대말처럼 생긴 튼튼한 뿌리를 지닌다. 맹그로브의 뿌리는 개펄 위로 안전하게 높이 솟아 있고, 염분을 배출하는 일도 한다. 식물이 살아가는 데 필요한 물을 걸러서 이용할 수 있게 해 준다.

수련은 긴 뿌리로 진흙 속에 몸을 고정한다.

식물 73

커다란 잎은 물에 떠서 광합성에 필요한 햇빛을 받는다.

물에 잠긴 줄기 속에는 산소를 전달하는 빈 관들이 있다. 또 이 관들은 식물을 가볍게 하여 물에 떠 있게 해 준다.

줄기 속의 공기 통로

가느다란 깃털 같은 잎 사이로 물이 쉽게 빠져나갈 수 있어서, 어항마름은 물살에 손상을 입지 않는다.

이 긴 잎은 햇빛을 더 많이 받을 수 있도록 수면으로 쭉 뻗어 올라간다.

물속에서, 물이 떠받치는 힘으로 서 있다.

흐르는 물에서 거머리말은 뿌리가 뽑히지 않도록 물의 흐름에 따라 휘어지고 흔들린다.

어항마름 **거머리말(잘피)**

무척추동물은 '등뼈가 없는' 동물이라는 뜻이며,
지구에 사는 대부분의 동물 종이 이 집단에 속한다.
무척추동물은 우리 인간과 달리 몸속에 뼈대가 없다.
무척추동물 중에는 곤충과 거미처럼 단단한 **겉뼈대**로
몸을 보호하는 종류가 있는가 하면, 달팽이와 조개처럼
단단한 **껍데기** 안에서 살아가는 종류도 있다. 하지만
많은 무척추동물은 단단한 보호 덮개가 전혀 없이,
부드러운 몸만으로 살아간다.

무척추동물

무척추동물은 어떻게 살아갈까

지구 동물의 95퍼센트 이상은 무척추동물, 즉 등뼈가 없는 동물이다.
무척추동물은 단일한 집단이 아니다. 서로 가까운 친척도 아니며, 등뼈가 없다는 특징만 빼고 공통점이 거의 없는 다양한 집단들로 이루어져 있다. 미세한 해양 생물에서 지렁이, 불가사리, 거미에 이르기까지 범위도 넓다. 바다에서만 사는 집단도 많은 반면, 곤충 같은 집단은 육지에서 가장 수가 많은 동물에 속한다.

▶ 곤충

과학자들은 지구에 곤충이 약 100만 종 있고, 약 100억 곱하기 10억 마리에 이르는 개체가 살고 있다고 추정한다. 모든 곤충은 몸을 보호하는 겉뼈대, 6개의 다리, 예민한 감각기인 더듬이를 지닌다. 대부분은 성체 때 날개가 있고, 여러 방향을 한꺼번에 보는 눈이 있다. 많은 곤충은 처음에는 굼벵이 같은 몸을 지니다가 성장하면서 모습이 크게 변하는 탈바꿈을 거친다. 예를 들어 모충은 나비와 나방으로 변신한다.

무척추동물의 집단

무척추동물은 종류가 아주 많다. 가장 큰 집단들로는 곤충, 극피동물, 자포동물, 연체동물, 절지동물, 갑각류가 있다.

극피동물

가시투성이 몸을 지닌 이 해양 동물은 대개 균일하게 다섯 부분으로 된 몸을 지닌다. 각 부분에는 저마다 온전한 내장 기관들이 갖추어져 있다. 극피동물에는 불가사리, 성게, 해삼이 포함된다.

이 강한 팔로 굴의 껍데기를 벌려서 안쪽의 살을 먹어 치울 수 있다.

무척추동물

몸은 몸마디(체절)로 나뉜다.

유연한 겉뼈대(외골격)가 모충의 부드러운 몸을 보호한다.

단순한 눈이 빛을 감지한다.

곤충의 입 부분인 구기는 종에 따라 형태나 구조가 크게 다르며, 먹이에 맞추어져 있다. 모충은 씹는 턱을 지닌다.

모충의 앞쪽에 달린 다리들은 탈바꿈을 하고 나면 성체의 다리가 된다.

모충이 가짜 다리로 나무에 매달려 있다. 이 다리는 나비가 되면 사라진다.

이 종 모양이 해파리의 움직임을 돕는다.

촉수로 먹이를 잡는다.

독니 옆에 있는 여분의 다리는 거미가 먹이를 물 때 붙잡는 역할을 한다.

바닷가재는 몸이 지나치게 자라면 껍데기를 벗고, 새 껍데기를 만든다.

자포동물
산호, 해파리, 말미잘은 모두 자포동물이다. 이 수생 동물들은 대부분 헤엄을 치지만, 일부는 바위에 달라붙은 채로 평생을 보낸다. 대개 침(자사)을 쏘는 촉수를 갖추고 둥글거나 꽃 모양의 몸을 지니며, 뇌는 없다.

연체동물
부드러운 몸을 지닌 동물 집단이며, 민달팽이, 달팽이, 굴, 오징어, 문어가 속한다. 모든 연체동물은 치설이라는 특수한 형태의 갉아 대는 혀를 지닌다. 몸을 보호하는 껍데기를 만드는 종도 많다. 많은 연체동물이 바다에 산다.

절지동물
절지동물은 날개나 더듬이가 없고, 다리가 8개이며, 관절로 이어진 겉뼈대를 지닌다. 거미와 전갈을 비롯한 절지동물은 대부분 포식성이지만, 진드기와 응애처럼 청소동물, 초식동물이거나 기생 생물인 종류도 많다.

갑각류
게와 새우 같은 갑각류는 대개 몸마디로 나뉜 단단한 겉뼈대, 4쌍이 넘는 다리, 더듬이 두 쌍을 지닌다. 대부분은 물에서 아가미로 숨을 쉬지만, 쥐며느리처럼 육지에 사는 종류도 있다.

달팽이는 어떻게 살아갈까

달팽이와 민달팽이가 속하는 연체동물은 무척추동물 중에서도 규모가 큰 집단이다.
연체동물은 대부분 몸이 부드럽고, 몸을 보호하기 위해 껍데기를 만드는 종이 많다. 달팽이류는 육지뿐 아니라, 바다와 민물에도 흔히 산다. 달팽이는 몸을 쏙 집어넣을 수 있을 만큼 크고 독특한 돌돌 말린 껍데기를 지닌다. 민달팽이는 달팽이의 가까운 친척이며, 껍데기 대신에 악취를 풍기는 끈적거리는 점액으로 포식자를 물리친다.

단단한 껍데기로 부드러운 몸을 보호한다.

위협을 느끼면 부드러운 몸을 움츠려 껍데기 안으로 쏙 숨는다.

분비샘에서 나오는 미끄러운 점액이 바닥에 깔려서 달팽이는 여러 가지 표면을 쉽게 지나다닐 수 있다.

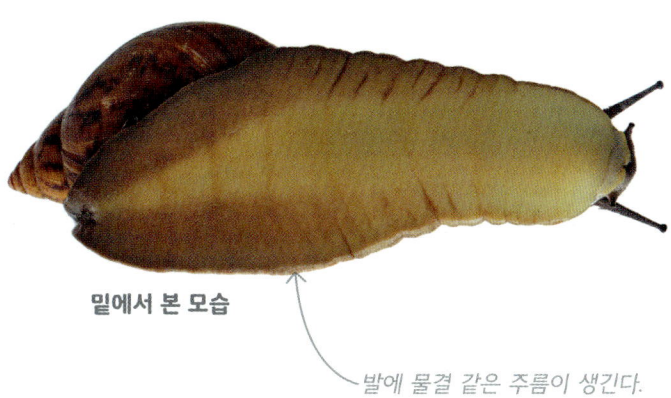

밑에서 본 모습

발에 물결 같은 주름이 생긴다.

근육질 발

달팽이의 몸 바닥은 하나의 커다란 근육으로 되어 있다. 달팽이는 이 근육을 수축하고 뻗으면서 물결치듯이 앞으로 기어간다. 발에 있는 샘에서 분비되는 진한 점액이 바닥을 미끄러지거나 수직면에 달라붙는 데 도움을 주며, 지나간 자취를 남긴다. 달팽이는 종종 다른 달팽이가 남긴 자취를 따라가곤 한다. 그러면 더 빨리 움직일 수 있기 때문이다. 최고 속도는 시속 1미터다.

껍데기 속

달팽이의 소화계는 돌돌 말린 껍데기에 맞게 비틀려 있다. 껍데기 앞쪽에는 빈 공간이 있으며, 위험을 느끼면 이곳으로 몸을 움츠려서 숨는다. 달팽이는 뇌가 없지만, 신경 세포 덩어리로 된 신경절이라는 작은 기관이 몇 개 있어서 뇌와 비슷한 역할을 한다.

콩팥
위장
심장
신경절
허파
소화샘
외투강

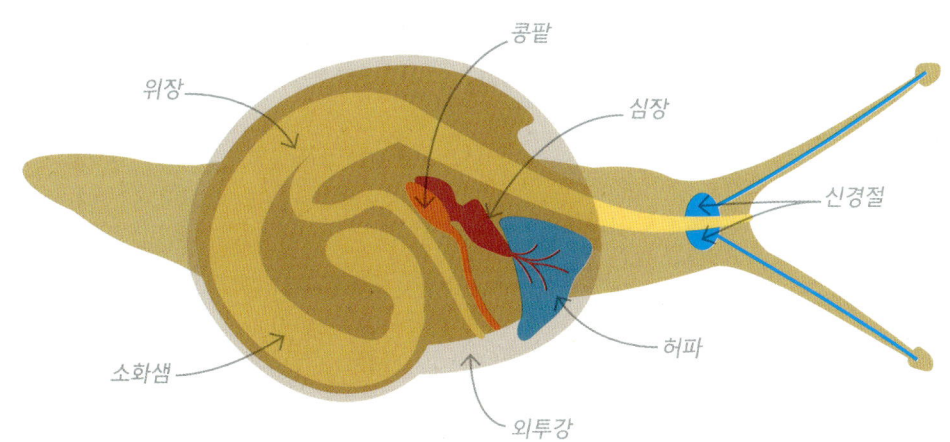

▼아프리카대왕달팽이

세계에서 가장 큰 육상 달팽이는 아프리카대왕달팽이이다. 길이가 30센티미터에 이를 만큼 자라나서 토끼만 해진다.

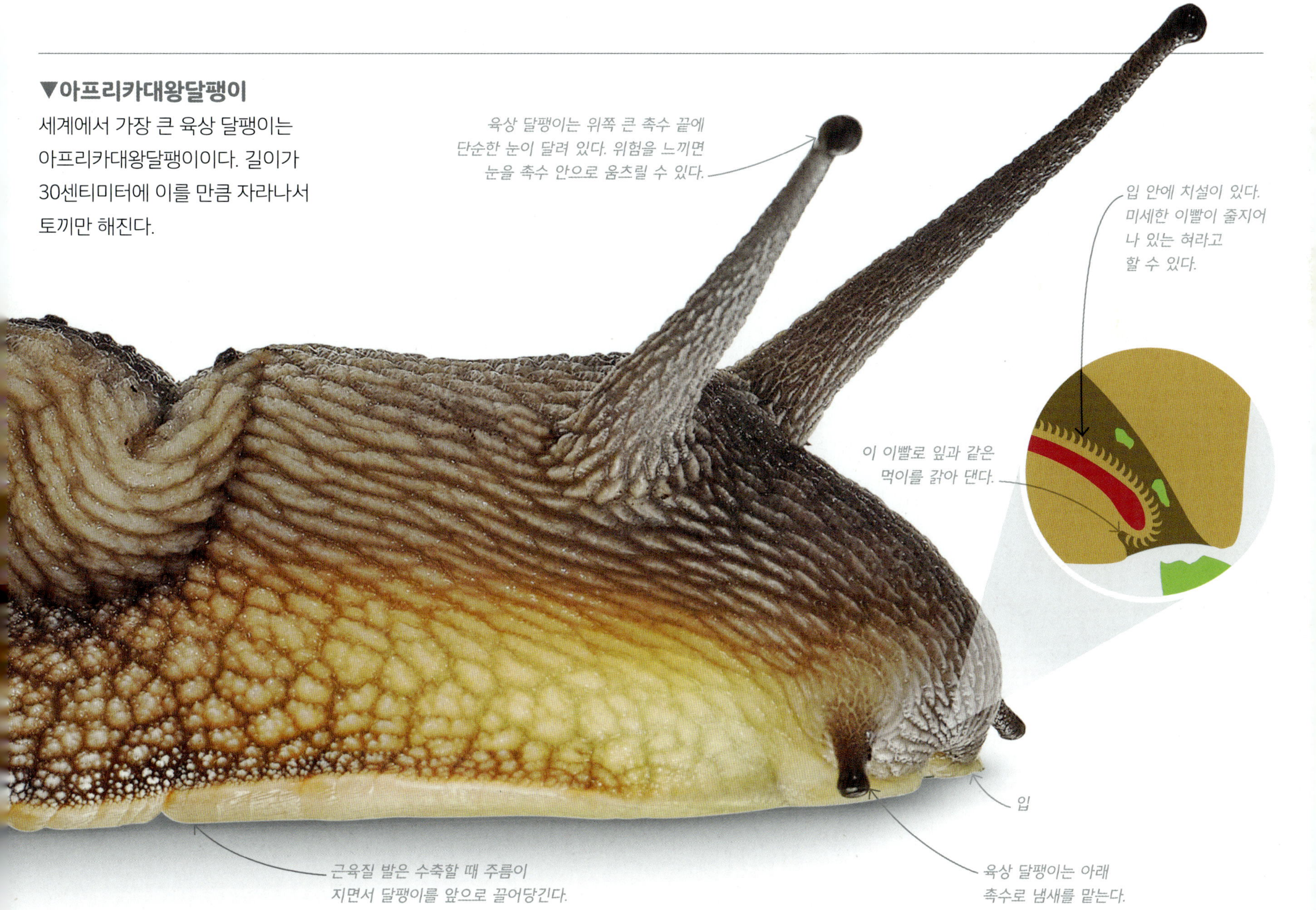

육상 달팽이는 위쪽 큰 촉수 끝에 단순한 눈이 달려 있다. 위험을 느끼면 눈을 촉수 안으로 움츠릴 수 있다.
입 안에 치설이 있다. 미세한 이빨이 줄지어 나 있는 혀라고 할 수 있다.
이 이빨로 잎과 같은 먹이를 갉아 댄다.
입
근육질 발은 수축할 때 주름이 지면서 달팽이를 앞으로 끌어당긴다.
육상 달팽이는 아래 촉수로 냄새를 맡는다.

조개는 어떻게 살아갈까

조개는 민달팽이나 달팽이와 같은 연체동물 집단에 속한다. 하지만 조개라는 이 수생 동물은 머리가 아예 없고, 위협을 느끼면 꽉 다물리는 인대로 연결된 두 개의 껍데기 안에서 살아간다. 대부분은 모래나 진흙 속에서 포식자의 눈에 띄지 않게 숨어 살지만, 일부는 바위나 틈새에 달라붙어서 살아간다. 빨대 역할을 하는 두 개의 관(수관)으로 물을 빨아들여서 먹고 호흡한다. 빨아들인 물은 아가미로 보내어 산소와 먹이를 거른다.

▶이음매 달린 조개껍데기

오른쪽 사진 속 해만가리비와 같이 조개의 껍데기는 두 개의 껍데기가 뾰족한 끝 부분에서 연결되어 있다. 조개가 살아 있을 때는 신축성 있는 연결 조직이 붙어 있어서 이음매가 꽉 들어맞는다. 죽은 조개의 껍데기는 해변으로 나와 씻긴 뒤 연결 조직이 분해되면서 금방 둘로 해체된다.

굽은 아래쪽 껍데기는 모래의 움푹 들어간 곳에 딱 들어맞는다.

빛을 감지하기

묻혀 사는 조개류는 눈이 없다. 하지만 모래 위에 사는 가리비는 홑눈이 최대 100개까지 있다. 각 눈에는 빛의 초점을 맞추고 포식자가 드리우는 그림자를 찾아내는 휘어진 거울이 달려 있다. 눈이 위험을 감지하면, 껍데기가 탁 닫힌다.

무척추동물

촉수는 물속의 화학 물질을 감지하거나 접촉함으로써 불가사리 같은 포식자가 다가올 때 경고를 한다.

껍데기가 열려 있을 때에는 물이 드나든다.

조개의 체벽, 즉 외투막은 안쪽 기관들을 에워싸고 껍데기 물질을 분비한다.

해마다 껍데기에 새로운 나이테가 생긴다.

진주 만들기

조개껍데기 안쪽 면은 대개 칙칙한 물질로 이루어진다. 하지만 진주조개는 껍데기 안이 수정처럼 빛나는 물질로 덮여 있다. 이 물질이 외투막에서 분비되어 진주조개의 부드러운 몸을 보호하는 진주층이다. 모래알처럼 성가신 부스러기가 껍데기 안에 들어오면, 진주조개는 방해물을 진주층으로 감싼다. 시간이 흐르면 커져서 진주가 된다.

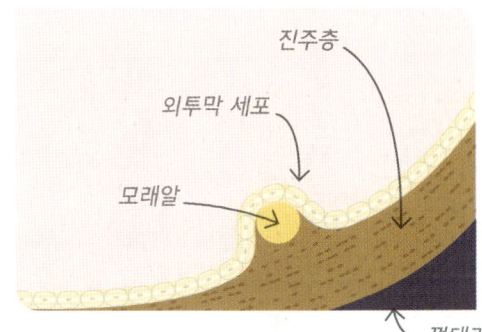

❶ 모래알이 껍데기 안으로 들어온다
모래알이 진주조개 안에 갇히면, 조개의 외투막이 서서히 그 위를 덮는다.

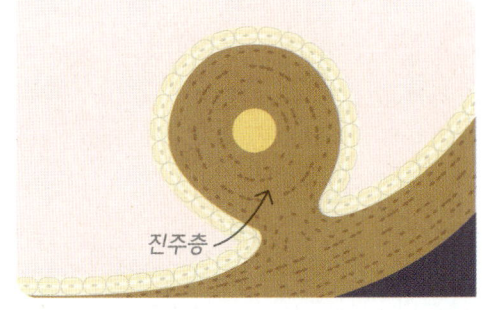

❷ 진주층을 덧씌운다
외투막은 진주층으로 모래알을 덮으며, 모래알이 더 이상 껄끄럽게 느껴지지 않을 때까지 점점 더 층을 덧씌운다.

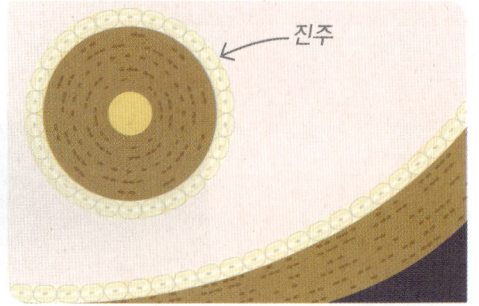

❸ 진주가 만들어진다
이윽고 모래알을 중심으로 진주층이 둥글게 쌓임으로써 진주가 형성되어 조개 안에 남는다.

모래 속에서 움직이는 법

조개는 대개 모래 속에 묻혀 한곳에 자리를 잡고 살아가지만, 대합 같은 일부 종들은 근육질 발을 써서 아래로 더 들어갈 수 있다. 포식자를 피해 모래를 더 깊이 파고들었다가, 나중에 먹이를 찾아 올라온다. 붉은맛이라는 종은 사람보다 더 빨리 모래를 파고들 수 있다.

❶ 발을 뻗는다
가려는 방향으로 발을 쭉 뻗는다.

❷ 발을 고정한다
발끝을 양옆으로 쫙 펼쳐서 모래 속에 닻처럼 고정시킨다.

❸ 몸을 움직인다
근육질 발을 수축함으로써 몸을 끌어당긴다.

조개껍데기의 종류

대부분의 연체동물은 단단한 껍데기를 지닌다. 포식자와 환경으로부터 부드러운 몸을 보호하기 위해 적응한 결과다. 껍데기는 연체동물의 몸을 싼 막(체벽)인 외투막에서 만들고 유지한다. 껍데기는 하나일 수도 있고 두 조각일 수도 있으며, 그 안의 동물이 죽은 뒤에도 오랫동안 남아 있다. 연체동물의 껍데기는 거의 모든 곳에서 발견되지만, 바다에서 가장 다양하게 나타난다.

열려 있는 끝으로 물이 드나들 수 있다.

뿔조개 껍데기

끈적거리는 촉수를 이용하여 먹이를 움켜쥔다.

껍데기의 빈 방에 든 기체를 이용하여 물속을 떠다닌다.

근육의 띠가 껍데기를 둘러싸고 있다.

이매패류의 껍데기는 열고 닫을 수 있는 두 부분으로 되어 있다.

강한 발로 해저를 위아래로 오르내린다.

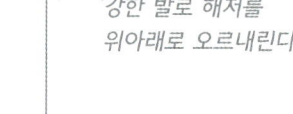

앵무조개 껍데기

파란비늘조개 껍데기

노랑날개대합 껍데기

껍데기가 여러 개의 판으로 되어 있어서 몸을 구부릴 수 있다.

주름진 가장자리는 바위 사이에 틀어박히는 데 도움을 준다.

두족류
앵무조개는 두족류라는 무척추동물 집단에 속한다. 껍데기 안의 물과 기체의 비율을 조절하여 부력을 조절할 수 있다. 앵무조개는 처음 나타난 뒤로 기나긴 세월 동안 거의 변하지 않았기에 '살아 있는 화석'이라고 불린다.

딱지조개류
딱지조개의 껍데기는 기사의 갑옷처럼 몸에 붙어서 따로따로 움직이는 8개의 판이 서로 겹쳐진 형태로 이루어져 있다. 이 판들은 포식자로부터 딱지조개를 보호하는 한편으로 자유롭게 움직이게 해 준다.

이매패류
이매패류의 껍데기는 두 개의 판이 이음매와 늘어나는 근육 띠로 연결되어 있다. 바닷속에서 작은 게들이 노랑날개대합 껍데기의 잎 같은 주름 깊숙한 곳에 살기도 한다.

뿔조개류
코끼리 엄니처럼 생긴 이 껍데기는 열려 있는 끝으로 물이 드나들 수 있다. 물이 드나들면서 안에 있는 생물에게 산소를 공급한다. 껍데기는 아래쪽이 더 넓어서, 아래로 발을 내밀어서 모래 속을 움직일 수 있다.

다쳐서 팔을 하나 잃으면, 문어는 새 팔을 만들 수 있다.

각 팔에는 표면에 달라붙고 대상을 움켜쥐는 데 쓸 빨판이 두 줄로 나 있다.

▶ **다목적 만능 팔**

문어의 부드럽고 통통한 몸통에는 핵심 기관들과 눈이 들어 있다. 문어 신경계의 3분의 2는 팔 8개의 강한 근육을 통제하는 데 쓰인다. 팔에는 꽉 달라붙을 수 있도록 빨판들이 죽 늘어서 있다. 팔은 상어와 싸울 만큼 강하기도 하고, 바위 틈새에서 맛좋은 바닷가재를 끄집어낼 수 있을 만큼 섬세하기도 하다.

문어는 어떻게 살아갈까

느리게 움직이는 민달팽이와 달팽이의 친척이긴 하지만, 문어는 약삭빠른 사냥꾼이며, 무척추동물 중에서 가장 지능이 높은 동물에 속한다. 8개의 팔로 기어 다니면서 사냥하고, 강하고 단단한 부리로 거의 가장 단단한 껍데기까지 부술 수 있다.

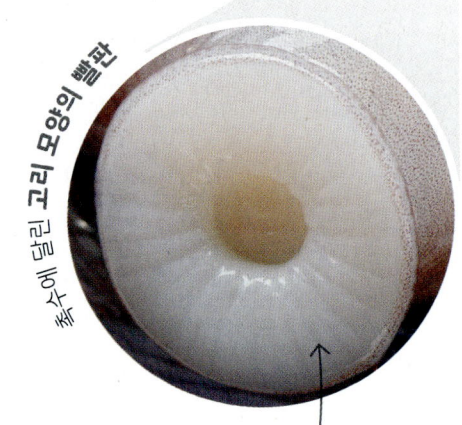

빨판은 움켜쥐는 용도뿐 아니라, 대상과 주변의 물을 맛보는 수용체도 지니고 있다.

탈출 전문가

단단한 내부 뼈대나 외부 껍데기가 전혀 없기 때문에, 문어는 좁은 틈새에 몸 전체를 집어넣을 수 있다. 야생에서 문어는 위험을 피하기 위해 작은 동굴로 몸을 집어넣곤 한다. 동물원과 수족관에서 문어는 탈출 전문가로 유명하다.

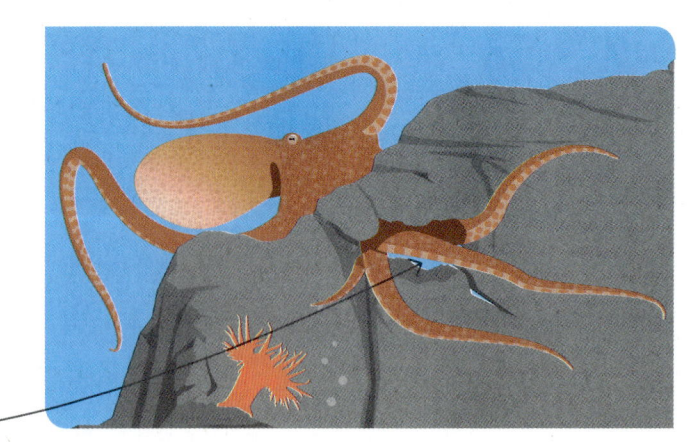

문어는 몸에서 유일하게 딱딱한 부위인 부리보다 큰 구멍이라면 얼마든지 비집고 들어갈 수 있다.

무척추동물

멀리 있는 포식자를 알아볼 수 있을 만큼 시력이 뛰어나다.

외투막 안에 문어의 핵심 기관이 다 들어 있다.

앵무새의 부리처럼 생긴 강한 부리는 8개의 팔이 만나는 밑동에 놓여 있다. 게의 껍데기를 부수고 그 속의 살을 꺼내 먹을 수 있을 만큼 강하다.

위장
대다수의 문어는 주변 환경에 맞게 색깔과 무늬를 바꿀 수 있지만, 흉내문어는 한 단계 더 나아간다. 색깔과 모양을 바꾸어서 다양한 다른 해양 생물들을 흉내 낸다. 예를 들어 독이 있는 바다뱀처럼 보임으로써 포식자를 물리칠 수 있다. 또 무해한 게처럼 변해서 먹이에게 가까이 다가갈 수도 있다.

넙치 **흉내문어**

쏠베감펭 **흉내문어**

색깔을 바꾸고 6개의 팔을 숨긴다.

바다뱀 **흉내문어**

팔을 접어 숨긴다.

소라게 **흉내문어**

방어
문어는 제트 추진 방식으로 위험을 피할 수 있다. 몸에서 주머니처럼 생긴 부위(외투막)를 물로 채웠다가 쥐어짠다. 이때 물을 수관이라는 피부 주름을 통해 뒤로 뿜어냄으로써, 앞으로 몸을 밀어낸다. 더 나아가 포식자의 시선도 가릴 수 있다. 먹물을 뿜어내어 물을 뿌옇게 만든 뒤, 재빨리 달아난다.

말미잘은 어떻게 살아갈까

말미잘은 꽃처럼 보이지만, 사실은 입을 위로 한 채 해저에 붙어 있는 동물이다. 침을 쏘는 근육질 촉수를 물속에서 흔들어 먹이를 잡은 뒤, 몸 중앙에 있는 입으로 가져간다. 말미잘은 대부분 물에 떠다니는 작은 생물을 먹는다. 큰 생물에게는 무해하지만, 물고기를 마비시킬 만큼 독성이 강한 침을 지닌 종류도 있다.

말미잘의 촉수에는 먹이를 마비시키는 미세한 작살을 쏘는 세포(자세포)가 들어 있다.

▶ 둘로 나뉘기

말미잘은 난자와 정자를 방출함으로써 유성 생식을 할 수 있지만, 단순하게 몸이 절반으로 나뉘어서 새 말미잘이 생길 수도 있다. 사진의 말미잘은 이미 입이 두 개이고 입 주변을 감싼 촉수들도 두 개의 원으로 나뉘어 있다. 분열이 꼭대기에서 바닥까지 다 이루어지면 말미잘 한 마리가 똑같은 두 마리가 된다.

말미잘 / 게가 재활용하고 있는 껍데기 / 소라게

경호원

소라게는 종종 어린 말미잘을 자신이 집으로 쓰고 있는 고둥 껍데기에 붙이곤 한다. 이 협력 관계는 두 종 모두에게 혜택을 준다. 말미잘의 침과 위장술은 게를 보호하고, 게는 말미잘이 먹도록 먹이를 흘리곤 한다.

몸통 밑동의 족반이라는 부위로 바위나 자갈에 붙어 있다. 영구히 붙은 것은 아니며, 자리를 옮길 수 있다.

무척추동물 87

입
원형으로 배열된 촉수들의 한가운데에 열린 구멍이 입이며, 먹이를 먹고 찌꺼기를 배출하는 곳이다.

자기 방어
많은 말미잘이 위험을 느끼면 촉수를 움츠린다. 유럽의 바위 웅덩이에 흔한 이 해변말미잘은 썰물 때 물 밖으로 드러나면, 마르지 않도록 몸을 움츠리기도 한다.

열림   닫힘

몸통 안에는 먹이를 소화하고, 난자나 정자를 방출하는 방이 하나 있다.

체벽에는 위험이 닥치면 몸을 아래로 잡아당길 수 있는 근육이 들어 있다.

무척추동물

산호는 어떻게 살아갈까

해양 동물인 산호는 말미잘과 해파리의 친척이다. 물속에서 엄청난 규모의 군체로 자라며, 산호 군체 중 상당수는 바위 같은 뼈대를 만든다. 많은 군체들이 모여서 해저에 만드는 바위 둔덕이 바로 산호초다. 오스트레일리아의 대보초라는 산호초는 우주에서 보일 정도로 크다. 각 산호 군체는 폴립이라는 개체들이 무수히 모인 것이다. 폴립은 물속에서 촉수를 흔들면서 떠다니는 플랑크톤을 잡는다.

사슴뿔산호의 폴립은 군체의 바닥을 받치는 돌 같은 가지들에 박혀 있다.

경산호는 여러 가지 모양으로 자랄 수 있다.

경산호
사슴뿔산호(위 사진)와 은하산호(아래 사진) 같은 몇몇 산호 군체는 취약하고 작은 산호 동물들이 숨을 수 있는 단단한 뼈대를 만든다. 탄산칼슘으로 이루어진 이 뼈대들은 시간이 흐르면서 석회암 산호초를 형성한다.

▶ **산호의 해부 구조**
오른쪽의 은하산호와 같은 산호들은 수많은 폴립으로 이루어지지만 모두 한 생물처럼 행동한다. 산호 군체의 각 폴립은 밑동에서 이웃들과 서로 그물처럼 연결되어 있다. 이 폴립들 전체는 비록 하나처럼 행동하지만, 각각 나름의 위장이 있으며 먹이를 먹고 찌꺼기와 생식 세포를 배출하는 구멍을 하나 갖고 있다.

은하산호의 촉수는 대개 끝이 하얗다.

각 산호 폴립은 중앙의 입 주위에 촉수들이 원형으로 배열되어 있다.

촉수는 먹이를 침으로 마비시킨 뒤, 입으로 가져간다.

입은 먹이를 먹고 찌꺼기를 배출한다.

얇은 막이 폴립들을 연결하여 하나의 생물처럼 행동하는 군체를 만든다.

폴립들이 분비한 석회석 뼈대

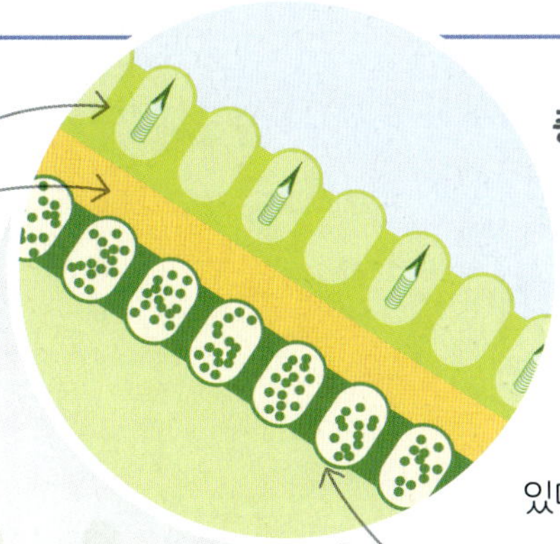

무척추동물 89

다른 동물들도 종종 산호 군체를 보금자리로 삼는다. 여기 하얀 깃털 같은 것은 물을 걸러 먹는 여과 섭식을 하는 따개비의 부속지다.

위층

간충질(젤리 같은 중심부)

중요한 협력 관계
많은 산호가 색깔을 띠는 조류를 품는다. 조류는 광합성을 통해 양분을 만들고 일부를 산호에게 줌으로써 산호의 성장을 돕는다. 기후 변화로 수온이 올라가면, 폴립에서 조류가 빠져나가서 산호초가 하얗게 변하고 산호가 굶어죽을 수 있다. 이를 '산호 백화 현상'이라고 한다.

조류는 안쪽 세포층에 산다.

많은 산호처럼, 은하산호도 광합성을 통해서 양분 공급을 돕는 조류를 지닌다.

산호 공동체

오스트레일리아 해안에 있는 이 화려한 산호는 대보초의 일부다. 대보초는 길이가 2,600킬로미터에 달하고, 수백 개의 섬과 수천 개의 더 작은 산호초로 이루어져 있다. 상어와 가오리 같은 어류, 고래, 거북이 가득한 풍부한 서식지다. 산호는 변화에 극도로 민감하다. 이곳은 건강해 보이고 해양 생물들로 우글거리지만, 심각한 날씨 변화와 인간의 오염 행위로 손상을 입은 지역들도 많다. 수온이 올라서 산호의 풍부한 색깔이 빠져나가는 피해인 백화 현상이 일어나는 곳도 늘고 있다.

무척추동물

해파리는 어떻게 살아갈까

해파리는 산호와 말미잘의 친척이다. 하지만 해저에 고정되어 살아가는 대신에 자유롭게 헤엄친다. 종 모양의 몸을 리듬 있게 고동치면서 스스로 나아간다. 해파리는 뇌도 복잡한 감각 기관도 없지만, 촉수에 든 마비시키는 침으로 더 약삭빠른 동물들을 옭아맬 수 있다. 몇몇 종류는 사람을 몇 분 사이에 죽일 만큼 강한 독을 지닌다.

▶ **단순한 몸**

해파리의 몸은 95퍼센트 이상이 물이며, 두 겹의 세포층 사이에 젤리 같은 물질이 들어 있는 형태다. 먹이는 종 모양 부위인 갓 안에서 소화된다. 해파리는 갓이 수축하면서 물을 내뿜는 제트 추진 방식으로 나아갈 수 있다. 갓의 뒤쪽으로 끌리는 것은 쏘는 침을 지닌 촉수와 입 주변의 구엽이다. 구엽은 먹이를 입으로 가져오는 일을 한다.

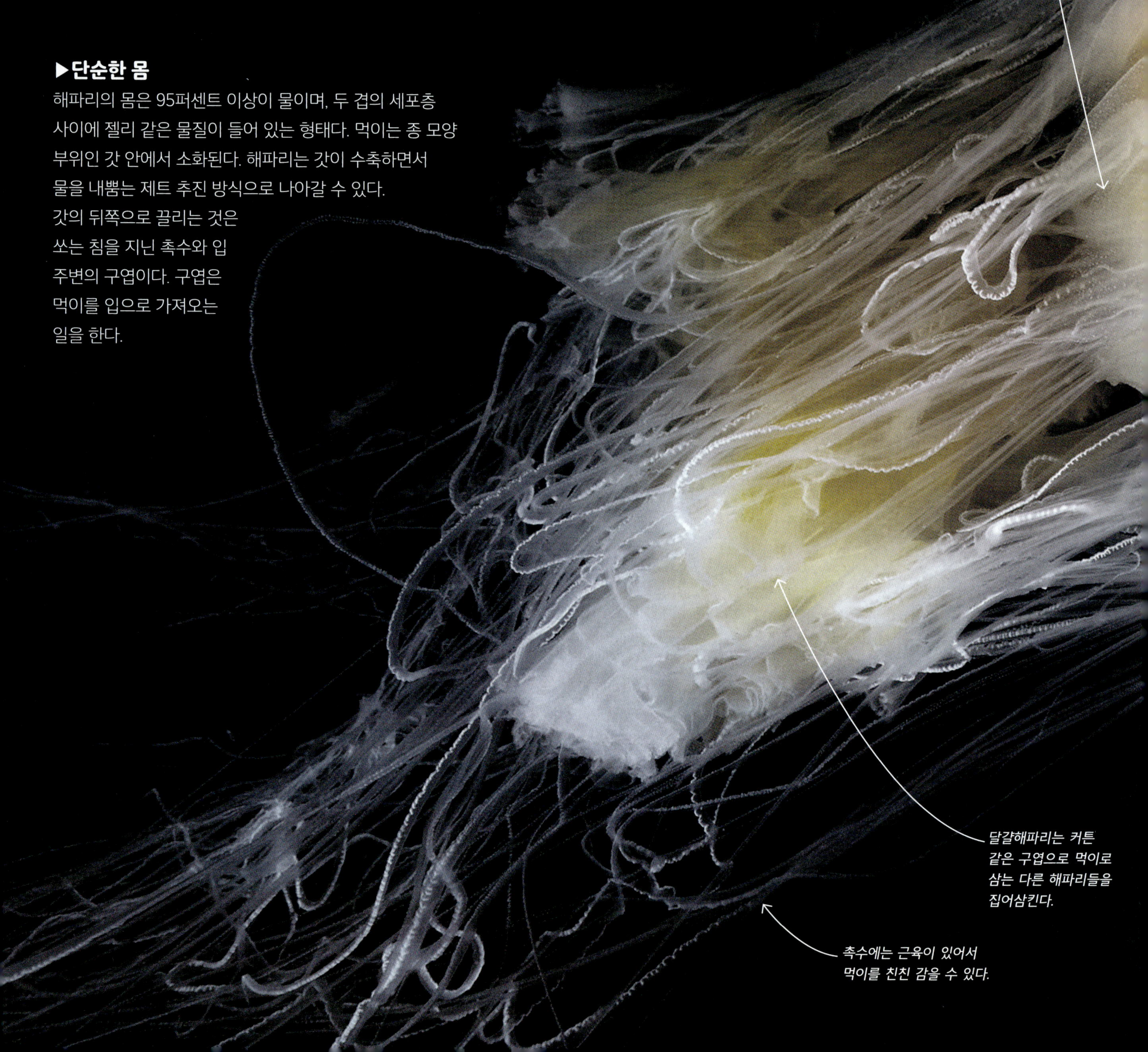

사진에서는 안 보이지만 입은 단순한 위장으로 이어진다. 찌꺼기는 같은 구멍을 통해서 배출된다.

달걀해파리는 커튼 같은 구엽으로 먹이로 삼는 다른 해파리들을 집어삼킨다.

촉수에는 근육이 있어서 먹이를 친친 감을 수 있다.

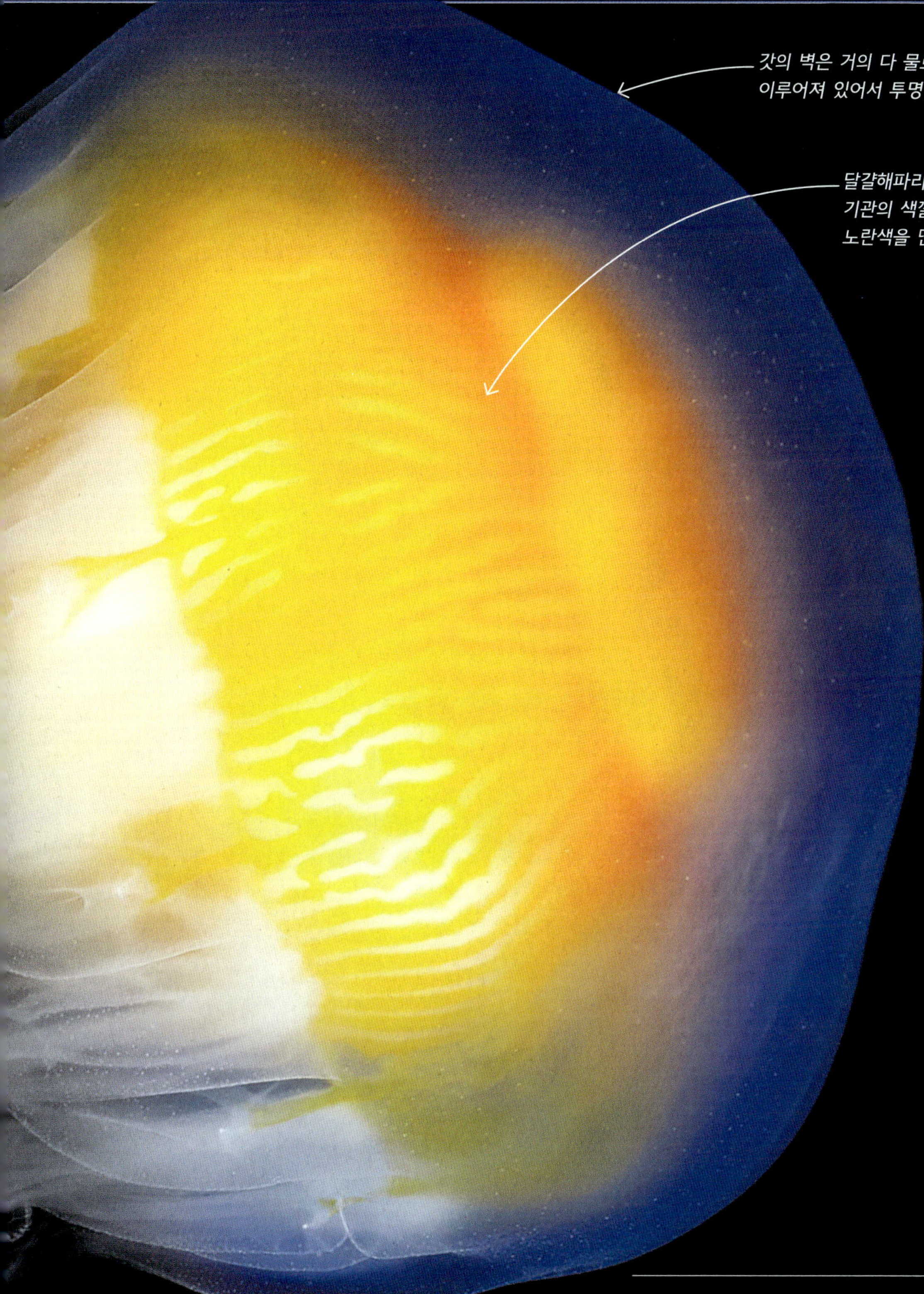

무척추동물

갓의 벽은 거의 다 물로 이루어져 있어서 투명하다.

달걀해파리는 생식 기관의 색깔 때문에 노란색을 띤다.

해파리 작살의 작동 원리

해파리는 촉수마다 침이 수백 개 있고, 각 침은 하나의 세포 안에 들어 있다. 동물이 해파리 촉수를 스치면, 털 같은 방아쇠가 침을 작동시킨다. 세포 안에 돌돌 말려 있던 관이 뒤집어지면서 발사되어 먹이의 피부를 뚫고 들어간다. 침은 겉에 역방향 미늘들이 나 있어서 살에 박히면 고정되고, 관을 통해 독액이 계속 주입된다.

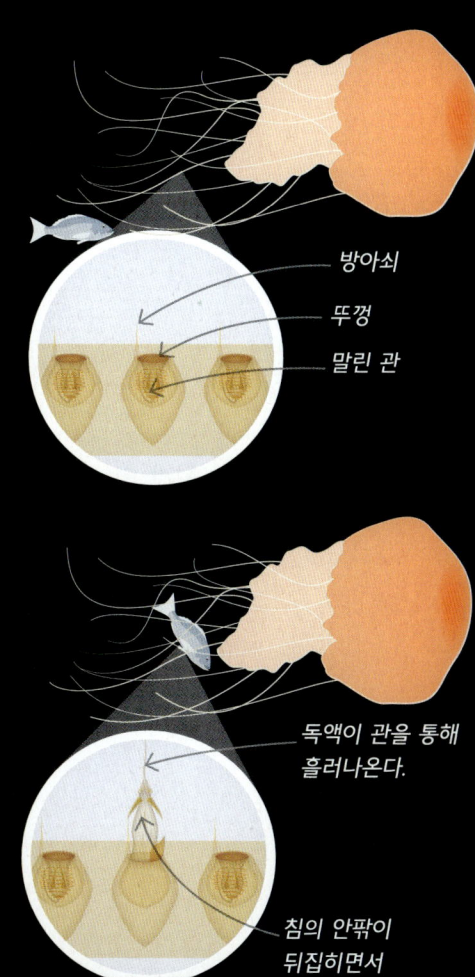

방아쇠
뚜껑
말린 관

독액이 관을 통해 흘러나온다.

침의 안팎이 뒤집히면서 먹이를 꿰뚫는다.

한살이

해파리의 한살이는 두 단계를 거친다. 자유 헤엄을 치는 메두사(해파리) 단계와 정착해 사는 폴립 단계. 폴립은 작은 말미잘처럼 보이며, 물에서 지나가는 먹이를 잡아먹는다. 폴립은 분열을 되풀이하면서 많은 아기 해파리를 만든다.

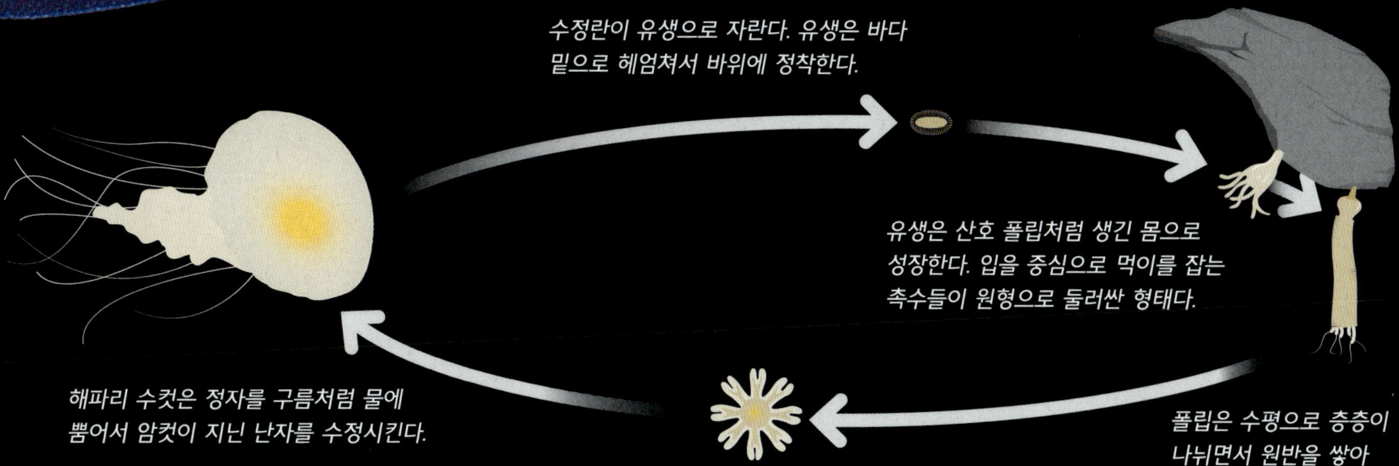

수정란이 유생으로 자란다. 유생은 바다 밑으로 헤엄쳐서 바위에 정착한다.

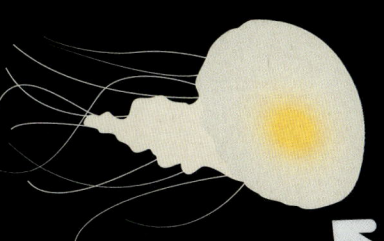

유생은 산호 폴립처럼 생긴 몸으로 성장한다. 입을 중심으로 먹이를 잡는 촉수들이 원형으로 둘러싼 형태다.

해파리 수컷은 정자를 구름처럼 물에 뿜어서 암컷이 지닌 난자를 수정시킨다.

각 원반이 떨어져 나와서 아기 해파리가 된다.

폴립은 수평으로 층층이 나뉘면서 원반을 쌓아 놓은 형태가 된다.

불가사리는 어떻게 살아갈까

불가사리는 빨판이 수백 개 달린 발로 바다 밑바닥을 느릿느릿 기어 다니는 무척추동물이다.

불가사리는 극피동물이라는 대규모 해양 생물 집단에 속한다. 극피동물은 '가시투성이 피부'를 지닌 동물이라는 뜻이다. 대부분의 동물과 달리, 극피동물은 앞뒤도 없고 머리도 뇌도 없다. 대신에 극피동물의 몸은 대개 5개나 그 배수에 이르는 대칭적인 부위들이 원형으로 배열되어 있다.

재생
불가사리는 잃어버린 팔을 다시 만들 수 있다. 뜯겨져 나간 팔 하나에 중심반의 일부가 붙어 있기만 하면, 몸 전체를 재생할 수도 있다.

잘려 나간 팔에서 새로운 팔 4개가 자라나서 새로운 불가사리가 생겨났다.

수관계
불가사리는 심장도 혈관도 없다. 대신에 몸 전체로 그물처럼 퍼져 있는 바닷물이 채워진 통로를 이용하여 산소, 먹이, 노폐물을 운반한다. 움직일 때에도 이 연결망을 이용한다. 어디든 기어올라야 할 때 그쪽 발로 물을 주입하면 발이 죽 늘어나서 뻗을 수 있다.

바닷물이 이곳을 통해 몸으로 들어온다.

방사상으로 뻗은 수로를 따라 물이 팔로 운반된다.

물을 주입하면 발이 길게 늘어난다.

고리 모양의 수로가 물을 소화계로 보낸다.

팔 끝에 있는 관족은 냄새를 감지할 수 있다.

관족은 움직이고 움켜쥐는 데 쓰인다.

▲별 모양의 몸
불가사리는 대개 중심반에서 방사상으로 뻗은 대칭적인 팔 5개를 지닌다. 팔이 많으면 50개까지 되는 종도 있다. 입은 밑면 한가운데 있고, 항문은 윗면 한가운데에 있다. 밑면의 구멍들로부터 수백 개의 관족이 나온다. 관족 끝은 표면에 달라붙을 수 있게 오목하고 끈적거린다.

무척추동물

밑에서 본 모습

속뼈대
극피동물은 피부에 들어 있는 수천 개의 탄산칼슘 결정이 일종의 속뼈대 역할을 한다. 이 결정들은 무르긴 하지만, 서로 미끄러지면서 팔을 움직이게 해 준다.

불가사리의 항문은 몸 위쪽에 있다.

위에서 본 모습

붉은마디불가사리

입

먹이 찾기
불가사리는 느리게 움직이지만, 많은 종이 뛰어난 포식자다. 대서양불가사리는 홍합을 먹는데, 관족으로 홍합 껍데기를 움켜쥐고 천천히 벌린다. 껍데기가 1밀리미터만 벌어져도 유연한 위장을 밀어 넣고 소화액을 부어서 먹이를 녹일 수 있다.

관족
극피동물의 빨판 같은 발은 관족이라고 하며 몸의 수관계와 연결되어 있다. 각 밑동의 둥근 부위를 눌러서 몸속 물을 발로 집어넣어서 발을 늘린다. 각 발의 근육은 발을 자유롭게 구부리고 끝에 빨판을 형성할 수 있다.

공격당하는 조개

지렁이는 어떻게 살아갈까

환형동물에 속하는 지렁이는 부드러운 몸을 지닌 무척추동물이다. 몸은 앞쪽에 머리, 뒤쪽에 꼬리가 있고, 다리가 전혀 없이 길고 가느다랗게 생겼다. 대개 습한 곳에 살고, 다른 동물의 몸속을 포함하여 여러 서식지에서 발견된다. 지렁이는 몸이 편평하거나 원통형이고, 크기가 미세한 것에서 몇 미터나 되는 것까지 다양하다. 또 몸마디로 나뉜 것도 있고 그렇지 않은 것도 있다. 대부분의 지렁이는 양쪽 끝이 똑같아 보여서 어느 쪽이 머리인지 구별하기가 어려울 수 있다.

▼지렁이의 몸마디

많은 동물의 몸이 몸마디로 이루어져 있지만, 몸마디는 지렁이 같은 환형동물에게서 뚜렷이 나타난다. 지렁이는 근육질 체벽 덕분에 땅속에 굴을 팔 수 있고, 흙을 입으로 빨아들여서 양분을 뽑아낸다. 지렁이가 굴을 파면서 흙은 뒤섞여 성겨지고 공기가 들어간다. 그래서 식물의 뿌리와 토양에 사는 동물들에게 도움을 준다.

환대

몸에서 볼록하게 튀어나온 부분을 환대라고 한다. 지렁이가 짝짓기를 한 뒤, 환대는 점액을 분비하여 고리를 만든다. 이 고리는 지렁이의 몸을 따라 미끄러지면서 빠지는데, 도중에 알이 고리 안으로 들어간다. 즉 점액 고리는 일종의 고치이며, 몇 주 뒤 부화할 때까지 알을 보호한다.

꼬리는 머리처럼 보이지만, 먹이 찌꺼기가 배출되는 곳이다.

지렁이는 허파가 없으며, 축축한 피부로 호흡을 한다.

몸마디마다 각각 근육이 있다.

무척추동물

지렁이 몸속

지렁이의 몸에는 체액이 들어찬 방이 있다. 그 방을 체강이라고 한다. 체강은 다른 동물들의 몸에서 단단한 뼈대가 하는 것과 똑같은 방식으로 몸을 지탱한다. 각 몸마디의 근육이 체강을 누름으로써 지렁이의 몸을 움직인다. 근육은 몸을 따라 죽 이어지는 소화계와 순환계를 에워싸고 있다.

- 먹이 찌꺼기는 항문으로 배설되어 진흙이 둥글게 뭉친 모양의 지렁이 똥이 된다.
- 환대에서 지렁이의 알이 발달한다.
- 창자 속에서 먹이가 분해되고 영양소가 흡수된다.
- 체강
- 뇌
- 몸마디마다 있는 긴 원형 근육과 짧은 가로 근육이 늘었다 줄었다 하면서 몸을 움직인다.
- 5개의 심장이 혈관을 통해서 몸 전체로 피를 보낸다.

강모

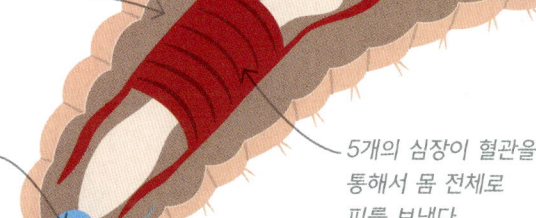

- 몸마디마다 네 쌍의 강모가 나 있다.

지렁이의 몸은 매끈해 보이지만, 털처럼 빳빳한 돌기인 강모가 나 있다. 강모는 땅속을 돌아다닐 때 몸을 고정시킬 수 있게 해 준다.

지렁이는 어떻게 움직일까

지렁이는 아코디언처럼 움직인다. 몸마디들을 쭉 펴면서 머리를 쭉 내민 다음, 몸마디들을 움츠려 꼬리 쪽을 잡아당기면서 나아간다. 고리처럼 생긴 강한 원형 근육과 가로 근육들로 몸을 눌렀다가 풀었다가 하면서 앞으로 간다.

- 강모가 뒤로 미끄러지는 것을 막아 준다.
- 머리

더 넓고 통통하게

몸마디는 가로 근육들이 수축할 때 더 짧아지고 넓어지고 통통해지면서, 꽁무니 쪽을 앞으로 끌어당긴다.

- 머리를 앞으로 쭉 뻗는다.

더 길고 가늘게

원형 근육이 수축할 때 몸마디가 더 길어지고 가늘어지면서, 앞쪽 머리끝을 앞으로 밀어낸다.

- 지렁이는 몸을 축축하게 유지하고 거친 표면에서도 매끄럽게 움직일 수 있도록 미끄러운 체액을 분비한다.
- 지렁이는 눈이 없지만, 피부에 빛 수용체가 있다. 빛 수용체로 햇빛을 받는지 그늘에 있는지를 구별할 수 있다.

바다 지렁이는 어떻게 살아갈까

지렁이는 육지뿐 아니라 바다에도 널리 퍼져 있다.
하지만 바다에 사는 지렁이는 대다수가 보통 지렁이와는 전혀 달라 보인다. 어떤 종류는 진흙에 박힌 단단한 통 속에 살면서 꽃처럼 생긴 촉수를 뻗어서 물에 떠다니는 먹이를 잡아먹으며 산다. 해저에 굴을 파거나 바다 밑을 기어다니는 것도 있고, 헤엄을 치면서 먹이를 찾는 종류도 있다. 가장 활동적인 종류는 포식자이며, 먹이를 두 동강 낼 정도로 강한 턱을 지닌 종도 있다.

▶ **집짓기**
관벌레는 자라면서 구기와 촉수를 써서 주변에 집을 만든다. 사진 속 꽃갯지렁이는 고운 진흙을 끈적거리는 점액으로 뭉쳐서 제 몸을 감싸는 관을 만든다. 다른 관벌레 중에는 모래나 껍데기를 이용하거나, 백악질 물질을 분비하여 석고처럼 빚는 종류도 있다. 갓 부화한 꽃갯지렁이는 물속을 떠다니다가, 해저에 내려앉아서 집을 짓기 시작한다.

관 내부
몸마디로 이루어진 꽃갯지렁이의 몸은 관을 따라 꼬리를 늘어뜨리듯 죽 이어져 있다. 머리와 촉수는 관 꼭대기에 삐죽 나와 있지만, 위협을 느끼면 재빨리 안으로 쏙 들어갈 수 있다. 각 몸마디의 강모는 관 벽을 움켜쥐도록 돕는다.

입 / 관 / 몸마디마다 강모가 나 있다.

원형으로 배열된 깔때기 같은 촉수들로 먹이를 잡는다.

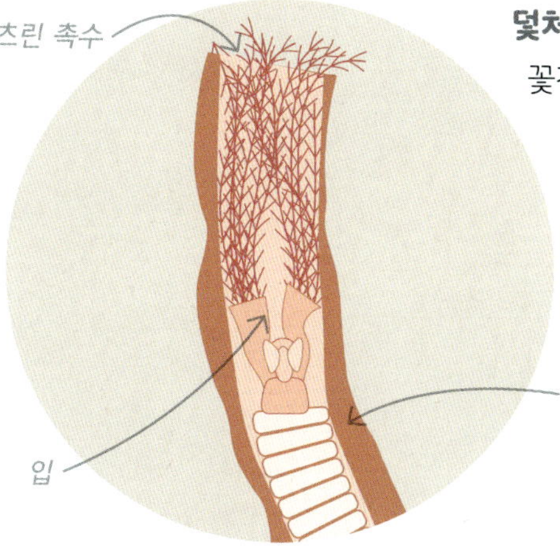

덫처럼 가두는 촉수

꽃갯지렁이의 촉수는 뒤집힌 우산처럼 물속에 펼쳐져 있다. 물을 따라서 이 덫으로 흘러드는 작은 동물들이 미세한 곁가지들에 걸리면, 천천히 입으로 가져간다.

- 움츠린 촉수
- 입
- 저장실
- 입
- 이 가죽질 관은 점액과 진흙으로 이루어져 있다.
- 깃가지라고 부르는 곁가지들에 먹이가 걸린다.

여러 가지 바다 지렁이

바다에 사는 지렁이는 모양이 아주 다양하며, 전혀 지렁이처럼 보이지 않는 것도 있다. 크기도 아주 다양하다. 미세히 작은 것도 있고, 길이가 30미터에 달하는 것(끈벌레류)도 있다.

왕털갯지렁이
모래 속에 숨어 있다가 갑자기 튀어나와서 튼튼한 이빨이 난 턱으로 작은 물고기를 잡아먹는 포식자이다.

붉은테두리납작벌레
갯민숭달팽이처럼 미끄러지며 해저를 돌아다닌다. 화려한 색깔을 띠어 포식자에게 맛이 없다고 경고한다.

양목갯지렁이
산호초에 사는 지렁이로, 긴 강모에 독이 있다. 물고기가 이 지렁이를 먹으려고 하면 강모가 부러지면서 고통을 받게 된다.

별벌레
작은 머리를 움츠려서 몸속으로 집어넣으면 땅콩처럼 보이기 때문에, 서양에서는 땅콩벌레라고 한다.

호흡

곤충은 기관이라는 통로로 공기를 빨아들여서 숨을 쉰다. 기관은 산소를 직접 근육 등의 부위들로 전달하고, 노폐물인 이산화탄소를 내보낸다.

기관계

겉뼈대에 난 구멍

몸의 구조

곤충의 몸은 세 부분으로 나뉜다. 머리에는 구기와 대부분의 감각 기관이 들어 있다. 가슴에는 다리와 날개를 움직이는 근육이 있다. 배에는 소화 기관과 생식 기관이 들어 있다.

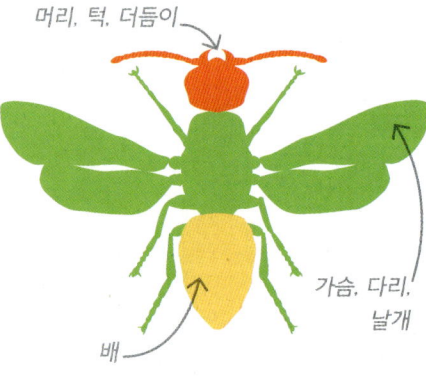

머리, 턱, 더듬이

가슴, 다리, 날개

배

알과 유충

대부분의 곤충은 알을 낳아서 번식을 한다. 알에서 나온 유충은 부모와 모습이 전혀 다를 때가 많다.

대벌레가 알을 낳고 있다.

곤충의 눈은 여러 개의 수정체로 이루어져 있고, 움직임을 보는 데 뛰어나다.

가슴에는 근육이 가득하다.

머리

청벌은 포식자이며, 깨무는 날카로운 턱을 지닌다.

마디로 이루어진 더듬이

민감한 더듬이로 공기 흐름과 냄새를 알아낸다.

가슴(중심부)

곤충은 다리가 세 쌍이다.

다리는 딱딱한 몸마디들로 이루어져 있다.

굵은 맥은 날개를 지탱한다.

▲갑옷을 입은 피부

곤충의 몸은 크게 세 개의 몸마디로 나뉜다. 몸마디는 겉뼈대라는 갑옷으로 감싸여 있다. 이 반들거리는 청벌은 화려한 색깔을 띤 오돌토돌한 겉뼈대로 덮여 있다. 오돌토돌한 굴곡은 겉뼈대를 더욱 튼튼하게 하며, 벌이나 말벌의 침을 막는 데에도 도움을 준다.

많은 곤충은 움직임을 알아내는 감각털을 지닌다.

곤충은 지렁이처럼 생긴 동물로부터 진화했기 때문에, 배가 몸마디로 이루어져 있다.

배

딱딱한 다리 마디들은 유연한 관절로 이어진다.

발끝에는 움켜쥐는 데 쓰는 날카로운 발톱이 달려 있다.

많은 곤충은 성체 때 날개가 있다. 이 벌처럼 날개 달린 곤충은 대부분 날개가 두 쌍이다. 하지만 날개를 한 쌍만 지닌 곤충도 있다.

곤충은 어떻게 살아갈까

곤충은 지구에 알려진 모든 동물 종의 적어도 4분의 3을 차지한다.
얼어붙은 극지방에서 이글거리는 사막에 이르기까지 거의 모든 육상 서식지에 산다. 곤충이 이렇게 대성공을 거둔 것은 몸 구조 덕분이기도 하다. 섬세한 내부 기관을 보호하는 튼튼한 겉뼈대와 먹이에 알맞게 변한 다양한 구기(입)가 대표적이다. 곤충은 비행 능력을 진화시킨 최초의 동물이고, 날 수 있는 유일한 무척추동물이다.

곤충의 종류

무척추동물 중에서 유일하게 동력 비행을 할 수 있는 곤충은 육지의 거의 모든 서식지에 산다. 동물 집단 중 가장 수가 많고 가장 널리 퍼져 있다. 동물 종의 적어도 4분의 3을 차지한다. 곤충은 약 95만 종이 알려져 있다. 그중에서 중요한 곤충 집단 몇 가지를 살펴보자.

술 장식이 있어서 이끼나 지의류와 비슷해 보인다.

대벌레와 나뭇잎벌레
위장의 대가들로서 잔가지나 잎으로 위장한다. 대부분 식물을 먹는다.

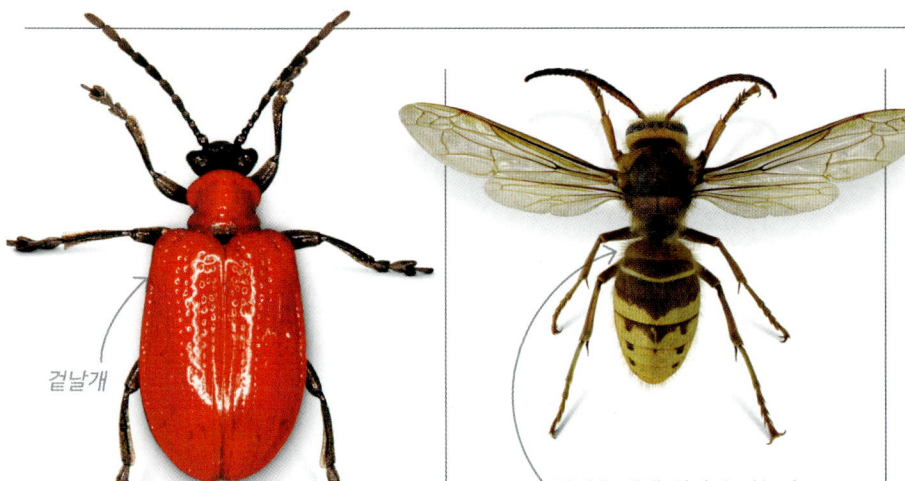

겉날개

말벌은 대개 허리가 가늘다.

딱정벌레
곤충 중에서 가장 큰 집단을 이룬다. 대개 단단한 겉날개 속에 한 쌍의 날개가 접혀 들어가 있다.

벌, 말벌, 개미
서로 연결된 날개 두 쌍을 지닌다. 큰 군체를 이루어 사는 종이 많고, 암컷은 침을 지니는 사례가 많다.

노린재
부리 모양의 꿰뚫는 구기를 지닌다. 식물의 수액 또는 다른 곤충의 체액을 빨아 먹는다.

평형곤

커다란 겹눈

각 날개 쌍은 따로따로 독립적으로 움직인다.

명주잠자리의 뒷날개는 독특하게 리본처럼 생겼다.

파리
곤충은 대개 날개가 4개지만, 파리류의 날개는 한 쌍이다. 날개 뒤에는 비행할 때 자유자재로 날 수 있게 균형을 유지해 주는 곤봉 모양의 기관이 있다.

잠자리와 실잠자리
민첩한 포식자로써, 커다란 눈으로 날아가는 먹이를 발견하면 공중에서 강한 다리로 낚아챈다.

풀잠자리와 명주잠자리
애벌레일 때나 성체일 때나 강한 턱으로 먹이를 씹어 먹는 포식자다. 명주잠자리 애벌레는 덫을 놓아 개미를 잡아먹어 개미귀신이라고 불린다.

무척추동물 103

집게벌레
몸이 납작하고 배 끝에 집게가 달려 있어서 쉽게 알아볼 수 있다. 대부분 밤에 나와서 다른 곤충이나 식물을 먹는다.

집게

나비와 나방
나비와 나방은 꽃꿀을 먹으며, 가루 같은 비늘로 뒤덮인 커다란 날개를 지닌다. 날개는 화려한 색깔을 띠기도 한다. 애벌레는 털이 있어서 모충이라고 하며, 잎을 먹고 산다.

겹눈

눈꼴무늬는 포식자인 새를 놀라게 하여 쫓아내는 데 도움이 된다.

높이뛰기에 알맞은 긴 뒷다리

메뚜기와 귀뚜라미
메뚜기와 귀뚜라미는 대개 식물을 먹는다. 몸은 머리가 크고 목이 굵으며, 뒷다리가 튼튼하다.

비늘로 덮인 날개

겉뼈대는 어떻게 작동할까

곤충의 몸을 지탱하는 뼈대는 몸속에 있지 않고, 겉뼈대라는 단단한 껍데기를 이루고 있다. 겉뼈대는 키틴이라는 단단한 물질로 되어 있어서, 다치는 것을 막아 주고 수분 손실도 막아 준다. 겉뼈대는 딱딱한 부위도 있지만 부드러운 부위도 있어서, 곤충은 팔다리, 구기, 더듬이를 움직일 수 있다.

▶ 딱정벌레의 겉뼈대

곤충 겉뼈대는 두께가 다양하다. 딱정벌레 유충은 갚은 나뭇가지듯한 겉뼈대를 지니는 반면, 아래 사진 속 반들거리는 은줄보석무지처럼 딱정벌레 성체의 겉뼈대는 갑옷처럼 딱딱하며, 화려한 색깔을 띠기도 한다.

구기

곤충의 구기는 놀라울 만치 다양하다. 먹이를 찌르고, 베고, 빨고, 때리는 등 다양한 용도로 쓰인다.

메뚜기 씹는 턱을 써서 잎을 베고 찢고 짓이겨 먹는다.

모기 턱으로 주삿바늘처럼 피부를 찔러서 피를 빨아 먹는다.

나비 씹는 턱 대신에 꽃꿀을 빠는 긴 대롱처럼 생긴 주둥이가 달려 있다.

위에서 본 모습 — 더듬이, 겹눈, 구기

앞에서 본 모습 — 머리

머리의 겉뼈대는 단단한 덮개 같다. 더듬이 한 쌍, 겹눈 한 쌍, 구기가 달려 있다.

다리 관절 주위의 겉뼈대는 얇고 부드럽다. 그래서 다리를 경첩처럼 구부릴 수 있다.

곤충은 어떻게 자랄까

딱딱한 겉뼈대는 곤충이 자라도 늘어나지 않는다. 곤충은 더 커지려면 겉뼈대를 벗어야 한다. 이 과정이 허물벗기, 즉 탈피다. 성장해야 할 때마다 곤충은 기존 겉뼈대 아래에 약간 큰 겉뼈대를 새로 만든다. 그러면 기존 겉뼈대가 반으로 갈라지면서 새 겉뼈대가 밖으로 드러난다.

무척추동물

1 알에서 모충으로
곤충이 탈바꿈을 하기 전의 어린 형태를 애벌레라고 한다. 나방의 애벌레는 모충이라고도 한다. 누에나방의 모충은 알 속에서 약 14일을 자란 뒤, 부화하여 약 25일 동안 뽕잎을 먹고 자란다. 처음 몸무게의 약 1만 배까지 늘어난다. 몸이 커지려면 자라는 동안 껍데기를 벗는 허물벗기(탈피)를 네 차례 해야 한다.

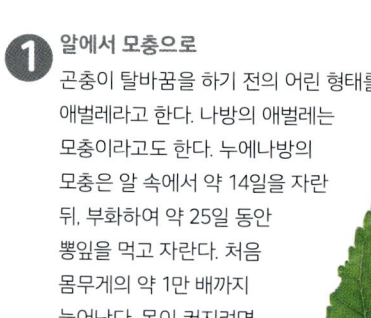
15일째

5일째

누에나방의 모충인 **누에**는 뽕나무 잎만 먹는다.

1일째

누에나방의 알은 모래알만 하다.

17일째

탈바꿈은 어떻게 이루어질까

많은 곤충의 한살이에는 애벌레에서 성체로 변신할 때 모습이 크게 바뀌는 탈바꿈 단계가 있다. 나방과 나비는 기어 다니는 모충으로 한살이를 시작한다. 모충이 다 자라면 번데기라는 움직이지 못하는 단계에 들어선다. 고치 안에서 모충의 몸은 성체로 변신한다.

모충이 입 안에 있는 샘에서 비단실을 잣는다.

26일째

모충은 머리를 앞뒤로 빙빙 돌려서 실로 자기 몸을 감는다.

실이 치밀하게 층층이 감겨서 단단한 껍데기가 된다.

27일째　　28일째　　29일째

2 알에서 모충으로
모충은 탈바꿈할 동안 몸을 보호하기 위해, 실로 고치를 만든다. 실은 누에의 입에서 액체로 나와서 공기와 만나 굳어지면서 생긴다. 실과 함께 분비되는 끈적거리는 액체는 감은 실을 뭉치는 풀 역할을 한다. 고치를 만드는 데에는 1~2일이 걸리며, 고치는 길이가 약 1킬로미터에 달하는 실 한 가닥으로 이루어진다.

무척추동물 **107**

4 성체의 출현
고치 상태로 약 2주를 지낸 뒤, 마침내 성체 나방이 모습을 드러낸다. 누에나방 성체는 먹지 않고, 며칠만 산다. 수컷은 암컷을 찾아 짝짓기를 한다. 짝짓기가 끝나면, 암컷은 알을 약 1,000개 낳은 뒤 죽는다.

51일째

누에나방

50일째

수컷은 깃털 같은 더듬이로 암컷의 냄새를 포착한다.

누에나방의 한살이
누에나방의 일생은 약 10주 동안 이어진다. 누에나방은 실로 된 안전한 고치 안에서 탈바꿈을 한다. 성체 단계에서는 일주일도 채 못 산다.

나방은 입에서 나온 침으로 고치를 녹여서 구멍을 뚫고 비집으며 나온다.

고치를 연 모습

번데기

마지막으로 벗은 허물

3 고치 안
고치 안에서 모충은 마지막 허물을 벗고 번데기가 된다. 번데기는 곤충의 한살이에서 꼼짝하지 않는 단계다. 번데기 단계에서 몸은 많은 부분이 소화되어 영양가 있는 액체가 된다. 모충 때 잠자고 있던 세포 집단이 깨어나 활동을 시작한다. 이 세포들은 액체를 먹고 자라면서 새로운 기관들을 형성한다.

35일째

곤충은 어떻게 볼까

곤충의 커다란 눈은 빛을 감지하는 낱눈 수천 개로 이루어진 '겹눈'이다. 미세한 대롱 모양의 낱눈은 빽빽하게 모여서 커다란 겹눈 두 개를 만든다. 낱눈의 수정체는 아주 작아서 훨씬 더 큰 사람 눈의 수정체보다 초점을 잘 맞출 수가 없다. 그래서 곤충의 겹눈은 사람의 눈보다 훨씬 흐릿한 상이 맺힌다. 하지만 겹눈은 몸 주변을 폭넓게 볼 수 있고, 아주 작은 움직임까지도 알아차릴 수 있다.

▼ **비단벌레의 눈**
비단벌레는 낱눈이 벌집 모양으로 배열된 커다란 겹눈을 지닌다. 빛에 민감한 낱눈은 육각형 대롱 모양이다. 비단벌레 눈은 색깔을 아주 잘 본다. 무지갯빛을 띠는 띠무늬를 지닌 짝을 찾기 위해 적응한 결과일 것이다.

더듬이는 움직임과 냄새를 감지할 수 있다.

커다란 겹눈은 시야가 넓어 여러 방향을 볼 수 있다.

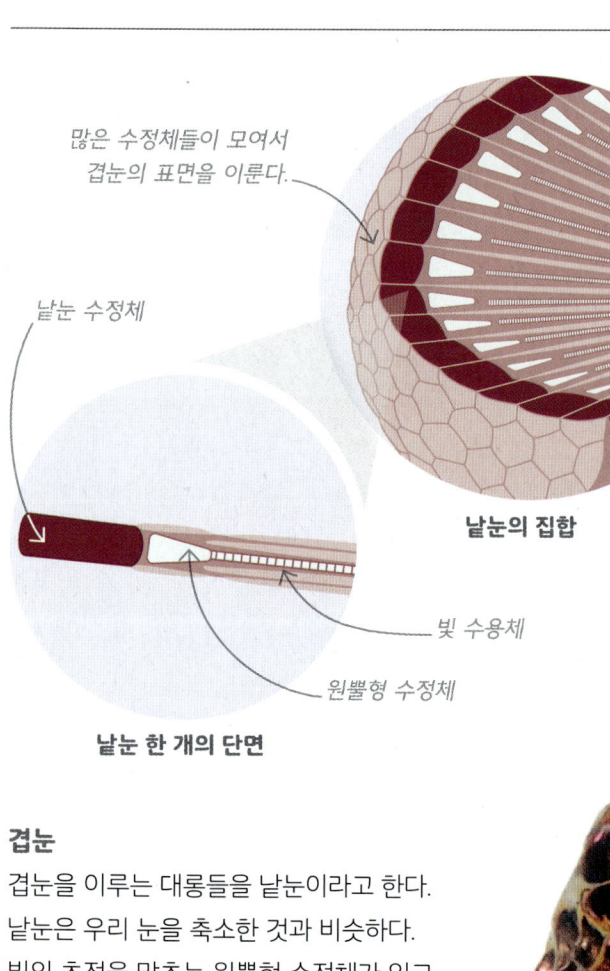

많은 수정체들이 모여서 겹눈의 표면을 이룬다.

낱눈의 집합

낱눈 수정체
빛 수용체
원뿔형 수정체

낱눈 한 개의 단면

겹눈
겹눈을 이루는 대롱들을 낱눈이라고 한다. 낱눈은 우리 눈을 축소한 것과 비슷하다. 빛의 초점을 맞추는 원뿔형 수정체가 있고, 빛을 감지하는 수용체도 들어 있다.

비단벌레

금속처럼 빛나고, 보는 각도에 따라 색이 다른 무지갯빛

낱눈은 벌집무늬를 이룬다.

움직임을 추적하는 방식
겹눈은 움직이는 물체를 아주 잘 본다. 움직이는 물체는 바로 옆에 놓인 낱눈에서 낱눈으로 잇따라 보인다.

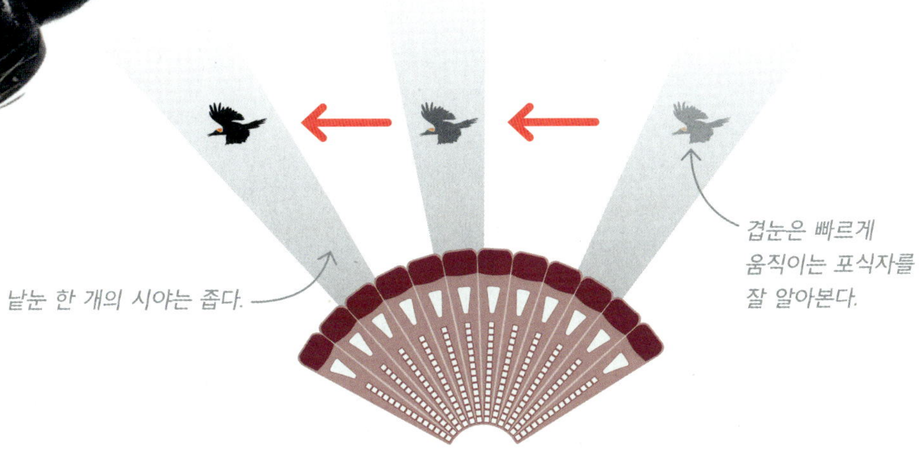

낱눈 한 개의 시야는 좁다.

겹눈은 빠르게 움직이는 포식자를 잘 알아본다.

사람의 눈으로 보면
사람의 눈은 대상에 초점을 맞추고 선명한 상을 맺을 수 있는 하나의 커다란 수정체를 지닌다. 하지만 사람의 눈은 곤충의 눈보다 움직임을 알아차리는 능력이 떨어진다.

잠자리의 눈으로 보면
잠자리의 눈은 3만 개가 넘는 낱눈으로 이루어지며, 대부분의 곤충 눈보다 더 선명한 상을 맺을 수 있다. 그래서 공중에서 먹이를 잡는 데 도움이 된다.

꿀벌의 눈으로 보면
꿀벌은 낱눈이 약 8,000개까지 모인 겹눈을 지니고, 곤충치고는 비교적 선명한 상을 맺는다. 수벌은 눈으로 짝을 찾는다.

집파리의 눈으로 보면
집파리의 눈은 선명한 상을 맺지 못하지만, 대신에 움직임을 더 잘 알아차린다.

곤충은 얼마나 선명하게 볼까
곤충의 눈은 움직임을 포착하는 데 매우 뛰어나지만, 움직이지 않는 것은 사람보다 잘 못 본다. 곤충 중에도 정지된 것을 다른 곤충보다 선명하게 보는 종이 있다.

더듬이는 어떤 일을 할까

모든 곤충은 머리에 더듬이가 달려 있다. 더듬이는 주변 세계의 냄새, 맛, 접촉을 느낄 수 있게 해 주는 다목적 감각 기관이다. 더듬이에 있는 미세한 털처럼 생긴 감각 기관은 화학 물질이나 움직임을 알아차린다. 더듬이 밑동에는 더듬이 전체의 진동을 느끼는 운동 감지기가 있다.

세상을 느끼는 기관
더듬이는 곤충마다 다르게 생겼을 뿐 아니라, 기능도 다양하다. 단순히 어둠 속에서 길을 찾거나 비행할 때 방향을 찾는 용도로 쓰는 곤충이 있는가 하면, 짝이 내는 화학 물질 신호를 포착하는 데 쓰는 종도 있다.

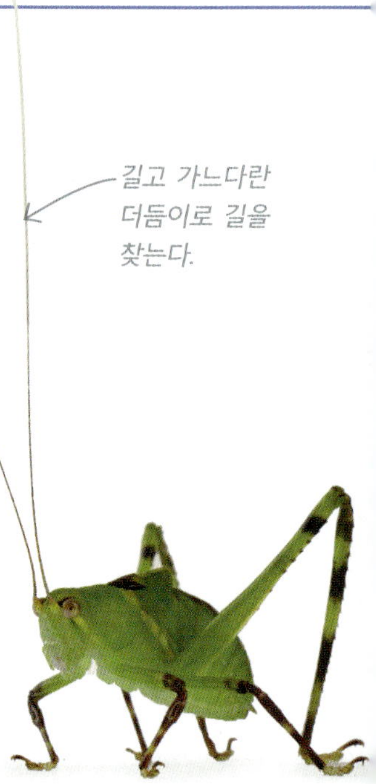

길고 가느다란 더듬이로 길을 찾는다.

촉감
귀뚜라미의 긴 더듬이는 냄새뿐 아니라 접촉에도 민감하다. 귀뚜라미는 더듬이를 써서 어둠 속에서도 길을 찾고, 짝을 찾고, 포식자를 피한다.

일부 나방은 더듬이에 무려 6만 개나 되는 냄새 감지기가 있다.

▶ 냄새 검출기
이 얼룩매미나방 수컷과 마찬가지로 여러 나방들의 수컷은 빗처럼 생긴 더듬이로 몇 킬로미터 떨어진 곳에 있는 암컷이 내는 냄새도 알아차릴 수 있다. 암컷은 페로몬이라는 냄새 물질을 공중으로 퍼뜨려 짝을 꾄다.

무척추동물

기체 검출
꿀벌 더듬이의 화학 물질 감지기는 벌집 안 이산화탄소 기체 농도가 1퍼센트 이내로 조금만 증가해도 알아차릴 수 있다. 그러면 벌들은 날개를 마구 파닥여서 공기를 순환시킨다.

— 더듬이에는 화학 물질 감지기도 있다.

의사소통
개미들은 서로 더듬이를 맞대어서 화학 물질인 페로몬을 찾는다. 페로몬을 감지함으로써, 개미 군체가 우르르 몰려가서 침입자를 공격하거나 먹이가 있는 곳으로 찾아갈 수 있다.

— 페로몬 감지기

비행
꼬리박각시의 더듬이 밑동에 있는 감지기는 공기가 움직이면서 일으키는 아주 미미한 진동까지 알아차린다. 공중에 정지한 채로 꽃꿀을 빨아 먹는 데 도움이 되는 능력이다.

— 더듬이는 공기의 움직임도 알아차린다.

나침반
제왕나비의 더듬이에는 하루 중 몇 시인지를 알려 주는 생체 시계가 들어 있다. 나비는 이 생체 시계를 태양이 있는 방향과 조합하여, 장거리 이주할 때 항로를 잡는다.

— 더듬이는 시간을 알려 준다.

— 더듬이를 밑동에서 비틀거나 구부려 냄새가 나는 방향까지 알 수 있다.

— 냄새 분자를 잘 탐지할 수 있도록 표면적이 넓다.

털투성이 더듬이
나방의 더듬이는 냄새 감지기 역할을 하는 미세한 감각털로 덮여 있다. 더듬이 하나에 털이 수만 개 달려 있는 종도 있다.

곤충은 어떻게 들을까

더 큰 다른 동물들처럼, 곤충도 귀로 공기의 진동을 감지하여 **소리를 듣는다.** 머리 양쪽에 나 있는 척추동물의 귀와 달리, 곤충의 귀는 다리나 날개, 가슴, 배에 있다. 소리에 귀를 기울임으로써, 곤충은 짝이나 먹이를 찾거나, 위험이 닥칠 때 알아차릴 수 있다.

곤충의 귀

곤충의 귀는 몸에 자리한 위치뿐 아니라, 듣는 소리의 종류도 저마다 아주 다양하다. 짝 후보의 윙윙거리는 소리를 잘 듣는 종이 있는가 하면, 식충동물인 박쥐가 내는 소리를 알아차리는 종도 있다.

메뚜기의 귀는 배의 첫 번째 마디에 있다.

메뚜기

메뚜기는 귀가 배의 양쪽에 있어서, 소리가 들려오는 방향을 잘 구별한다. 여치와 달리, 메뚜기는 다리를 날개에 대고 비벼서 소리를 낸다.

여치는 날개를 마주 비벼서 소리를 낸다.

여치의 양쪽 앞다리에는 고막이 두 개씩 있다. 하나는 앞을 향하고, 다른 하나는 뒤를 향한다.

무척추동물 113

매미
매미의 귀는 배에 있다. 매미 수컷이 내는 소리는 아주 커서, 매미는 노래할 때 귀가 상하지 않도록 귀를 막는다.

- 매미는 겹바깥 전체를 진동시켜서 소리를 낸다.

매미
매미의 귀는 배에 있다. 매미 수컷이 내는 소리는 아주 커서, 매미는 노래할 때 귀가 상하지 않도록 귀를 막는다.

- 존스턴 기관
- 더듬이

모기
모기는 더듬이로 소리를 듣는다. 더듬이는 특정한 음파가 부딪혀 오면 진동한다. 그러면 더듬이 밑동에 있는 존스턴 기관이라는 감각 기관이 작동한다. 수컷은 존스턴 기관을 이용하여 암컷이 윙윙거리는 날갯짓 소리를 듣는다.

박각시
박각시는 밤에 꽃꿀을 빨아 먹는다. 밤은 포식자인 박쥐가 날아다니는 때이기도 하다. 그래서 일부 박각시 중에는 구멍을 이용하여 박쥐가 오는 소리를 듣는 능력을 갖추었다.

- 박각시는 잎으로 소리를 들을 수 있다.

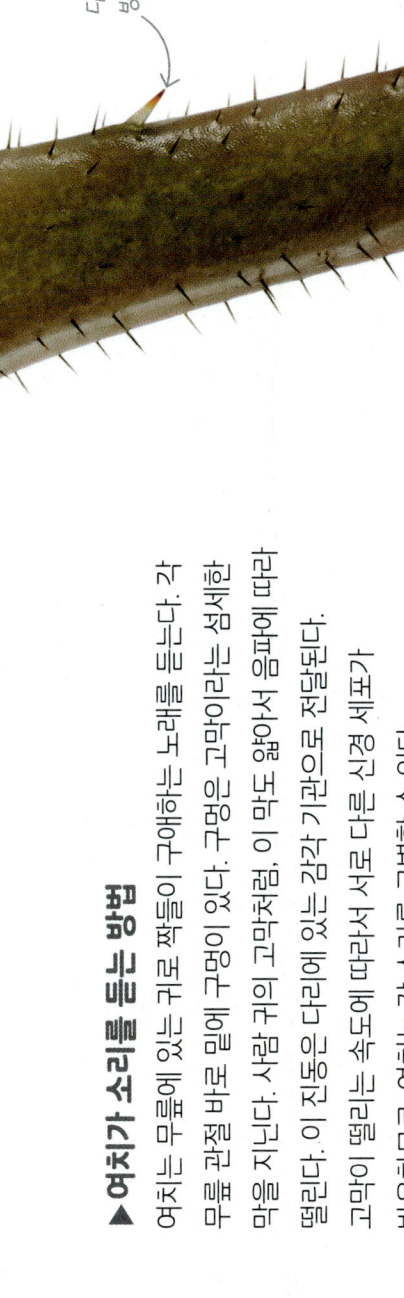

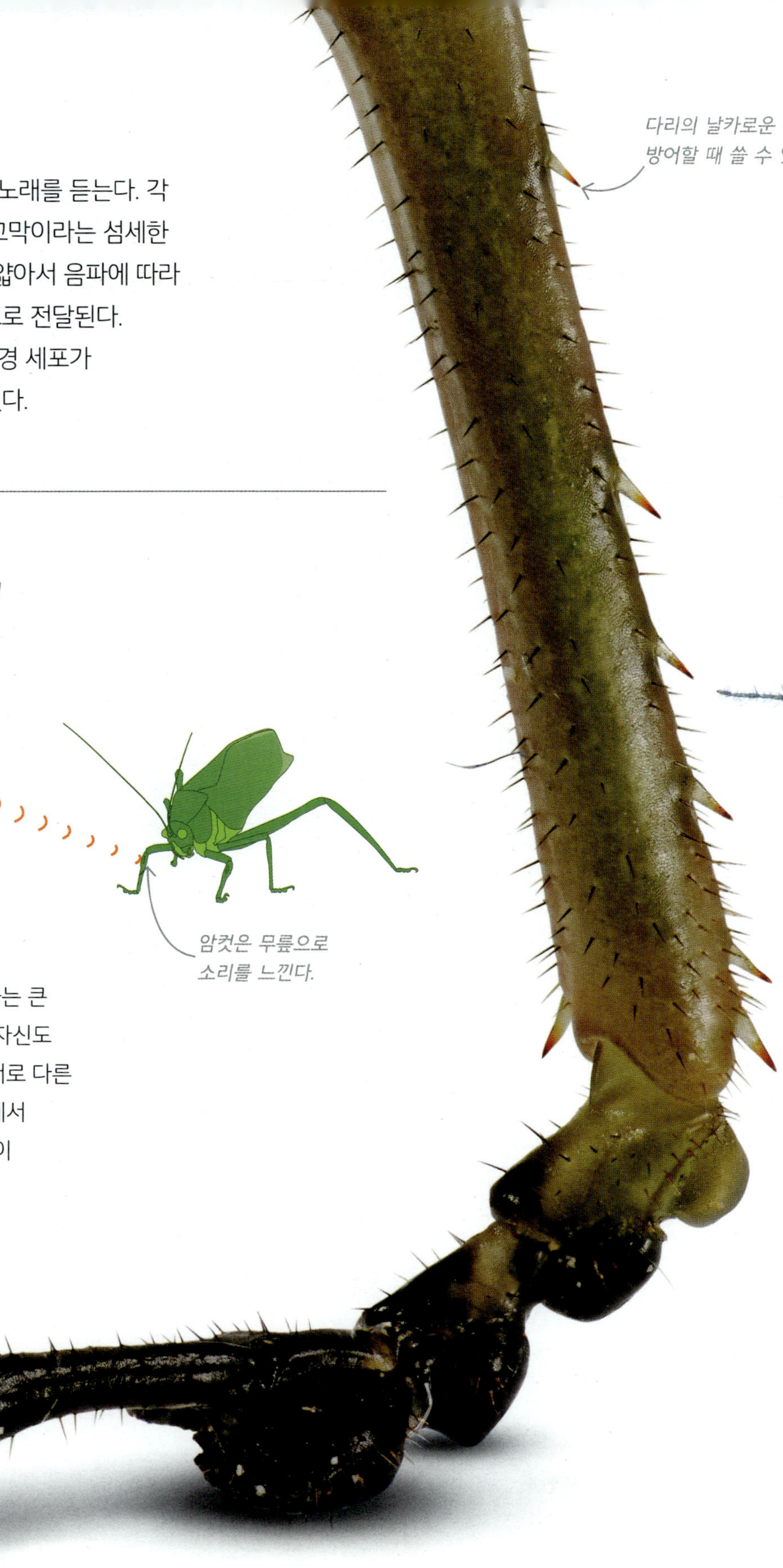

- 다리의 날카로운 가시는 방어할 때 쓸 수 있다.

▶ 여치가 소리를 듣는 방법
여치는 무릎에 있는 가로 쪽틈이 구애하는 노래를 듣는다. 각 무릎 관절 바로 밑에 구멍이 있다. 구멍은 고막이라는 섬세한 막을 지닌다. 사람 귀의 고막처럼, 이 막도 얇아서 음파에 따라 떨린다. 이 진동은 다리에 있는 감각 기관으로 전달된다. 고막이 떨리는 속에 따라서 서로 다른 신경 세포가 반응하므로, 여치는 각 소리를 구별할 수 있다.

짝에 소리를 듣다
여치 수컷은 앞날개를 비벼서 찌르르르 하는 큰 소리로 암컷을 부른다. 그 소리를 들은 암컷은 자신도 소리를 내어 수컷에게 화답한다. 여치의 귀는 서로 다른 방향을 향하고 있기 때문에, 소리가 오는 방향에서 오는지 구별할 수 있다. 따라서 여치 수컷이 어디에 있는지를 알아낼 수 있다.

- 암컷은 무릎으로 소리를 느낀다.
- 수컷은 두 날개를 비벼대어 소리를 낸다.

곤충의 날개는 어떻게 움직일까

곤충은 4억여 년 전에 이미 비행 능력을 갖추었다. 최초로 하늘을 난 동물이 바로 곤충이다. 새의 날개는 앞다리가 변한 것인 반면, 곤충의 날개는 겉뼈대가 자란 것이다. 곤충은 몸속 근육의 힘으로 날개를 움직인다. 근육은 날개에 직접 붙어 움직이거나, 가슴의 모양을 바꿈으로써 날개를 움직인다. 일부 종은 1초에 최대 1,000번까지도 날개를 침으로써, 놀라운 속도를 내고 곡예비행을 선보인다.

두꺼운 부위는 날개를 안정시키고 활공하는 데 도움이 된다.

날개가 길고 날렵하여 빠르고 민첩하게 날 수 있다.

각 날개를 따로따로 움직일 수 있어서, 비행 조종 능력이 뛰어나다.

비행 근육

곤충의 날개는 가슴 양쪽에 붙어 있다. 대부분의 곤충은 근육을 오므렸다 폈다 하면서 가슴 윗부분을 위아래로 움직임으로써 날개를 움직인다.

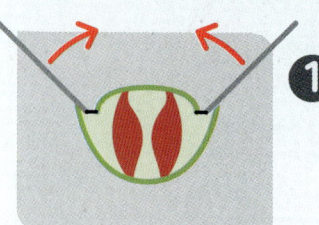

1 위로치기
날개 근육이 수축하여 짧아지면 가슴 윗부분을 밑으로 끌어내린다. 그러면 날개가 위로 올라간다.

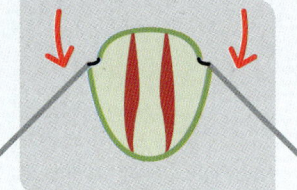

2 내려치기
날개 근육이 이완되어 길어지면 가슴 윗부분이 올라간다. 그러면 날개가 아래로 내려간다.

이륙

딱정벌레의 날개는 대개 앞날개가 딱딱하게 변형되어 생긴 보호 덮개인 겉날개 안에 숨겨져 있다. 딱정벌레는 이륙하려고 할 때, 겉날개 속에 있는 뒷날개를 펼쳐야 한다.

1 자리 잡기
왕풍뎅이가 겉날개를 닫은 채 꽃눈에 앉았다. 이륙하기 전에 더듬이로 바람의 속도를 가늠한다.

2 준비
가슴 앞쪽 근처에 달린 이음매가 벌어져 딱딱한 겉날개가 열린다. 겉날개를 들어 올려 섬세한 뒷날개가 펼쳐질 수 있게 한다.

3 이륙
날개를 완전히 펼치자마자 공중으로 날아오른다. 이 전체 과정에 1초도 안 걸린다.

4 비행
일단 공중에 뜨면, 겉날개를 날개 위로 들어 올리고 있다. 비행기의 고정된 날개처럼, 겉날개는 양력을 얼마간 일으킨다.

무척추동물 115

비행 제어 장치

대부분의 곤충은 날개가 두 쌍이지만, 각다귀 같은 몇몇 곤충은 한 쌍뿐이다. 한 쌍의 뒷날개는 평형곤이라는 작은 곤봉 모양의 기관으로 변했다. 평형곤은 속도나 방향의 변화를 감지하여, 곤충이 아주 정밀하게 비행을 제어할 수 있게 해 준다.

길쭉한 배는 비행 근육이 내는 열을 방출한다.

곤충의 날개는 키틴질로 되어 있다. 겉뼈대와 같은 물질이지만, 날개를 이루는 키틴질은 얇은 유리처럼 투명하다.

마디로 이루어진 유연한 배는 위아래로 휘어질 수 있다.

◀ 공중의 사냥꾼

대부분의 곤충과 달리, 이 밀잠자리 같은 잠자리는 비행 근육이 날개에 직접 연결되어 있다. 그래서 네 날개를 따로따로 움직일 수 있다. 덕분에 잠자리는 유달리 빠르고 민첩하게 날 수 있고, 공중에서 다른 곤충을 사냥할 수 있다.

날개는 이음매로 가슴에 붙어 있다.

날개는 날개맥이라는 굵은 지지대로 보강되어 있다.

가슴에는 강한 비행 근육이 가득하다.

잠자리는 강모가 난 다리로 공중에서 다른 곤충을 낚아챈다.

커다란 눈으로 공중에서 먹이를 찾아낸다.

매복형 포식자

사마귀는 대개 느리게 움직이며, 위장술로 먹이를 속인다. 가만히 지켜보면서 먹이가 공격 범위 안으로 들어오기를 기다린다. 그런 뒤 앞다리를 획 뻗어서 먹이를 낚아챈다. 가시가 난 앞다리에 걸리면 달아날 수 없다.

공격 준비

치명적인 공격

접힌 날개는 잘 위장되어 있다. 메마른 풀잎처럼 보인다.

발톱이 달린 발로 가지를 강하게 움켜쥐고 앉는다.

뒷다리는 걷는 데 쓴다.

▶ **동족 살해자**

사마귀 암컷이 먹이를 잡는 앞다리로 다른 사마귀를 움켜쥐는 데 성공했다. 사냥꾼은 재빨리 움직여서 상대방의 머리를 물어뜯었고, 이제 근육으로 가득한 가슴을 씹어 먹는 중이다. 사진 속의 공격자와 희생자는 종이 다르지만, 커다란 사마귀가 자기와 같은 종의 작은 사마귀를 잡아먹기도 한다.

사마귀는 어떻게 사냥할까

많은 곤충이 다른 작은 동물을 잡아먹는 사냥꾼이다.

사마귀는 포식자 곤충 중 가장 무시무시한 축에 속한다. 가시가 난 강한 앞발을 든 채 식물에 걸터앉은 모습이 기도하는 사람 같다고 해서 유럽에서는 기도하는 사마귀라고도 부른다. 사실 사마귀는 갈고리 같은 앞발로 먹이를 낚아채서 꽉 움켜쥔 채로 게걸스럽게 먹어 치운다. 굶주린 사마귀는 다른 사마귀를 잡아먹기도 한다.

씹는 구기

사마귀의 턱은 작지만 아주 날카롭다. 곤충의 단단한 겉뼈대를 마치 셀러리를 씹듯이 씹을 수 있다.

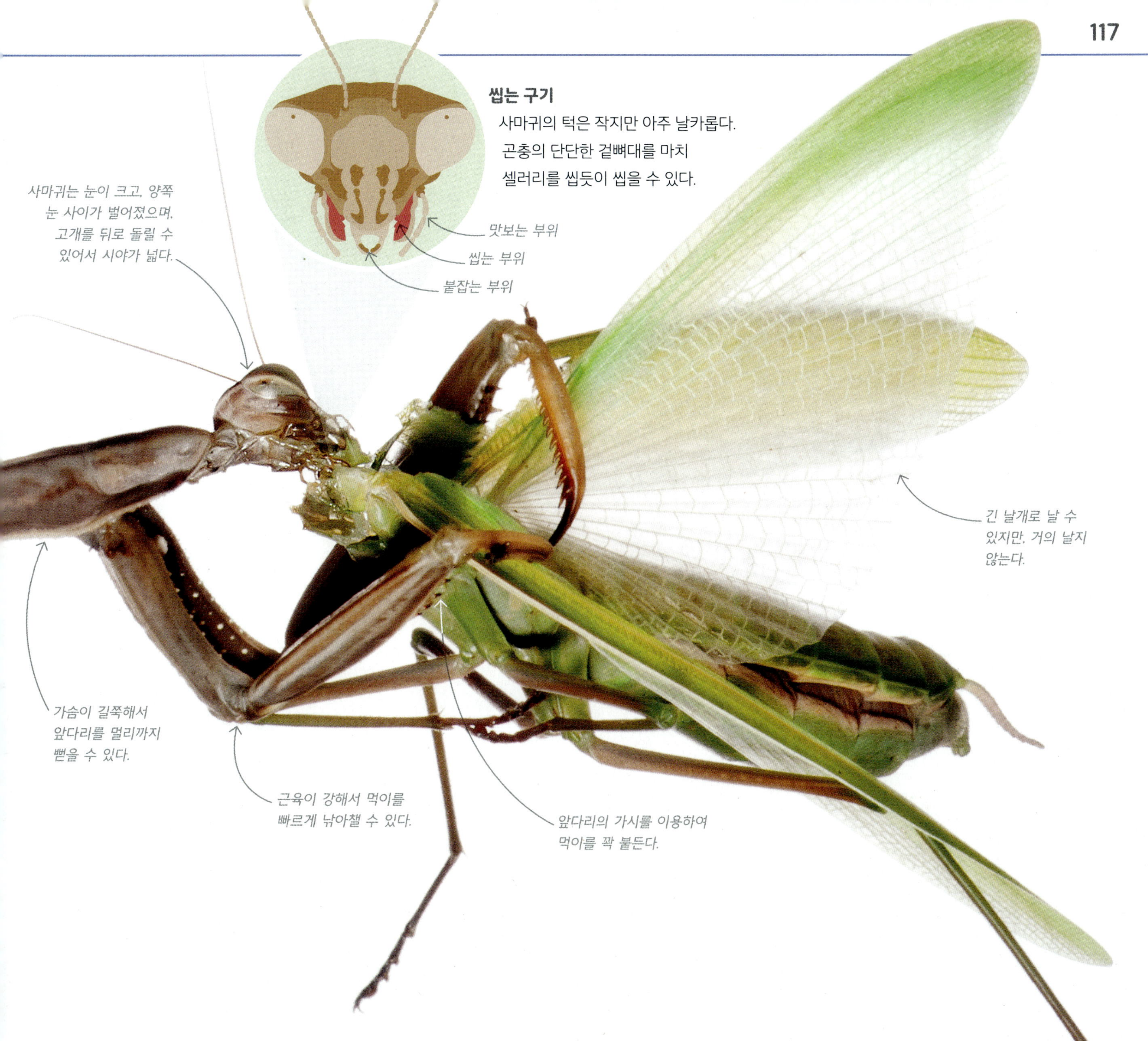

- 맛보는 부위
- 씹는 부위
- 붙잡는 부위

사마귀는 눈이 크고, 양쪽 눈 사이가 벌어졌으며, 고개를 뒤로 돌릴 수 있어서 시야가 넓다.

긴 날개로 날 수 있지만, 거의 날지 않는다.

가슴이 길쭉해서 앞다리를 멀리까지 뻗을 수 있다.

근육이 강해서 먹이를 빠르게 낚아챌 수 있다.

앞다리의 가시를 이용하여 먹이를 꽉 붙든다.

먹이의 긴 다리는 뜯어서 버린다.

커다란 먹이 먹기

사마귀는 독이 없으므로, 자신의 힘과 몸집에 의존하여 사냥을 한다. 대개 자신보다 작은 먹이를 표적으로 삼는다. 몸집이 큰 암컷은 대개 짝짓기를 하는 도중이나 끝낸 뒤에 자신보다 작은 수컷을 먹는다. 하지만 몇몇 큰 사마귀는 도마뱀이나 청개구리처럼 자신보다 훨씬 큰 먹이를 잡아먹기도 한다.

도마뱀

개구리

기생 생물은 어떻게 살아갈까

기생 생물은 다른 동물의 살아 있는 몸을 먹이로 삼는다.
희생되는 동물을 숙주라고 한다. 기생 생물은 숙주를 희생시켜서 혜택을 보는 식으로 살아간다. 숙주의 피부에 사는 기생 생물이 있는가 하면, 회충처럼 숙주의 몸속 깊숙이 살아가는 종도 있다.

▼ 기생 생물에서 포식자로
많은 기생 생물이 숙주를 살려두지만, 보석말벌의 애벌레는 결국 숙주를 죽인다. 보석말벌 암컷은 바퀴벌레를 마비시킨 뒤 그 몸속에 알을 낳는다. 알에서 나온 애벌레는 살아 있는 바퀴벌레를 파먹으면서 자라나, 성체가 된 뒤 쪼그라든 바퀴의 몸 밖으로 나온다. 보석말벌처럼 숙주를 죽이는 기생 생물을 포식 기생자라고도 한다.

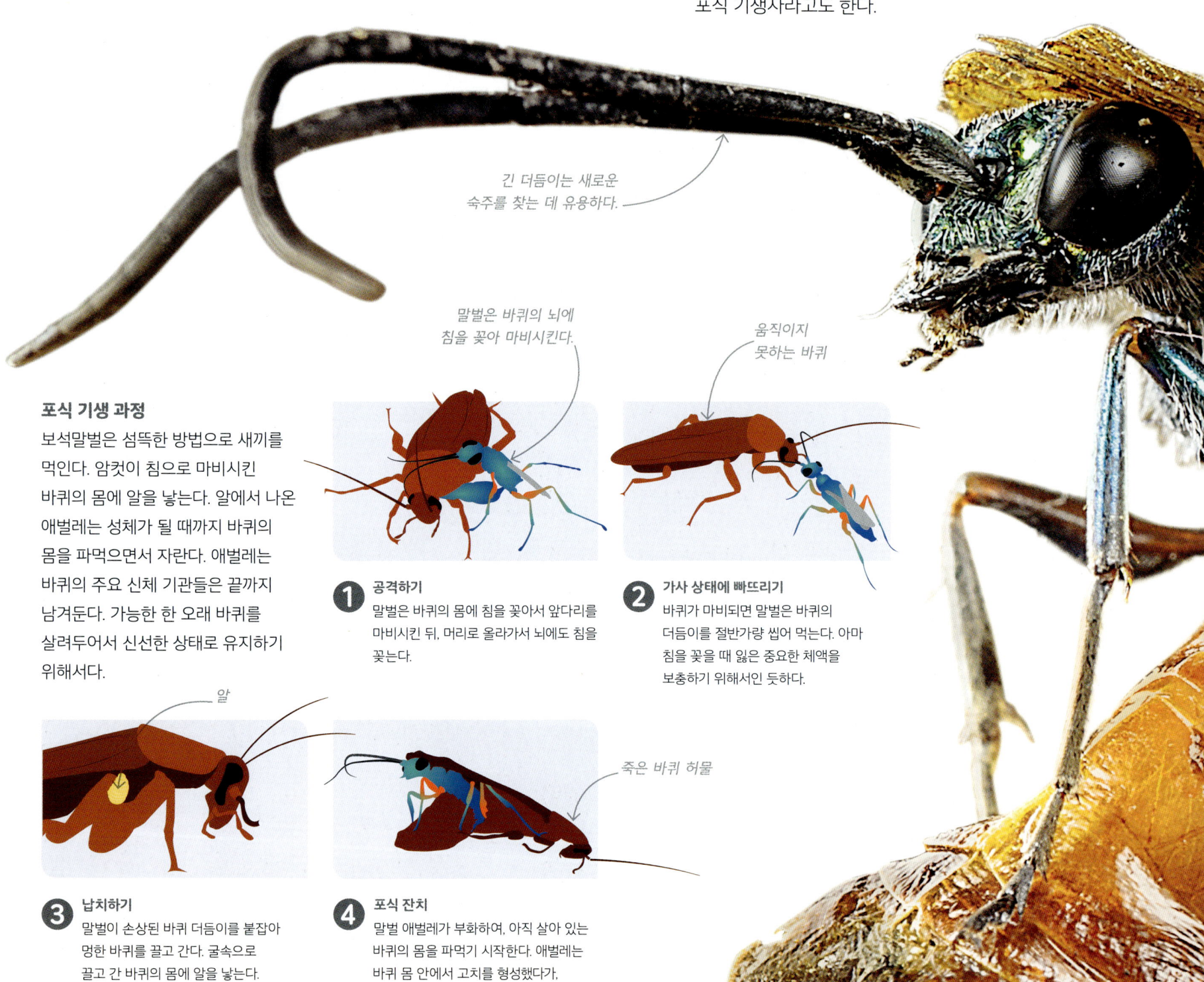

긴 더듬이는 새로운 숙주를 찾는 데 유용하다.

포식 기생 과정
보석말벌은 섬뜩한 방법으로 새끼를 먹인다. 암컷이 침으로 마비시킨 바퀴의 몸에 알을 낳는다. 알에서 나온 애벌레는 성체가 될 때까지 바퀴의 몸을 파먹으면서 자란다. 애벌레는 바퀴의 주요 신체 기관들은 끝까지 남겨둔다. 가능한 한 오래 바퀴를 살려두어서 신선한 상태로 유지하기 위해서다.

말벌은 바퀴의 뇌에 침을 꽂아 마비시킨다.

움직이지 못하는 바퀴

❶ 공격하기
말벌은 바퀴의 몸에 침을 꽂아서 앞다리를 마비시킨 뒤, 머리로 올라가서 뇌에도 침을 꽂는다.

❷ 가사 상태에 빠뜨리기
바퀴가 마비되면 말벌은 바퀴의 더듬이를 절반가량 씹어 먹는다. 아마 침을 꽂을 때 잃은 중요한 체액을 보충하기 위해서인 듯하다.

알

죽은 바퀴 허물

❸ 납치하기
말벌이 손상된 바퀴 더듬이를 붙잡아 멍한 바퀴를 끌고 간다. 굴속으로 끌고 간 바퀴의 몸에 알을 낳는다.

❹ 포식 잔치
말벌 애벌레가 부화하여, 아직 살아 있는 바퀴의 몸을 파먹기 시작한다. 애벌레는 바퀴 몸 안에서 고치를 형성했다가, 일주일 뒤 성체가 되면 밖으로 나온다.

다른 기생 생물들

다른 숙주의 표면에 붙어사는 기생 생물을 외부 기생자라고 한다. 진드기와 체체파리처럼 피를 빠는 외부 기생자는 배고플 때에만 잠시 숙주를 찾는다. 반면에 숙주의 몸속에 사는 기생 생물은 내부 기생자라고 하며, 몇 달에서 몇 년까지 살 수도 있다.

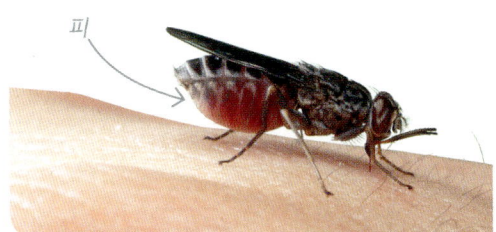

체체파리
이 흡혈 파리는 구기로 피부를 뚫어서 숙주의 피를 빤다. 흡혈 과정에서 수면병 같은 질병을 일으키는 미생물을 숙주에 감염시키기도 한다.

촌충
촌충은 소화계가 아예 없어서, 다른 동물의 창자에서 살아야 한다. 숙주가 먹은 먹이에서 분해되어 나온 양분을 흡수하면서 산다.

빨아 먹기 전

진드기
이 절지동물은 식물 위에서 기다리고 있다가 지나가는 동물에 올라탄다. 며칠 동안 피부에 달라붙은 채로, 숙주의 피를 계속 빨아 먹어서 엄청나게 부풀어 오른다.

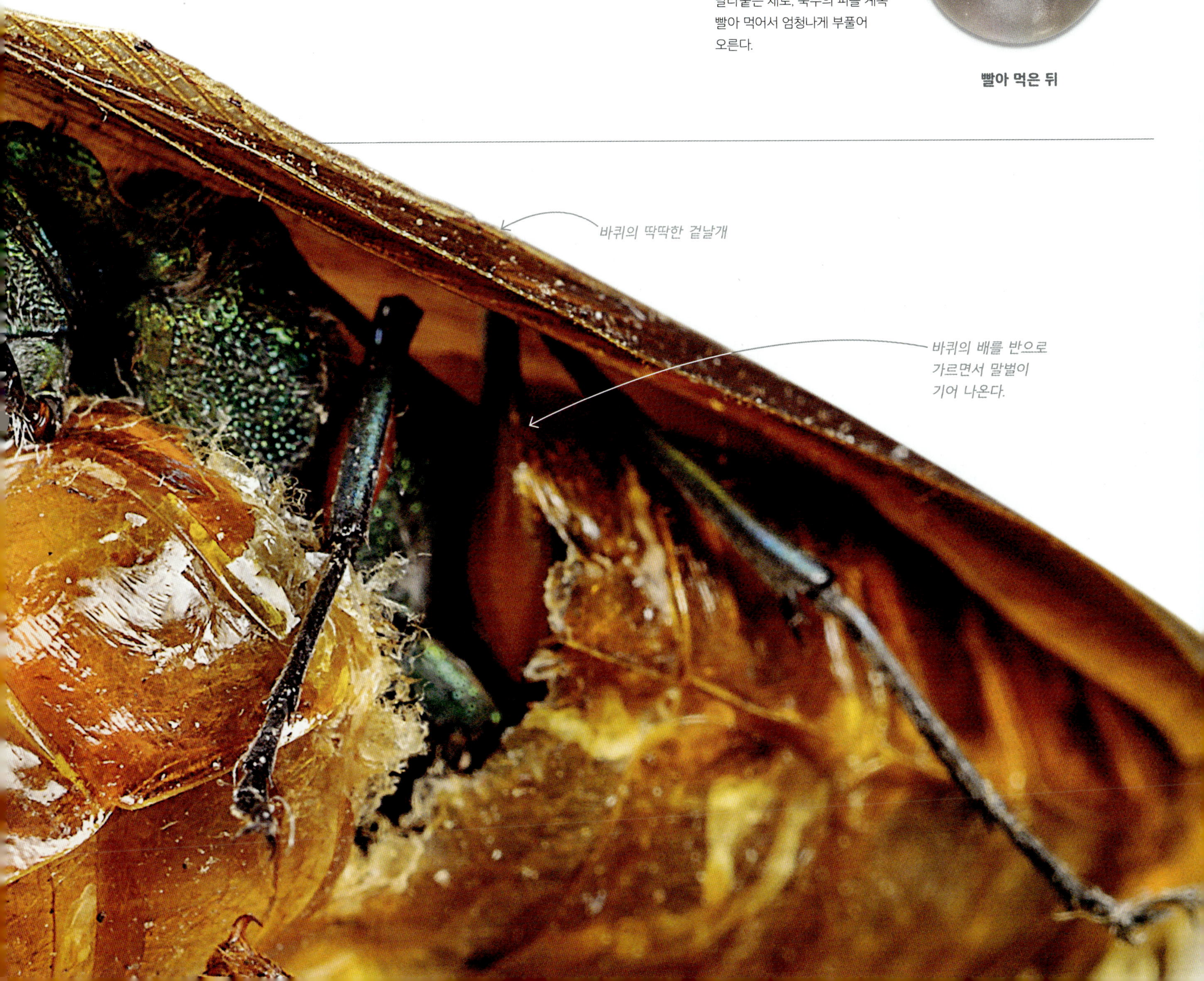

빨아 먹은 뒤

바퀴의 딱딱한 겉날개

바퀴의 배를 반으로 가르면서 말벌이 기어 나온다.

화학적 방어는 어떻게 이루어질까

굶주린 동물을 물리치기 위해, 많은 곤충들이 화학 무기를 일차 방어 수단으로 개발했다. 단지 불쾌한 냄새나 맛을 풍기는 종류도 있지만, 침을 쏘거나 상처를 입히고, 심지어 포식자를 죽일 수 있는 종류도 있다. 화학적 방어 수단은 두 종류가 있다. 삼켰을 때 작용하는 독과 피부에 주입하는 독액이다.

▶**경고색**
파랑, 빨강, 노랑, 녹색을 띤 호주밤띠쐐기나방의 유충은 무척 아름답다. 하지만 이 화려한 모습은 포식자에게 건드리지 말라는 경고다. 실제로 찔리면 통증을 일으킬 수 있는 독액이 든 가시가 유충의 온몸을 덮고 있다.

이 아카시아 잎은 모충의 먹이이다.

모충이 띤 선명한 색깔은 독이 있다는 경고다.

강모 침은 속이 비어 있다.

무척추동물

몸의 양쪽 끝이 똑같아서 포식자에게 혼란을 일으킨다.

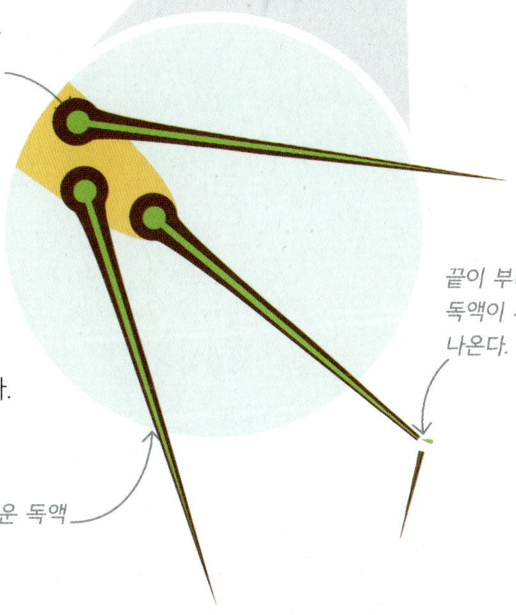

독을 이용한 방어
일부 곤충은 포식자를 즉시 물러나게 할 수 있는 악취 화학 물질을 뿜어낸다. 포식자에게 유독한 물질이나 불쾌한 맛을 내는 물질을 분비하는 종도 있다.

폭발성 증기
조그만 폭탄먼지벌레는 폭발성을 띤 표백제 같은 분무제로 무장하고 있다. 배에서 화학 물질들을 혼합하여 통증을 일으키는 뜨거운 기체를 만들고, 꽁무니에서 포식자를 향해 큰 소리를 내며 뿜는다.

유독한 거품
아프리카 전역에 사는 코피거품메뚜기는 가슴의 분비샘에서 포식자를 물리칠 유독한 거품을 생산한다. 독은 매우 독성이 강한 유액 식물을 먹음으로써 얻는다.

몸에 저장하는 독
제왕나비 모충은 유액 식물을 먹는다. 유액 식물은 다른 많은 생물들에게는 독으로 작용한다. 유액 식물의 독은 유충이 나비로 탈바꿈을 한 뒤에도 몸에 남아 있어서, 포식자인 새는 제왕나비를 피한다.

각 강모에는 독샘이 있다.

찌르는 강모
독액은 소돌기 안에서 생성되어 속이 빈 강모로 들어간다. 새 같은 포식자가 삼키면 강모 끝이 부러지면서 새의 입 속 부드러운 조직에 독액을 주입한다.

끝이 부러지면서 독액이 새어 나온다.

독액은 소돌기라고 하는 부푼 부위에서 만들어진다.

강모 침의 속을 채운 독액

▼ 말벌의 침
모든 말벌과 마찬가지로, 이 말벌도 주삿바늘 같은 침이 있다. 평소에는 배 안에 숨겨져 있다가, 공격을 받으면 튀어나온다. 독액은 침의 날카로운 끝 가까이에 난 구멍을 통해 흘러나온다.

선명한 색은 다른 동물에게 다가오지 말라는 경고 표시다.

많은 곤충들처럼, 이 말벌도 온몸이 빽빽하게 감각털로 덮여 있다.

몸마디로 이루어진 배를 구부려서 침의 방향을 조절할 수 있다.

무척추동물 123

침은 어떻게 작동할까

꿀벌과 말벌은 날카로운 주삿바늘 같은 침으로 무장하고 있다. 침으로 피부를 뚫고서 고통스러운 독액을 주입하여 상대방을 공격한다. 꿀벌은 침을 써서 군체를 지키며, 말벌은 침으로 먹이를 마비시키기도 한다. 사회성 곤충인 말벌의 독액에는 군체의 구성원들에게 함께 공격하자고 신호하는 화학 물질도 들어 있다. 꿀벌은 침이 피부에 붙어 있기 때문에, 단 한 번만 침을 찌를 수 있다. 반면에 말벌은 침을 여러 번 찌를 수 있다.

침의 종류

말벌의 침은 표면이 매끄러워서 찌른 뒤에 쉽게 빼낼 수 있다. 하지만 꿀벌의 침에는 미늘이 나 있어서 상대방의 살에 단단히 박힌다. 그래서 꿀벌은 침을 찌르고 날아오를 때, 배 끝이 찢겨 나가면서 치명적인 상처를 입는다. 떨어져 나온 작은 근육과 독액주머니가 침에 계속 붙어 있어서, 침은 더 깊이 박히면서 독액을 계속 주입한다.

꿀벌의 침 / **말벌의 침**

독샘 / 독액 주머니에는 독액을 짜내는 근육질 벽이 있다. / 침에서 독액이 흐르는 통로 / 이 샘에서 분비된 물질은 독액이 매끄럽게 움직이도록 돕는다. / 날카로운 침을 통해 독액이 주입된다.

말벌은 어떻게 찌를까

말벌은 암컷만 침을 지닌다. 희생자가 통증을 느끼기 전에 달아나기 위해 빨리 찌른다.

1 착륙
말벌이 위험하다고 여긴 동물에게 내려앉는다. 배를 구부려서 찌를 곳을 정한다.

2 찌르기
공격 대상의 피부에 침을 꽂고, 독액을 주입한다.

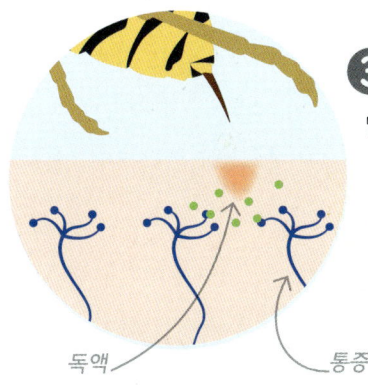

3 통증 수용체
침을 빼내고 달아난다. 독액이 희생자의 피부 속 수용체에 통증을 일으키기 시작한다.

독액 / 통증 수용체

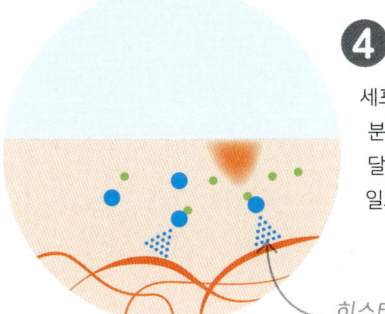

4 염증 발생
독액이 들어간 피부 세포는 히스타민을 분비한다. 피부가 붉게 달아오르게 하고 염증을 일으키는 화학 물질이다.

히스타민

5 부풀어 오름
피부가 부풀어 오르면서 타는 듯이 아프고 가려운 느낌이 침에 쏘인 곳 주변으로 번진다.

위장은 어떻게 이루어질까

생존을 위해 경쟁하는 모든 동물은 포식자에게 들키지 않을수록 유리하다. 그래서 생물들은 다양한 위장술을 개발해 왔다. 주변 환경과 비슷한 색깔과 모양을 띠는 쪽으로 진화한 것이다. 곤충은 이런 위장 방어 전략의 전문가다. 놀라울 만치 다양한 겉뼈대 덕분에 신선한 녹색 잎에서 부러진 잔가지에 이르기까지 온갖 것을 모방할 수 있다.

나뭇잎벌레는 진짜 잎이 자연히 손상된 부위까지 흉내 낸 무늬가 나 있다.

무척추동물

납작하고 넓적한 몸은 진짜 잎의 주맥과 잎맥까지 모방한다.

앞다리도 넓은 잎 모양을 하고 있다.

색깔은 자신이 사는 잎의 색깔과 완벽하게 일치한다.

들쭉날쭉한 갈색 가장자리는 오래된 잎을 닮았다.

나뭇잎벌레
이 나뭇잎벌레는 알에서 나올 때는 짙은 적갈색을 띠지만, 숙주 식물의 잎을 먹으면서 서서히 녹색으로 변한다. 나뭇잎벌레 중에는 신선한 초록색 잎을 흉내 내는 종도 있지만, 손상된 잎이나 죽은 갈색 낙엽을 모방하는 종도 있다.

◀ 주위 환경에 섞이기
열대의 나뭇잎벌레는 식물 위에 그냥 앉아 있어도 완벽하게 위장이 되어 포식자에게 들킬 위험이 전혀 없다. 움직이지 않는 한 눈에 띄지 않는다. 납작한 녹색 몸과 앞다리는 잎이나 잎 조각과 똑같아 보이며, 갈색 가장자리와 얼룩까지 손상된 잎을 완벽하게 모방한다. 산들바람에 흔들리는 잎의 움직임에 맞추어서 부드럽게 몸을 흔들기도 한다.

사라지는 기술
곤충은 위장술을 써서 곤충을 먹는 도마뱀이나 새 같은 포식자의 눈에 띄지 않는다. 반대로 위장술을 써서 먹이의 눈에 띄지 않는 곤충들도 있다. 눈치 채지 못한 먹잇감이 공격 범위 안으로 들어오도록 하기 위한 전략이다.

둥근무늬재주나방
아주 흔한 나방인데도, 눈에 거의 띄지 않는다. 낮에 나무 위에서 쉬고 있을 때면 자작나무의 부러진 잔가지와 똑같아 보이기 때문이다. 대부분의 나방처럼 밤에 날아올라 활동한다.

위장하고 있는 뿔매미

뿔매미
진딧물의 친척인 이 곤충은 식물 줄기에서 수액을 빨아 먹는데, 뿔 같은 모양 덕분에 완벽하게 위장이 된다. 뾰족한 생김새는 식물을 먹는 큰 동물이 실수로 먹는 것도 막아 줄 수 있다.

난초사마귀
아름답지만 냉혹한 포식자인 난초사마귀는 열대 난초꽃의 색깔과 모습을 흉내 낸다. 곤충이 아무 의심 없이 난초에 내려앉으면, 낚아채서 잡아먹는다.

무척추동물

▶ 가짜 뱀

열대 박각시의 유충은 새나 다른 적에게 위협을 느끼면, 머리를 부드러운 몸속으로 쏙 집어넣으면서 몸 앞부분을 풍선처럼 부풀린다. 몸의 피부가 죽 늘어나면서 두 가지 색깔의 반점이 크게 확대된다. 그 모양이 마치 뱀의 눈처럼 보인다. 뱀인 양 적에게 달려드는 시늉까지 한다. 진짜 뱀은 이보다 훨씬 더 크지만, 대부분의 새는 깜짝 놀라서 달아난다.

검은나무뱀

모충은 배다리라는 짧고 통통한 가짜 다리로 식물에 매달려 있다.

몸이 실제 뱀보다 훨씬 더 짧다.

진주바투스제비나비

새똥

벌

겉날개의 띠무늬가 벌을 모방한다.

머리
배
다리

구름무늬북미제비나비
북아메리카에 사는 이 나비는 독을 지닌 진주바투스제비나비와 비슷한 날개 무늬를 지닌다. 그래서 진주바투스제비나비를 먹고 아팠던 새들은 이 나비도 건드리지 않는다.

경고 무늬

제비나비 모충
의태는 반드시 다른 동물처럼 보이는 것만이 아니다. 이 제비나비 모충은 새똥의 흑백 얼룩을 흉내 냄으로써, 새가 피하게 만든다.

호랑꽃무지
벌은 대부분 쏘이면 아픈 침으로 무장하고 있다. 또 검은색과 노란색의 띠무늬로 경고를 한다. 이 딱정벌레는 침이 없지만, 벌과 똑같은 무늬를 띠어 벌로 위장한다.

의태는 어떻게 이루어질까

대부분의 곤충은 포식자에게 잡아먹힐 위험에 늘 노출되어 있다.
많은 종이 위장술을 써서 적으로부터 모습을 숨기지만, 독을 지닌 동물의 모습을 흉내 내는 전략을 쓰는 종들도 있다. 이를 의태라고 한다. 의태가 완벽하지 않을지도 모르지만, 공격자를 머뭇거리게 만들기만 해도 의태 동물은 달아날 기회를 얻는다. 의태는 방어 수단만이 아니다. 일부 포식자는 무해한 동물을 흉내 냄으로써 먹이를 혼란시켜 사냥한다.

늘어난 피부가 눈꼴무늬를 띤다.

가짜 '뱀 머리'의 위쪽은 사실 모충의 밑면이다.

머리를 몸속으로 쏙 집어넣는다.

말벌

검은색과 노란색의 띠무늬로 말벌을 흉내 낸다.

꽃등에
작은 헬리콥터처럼 공중에 정지할 수 있는 능력을 지닌 꽃등에는 꿀을 빠는 파리류이며, 말벌처럼 검은색과 노란색 무늬를 지닌다. 침이 없지만, 포식자는 띠무늬에 속아 넘어간다.

배가 개미의 배를 닮았다.

개미

개미를 흉내 내는 거미
이 거미는 몸 형태가 개미와 똑같아 보인다. 개미는 침을 지니기도 해서 포식자가 꺼리는 곤충이다. 하지만 다른 거미 종들은 개미를 먹으며, 심지어 개미 군체에 다가가기 위해서 개미를 흉내 내는 종도 있다.

눈꼴무늬

부엉이 눈

부엉이나비
아메리카의 부엉이나비는 날개 밑면에 있는 커다란 눈꼴무늬가 부엉이의 눈을 닮았다. 나비는 날개를 펴서 눈꼴무늬를 보여 줌으로써 도마뱀을 겁주어 물리친다.

벌은 어떻게 살아갈까

일부 곤충은 큰 사회를 이루어 여럿이 함께 살아간다. 협력하여 집을 짓고 먹이를 찾고 새끼를 기르면서 산다. 하나의 꿀벌 군체가 8만 마리에 이르는 꿀벌로 이루어지기도 한다. 다른 사회성 곤충들처럼, 꿀벌 사회도 다양한 '계급'으로 나뉜다. 꿀벌은 계급마다 하는 일이 다르다.

벌의 계급별 맡은 일
꿀벌 군체에는 세 계급이 있다. 대부분의 일은 수많은 일벌들이 도맡는다. 알은 단 한 마리가 전부 낳는다. 바로 여왕벌이다.

일벌은 배 끝에 침이 있다.

일벌
일벌들은 집을 청소하고, 벌집을 짓고, 애벌레를 먹이고, 밖에 나가서 꿀을 만들 꽃꿀을 모아 온다. 일벌은 모두 암컷이지만, 번식을 할 수 없다.

꽃꿀을 빠는 긴 대롱 모양의 구기

수벌은 침이 없다.

수벌
수벌은 날아서 새 여왕을 찾아 짝짓기를 하는 것이 유일하게 맡은 일이다. 짝짓기를 마친 새 여왕은 새로운 군체를 만들 수 있다.

커다란 배에 알을 품고 있다.

여왕벌
벌집의 여왕벌은 주로 알을 낳는 일을 한다. 봄에 여왕벌은 매일 2,000개까지 알을 낳는다. 자신의 몸무게보다 많은 양이다.

일벌

벌집 안에서 애벌레가 자란다.

▶ 바쁘게 생활하는 벌집
꿀벌의 생활은 벌집을 중심으로 이루어진다. 벌집에는 일벌들이 몸에서 분비한 밀랍으로 만든 육각형 방들이 빼곡히 들어차 있다. 밀봉된 방마다 꿀, 꽃가루, 자라는 애벌레가 들어 있다.

무척추동물 129

꿀벌의 한살이
일벌은 알에서 시작하여 밀랍으로 된 육각형 방 안에서 성체로 발달한다.

❶ **여왕벌이 알을 낳는다**
여왕벌은 일벌이 만든 방에 알을 낳는다.

❷ **일벌이 애벌레를 먹인다**
사흘 뒤 알에서 구더기처럼 생긴 애벌레가 나온다. 일벌은 꽃가루와 꿀을 먹여서 애벌레를 키운다.

❸ **일벌이 방 입구를 막는다**
애벌레는 계속 먹어서 몸집이 1,500배 이상 커진다. 일벌은 방을 밀랍으로 덮고, 애벌레는 스스로 실을 자아서 고치가 된다.

❹ **애벌레가 번데기가 된다**
번데기가 된 애벌레는 성체가 될 준비를 한다. 고치 안에서 다리, 날개, 눈이 발달한다.

❺ **벌이 부화해 나온다**
알을 낳고 약 21일 뒤, 성체가 나온다. 성체는 방을 봉인한 밀랍을 먹고 나와서, 벌집에서 일하기 시작한다.

개미는 어떻게 살아갈까

개미는 군체를 이루어 사는 사회성 곤충이다. 군체 하나에 속하는 개미는 수백만 마리까지 되며, 서로 협력하면서 군체를 지키고 먹이를 구해 오는 일을 한다. 일개미는 모두 암컷이다. 모든 일개미는 개미집 한가운데에서 보호받으며 계속 알을 낳는 커다란 여왕개미 한 마리의 딸들이다.

▶ 먹이 조달자

왕개미류는 집을 가꾸는 습관이 있다. 일개미가 턱으로 축축한 나무에 통로를 뚫어서 만든 집에서, 여왕개미와 애벌레를 돌본다. 톱니가 난 강한 턱으로 우림의 작은 왕개미 무리는 죽은 거미를 단숨에 해치울 수 있다. 이들은 협력하여 거미를 집으로 가져갈 수 있는 크기로 자른다.

일꾼이 맡은 일

개미는 1만 2,000종이 넘는다. 무서운 포식자인 종도 있지만, 초식 동물이나 청소동물인 종도 있다. 일부 군체에서는 분업이 이루어져 일개미가 몇 종류로 나뉘기도 한다. 적과 싸우는 병정개미나 군체를 먹일 새 식량 공급원을 찾아다니는 먹이 조달 개미 등이 있다.

진딧물 농사짓기
진딧물은 단물이라는 달콤한 액체 물질을 분비한다. 많은 개미 종이 영양가 많은 단물 방울을 모으고, 보답으로 진딧물을 포식자로부터 보호한다.

곰팡이 재배
잎꾼개미는 '곰팡이 정원'에 잎을 쌓는다. 잎에서 곰팡이가 자라면, 곰팡이를 뜯어 먹는다.

다리 만들기
어떤 개미들은 서로 몸을 연결하여 다리를 만든다. 그리고 또 다른 개미들이 그 다리를 타고서 틈새를 건널 수 있게 돕는 역할을 한다.

가장자리가 날카로운 꽉 무는 구기

턱의 가장자리가 톱니 모양이라서 꽉 물 수 있다.

무척추동물

개미들이 거미의 배를 몸에서 잘라 내어 집으로 운반하고 있다.

거미 조각내기

왕개미류는 대개 살아 있는 먹이를 사냥하지 않고, 밤에 죽은 무척추동물을 찾아 먹는다. 개미는 무리를 이루어 군체의 식구들이 함께 먹을 먹이를 찾아 우림을 돌아다닌다. 먹이는 해체하여 집으로 가져간 뒤, 부드러운 속살과 체액을 먹는다.

❶ 먹이 발견
먹이를 찾는 소규모 일개미 탐사대가 죽은 거미를 발견했다. 일개미들이 집과 거미 사이를 오가면서, 페로몬이라는 화학 물질 자취를 남긴다. 다른 일개미들이 페로몬 자취를 따라서 먹이가 있는 곳으로 온다.

개미들이 발견한 당시에 거미의 몸은 온전하다.

❷ 먹이 수집
페로몬 자취를 따라서 더 많은 일개미들이 도착한다. 개미들은 협력하여 거미를 조각낸 다음, 잘린 머리와 다리를 집으로 운반한다. 속살을 다 먹어 치우면, 껍데기는 내버린다.

백여 마리의 일개미들이 거미를 여러 조각으로 나눈다.

새 일개미들은 앞서 다녀간 개미들이 남긴 화학 물질의 자취를 따라 찾아온다.

일개미들이 거미 다리 관절을 공략한다. 겉뼈대 중에서 자르기 쉬운 부위이기 때문이다.

개미 계급

군체의 식구들은 겉모습과 군체에서 맡은 역할에 따라 몇 개의 집단, 즉 계급으로 나뉜다. 대개 여왕개미는 한 마리이고, 알을 낳는 일을 한다. 수개미는 새 군체를 형성할 때에만 나타난다. 암개미 일꾼들은 늘 군체에 가득하다.

일개미는 날개가 없다.

수개미는 날개가 있다.

여왕개미는 처음에 날개가 있지만, 새 군체를 만들기 시작하면 날개를 버린다.

일개미
일개미는 모두 암컷이며, 성숙한 개미집에서 가장 수가 많다. 날개가 없고 번식을 하지 않는다. 대신에 먹이를 사냥하고 군체를 지킨다.

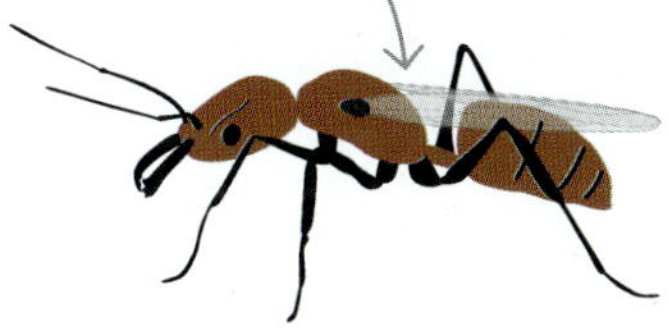

수개미
새 군체를 만들 때가 되면, 날개 달린 수개미는 혼인 비행을 하면서 여왕개미와 짝짓기를 한다. 짝짓기를 끝내면 수개미는 곧 죽는다.

여왕개미
여왕개미의 역할은 오로지 군체를 만들고 유지하기 위해 알을 계속 생산하는 것이다. 일단 수개미와 짝짓기를 하고 나면, 여왕개미는 알을 낳기 시작한다. 알은 부화하여 새 일개미가 된다.

반딧불이

우기가 시작될 무렵, 일본 시코쿠 섬의 어느 숲에서 수많은 반딧불이가 빛을 내고 있다. 반딧불이는 몸에 있는 화학 물질을 써서 배에서 빛을 내는 날개 달린 딱정벌레다. 이 빛은 반딧불이가 짝을 찾으려고 하는 구애 행동이며, 생물 발광이라고 한다. 생물 발광은 자연에서 폭넓게 발견되며, 포식자를 물리치고, 먹이를 꾀고, 짝을 유혹하는 데 쓰이곤 한다.

거미는 어떻게 살아갈까

곤충과 달리, 거미는 날 수 없다. 하지만 거미는 먹이를 잡는 능력이 대단히 뛰어나다. 먹이를 추적하거나 매복해서 잡는 종류도 있지만, 많은 종은 실을 자아서 거미집이나 다른 함정을 만들어 먹이를 잡는다. 거미집에 걸린 먹이가 몸부림치면 거미줄이 진동한다. 진동으로 알아차린 거미는 다가가서 먹이를 독니로 찔러 독액을 주입하여 마비시킨다.

▶공격적인 포식자
아프리카 초원에 사는 왕비비타란툴라는 날쌔고 커다란 타란툴라다. 왕비비타란툴라는 매우 공격적이다. 위협을 느끼면 뒷발로 일어서서 독니를 드러내며 달려든다. 대개 굴에 매복하고 있다가 뛰쳐나와서 먹이를 잡는다.

각 다리는 7개의 몸마디로 이루어져 있다.

거미 대 곤충
곤충과 달리, 거미는 더듬이와 날개가 없다. 곤충이 머리, 가슴, 배의 세 부분으로 이루어진 반면, 거미는 머리가슴과 배의 두 부분으로 이루어진다. 머리와 가슴이 합쳐져서 한 부분을 이루기 때문이다. 또 거미는 다리가 8개이지만, 곤충은 6개이다.

- 융합된 머리가슴
- 이 부속지에 독니가 들어 있다.
- 실샘
- 배

민감한 털로 진동을 감지하여 먹이가 있음을 알아차린다.

거미는 어떻게 먹을까
거미는 창자가 아주 가늘어서 액체만 먹을 수 있다. 소화액을 게워서 먹이를 녹인 뒤, 어느 정도 소화가 된 조직을 빨아 먹는다. 소화가 안 되는 단단한 조직은 버린다.

거미는 어떻게 거미줄을 자아낼까

모든 거미는 거미줄을 잣는다. 거미줄은 강철보다 더 강하고 더 질기면서 아주 잘 늘어나는 섬유다. 거미의 배에 있는 특수한 실샘에서 다양한 목적에 따라 다른 종류의 거미줄이 나온다. 거미줄을 자으려면 많은 에너지가 필요하다. 그래서 거미는 때로 자신의 거미줄을 먹어서 에너지를 보충한다.

침을 찌를 수 없도록 말벌을 거미줄로 꽁꽁 감싼다.

거미줄의 용도

거미줄은 거미의 생존에 아주 중요하다. 최초의 거미는 굴을 덮는 데 거미줄을 썼고, 지금도 많은 거미가 그렇게 한다. 거미는 먹이를 잡을 그물도 만들며, 포식자를 피해 달아날 때 쓰는 튼튼한 생명줄인 거미줄, 알을 감싸서 보호할 거미줄, 짝을 꾀기 위한 향기 나는 거미줄도 만든다.

먹이 낚시
여섯뿔가시거미는 끝에 끈적거리는 덩어리가 붙은 거미줄을 빙빙 돌려서 나방을 낚는다. 나방은 낚싯바늘에 꿰인 물고기처럼 끌려온다.

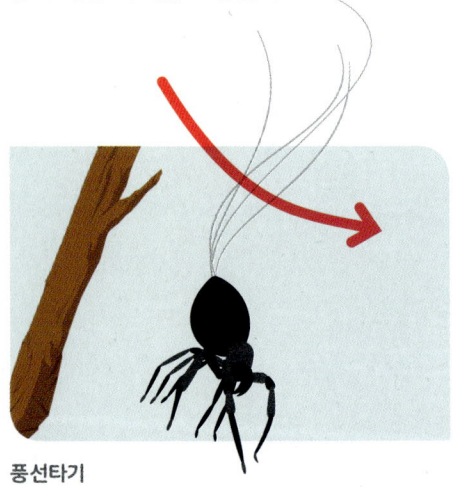

풍선타기
먹이를 찾기 위해, 작은 거미 일부는 거미줄에 매달려 풍선을 타듯 높은 곳까지 올라간다. 늘어뜨린 거미줄이 바람에 휘말려 오를 때 따라 올라간다.

집 만들기
땅거미는 거미줄을 둘러친 굴에 산다. 거미줄은 굴 바깥까지 뻗어 있으며, 거미는 거미줄로 만든 집 속을 다니면서 곤충을 잡는다.

예민한 강모는 공기나 거미집에 걸린 먹이가 일으키는 진동을 느낀다.

▶ 거미줄 무덤

거미줄은 놀라울 만치 다양한 용도로 쓰인다. 이 호랑거미는 식물 사이에 동그랗게 거미집을 짓고서 날아다니는 곤충을 잡는다. 거미줄에 잡히면, 다른 종류의 거미줄을 자아서 곤충을 꽁꽁 감싼다. 먹이가 맞서거나 도망갈 수 없게 단단히 얽어맨다.

무척추동물

거미집 짓기

호랑거미의 동그란 그물은 끈적거리는 거미줄과 끈적이지 않는 거미줄을 조합하여 만든 창의적인 덫이다. 거미는 촉감만을 써서 집을 짓는다.

❶ 시작하기
끈적이지 않는 거미줄로 식물 사이에 다리를 놓은 뒤, 한가운데를 Y자 모양으로 잡아당긴다.

❷ 틀 완성하기
같은 종류의 튼튼한 거미줄을 써서 바깥 틀을 완성한 다음, 중심에서부터 바큇살처럼 방사형으로 뻗어 나가는 줄들을 덧붙인다.

❸ 나선형으로 덧붙이기
마른 줄을 써서 임시로 나선을 만든 뒤, 그 줄을 따라가면서 끈적거리는 포획용 줄을 붙인다. 임시로 친 나선형 줄은 떼어 내거나 먹어 치운다.

❹ 먹이 감지
그물에 매달려 있으면, 곤충이 끈끈한 거미줄에 걸려 일으키는 진동을 다 감지할 수 있다.

❺ 감싸기
먹이를 대개 부드러운 줄로 친친 감싼 다음, 죽이거나 마비시킬 양의 독액을 주입한다.

- 늘어나는 거미줄로 먹이를 얽어맨다.
- 거미는 끈적거리는 줄로 엮인 지점을 피해서 튼튼한 바큇살 부분을 밟고 다닌다.
- 거미는 먹이를 감쌀 때 몇 종류의 가느다란 거미줄을 잣는다.
- 끈적거리는 거미줄을 만드는 실샘과 끈적거리지 않는 거미줄을 만드는 실샘이 따로 있다. 거미는 두 가지 거미줄을 엮어서 거미집을 짓는다.
- 거미줄은 거미의 배 안에서 만들어져 액체 상태로 저장된다. 공기와 만나야 굳어진다.

몰래 다가오는 죽음의 사자

가장 치명적인 전갈 중 하나인 데스스토커는 매우 강한 독을 지닌다. 사람도 데스스토커의 침에 찔리면 극심한 고통, 경련, 마비에 시달리고, 심하면 죽을 수도 있다. 주로 서남아시아와 북아프리카의 건조한 사막 지역에 산다.

- 유연한 꼬리는 6개의 몸마디로 이루어진다.
- 꼬리에 난 감각털로 침을 찌를 곳을 찾는다.
- 독액은 침에 있는 두 구멍을 통해 방출된다.
- 독액은 두 개의 독주머니에 저장된다.
- 신경 섬유로 꼬리를 자유로이 움직인다.
- 데스스토커는 먹이를 죽일 만큼 강력한 침을 지녔기 때문인지 집게발이 작다.
- 전갈의 눈은 빛의 변화를 감지할 뿐, 상을 선명하게 맺지 못한다.
- 발톱 달린 발로 바위, 통나무, 나뭇가지에 착 달라붙어서 오를 수 있다.

전갈은 어떻게 사냥할까

강력한 집게발과 독침으로 무장한 전갈은 무시무시한 사냥꾼이다. 곤충에서 생쥐와 도마뱀에 이르기까지, 다양한 작은 동물들을 잡아먹는다. 전갈은 대부분의 종이 열대의 사막과 우림에 산다. 대개 낮에는 바위 틈새의 굴에서 더위를 피하고, 밤에 사냥을 한다. 시력이 나쁘고 주로 예민한 촉각으로 먹이를 찾는다.

황제전갈의 집게발은 사람의 손가락에 피가 나게 할 만큼 힘이 세다.

단단한 겉뼈대는 포식자로부터 몸을 보호한다.

감각털로 움직임을 감지한다.

집게처럼 생긴 턱에서 소화액을 분비한다.

◀집게발로 사냥하기
이 황제전갈은 세계에서 가장 큰 전갈 종에 속한다. 어린 황제전갈은 침으로 먹이를 마비시켜 사냥하지만, 성체는 집게발로 먹이를 찢어 죽인다.

사냥 기술
전갈은 대부분 매복 사냥꾼이다. 먹이가 공격 가능한 거리에 다가오기를 기다렸다가 덮친다.

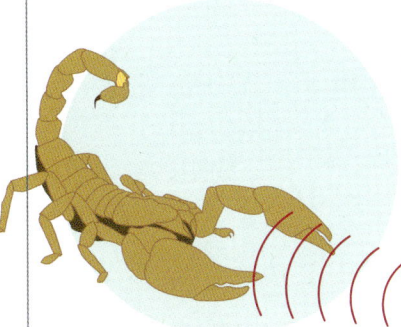

1 다리에 난 민감한 털로 땅과 공기의 미세한 진동을 감지하여, 다가오는 먹이의 거리와 방향을 정확히 알아낸다.

2 먹이가 가까이 다가오면, 앞으로 뛰쳐나가서 강한 발톱으로 움켜쥔다. 이때 먹이가 으스러져서 죽기도 한다.

3 먹이가 크거나 반격하면, 꼬리의 침을 꽂는다. 먹이는 독액에 마비되어서 달아나지 못한다.

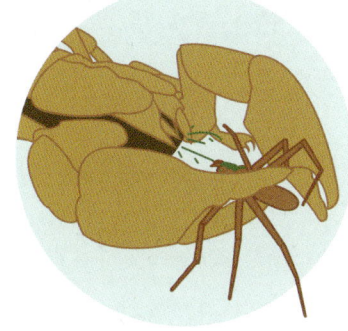

4 먹이를 찢고, 턱으로 소화액을 분비한다. 먹이의 부드러운 부위가 녹아서 액체가 된다.

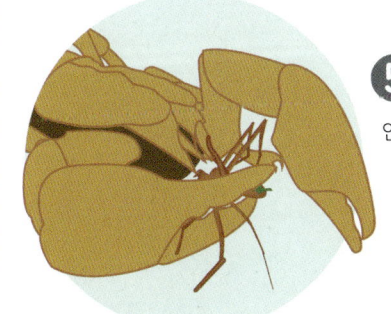

5 작은 입으로 액체를 빨아 먹고, 겉뼈대처럼 소화가 안 되는 단단한 물질은 버린다.

노래기는 어떻게 살아갈까

노래기와 지네는 다족류라는 무척추동물 집단에 속한다. 다족류는 허파 대신에 기관이 있고 겉뼈대를 지니는 등 곤충과 공통점이 많다. 하지만 다리가 훨씬 더 많고 많은 몸마디로 된 긴 원통형 몸을 지닌다. 노래기는 느릿느릿 굴을 파면서 낙엽과 썩어 가는 나무를 먹는다. 반면에 지네는 빠르게 움직이는 포식자다.

선명한 색깔은 노래기가 독이 있음을 포식자에게 경고한다.

▲노래기
노래기(millipede)의 영어 이름은 발이 1,000개라는 뜻이다. 하지만 실제 노래기의 발은 100~300개이며, 각 몸마디에 두 쌍씩 달려 있다. 지네보다 다리가 짧아서 움직임은 느리지만, 힘을 모아 부드러운 땅속으로 몸을 밀고 들어갈 수 있다.

이동 방향

뭉툭한 둥근 머리

물결 운동
다리가 많으므로, 걸을 때 다리들의 움직임이 조화를 잘 이루어야 한다. 몸의 양편에서 다리들은 머리에서 꼬리까지 물결이 일듯이 차례로 들렸다 내렸다 하면서 움직인다. 노래기는 이런 식으로 한 번에 10~20개의 다리를 움직일 수 있다.

다리들은 물결치듯이 오르락내리락 한다.

굴을 파는 동물
노래기는 많은 다리로 힘차게 몸을 앞으로 미는 동시에 구멍을 넓히면서 땅을 파고 나아가는 굴 파기 전문가다.

무척추동물

노래기의 감각 기관
노래기의 둥근 머리에는 더듬이, 홑눈, 턱, 습기를 감지하는 감각 기관이 있다. 노래기는 대개 시력이 나쁘거나 아예 보이지 않지만, 더듬이로 앞의 흙을 건드리면서 주변을 감지할 수 있다.

관절로 된 다리가 몸마디마다 2쌍씩 있다.

단단한 겉뼈대가 포식자로부터 몸을 보호한다.

방어 전술
노래기는 걸음이 느리기 때문에, 포식자에게 위협을 받으면 몸을 돌돌 말아서 다리와 부드러운 배를 보호한다. 이 붉은노래기 같은 몇몇 종은 공격자에게 타는 듯한 고통을 안겨 주는 독액을 분비한다.

유생
겉뼈대가 있는 곤충처럼, 노래기도 자라려면 허물을 벗어야 한다. 갓 부화한 노래기는 몸마디가 6개이고 다리가 3쌍에 불과하다. 허물을 벗을 때마다 겉뼈대가 더 커지면서 몸마디와 다리가 늘어난다.

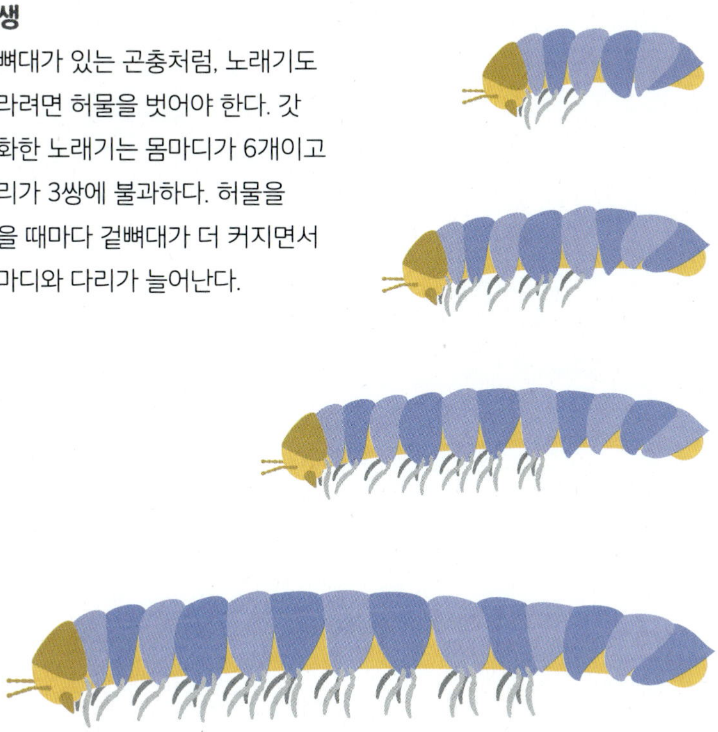

❶ 첫 번째 단계
알에서 나올 때에는 몸마디 6개에 다리가 3쌍이다.

❷ 두 번째 단계
첫 허물을 벗고 나면 몸마디가 8개가 되고, 몸마디 중 4개에는 다리가 1쌍, 1개에는 다리가 2쌍 달려 있다.

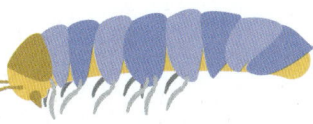
❸ 세 번째 단계
두 번째 허물을 벗으면, 몸마디는 11개로 늘고, 몸마디 중 4개에는 다리가 2쌍, 3개에는 다리가 1쌍 달려 있다.

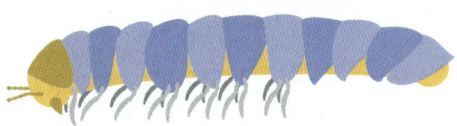
❹ 네 번째 단계
허물을 벗을 때마다 몸마디와 다리가 늘어나는 과정이 성숙할 때까지 되풀이된다.

몸마디마다 다리가 1쌍 있다.

지네
지네는 노래기보다 몸마디 수가 더 적고, 몸마디에 다리가 1쌍씩 나 있다. 몸길이는 약 30센티미터까지 자란다. 독이 든 엄니 같은 발톱으로 개구리와 생쥐 같은 큰 먹이도 마비시킬 수 있다.

게는 어떻게 살아갈까

게는 갑각류라는 크고 다양한 무척추동물 집단에 속한다.
갑각류에는 바닷가재와 새우도 포함된다. 게는 대부분 바다에 살지만, 10개의 다리 중 8개를 써서 옆걸음으로 육지를 오갈 수 있도록 적응한 종도 많다. 게는 해저나 해안을 돌아다니면서 조류, 지렁이, 찌꺼기, 껍데기를 지닌 동물을 찾아 먹는다. 먹이가 껍데기 안에 숨으면 집게발로 껍데기를 부수고 꺼내 먹을 수 있다.

큰 집게발은 먹이를 으깨는 데 쓰인다.

게는 눈자루에 눈이 달려 있다.

▶ 갑옷을 두른 몸
다른 갑각류처럼, 게도 단단한 껍데기인 겉뼈대로 몸이 덮여 있고, 성장하려면 이따금 허물을 벗어야 한다. 관절 다리를 5쌍 지니며, 앞다리 1쌍은 집게발로 변형되어 있다. 한쪽 집게발이 더 큰 종도 있으며, 큰 집게발로 먹이를 으깨거나 짝을 유혹한다. 게는 대부분 껍데기 속에 든 아가미로 호흡하지만, 아프리카에 사는 무지개물게는 허파로 공기 호흡을 한다.

번식
짝짓기를 한 뒤, 암컷은 배딱지에 알을 넣고 다닌다. 알은 많으면 18만 개에 달하고, 작고 둥근 포도송이처럼 보인다. 부화할 때가 되면 어미는 알을 물에 푼다. 알에서는 성체와 전혀 다른 모습의 유생이 나와서 헤엄치며 다닌다. 유생은 떠다니다가 해저에 가라앉은 다음, 성체의 모습으로 변한다.

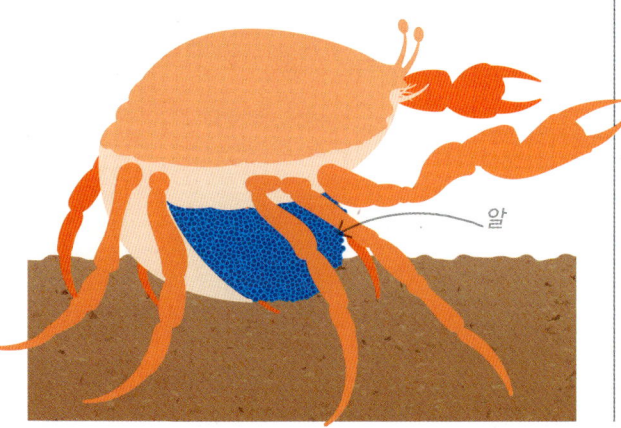

알

위에서 본 모습

등딱지라는 넓은 장갑판이 몸의 주요 부위를 보호한다.

무척추동물 143

한 쌍의 노처럼 생긴 턱다리라는 기관을 써서 먹이를 입으로 보낸다.

작은 집게발은 먹이를 찢는 데 쓰인다.

몸은 단단한 겉뼈대로 덮여 있다.

몸 밑에는 여닫을 수 있는 삼각형 배딱지가 있다.

밑에서 본 모습

게 다리의 관절은 몸 양편에서 바깥으로 굽는다. 그래서 앞이나 뒤를 향해 걷기보다는 옆으로 걷는 편이 더 쉽다.

게는 잃은 다리를 재생할 수 있다. 허물을 벗을 때 다시 생긴다.

갑각류

갑각류는 바다를 비롯한 수생 서식지에서 육지의 곤충만큼 흔하고 다양하다. 곤충처럼 관절 다리, 몸마디로 이어진 몸, 겉뼈대를 지닌다.

바닷가재
바닷가재는 게의 가까운 친척이며 공통점이 많다. 하지만 배가 접혀 있는 대신에, 헤엄치기에 좋은 유연한 꼬리가 되어 있다.

따개비
따개비 성체는 바위 같은 표면에 영구히 붙어 있다. 깃털 같은 부속지를 흔들어서 떠다니는 작은 먹이 알갱이를 붙잡는다.

쥐며느리
육상 갑각류 중 가장 큰 집단이다. 축축한 곳에 살면서 썩어 가는 식물을 먹는다. 밤에 활동한다.

쐐기옆새우
갑각류 송은 대부분 이 단각류저럼 작은 새우 모양의 수생 생물이다. 여러 수생 서식지에서 대단히 많이 산다.

등뼈를 지닌 최초의 척추동물은 **어류**이며,
지금으로부터 약 5억 년 전에 지구에 출현했다.
어류는 **수생 동물**이며 전 세계의 바다, 호수, 강에
살 수 있도록 진화하였다. 그래서 어류는
물속에서 호흡할 수 있고, 빠르게 헤엄칠 수 있는
유선형 몸을 지닌 종류가 많다.

어류

어류는 어떻게 살아갈까

지구 척추동물의 절반은 어류다. 어류는 짠 바닷물에 사는 종도 있고, 강이나 연못, 호수의 민물에 사는 종도 있지만, 모두 물에서 헤엄치며 살아가도록 적응해 있다. 어류 대부분이 물속에서 호흡하는 아가미와 움직임을 조절하는 지느러미, 비늘로 덮인 유선형 몸을 지닌다.

등지느러미는 몸이 옆으로 넘어가지 않고 똑바로 서 있게 해 준다.

작은 뇌로 몸과 행동을 통제한다.

사람의 눈은 축축하게 유지하기 위해 눈꺼풀이 있지만, 물고기의 눈은 늘 젖은 채로 있으므로 눈꺼풀이 없다.

▶수중 생활에 적응한 몸
수많은 어류처럼, 몸이 투명한 글래스피시도 헤엄치기 좋게 머리에서부터 꼬리로 갈수록 가늘어지는 유선형 몸을 지닌다. 대부분의 어류는 소화 기관과 생식 기관이 몸 앞쪽에 몰려 있고, 뒤쪽에는 근육이 가득하다. 그래서 몸을 좌우로 흔들면서 앞으로 나아갈 수 있다.

아가미는 물에 녹은 산소를 흡수한다.

소화 기관과 생식 기관은 몸의 앞쪽에 들어 있다.

부레는 공기가 차 있는 주머니이며, 이 부레를 이용하여 물에 떠 있는 깊이를 조절한다.

보호하는 비늘
어류는 대부분 부드러운 몸을 보호하고 저항을 줄여서 미끄러지듯 물속을 나아갈 수 있게 해 주는 비늘로 덮여 있다. 비늘 위에 발라진 미끄러운 점액은 기생 생물과 질병을 막는다.

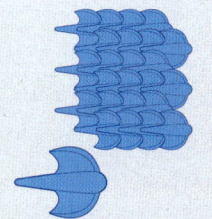

방패비늘
상어와 가오리는 이빨처럼 생긴 딱딱한 비늘로 덮여 있어서 사포를 만지는 것 같다. 이런 비늘은 가죽처럼 질기다.

굳비늘
철갑상어와 인골어류 같은 일부 원시적인 경골어류는 서로 얽혀서 갑옷을 이루는 두꺼운 마름모꼴 비늘을 지닌다. 이런 종류의 비늘은 유연성이 부족하다.

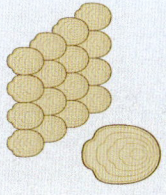

뼈비늘
대부분의 어류는 작고 유연한 비늘을 지닌다. 뒤쪽으로 자라면서 지붕 타일처럼 겹치는 비늘이다. 몸 표면을 매끄럽게 만들어서 물속을 잘 헤엄치도록 돕는다.

어류　147

수중 호흡

어류는 입으로 물을 빨아들여 아가미로 지나가게 함으로써 호흡을 한다. 아가미는 물에서 산소를 흡수하고 핏속의 노폐물인 이산화탄소를 내보낸다.

①
- 입을 열어서 물을 들이마신다.
- 물은 산소를 흡수하는 작은 혈관들이 빼곡한 새엽(아가미에서 빗살처럼 생긴 부위) 위를 지나간다.
- 입이 열릴 때 아가미뚜껑은 닫힌다.

②
- 입이 닫힌다.
- 산소가 새엽을 통해 혈액으로 들어간다.
- 아가미뚜껑이 열려서 물과 이산화탄소를 내보낸다.

- 등뼈는 머리에서 꼬리까지 이어지며, 뇌에 연결되는 신경계인 척수를 보호한다.
- 꼬리지느러미를 쳐서 물속에서 나아간다.
- 근육이 몸을 좌우로 구부려서 꼬리를 움직인다.
- 뒷지느러미는 몸이 쓰러지는 것을 막아 준다.

물고기의 종류

물고기는 몸의 구조에 따라 나뉜다. 턱이 없는 무악어류나 연골어류는 가벼운 뼈를 지니고, 경골어류는 보다 단단하고 무거운 뼈를 지닌다.

무악어류
- 연골 머리뼈
- 척삭
- 곧은창자
- 턱 없는 입

칠성장어와 먹장어는 완전히 형성된 등뼈와 둥근 아가미뚜껑 대신에, 척삭이라는 고무 같은 연골 막대와 일부만 덮인 단순한 머리뼈를 지닌다. 또 관절로 연결된 깨무는 턱이 없고, 빨판 같은 입이 있다.

연골어류
- 위턱
- 연골 등뼈
- 창자
- 기름 많은 간
- 아래턱

상어와 가오리는 이빨이 가득하며 강하게 깨무는 턱과 완전한 머리뼈와 등뼈가 있다. 기름으로 채워진 간으로 부력을 유지한다. 기름은 물보다 가볍기 때문이다. 아가미는 뚜껑 없이 째진 홈이 죽 늘어선 모양이다.

경골어류
- 관절로 연결된 턱
- 경골 등뼈
- 창자
- 부레

단단한 경골 뼈대는 내장을 보호하는 갈비뼈까지 갖추어 무겁기 때문에, 기체로 채워진 주머니인 부레를 이용하여 물에 뜬다. 아가미는 아가미뚜껑으로 덮여 있다.

물고기는 어떻게 헤엄을 칠까

모든 어류는 몸과 지느러미를 다 움직여서 헤엄을 친다.
하지만 환경에 따라서 물고기가 움직이는 방식이 다르다. 많은 종은 부레를 써서 근육이 가득한 몸을 물에 띄운다. 지느러미로는 방향을 잡고 몸을 안정시키며, 꼬리를 쳐서 나아간다.

▶ 멋진 헤엄 자세
만다린피시는 느릿느릿 헤엄친다. 대부분의 어류처럼, 넓게 펼쳐진 꼬리지느러미를 움직여서 나아간다. 반면에 가장 빠른 어류는 거의 구부러지지 않는 유선형의 뻣뻣한 몸에 달린 뻣뻣한 꼬리를 빠르게 쳐서 앞으로 나아간다.

등지느러미는 몸을 안정시킨다.

가슴지느러미도 얼마간 추진력을 제공한다.

부력
경골어류와 연골어류는 물보다 밀도가 높아 가라앉기 때문에, 부력을 주는 기관을 몸에 지닌다.

물고기는 위아래로 움직일 때, 부레에 든 기체의 양을 조절한다. 가슴지느러미는 몸이 떠 있도록 돕는다.

경골어류
경골어류는 대개 부레라는 공기주머니를 지닌다. 부레는 혈액에 든 기체를 이용하여 부풀거나 쪼그라든다. 부레 덕분에 물고기가 에너지를 들여 헤엄치지 않고서도 한 자리에 떠 있을 수 있다.

연골어류
연골어류인 상어는 기름이 든 커다란 간을 지닌다. 기름이 물보다 가벼우므로, 간은 부력을 유지하는 데 도움이 된다. 하지만 대부분의 상어는 계속 헤엄을 쳐야만 떠 있을 수 있다.

가슴지느러미는 몸이 떠 있도록 돕는다.

상어의 기름진 간은 소화뿐 아니라 부력에도 쓰인다.

S자 곡선
어류는 머리부터 시작하여 몸을 S자로 구부리면서 헤엄친다. 구부리는 움직임이 꼬리에 다다르면, 꼬리를 좌우로 움직여서 추진력을 일으킨다.

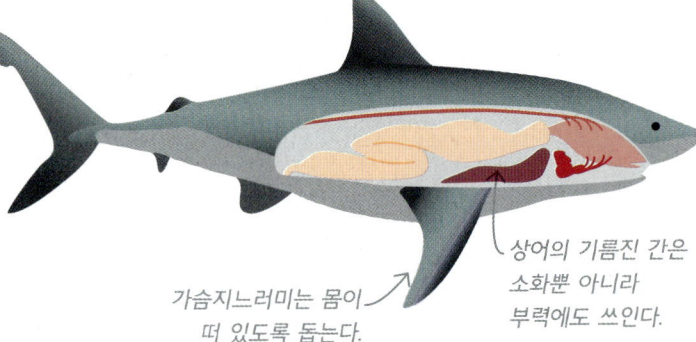

❶ 물고기가 머리를 한쪽으로 움직이고, 몸의 나머지 부위가 그 움직임을 따르면서 곡선을 만든다.

❷ 곡선이 몸을 따라 내려가서 꼬리에 다다르면, 꼬리가 바깥으로 밀리면서 추진력을 일으킨다.

❸ 머리를 반대 방향으로 움직여서 새로운 곡선을 그리기 시작한다.

❹ 새 곡선은 꼬리를 반대 방향으로 밀어낸다. 몸은 이어서 다시 곡선을 그리기 시작한다.

근육질 몸
대부분의 척추동물은 팔다리에 근육이 들어 있지만, 어류는 근육 덩어리(근절)가 등뼈를 감싸고 있다. 각 근절에는 꾸준한 운동을 맡은 붉은색의 '느린' 근육과 순간적으로 격렬한 운동을 일으키는 하얀색의 '빠른' 근육이 들어 있다.

삼차원 이동
어류는 물속 환경을 이리저리 옮겨 다니며 헤엄친다. 지느러미를 써서 같은 깊이에 계속 머물 수도 있고, 다른 방향으로 나아갈 수도 있다.

상하 이동
두 가슴지느러미와 두 배지느러미는 위아래 움직임을 조절한다. 이 지느러미들을 써서 일정한 깊이에 머물 수도 있다.

회전 운동
등지느러미와 뒷지느러미는 회전 운동을 조절하며, 물고기가 똑바로 서 있게 해 준다. 빠르게 헤엄치는 어류는 이 지느러미들을 납작하게 눕혀서 몸을 더 유선형으로 만들곤 한다.

좌우 운동
등지느러미는 좌우 움직임을 조절하고, 물고기가 원하는 방향을 계속 유지할 수 있게 한다.

물고기는 어떻게 감각을 느낄까

어류는 사람처럼 듣고, 보고, 냄새 맡고, 접촉을 느끼고, 맛볼 수 있다. 게다가 또 다른 감각도 지닌다. 특히 물의 미세한 움직임을 느끼도록 적응한 기관들이 있고, 일부 종은 전기도 감지한다. 물고기가 자기 환경을 돌아다닐 때, 물고기의 뇌는 끊임없이 감각 정보를 받는다. 그 감각 정보를 바탕으로 포식자를 피하고, 먹이를 찾아내며, 정확하게 헤엄을 친다.

물속에서 보기

모양이 변하면서 가깝거나 먼 대상에 초점을 맞추는 사람 눈의 수정체와 달리, 어류의 수정체는 모양이 고정되어 있다. 대신에 어류는 카메라처럼 수정체를 앞뒤로 움직여서 초점을 맞춘다.

이 인대는 수정체의 위치를 정한다.

근육이 수정체를 뒤로 잡아당긴다.

어류의 눈에 있는 공 모양의 수정체는 앞뒤로 움직이면서 초점을 맞춘다.

콧구멍 안의 주름진 피부에 가득한 수용체들이 먹이와 포식자가 풍기는 화학 물질을 감지한다.

맛봉오리가 가득 들어 있는 수염으로 강바닥을 훑으면서 먹이를 찾는다.

이 메기는 시력이 좋고 색깔도 볼 수 있다. 하지만 맑은 물에서 사냥할 때에만 도움이 되는 정도다.

▼메기는 어떻게 감지할까

챤넬메기(챤넬동자개)는 탁한 강물에서 먹이를 찾는 감각이 매우 뛰어나다. 시각과 후각이 뛰어날 뿐 아니라, 10만 개가 넘는 맛봉오리도 지닌다. 맛봉오리는 수염에 수천 개가 있고, 비늘이 없는 몸 전체에도 덮여 있다.

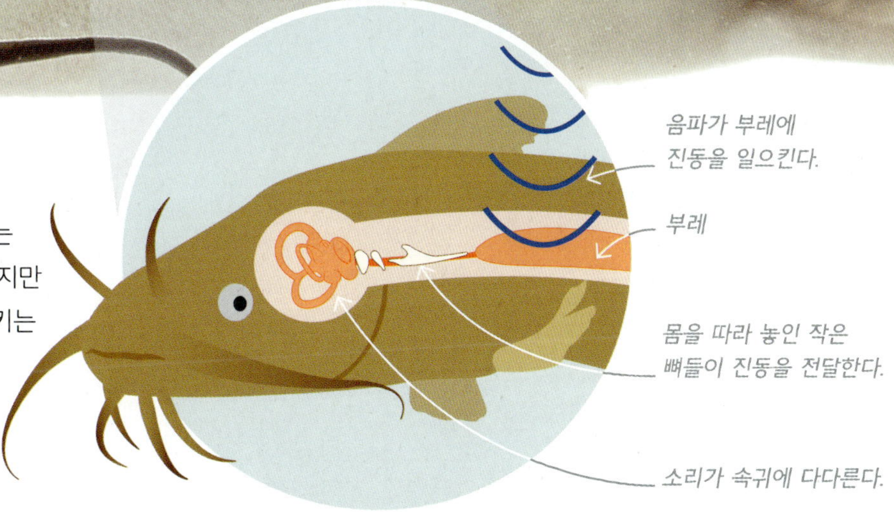

속귀

경골어류는 대개 공기가 들어 있는 부레를 써서 부력을 조절한다. 하지만 일부 종은 부레를 소리를 증폭시키는 용도로도 쓴다. 소리는 연결되어 있는 작은 뼈들을 차례로 진동시키며 속귀에 다다른다.

- 음파가 부레에 진동을 일으킨다.
- 부레
- 몸을 따라 놓인 작은 뼈들이 진동을 전달한다.
- 소리가 속귀에 다다른다.

특수한 감각들

시력이 좋은 어류도 많지만, 물속은 햇빛이 잘 들지 않기 때문에 잘 볼 수가 없다. 많은 어류가 시력보다 특수한 감각을 이용하여 돌아다닌다.

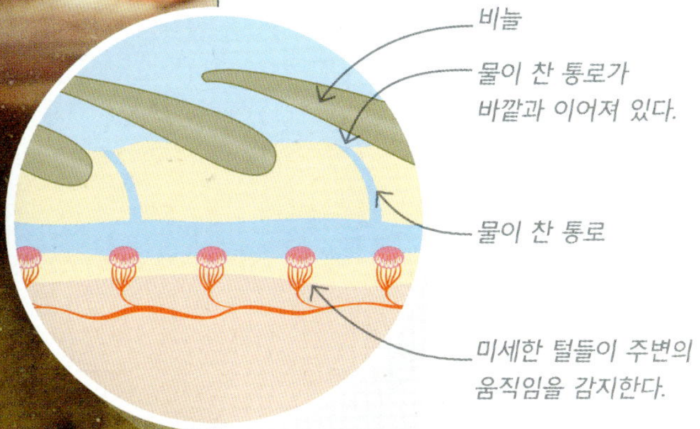

- 비늘
- 물이 찬 통로가 바깥과 이어져 있다.
- 물이 찬 통로
- 미세한 털들이 주변의 움직임을 감지한다.

옆줄계

대개 어류의 몸 양쪽에는 아가미에서 꼬리지느러미까지 물이 찬 통로가 나 있다. 이를 옆줄계라고 한다. 각 통로에는 물속의 작은 움직임을 검출하는 감각털이 들어 있어서, 어류가 주변의 먹이와 포식자를 알아차리도록 돕는다.

주둥이가 전기장을 만들어서, 주변의 것들에 부딪혀 돌아오는 전기장을 감지한다.

전기 수용 감각

일부 어류는 약한 전기 신호를 생성하고 감지할 수 있다. 퉁소상어는 긴 주둥이로 전기 신호를 내보낸다. 머리, 등, 배에는 반사되어 오는 전기 신호를 감지하는 수용체들이 있어서, 장애물을 피하고 먹이를 찾는 데 도움을 준다.

1 알의 발달
상어는 단단한 알주머니로 알을 보호한다. 알주머니는 끈으로 바닷말에 달라붙어서 물에 떠내려가지 않는다.

알주머니에 달린 긴 실 같은 끈으로 바닷말에 달라붙는다.

주머니에는 산소가 풍부한 물이 드나들 만한 작은 구멍들이 나 있어서, 새끼가 숨을 쉴 수 있다.

약 1달 동안 자란 새끼이다.

2 나올 준비
알 속에서 자라는 동안은 창자에 연결된 노른자로부터 영양분을 공급받는다. 이 영양분을 다 쓰면, 나올 준비가 된다.

노른자는 새끼가 자라는 동안 양분을 공급한다.

상어는 주머니에 꽉 차도록 자란다.

알주머니의 약한 끝 부분이 찢기면서 새끼 상어가 머리부터 나온다.

인어의 지갑
작은점박이두톱상어의 새끼는 보호하는 알주머니 안에서 10개월을 자란 뒤 나온다. 이 알주머니는 '인어의 지갑'이라고도 한다. 전체 상어 종의 약 40퍼센트가 알주머니를 이용한 방법으로 번식한다. 한편, 암컷이 알을 오래 뱃속에 품었다가 새끼를 출산하는 종도 있다.

물고기는 어떻게 번식할까

대부분의 물고기는 알을 낳아서 번식한다. 암컷이 엄청난 수의 작은 알들을 물에 낳으면, 수컷이 알에 정자를 뿌려서 수정시킨다. 하지만 포식자에게 먹힐 위험을 줄이기 위해 더 적은 수의 알을 주머니에 담아서 보호하는 종도 있다.

❸ 찢고 나오기
상어가 몸부림치면서 주머니의 질긴 벽을 뚫고 나온다. 갓 나온 새끼 상어는 자유롭게 헤엄친다.

빈 알주머니는 해변으로 밀려온다.

꼬리로 힘차게 헤엄쳐서 멀리 떠난다.

❹ 헤엄쳐 떠나기
상어 새끼는 홀로 살아갈 수 있다. 강한 지느러미로 헤엄치고, 작은 이빨로 먹이를 움켜쥐며 사냥할 수 있다.

알과 새끼
어류는 다양한 방식으로 번식한다. 알을 물에 낳는 종도 있고, 알을 품고 있다가 새끼를 낳는 종도 있다.

대량 산란
두점붉은돔 같은 어류는 물로 정자와 알을 방출한다. 이런 번식을 산란이라고 한다. 큰 무리가 한꺼번에 알을 낳으면 수정될 가능성이 더 높다.

성장
대부분의 어류 새끼는 갓 부화했을 때, 작고 덜 발달한 상태다. 배에는 영양분을 공급하는 노른자가 아직 붙어 있다. 노른자는 새끼가 자랄수록 조금씩 줄어든다.

물을 튀겨 주기
포식자로부터 알을 숨기기 위해, 스플래시테트라는 물 밖으로 뛰어올라 물 위에 드리운 나뭇잎에 알을 붙인다. 알이 마르지 않도록 꼬리로 물을 튀겨서 알을 계속 적셔 준다.

임신과 출산
소드테일을 비롯한 몇몇 종은 짝짓기를 통해서 수컷이 암컷의 몸에 직접 정자를 넣는다. 암컷은 수정란을 품고 있다가 새끼를 낳는다.

어류는 어떻게 새끼를 돌볼까

대부분의 어류는 알을 낳은 뒤, 놔두고 떠난다. 알아서 살아가도록 새끼의 생존을 운명에 맡긴다. 하지만 어류 중 약 4분의 1은 곁에서 위험을 막아 주거나, 보금자리를 짓거나, 먹이를 주면서 약한 새끼를 돌본다.

육아
해마 수컷은 배의 주머니에 암컷의 알을 받아서 수정시킨 뒤, 영양분과 산소를 공급하면서 돌본다. 부화한 새끼들은 한 마리씩 주머니를 나와서 떠난다.

거품 둥지
구라미는 거품 둥지로 알을 감싸서 보호한다. 수컷은 침으로 거품을 불어서 수면에 띄운 뒤, 거품 덩어리 안에 입으로 알을 집어넣는다. 새끼가 홀로 살아갈 수 있을 때까지 곁에서 보호한다.

새끼 먹이기
디스커스만큼 새끼를 기르는 데 정성을 쏟는 물고기는 드물다. 부모는 몸 양편에서 특수한 점액을 분비하며, 부화된 새끼는 3주 동안 이 점액을 조금씩 긁어 먹으면서 양분을 섭취한다.

어류 155

◀ **입 속의 새끼 물고기들**
노랑머리후악치 수컷은 알을 일주일 동안 입 안에 품는다. 입 속에 알을 넣고 보호하면서 물을 흐르게 하여 산소를 공급한다. 수컷은 알이 부화할 때까지 아무것도 먹지 못한다.

입 속에 숨어서
말라위큰입시클리드 같은 몇몇 어류는 새끼가 부화한 뒤에도 입 속에 넣어서 돌본다. 새끼는 어미의 입 속에서 포식자를 피할 수 있다.

❶ **바깥 모험**
새끼들은 이미 헤엄쳐서 먹이를 찾을 만큼 자란 상태다. 어미는 입 밖으로 새끼들이 나갈 수 있게 하지만, 새끼들은 멀리 가지 않는다.

❷ **위험 경고**
어미가 위험을 알아차린다. 새끼를 잡아먹는 천적 프리시켑스시클리드가 다가오고 있다. 새끼는 포식자 앞에서 매우 취약하다.

❸ **안전한 곳으로 귀가**
어미가 재빨리 몸을 흔들어서 새끼들을 불러 모은다. 새끼들은 어미의 입으로 들어와서 피한다.

연어의 이주

번식할 준비가 된 홍연어 수백만 마리가 태평양에서 3년을 보낸 뒤, 태어난 곳인 러시아의 쿠릴 호수로 돌아온다. 연어는 지구 자기장을 이용하여 거의 1,600킬로미터에 달하는 거리를 여행한다. 고향으로 돌아온 연어는 굶주린 갈색곰들을 피해 달아나서 얕은 물에 알을 낳고, 결국에는 지쳐서 죽는다.

상어는 어떻게 살아갈까

상어는 수중 세계의 최고 포식자다. 상어는 지적이면서 노련한 사냥꾼이다. 빠른 속도로 헤엄칠 수 있는 유선형 몸과 강한 근육으로 무시무시하게 먹이를 공격한다.

▶ 빠른 포식자
상어는 다양한 사냥 기술로 먹이를 잡는다. 오른쪽의 청상아리는 시속 74킬로미터까지 낼 수 있는 세상에서 가장 빠른 상어다. 밑에서부터 먹이를 공격하며, 먹이가 미처 반응하기도 전에 꽉 물거나 살덩어리를 뜯어낸다.

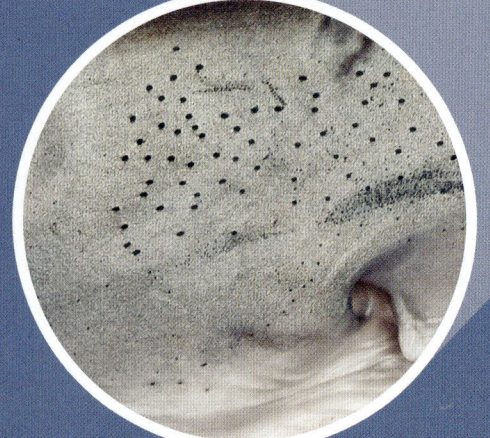

뛰어난 감각
상어의 피부에는 감각 세포가 가득한 작은 구멍들이 있다. 로렌치니 기관이라고 하며, 젤리로 채워진 세포들이 먹이가 내는 약한 전기장을 감지하여, 먹이의 위치를 정확히 파악하는 역할을 한다.

계속 빠지고 나는 이빨
상어는 평생 동안 수천 개의 이빨이 나고 빠진다. 뒤쪽 잇몸에서 새 이빨이 자라서 앞으로 죽 밀려 나오고, 맨 바깥쪽 이빨은 결국 빠진다.

이빨은 앞으로 밀려 가다가 빠진다.

다른 어류처럼, 많은 상어도 아가미로 물이 흐르게 하기 위해 입을 벌린 채 헤엄친다.

어류 159

사냥 기술
상어는 여러 방식으로 먹이를 찾고 잡는다. 플랑크톤과 작은 물고기를 물에서 걸러 먹는 종류도 있지만, 대부분은 적극적인 사냥꾼이다.

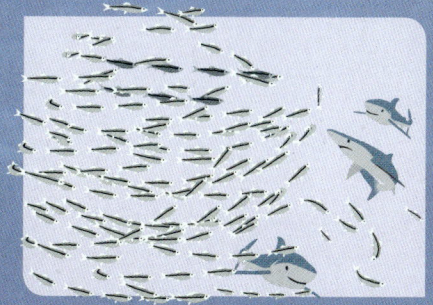

무리 사냥
청새리상어는 빠른 속도와 날쌘 움직임으로 어류와 오징어를 잡는다. 때로는 늑대처럼 무리를 지어 사냥하기도 한다.

매복 사냥
수염상어는 모래 색을 띠고 위장한 채 해저에서 꼼짝 않고 있다가, 모르고 곁을 지나가는 물고기를 덮친다.

전기를 이용한 사냥
귀상어는 머리를 좌우로 흔들면서 모래 속에 숨어 있는 가오리가 내는 약한 전기장을 감지해 잡는다. 가오리는 귀상어가 가장 좋아하는 먹이이다.

앞으로 나아가는 추진력은 주로 강력한 꼬리지느러미가 일으킨다.

밑에서 볼 때, 상어의 하얀 배는 수면의 밝은 빛과 어우러져 눈에 띄지 않는다.

방어피읍
상어는 잘 보이지 않도록, 배쪽은 밝고 등쪽은 어두운 색깔을 띤다. 그래서 위나 아래에서 먹이에게 다가가거나 포식자로부터 숨을 때 들키지 않을 수 있다.

위에서 볼 때, 상어의 등 색깔은 아래쪽 어두운 물과 잘 어우러진다.

상어는 특이하게 단단하고 뾰족한 비늘로 덮여 있어서 만지면 사포 같이 느껴진다.

상어의 해부 구조
상어의 뼈대는 유연하고 경골보다 가벼운 연골로 이루어져 있다. 상어는 아가미로 물에서 산소를 흡수하여 호흡하는데, 대부분은 계속 헤엄을 쳐야만 아가미로 물을 보낼 수 있다. 상어는 부레가 없지만, 기름 많은 간이 부력을 어느 정도 제공한다. 상어는 몸길이가 20센티미터인 것부터 12미터가 넘는 것까지 있다.

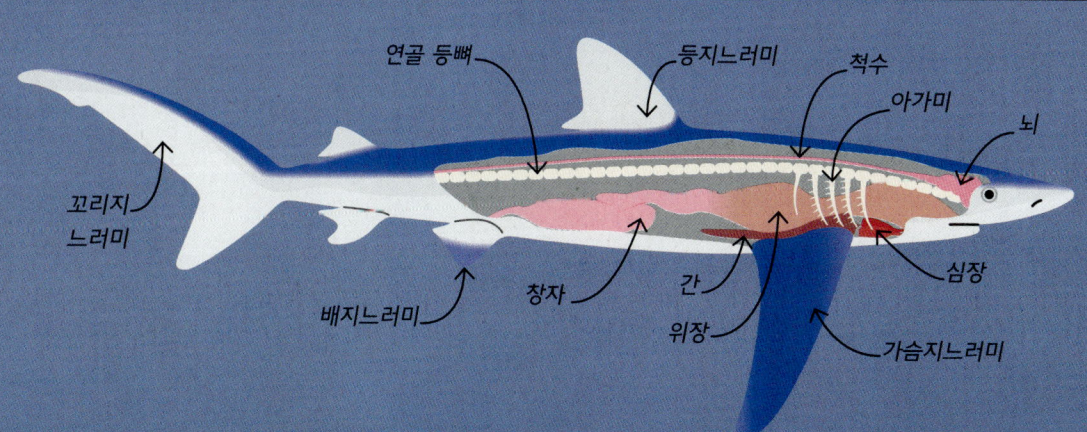

연골 등뼈 · 등지느러미 · 척수 · 아가미 · 뇌 · 심장 · 위장 · 간 · 창자 · 배지느러미 · 꼬리지느러미 · 가슴지느러미

어류는 어떻게 방어할까

어류는 더 큰 어류와 물범이나 돌고래 같은 동물들의 손쉬운 먹잇감이다. 작은 물고기들은 주로 빨리 헤엄치는 방식으로 포식자를 피한다. 포식자가 따라잡을 수 없을 만큼 빠르게 휙 달아난다. 하지만 함께 큰 무리를 짓거나, 위장술을 쓰거나, 숨거나, 몸집을 커 보이게 하는 등의 다양한 방어 전략을 지닌 종류들도 있다.

독을 경고하는 띠무늬는 주변 환경과 뒤섞여서 몸을 흐릿하게 감춰 주는 위장술로도 쓰인다.

쏠배감펭의 가슴지느러미는 먹이를 입으로 몰아넣는 역할을 한다.

쏠배감펭을 앞에서 본 모습

▶ **경고하는 띠무늬**
화려한 쏠배감펭은 열대 산호초에 살며, 매복하여 더 작은 물고기를 사냥한다. 현란한 띠무늬는 더 큰 포식자를 향한 경고이며, 강한 독이 든 날카로운 가시로 몸을 보호한다.

넓은 가슴지느러미는 길고 가느다란 지느러미 조각들로 나뉘어 부채처럼 보인다.

독액이 든 가시
쏠배감펭의 독가시가 포식자를 찌르면, 가시를 감싸고 있던 덮개가 밀려 올라간다. 덮개에 위쪽이 눌리면서 독액이 나와 가시의 세 홈을 따라 상처로 주입된다.

방어 전략들
어류는 자신이 사는 곳에 따라 각기 다른 방어 수단을 진화시켰다. 원양에 사는 어류에 적합한 전술은 해저에 사는 어류에 적합한 전술과 다를 가능성이 높다.

숫자로 이기기
많은 원양어류가 떼를 지어 몰려다닌다. 큰 무리를 지어서 위험을 줄이고, 작은 무리가 빙빙 돌면서 적을 혼란에 빠뜨린다.

위장술
해저나 바닷말이나 찌꺼기 사이에서 살아가는 어류는 위장을 잘한다. 바닷말로 뒤덮인 바위처럼 보이는 것도 있고, 모래나 자갈에 엎드린 채로 있으면 알아보기 어려운 것도 있다.

방패 이용하기
고깔해파리고기 같은 작은 물고기는 해파리와 그 친척들의 침에 면역이 되어 있다. 그래서 포식자를 피해 독이 있는 고깔해파리의 촉수 사이에 숨곤 한다.

몸 부풀리기
가시복과 그 친척 종들은 포식자가 삼키지 못하도록, 물을 삼켜서 축구공처럼 몸을 동그랗게 부풀린다. 더불어 치명적인 독까지 지닌 종이 많다.

위장은 어떻게 이루어질까

많은 어류는 포식자를 피하기 위해 위장한다. 주변 환경과 어우러져 뒤섞이는 색깔이나 무늬를 지니고 있어서 모습을 알아차리기 어렵다. 돌, 산호, 바닷말, 모래를 모방하는 종류도 있지만, 상황에 맞추어 모습을 바꿀 수 있는 것도 있다. 반대로 매복하여 먹이를 잡기 위해 위장술을 이용하는 포식자도 있다.

눈

커다란 입은 먹이를 덮치기 위해 위를 향하고 있다.

돌고기

산호처럼 피부가 울퉁불퉁하다.

▶ 매복 포식자

이 사진에는 잘 위장된 돌고기 두 마리가 숨어 있다. 잘 모르겠다면, 입과 두 눈을 찾아보면 된다. 산호초처럼 보이지만 이들은 포식자이다. 산호초에 숨어서 위로 지나가는 물고기를 공격할 준비가 되어 있다. 공격을 받거나 실수로 밟아서 돌고기의 독가시에 찔리면, 몹시 아프고 심하면 죽을 수도 있다.

색깔 바꾸기

씬벵이는 주변 환경에 맞추어서 색깔을 바꿀 수 있다. 피부에 색깔을 띤 화학 물질 알갱이(색소)가 가득한 색소포라는 특수한 세포가 있다. 이 색소 알갱이들이 뭉치거나 흩어지면서 색깔이 바뀐다.

색소가 흩어졌을 때

색소 알갱이들이 흩어지면 세포가 더 연한 색깔을 띤다.

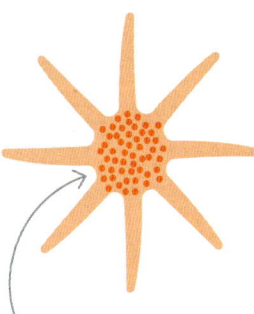

색소가 뭉쳐 있을 때

색소 알갱이들이 한데 모이면 씬벵이의 피부가 더 짙어진다.

어류 **163**

공격을 위한 위장

먹이를 뒤쫓는 데에는 에너지가 많이 들지만, 위장술을 쓰면 포식자는 먹이에게 더 가까이 다갈 수 있다. 많은 포식자는 물속의 대상들을 모방함으로써 주변 환경과 뒤섞인다.

늘어뜨린 술 장식

술수염상어의 '수염'에는 산호 가지처럼 보이는 술이 달려 있다. 게다가 몸이 해저 풍경과 잘 어우러지는 반점으로 덮여 있어서, 꼼짝하지 않고 있으면 포식자가 기다리는 줄도 모르는 먹이가 다가온다.

모래에 숨은 위협

눈이 위로 향해 난 얼룩통구멍은 지느러미를 써서 모래에 구멍을 파고 들어간다. 독가시가 나 있는 커다란 몸을 숨기고, 모래 색깔을 띤 얼굴만 내민 채 작은 물고기가 지나가기를 기다린다. 방심한 먹이를 낚아채서 삼키는 데 1초도 안 걸린다.

방어를 위한 위장

취약한 동물들은 위장술을 써서 포식자를 피한다. 일부 종은 포식자가 옆에 와도 개의치 않고 물속을 떠다니면서 계속 먹이를 먹을 만큼, 위장술이 매우 뛰어나다.

떠 있는 바닷말

실고기과에 속하는 나뭇잎해룡은 몸에 난 피부판 때문에 바닷말 조각처럼 보인다. 잎처럼 생긴 피부판들은 오로지 위장용이며, 갈색에서 노란색이나 녹색으로 색을 바꿀 수 있다. 헤엄을 잘 못 치며, 바닷말의 움직임을 모방하여 천천히 물에 떠다닌다.

산호 같은 해마

키가 겨우 2센티미터인 피그미해마는 빨간 부채산호에 꼬리로 달라붙어 있으면 거의 알아볼 수 없다. 세계에서 가장 작은 이 해마의 몸은 산호 폴립의 촉수처럼 보이는 분홍색 혹으로 뒤덮여 있다.

물고기 떼

남태평양의 솔로몬 제도 연안에서 새가라지 수천 마리가 떼 지어 모여 있다. 이런 물고기 떼를 가리켜 어군이라고도 한다. 무리를 지은 물고기들은 일정한 대형을 이루고, 각 물고기는 이웃 물고기들을 지켜보면서 함께 헤엄친다. 물고기들이 떼 지어 헤엄치면 포식자는 헷갈려서 어느 한 물고기를 골라 잡기가 어려워질 수 있다.

공생은 어떻게 이루어질까

때로 서로 다른 종의 동물들이 긴밀한 관계를 이루어서 함께 살기도 한다.
이런 상호 작용을 '공생'이라고 한다. 양쪽 동물이 다 혜택을 보는 사례도 있지만, 한쪽만 이익을 보고 다른 한쪽은 별 영향이 없는 사례도 있다. 또 한쪽은 이익을 보고 다른 한쪽은 피해를 보는 사례도 있는데, 그런 관계는 '기생'이라고 한다.

▼달라붙기
빨판상어는 상어, 고래, 거북, 심지어 배에도 달라붙는다. 다른 동물에 매달려서 힘들이지 않고 이동할 수 있다. 이 물고기는 숙주의 덩치에 보호받는 혜택까지 누리지만, 매달고 다니는 동물은 아무런 혜택을 못 보는 듯하다. 이름은 상어이지만 연골어류가 아니다.

필요할 때는 커다란 가슴지느러미를 써서 스스로 헤엄친다.

빨판의 홈은 강한 근육과 이어진다.

빨판
빨판상어의 타원형 빨판은 착 달라붙을 수 있도록 이랑과 홈이 나 있다. 빨판은 빨판상어가 물 흐름을 타고 뒤로 밀리면 더 강하게 달라붙지만, 더 앞으로 헤엄치면 쉽게 떨어진다.

빨판상어는 몸이 유선형이다.

상호 혜택

공생 중에는 양쪽 동물의 삶을 더 낫게 해 주는 관계도 있다. 서로에게 다른 방식으로 혜택을 주는 덕분이다. 일시적으로 공생 관계를 맺는 종도 있지만, 평생을 함께 살아가는 쪽으로 적응한 종도 있다.

함께 살기
빨판상어는 위 사진 속 상어처럼 빨리 헤엄치는 큰 어류에 달라붙어서 아주 멀리까지 여행할 수 있다. 하지만 여행이 주된 목적이 아니다. 숙주가 먹으면서 남긴 찌꺼기나 심지어 숙주의 배설물까지 먹기 위해서 달라붙는 것이다.

굴을 함께 쓰기
산호초의 가장자리에서 굴을 파는 새우들은 망둑어와 집을 함께 쓴다. 새우는 굴을 망둑어에게 피신처로 제공하고, 망둑어는 보답으로 새우에게 위험을 알려 준다. 망둑어가 위험을 감지하면, 둘이 함께 굴속으로 숨는다.

빨판상어의 빨판은 등지느러미가 고도로 변형된 것이다.

위를 향해 열리는 입으로 숙주의 피부에서 떨어져 나오는 먹이를 받아먹는다.

침을 쏘는 수비수
대부분의 어류는 말미잘의 침을 쏘는 촉수를 피해 다닌다. 하지만 흰동가리의 몸은 아주 두꺼운 점액층으로 덮여 있어서 말미잘들 속에서도 살 수 있다. 흰동가리는 말미잘 촉수 사이에 있으면서 더 큰 어류의 공격을 피하고, 흰동가리의 배설물은 말미잘의 먹이가 된다.

기생 생물
오른쪽 물고기는 기생 생물의 숙주다. 새우처럼 생긴 등각류가 물고기 혀에 달라붙어서 피를 빨아 먹고 있다. 혀가 떨어져 나가고, 기생 생물이 그 자리를 대신 차지하는 사례도 있다.

물고기 청소부
청줄청소놀래기는 큰 물고기의 몸에서 기생 생물과 죽은 피부를 떼어 내는 전문가다. 이들은 산호초에 살며, 다른 물고기들이 찾아와서 몸 청소를 받는다고 알려져 있다. 사진 속에서 청줄청소놀래기가 할러퀸스윗립스의 입속까지 청소하고 있다.

심해어류는
어떻게 살아갈까

심해어는 깊은 바다의 어둡고 차가운 물에 산다. 수심 1.8킬로미터까지 이르는 곳에 살기 때문에, 가장 기이하면서 가장 덜 알려진 동물들이다. 심해어 중에는 아예 앞을 못 보는 종류도 있다. 하지만 어둠 속에서도 짝을 찾고 먹이를 꾀기 위해 커다란 눈과 빛을 이용하는 종류도 많다.

커다란 눈은 어둠 속에서 가능한 한 많은 빛을 흡수한다.

앞니가 너무 길어서 입을 완전히 다물 수 없다.

▶ 심해의 사냥꾼
다른 많은 심해어처럼, 바이퍼피시도 먹이를 잡는 커다란 입과 다양한 크기의 먹이를 소화하는 거대한 위장을 지닌다. 등지느러미에서 뻗어 나온 미끼로 먹이를 꾀며, 어둠 속에서 거의 보이지 않는 투명한 이빨을 지닌다. 먹이가 다가오면, 커다란 턱을 벌린 채 와락 덮쳐서 통째로 삼킨다.

어둠 속의 빛
미끼를 쓰는 또 다른 물고기는 심해 아귀다. 어둠 속에서 빛나는 미끼가 몸에 붙어 있다. 미끼 안에는 생물 발광이라는 화학 반응으로 빛을 내는 세균이 들어 있다. 심해 아귀는 미끼를 흔들어 작은 동물처럼 보이게 해서 먹이를 꾄다.

과학자들은 세균이 물에서 미끼로 들어와서 빛을 낼 만큼 수가 불어난다고 생각한다.

심해 아귀는 시력이 약해서, 피부에 나 있는 감각 기관을 써서 물속의 움직임을 감지한다.

심해 아귀

바이퍼피시는 공격할 때, 빠른 속도로 헤엄쳐 먹이를 향해 달려든다. 머리 뒤쪽 단단한 뼈는 충돌할 때의 충격을 견딜 수 있게 해 준다.

등지느러미에 미끼가 달려 있다.

이 커다란 은색 비늘들은 희미한 빛을 반사함으로써, 큰 포식자를 혼란에 빠뜨릴 가능성이 있다.

배에 발광포라는 작은 기관들이 늘어서 있어 빛이 난다.

섭식 전략

심해는 극단적인 환경이라서 수면에 가까운 바다보다 살아갈 수 있는 동물이 더 적다. 하지만 심해 서식지에 사는 동물들은 온갖 기이한 모습과 생존 기술을 써서 적은 먹이를 최대한 잡으려 애쓴다.

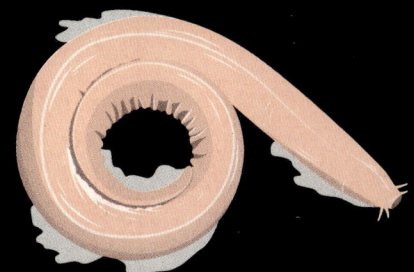

늘어나는 위장
먹이가 부족하기 때문에, 심해 동물들은 마주치는 것은 무엇이든 먹어야 한다. 자신보다 더 큰 동물도 잡아야 한다. 검은키아스모돈은 위장이 아주 크게 늘어난다. 자신보다 2배 길고, 10배 무거운 먹이까지도 집어넣을 수 있다.

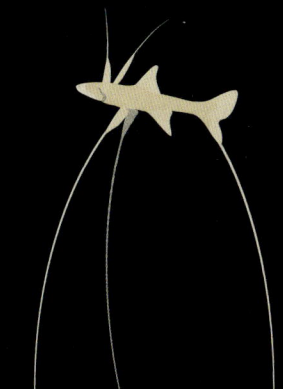

안에서부터 먹기
앞을 못 보는 매끄러운 심해 먹장어는 턱이 없지만, 잘게 물어뜯는 강한 이빨을 지닌다. 그 이빨로 죽었거나 죽어 가는 먹이의 몸속으로 파고 들어간 뒤, 안에서부터 먹어 치운다.

앉아서 기다리기
심해 세발치는 작은 물고기를 잡기 위해 진흙 바닥에서 몸을 높이 치켜 올리고 있다. 아주 긴 아래쪽 꼬리지느러미와 두 가슴지느러미 끝으로 균형을 잡고서 먹이를 기다린다.

지구 최초의 **양서류**는 약 3억 7000만 년 전에 출현했다. 양서류는 육지에 맨 처음 살기 시작한 **척추동물**이다. 양서류의 주요 특징은 생애의 어떤 시기에는 물에서, 또 어떤 시기에는 뭍에서 산다는 점이다. 양서류란 이름도 **물과 뭍 양쪽에서 서식하는 동물**이라는 뜻에서 나왔다. 양서류는 크게 세 종류가 있다. 개구리와 두꺼비, 도롱뇽과 영원, 그보다 덜 알려진 무족영원이다.

양서류

양서류는 어떻게 살아갈까

양서류는 등뼈와 부드러운 피부를 지닌 동물이다. 다른 척추동물 집단들과 달리, 비늘도 깃털도 털도 없다. 대개 육지에서 살지만, 물에서 멀리 떨어져서 살아갈 수는 없다. 대부분은 물속에서 아가미로 호흡하며 사는 유생 단계를 거친 뒤, 탈바꿈을 해서 허파로 공기 호흡을 하며 육지에 사는 성체로 발달한다. 아프리카황소개구리를 비롯한 몇몇 양서류 종들은 힘겨운 환경에서 생존하는 탁월한 방법을 고안했다.

▶가뭄을 견디는 전략가
아프리카의 건조한 지역에 퍼져 있는 아프리카황소개구리는 건조한 시기에는 땅속에서 고치 형태로 지내다가, 여름에 비가 내린 뒤에야 활동을 한다. 긴 시간 동안 굶었기에 식욕이 엄청나게 커져서, 커다란 입에 들어갈 수 있다면 어떤 먹이라도 닥치는 대로 잡아먹는다.

아프리카황소개구리는 대개 녹색이나 갈색, 또는 회색이며, 파란색을 띠는 것도 가끔 있다.

땅속에서 피부가 말라붙는 것을 막기 위해 말라붙은 점액층과 죽은 피부층으로 고치를 짓고 들어간다.

통통한 다리는 펄쩍 뛰는 데 쓰인다.

뭍과 물, 양쪽에서
대부분의 양서류는 삶의 일부는 육지에서, 일부는 물속에서 보낸다. 대개 알에서 부화하면 헤엄치는 유생이 된다. 개구리와 두꺼비는 유생 때 올챙이로 지내다가, 다리가 자라고 꼬리가 흡수되면서 성체로 탈바꿈을 한다. 그런 뒤 물에서 뭍으로 올라온다. 많은 양서류가 물속에 알을 낳음으로써 육상 생활을 마무리한다.

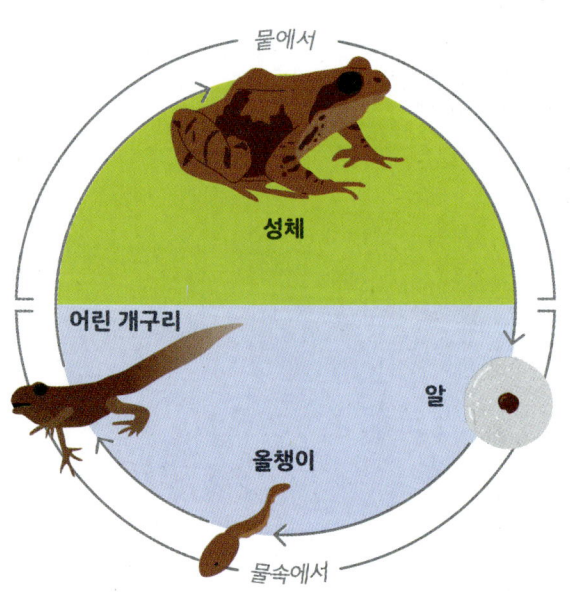

뒤꿈치에 난 삽 같은 혹은 땅을 파는 용도다.

양서류

양서류는 대부분 눈꺼풀이 두 개다. 눈꺼풀 하나가 투명해서 물속에서도 눈을 뜨고 볼 수 있다.

양서류의 분류

양서류는 세 집단으로 나뉜다. 도롱뇽과 영원은 아메리카와 온대 아시아에 퍼져 있다. 개구리와 두꺼비는 남극 대륙을 제외한 전 세계에 산다. 마지막으로, 다리가 없는 무족영원류는 열대에만 산다.

아래턱에는 먹이를 꽉 붙드는 데 쓰는 엄니가 두 개 나 있다.

먹이를 잡아서 통째로 삼키는 커다란 입

붉은도롱뇽

도롱뇽과 영원
도롱뇽과 영원은 꼬리와 네 다리가 있다. 도롱뇽은 성체가 되면 알을 낳을 때에만 잠시 물로 돌아간다. 영원은 번식기에 더 오래 물에서 지내며, 구애할 때는 화려한 꼬리지느러미가 자란다.

왕눈이청개구리

개구리와 두꺼비
양서류 종의 거의 90퍼센트를 차지한다. 피부가 매끄러운 개구리류와 우둘투둘한 두꺼비류는 몸통이 짧고, 쪼그려 앉은 자세를 취한다. 긴 뒷다리를 쫙 뻗어 언제든 뛰어오를 준비가 되어 있다.

파란고리무족영원

무족영원
무족영원의 지렁이처럼 생긴 몸은 낙엽층과 토양 속에 굴을 파는 데 알맞다. 무족영원은 땅 위로는 거의 나오지 않는다. 평생을 물속에서 사는 무족영원 종도 있다.

올챙이는 어떻게 자랄까

개구리는 자라면서 극적인 변화를 겪는다. 처음에는 헤엄치는 유생인 올챙이로 산다. 시간이 흐르면서 서서히 다리가 자라나고 육지에서 살아갈 성체로 발달한다. 이렇게 몸이 바뀌는 변화를 탈바꿈이라고 한다.

개구리의 한살이
개구리가 알에서 성체로 발달하기까지는 약 16주가 걸린다. 탈바꿈은 서서히 이루어진다. 먼저 다리와 허파가 발달하고, 이어서 꼬리가 몸으로 흡수되면서 사라진다.

① 개구리 알
개구리는 물에 뜨는 알 더미를 고인 물에 낳는다. 개구리 알은 중앙에 있는 자그마한 검은 배아를 양분이 든 투명한 젤리가 감싼 형태다. 배아는 며칠 뒤에 꿈틀거리는 올챙이가 된다.

- 자라는 배아 — 1일째
- 젤리는 물을 빨아들여 부풀어 올라서 안쪽의 배아를 보호한다.
- 개구리 암컷은 대개 한번에 1,000~1,500개의 알을 낳는다.
- 이 올챙이는 막 부화하려는 중이다. — 5일째
- 7일째
- 겉아가미는 물에서 산소를 빨아들이는 역할을 한다.
- 겉아가미

② 올챙이
부화한 올챙이가 젤리를 뚫고 나온다. 깃털처럼 생긴 겉아가미로 물속에서 호흡을 하고 긴 꼬리로 헤엄친다. 처음에는 조류를 갉아 먹다가 점점 지렁이, 물벼룩, 심지어 다른 올챙이까지 잡아먹으면서 성장에 필요한 영양소를 섭취한다.

- 강한 근육으로 꼬리를 좌우로 움직여서 헤엄친다. — 12일째
- 뒷다리의 싹
- 피부가 자라서 겉아가미를 덮으면서 속아가미로 바뀐다. — 10주째
- 작은 이빨이 나 있어서 식물과 다른 동물들을 먹을 수 있다.
- 뒷다리가 앞다리보다 먼저 발달한다.

양서류

④ 성체 개구리
뭍에 처음 올라온 어린 개구리는 작지만, 곧 성체 크기로 자란다. 성체 개구리는 결코 물에서 멀리 떨어지지 않는다. 이듬해에 짝짓기를 하러 연못으로 돌아간다.

16주째

긴 발가락과 튼튼한 다리를 갖춘 성체는 뭍에서 걷고 뛸 수 있다.

꼬리는 짧아져서 밑동만 남았다가, 며칠 뒤 몸에 흡수되어 완전히 사라진다.

③ 어린 개구리
네 다리가 다 발달한 상태의 올챙이를 어린 개구리라고 한다. 어린 개구리의 몸은 육지 생활을 준비하기 시작한다. 육지에서는 쓸모없이 헤엄치는 꼬리는 몸으로 흡수되고, 아가미는 공기 호흡을 하는 허파로 대체된다.

14주째

눈이 점점 커진다.

어린 개구리는 긴 꼬리가 달린 개구리처럼 보인다.

12주째

꼬리를 감싼 넓은 지느러미는 물을 가르며 나아가는 데 쓰인다.

서로 다른 한살이
모든 개구리 종의 절반가량이 유럽개구리와 비슷한 한살이를 거친다. 나머지는 암컷의 등에서 부화하거나, 물 밖에서 부화하는 등 다양한 방식으로 발달한다.

어린 수리남두꺼비는 2센티미터가 채 안 된다.

수리남두꺼비
대부분의 양서류는 자식을 돌보지 않지만, 수리남두꺼비 암컷은 예외다. 수컷은 알을 수정시킨 뒤, 암컷의 등에 있는 작은 주머니 안에 넣는다. 알은 주머니 바닥으로 가라앉아서 발달하기 시작한다. 때가 되면, 작은 새끼 두꺼비들이 어미의 피부에서 부화한다.

가는발가락개구리
우림 서식지는 매우 축축해서 일부 개구리는 물에 알을 낳을 필요가 없다. 가는발가락개구리에 속하는 수백 종은 뭍에, 낙엽 밑에 알을 낳아 숨긴다. 알은 한살이의 수생 단계를 건너뛰고 곧바로 성체의 축소판인 개구리로 발달한다.

개구리 알

봄에 유럽개구리들은 민물이 고인 연못과 호수에 모여서 짝짓기를 한다. 프랑스의 쥐라에 있는 이 연못도 마찬가지다. 대부분의 양서류처럼, 개구리 한 마리가 알을 수천 개씩 낳아서 연못 하나에 수십만 개의 개구리 알이 들어찬다. 수많은 알 중 일부만이 성체가 된다. 개구리는 성체 때까지 살아남을 새끼의 수를 늘리기 위해, 알을 많이 낳는다. 하지만 새끼를 돌보는 양서류는 아주 드물다.

개구리는 어떻게 움직일까

개구리는 물과 뭍 양쪽에 사는 쪽으로 적응했다. 물에서는 물갈퀴가 붙은 발과 강한 근육으로 꽉 차 있는 커다란 뒷다리를 써서 힘차게 헤엄을 친다. 뭍에서는 아주 멀리까지 폴짝 뛸 수 있어서, 포식자를 피할 때도 뒷다리가 중요한 역할을 한다. 힘이 약한 앞다리는 헤엄칠 때 쓰고, 뛰었다가 내려앉을 때 충격을 흡수하는 역할을 한다.

개구리는 어떻게 헤엄칠까

모든 개구리는 헤엄을 칠 수 있지만, 대부분의 종은 성체로 사는 기간의 전부 또는 대부분을 땅 위에서 지낸다. 반면에 오직 물에서만 지내는 종도 극소수 있다. 그런 종은 물갈퀴가 더 넓고 발도 더 크다. 물이 공기보다 밀도가 높으므로, 마른 땅보다 물속에서 움직이려면 더 많은 힘이 든다.

 ① 스트로크 준비
헤엄칠 때, 개구리는 먼저 무릎과 발목을 구부리면서 다리를 앞으로 끌어당긴다. 발가락을 모으고 물갈퀴를 닫아 저항을 줄인 뒤 당겨서 물을 강하게 찰 준비를 한다.

 ② 물을 가르며 나아가기
두 뒷다리를 동시에 뒤로 찬다. 발목이 펴지고 발가락들이 펼쳐지면서 물갈퀴가 펴진다. 그 발로 물을 밀어내면서 앞으로 나아간다.

물갈퀴가 달린 발
개구리는 대개 뒷다리의 발가락 사이에 얇은 피부막이 있다. 이 물갈퀴로 발을 노처럼 써서 헤엄을 친다.

▼물을 드나들며 살아가기

녹색황금청개구리는 오스트레일리아와 뉴질랜드의 습지, 하천, 연못에 산다. 거의 대부분의 시간을 물속에서 보낸다. 땅에 있을 때는 강한 다리 근육으로 움직인다. 힘과 활력이 매우 뛰어나며, 더 살기 좋은 곳을 찾아서 자기가 지내던 연못에서 1킬로미터 넘는 곳까지 옮겨 가곤 한다.

물갈퀴가 달린 뒷다리를 차서 앞으로 나아간다.

물을 가르고 나아갈 때 앞다리는 뒤로 뻗는다.

개구리는 어떻게 뛸까

몸집에 비해, 개구리는 대개 다른 어떤 척추동물보다도 더 멀리 뛴다. 자기 몸길이의 20배 이상을 뛸 수 있는 종도 있다.

밀어내기 위해, 뒷발은 가능한 한 오래 땅에 붙어 있다.

뒷다리를 완전히 뻗음으로써 힘을 최대로 가한다.

❶ 힘줄을 팽팽하게
뛰기 전에, 발목뼈와 연결된 다리 힘줄을 쭉 늘여서 팽팽하게 한다. 활을 힘껏 당겨서 팽팽하게 만드는 것과 비슷하다.

❷ 힘줄을 느슨하게
근육을 써서 발로 땅을 밀면서 공중으로 뛰어오르기 시작한다. 동시에 힘줄을 느슨하게 푼다.

❸ 도약
힘줄이 풀리면서 그 힘으로 개구리가 위로 앞으로 튀어 오른다. 뛰어오를 때 개구리는 눈을 감아 보호한다.

❹ 안전한 착지
앞발을 내밀면서 착지할 준비를 한다. 긴 뒷다리는 뒤로 쭉 뻗어 있다.

높이 기어오르기

빨간눈청개구리는 가지를 기어오를 때 잘 달라붙을 수 있도록 발에 끈적거리는 빨판이 발달했다. 빨판은 표면에 달라붙을 수 있도록 저절로 계속 청소가 된다.

이 개구리의 피부는 꽤 방수가 되며, 햇볕을 쬐고 있어도 말라붙지 않는다.

발가락에 있는 빨판은 땅에서 달라붙는 데 도움이 된다.

기어오르기를 잘 못하지만, 물 밖으로 기어 나올 때는 바위나 식물을 붙들고 올라온다.

양서류

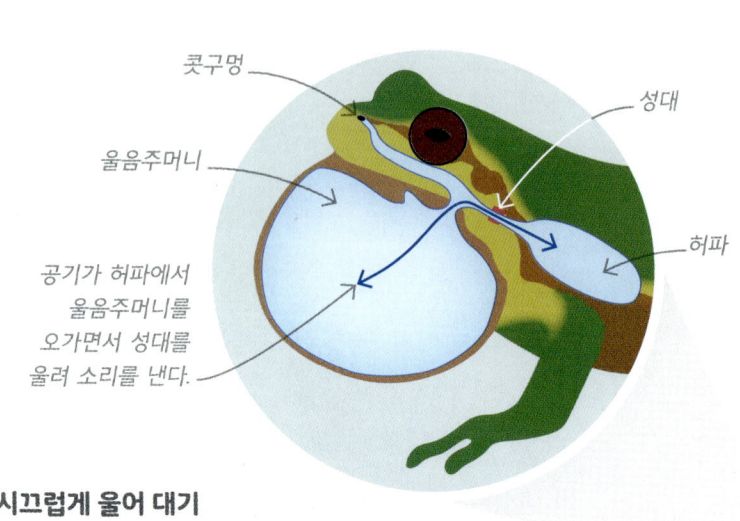

콧구멍 / 성대 / 울음주머니 / 허파
공기가 허파에서 울음주머니를 오가면서 성대를 울려 소리를 낸다.

시끄럽게 울어 대기
개구리 울음주머니는 잘 늘어나는 주머니로 입과 이어져 있다. 소리를 내기 전에, 개구리는 공기로 허파를 채운다. 그런 뒤 콧구멍을 닫고 허파 근육을 써서 공기가 성대를 거쳐 울음주머니로 들어가게 한다. 그렇게 해서 성대의 진동을 증폭시킨다.

개구리는 어떻게 의사소통을 할까

많은 개구리들이 밤에 가장 활발하게 활동한다.
그래서 개구리는 주로 소리를 써서 자기 영역을 알리거나 짝과 대화를 한다. 종마다 독특한 방식으로 개굴거리고 꺽꺽거리고 꽥꽥거린다. 일부 종은 시각 신호나 촉각을 써서 의사소통하기도 하며, 그중에는 성대가 아예 없는 종도 있다.

대부분의 청개구리처럼, 이 개구리도 커다란 울음주머니가 하나 있다. 일부 개구리 종은 울음주머니가 입 양쪽에 쌍으로 있다.

긴 손가락과 발가락에서 분비되는 끈적거리는 물질은 나무에 달라붙는 데 유용하다.

눈 뒤에 소리를 듣는 고막이 있다.

▼개굴개굴 울음 신호

울음주머니는 소리를 증폭하여 울음소리를 더 커지게 한다. 이 유럽청개구리 수컷은 암컷을 꾀거나 다른 수컷이 자기 영역에 오지 못하게 경고하기 위해 소리를 낸다. 유럽청개구리는 유럽의 유일한 토종 청개구리 종이다.

유럽청개구리는 초록색에서 갈색 띠무늬, 회갈색에 이르기까지 색깔이 다양하다.

사회적 신호

일부 개구리 종은 소리가 아닌 다른 신호를 써서 의사소통을 한다. 포식자의 주의를 끌지 않고, 짧은 거리에서 의사소통을 하기에 좋은 방식이다.

건드리기(촉각)
독화살개구리 수컷은 소리를 내어 암컷을 꾀지만, 암컷은 촉감으로 반응한다. 자신이 택한 짝의 다리나 머리를 건드려서 알을 낳을 준비가 되었음을 알린다.

흔들기(시각)
파나마황금개구리는 빠르게 흐르는 물 주위에 살기에, 물소리 때문에 소리를 듣기가 어렵다. 그래서 앞발을 흔들어서 이곳이 자기 영역임을 알린다.

개구리는 어떻게 방어할까

단단한 갑옷도 날카로운 무기도 없기에, 양서류는 영리한 방법으로 포식자를 물리쳐야 한다. 주로 쓰는 전술은 위장이다. 싸움을 아예 피함으로써 살아남는 최고의 방법이다. 이 방법이 실패하면, 많은 양서류는 선명한 색깔을 드러내거나, 죽은 척하거나, 몸집을 더 커보이게 하거나, 독소를 분비함으로써 포식자를 겁주려고 시도할 것이다.

방어 전략
양서류는 포식자를 물리치기 위해 영리한 전략들을 다양하게 진화시켜 왔다.

배 내밀기 반사
캘리포니아영원, 무당개구리를 비롯한 많은 양서류가 보이는 행동이다. 몸을 위로 말아서 포식자에게 선명한 색깔을 띤 배를 드러내고, 피부로 독소를 분비하여 방어한다.

▶ **경고 신호**
위나 옆에서 보면, 무당개구리의 얼룩덜룩한 초록 피부는 숲 환경과 잘 뒤섞인다. 하지만 위협을 받으면 무당개구리는 선명한 주황색과 검은색의 얼룩무늬가 있는 배를 드러낸다. 이 무늬는 자신에게는 독이 있으니 먹으면 위험하다고 포식자에게 알리는 경고 신호이다.

무당개구리의 등은 짧고 날카로운 가시로 덮여 있다.

힘센 다리로 폴짝 뛸 수 있다.

폴짝 뛰기
개구리의 도약 행동은 예측 가능한 방향으로 움직이는 먹이를 잡는 데 익숙한 포식자를 어리둥절하게 만들 수 있다. 탁월한 도주 전략이기도 하다. 일부 개구리는 쪼그려 앉은 자세에서 자기 몸길이의 20배 이상을 뛸 수 있다.

엉덩이를 치켜들고 공기로 몸을 부풀려서 포식자를 겁준다.

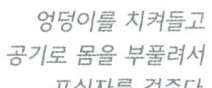

허풍 떨기
위기에 몰렸을 때, 일부 양서류는 허풍을 치거나 엄포를 놓아 위험을 벗어나려고 시도한다. 죽은 척하거나, 몸을 부풀려서 위협적으로 보이게 만든다.

녹색으로 위장한 몸 위쪽 표면

양서류 183

눈동자가 삼각형이다.

무당개구리의 등은 오돌토돌한 작은 혹으로 뒤덮여 있다.

무당개구리의 옆모습

무당개구리 피부의 단면

표피(바깥 피부층)
점액
독샘
독
점액샘
신경 섬유

독은 어떻게 만들어질까
독은 독샘의 안쪽 벽을 이루는 세포들에서 만들어진 뒤 샘에 저장되었다가 분비된다. 신경 섬유가 독세포를 짓눌러서 독이 표피로 새어 나오게 한다. 표피에서 독은 점액샘에서 분비되는 점액과 뒤섞인다.

매끄럽고 색이 선명한 배는 포식자에게 독이 있다는 경고를 보낸다.

과감한 방어 전략

공격을 받으면, 일부 도롱뇽은 최후의 수단으로 자신의 꼬리를 잘라 낸다. 끊긴 꼬리가 마구 꿈틀거리며 공격자의 시선을 끄는 사이에 달아날 수 있다. 상처는 곧 낫고, 꼬리는 다시 자라난다.

특수한 근육이 있어서 상처에서 피가 많이 나지 않게 막는다.

캘리포니아줄도롱뇽

불도롱뇽의 앞모습

도롱뇽은 배를 바닥에 대고 기어 다닌다.

▼경고색

유럽의 불도롱뇽은 자기 피부가 독액으로 덮여 있다고 뱀이나 새 같은 포식자에게 경고하는 선명한 색깔을 띤다. 독은 대부분 눈 뒤와 등에 있는 독샘에서 만들어진다. 다른 많은 도롱뇽들도 비슷한 방어 수단을 지니며 마찬가지로 화려한 색을 띤다. 아주 느리게 움직이기 때문에 포식자를 피해 도망칠 수 없는 도롱뇽에게 필요한 보호 수단이다.

독샘은 노란 반점에 집중되어 있다.

이 구멍들을 통해서 공격자에게 독을 뿜을 수 있다.

짤막한 발가락으로 부드럽고 축축한 흙을 움켜쥔다.

도롱뇽은 어떻게 살아갈까

도롱뇽과 영원은 개구리와 두꺼비의 친척이다. 하지만 긴 꼬리가 있고, 네 다리가 짧다는 점에서 친척들과 다르다. 북반구의 서늘한 지역에 사는 종이 대다수이지만, 남아메리카 열대로 진출한 종도 많다. 완전히 물에서만 사는 수생 종도 극소수 있지만, 도롱뇽은 대부분 평생을 땅 위에서 산다. 전체 종에서 약 20퍼센트는 물에 알을 낳아 부화하면 수생 유생이 된다. 나머지 종들은 땅 위에서 번식을 한다.

영원한 젊음

유생 단계에서 탈바꿈을 거쳐 성체가 되는 대부분의 도롱뇽과 달리, 아홀로틀은 평생을 유생 단계로 지낸다. 이런 현상을 유형 성숙이라고 한다. 즉 아홀로틀은 겉아가미, 등지느러미, 덜 발달한 짧은 다리 같은 유생의 특징을 간직하고 있다는 뜻이다. 아홀로틀의 유형 성숙은 티록신이라는 호르몬이 부족해서 일어난 것이라고 추정된다.

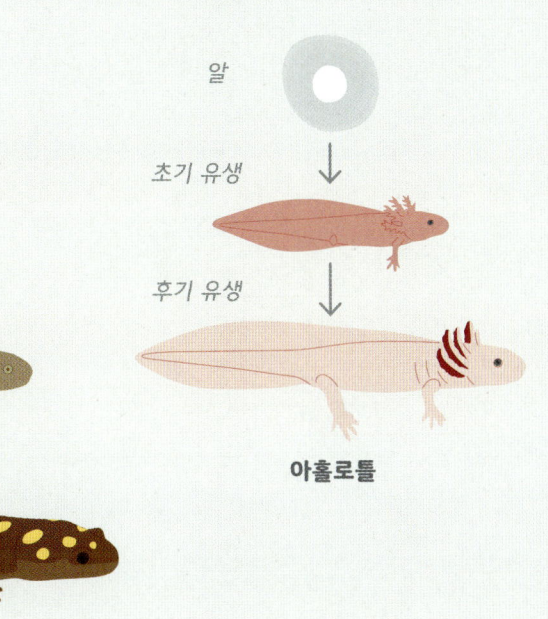

알 → 초기 유생 → 후기 유생 → 성체
도롱뇽

알 → 초기 유생 → 후기 유생
아홀로틀

아홀로틀은 어떻게 다리를 재생할까

아홀로틀은 다리뿐 아니라 콩팥, 허파, 심지어 뇌의 일부까지 신체 기관을 재생할 수 있다. 재생은 매번 완벽하게 이루어진다. 동일한 부위를 여러 번 잃어도 똑같이 재생된다.

❶ 다리를 잃는다
아홀로틀이 다리를 잃으면, 상처 부위의 피, 뼈, 근육의 세포들이 줄기세포로 변한다. 줄기세포는 여러 종류의 세포들을 만들어 낼 수 있는 특수한 세포다. 줄기세포들은 먼저 드러난 살을 덮어서 상처를 보호한다.

❷ 다시 자라난다
상처 부위의 줄기세포들이 새로운 뼈, 피, 근육을 만들기 시작한다. 처음에는 싹처럼 보이다가 세포들이 불어나면서 서서히 다리가 재생된다.

❸ 새로운 다리 완성
한 달쯤 지나면, 새 다리가 완성된다. 원래 다리와 전혀 구별이 안 되며, 흉터 같은 흔적도 전혀 남지 않는다.

피부 밑의 혈관이 비친다. 피부는 분홍색, 노란색, 회색, 검은색을 띨 수도 있다.

대부분의 도롱뇽처럼, 아홀로틀도 앞발에는 발가락이 4개, 뒷발에는 발가락이 5개 있다.

아홀로틀의 피부는 부드럽고 고무 같다.

납작한 꼬리는 헤엄칠 때 지느러미처럼 쓴다.

최초의 **파충류**는 3억여 년 전에 양서류로부터 진화했다.
땅 위에서 평생을 사는 최초의 **척추동물**이 파충류였다.
파충류는 약 2억 5000만 년 전에서 6500만 년 전까지
지구를 지배했다. 바로 **공룡**이 땅 위를 걸어 다니던 시대였다.
공룡들은 멸종하고 이제 없지만, **현생 파충류**는 남극 대륙을
제외한 모든 대륙에 퍼져 살아가고 있다.

파충류

파충류는 어떻게 살아갈까

파충류는 땅 위에서 평생을 사는 최초의 척추동물이었다. 몸이 마르지 않게 막는 비늘로 덮인 방수 피부를 갖추고, 마른 땅에 낳을 수 있게 단단한 껍데기로 덮인 알을 만들어서 육지 생활을 해낼 수 있었다. 파충류는 거북, 악어, 도마뱀, 뱀, 포유류와 조류의 조상 등 다양한 종으로 진화했다.

▶ 비늘로 덮인 도마뱀

모든 파충류가 지닌 가장 두드러진 특징은 비늘 피부다. 비늘은 사람의 머리카락이나 손톱과 같은 물질인 케라틴으로 만들어진다. 덕분에 파충류의 몸은 튼튼하면서 유연하게 움직일 수 있다. 모든 파충류는 바닥에 배를 대고 기어 다닌다. 또 짧막한 다리로 움직이는 종류가 많다. 일부 도마뱀과 모든 뱀은 다리가 아예 없다. 대부분의 파충류는 동물을 먹이로 삼는다. 먹이는 곤충에서부터 악어가 잡아먹는 큰 포유동물까지 아주 다양하다. 이 사진의 초록이구아나처럼 식물만을 먹는 색다른 파충류도 있다.

예리한 혓감은 먹이를 찾는 데 도움이 된다.

많은 파충류는 색을 구별하는 감각인 색각이 뛰어나다.

이 이구아나는 대개 녹색이지만, 파란색이나 주황색을 띨 수도 있다.

단단한 비늘이 피부를 보호한다.

피부는 체온을 조절하는 데 도움을 주고, 서로 의사소통을 하는 데 쓰인다.

파충류

차가운 피

모든 파충류는 피가 차서 냉혈 동물로 불린다. 즉 체온을 일정하게 유지할 수 없어서 햇볕을 쬐어 몸을 데워야 활동을 할 수 있다는 뜻이다. 대신에 먹이에서 얻은 에너지를 체온을 높이기 위한 열로 바꿀 필요가 없으므로, 아무것도 먹지 않은 채 몇 주를 버틸 수 있다. 파충류는 행동을 통해 체온을 조절한다. 붉은귀거북처럼 햇볕으로 몸을 데우거나, 너무 뜨거워지면 그늘로 피하는 식이다.

파충류의 다양성

파충류는 놀라운 만치 성공한 집단으로, 남극 대륙을 제외한 모든 대륙에 퍼져 있다. 크게 네 집단으로 나뉘며, 도마뱀과 뱀에 속하는 종이 가장 많다.

거북
장애기로 살기 않으면 이 파충류 집단은 2억 2000만년 넘게 번성해 왔다. 거북은 뭍에, 땅거북은 물에 산다.

투아타라
뉴질랜드에 사는 투아타라는 약 1억 년 전에 사라진 어느 파충류 집단의 유일한 생존자다.

뱀과 도마뱀
뱀과 도마뱀은 생김새가 서로 다르지만 가까운 친척이다. 뱀은 도마뱀에게서 진화했다.

악어
현생 파충류 중 몸집이 가장 크다. 물에 살면서, 물고기와 잘릴 수 있는 거의 모든 동물을 잡아먹는다.

피부를 덮은 비늘은 정기적으로 떨어져 나가고 재생된다.

날카로운 발톱으로 기어오를 수 있다.

뱀은 윗입술을 문질러 오래된 비늘을 벗기면서 허물벗기 과정을 시작한다.

특수한 비늘

파충류의 비늘은 다양한 방식으로 변형되어 여러 가지 용도로 쓰인다. 비늘은 튼튼한 방어용 갑옷이 되기도 하고, 적을 겁주어 내쫓는 역할을 하기도 한다.

악어
인갑이라고 하는 커다란 비늘로 등이 덮여 있다. 인갑은 몸을 보호하고 체온 조절을 돕는 역할을 한다. 각 인갑 안에 뼈판이 들어 있다.

방울뱀
꼬리 끝에 속이 빈 피부 마디들을 지니고 있다. 꼬리를 흔들면 서로 맞부딪혀 소리가 난다. 차르르 하는 이 소리로 포식자를 물리친다.

거북
케라틴으로 이루어진 인갑을 지닌다. 다만 거북의 인갑들은 서로 합쳐져 단단한 보호 껍데기를 형성한다. 인갑은 거북이 자랄수록 점점 더 커진다.

피부의 바깥 각질층만 벗겨진다.

낡은 비늘 밑에서 새 비늘이 생겨난다.

▲허물벗기

새 피부는 자라면서 낡은 피부를 대체한다. 악어와 거북뿐 아니라 대다수의 척추동물은 조금씩 꾸준히 피부 조직을 교체한다. 하지만 도마뱀과 뱀은 주기적으로 피부 전체를 한꺼번에 교체한다. 새 피부가 생기는 데에는 2주가 걸리며, 그 뒤에 낡은 피부가 벗겨진다. 먹이가 충분하면, 피부를 더 자주 재생하면서 허물도 더 자주 벗는다.

비늘은 어떤 일을 할까

모든 파충류는 비늘이 덮인 피부를 지닌다. 비늘은 손상과 질병을 막고, 중요한 몸의 수분이 빠져나가는 것을 막는 단단한 장벽을 형성한다. 비늘은 사람의 손톱과 같은 성분인 케라틴으로 이루어진다. 뼈판 또는 골판이라고 하는 뼈로 된 판도 피부에 군데군데 있을 수 있다.

가터뱀의 겹쳐진 비늘은 중앙에 용골이라는 도톰한 부위가 있어서 더 튼튼하다.

배 비늘은 넓적한 판 모양이다. 뱀은 배 비늘을 세웠다가 눕히면서 앞으로 나아간다.

허물은 어떻게 벗을까

뱀은 허물을 벗음으로써, 피부에 사는 작은 기생 생물들도 없앨 수 있다. 피부 바깥층 밑에서 형성된 새 비늘로 대체되면, 피부는 더 새것 같고 더 건강해 보인다. 뱀은 성장을 멈추지 않으며, 어릴수록 더 자주 허물을 벗는다.

❶ 가려워서 긁어 댄다
허물을 벗을 때가 되면, 바깥 피부가 밑의 층과 분리되기 시작한다. 그러면 뱀은 윗입술을 거친 표면에 대고 긁어서 허물을 벗긴다.

❷ 밀고 당긴다
이제 뱀은 식물이나 바위에 몸을 대고서 허물을 벗는다. 때로 허물이 통째로 벗겨지기도 한다. 반면에 도마뱀의 피부는 큰 조각으로 떨어져 나간다.

❸ 꿈틀거리며 빠져나온다
허물을 꼬리까지 벗으면, 몸을 꿈틀거려서 빠져나올 수 있다. 빠져나온 몸은 새로운 색깔로 반짝이고, 안팎이 뒤집힌 허물이 남는다.

뱀은 어떻게 감각을 느낄까

뱀은 감각이 놀랍도록 예민하며, 냉혈한 킬러다.

시력이 나쁘고 바깥으로 드러나는 귀도 없지만, 후각과 촉각을 비롯한 다른 감각들이 고도로 발달해서 먹이의 위치를 정확히 추적하여 사냥할 수 있다. 일부 뱀은 열을 '보는' 놀라운 감각 기관을 지녀서 어둠 속에서도 먹이를 추적할 수 있다.

▼능숙한 사냥꾼

우림의 밤에 뒤엉킨 나무 사이에서 사냥을 하면서도, 이 사원살무사는 아무 문제없이 먹이를 찾아낸다. 매복한 채 끈기 있게 기다렸다가 지나가는 설치류를 잡는다. 열을 감지하는 구멍 기관으로 먹이의 따뜻한 몸이 어디에 있는지를 알아낼 수 있다. 먹이가 공격 범위 안으로 다가올 때까지 참고 기다린다.

- 구멍 기관은 먹이의 체열을 감지한다.
- 콧구멍은 냄새를 추적해 알아낸다.
- 갈라진 혀는 냄새를 포착하며, 냄새가 어느 방향에서 오는지 알아낼 수 있다.
- 근육을 써서 혀를 날름날름 움직인다.
- 비늘에는 작은 혹이 나 있고, 혹에서 접촉을 감지할 수 있다.

열 감지

보아뱀, 비단뱀, 살무사는 최대 1미터 떨어진 곳에서도 피가 따뜻한 동물이 내는 열(적외선)을 포착할 수 있는 특수한 감각 기관이 머리에 있다. 특수 카메라로 찍은 오른쪽 사진을 보면, 살무사가 표적을 어떻게 보는지를 짐작할 수 있다. 생쥐의 몸에서 나는 체열이 더 차가운 자주색 배경 속에서 밝게 빛나 보인다.

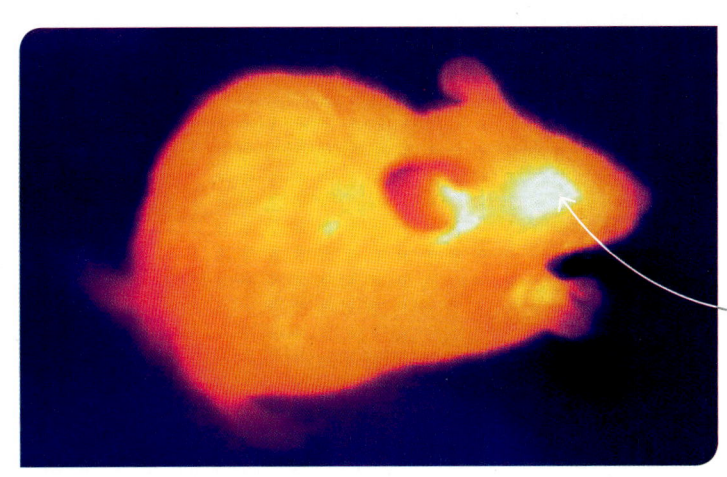

- 구멍 기관은 0.2도라는 작은 온도 변화까지 구별할 수 있다.
- 흰 반점은 생쥐의 몸에서 어느 부위가 가장 따뜻한지를 보여 준다. 분홍색은 주황색보다 더 차갑고, 귀 끝의 자주색 영역은 그보다 더 차갑다.

야콥손 기관

갈라진 혀의 벌어진 끝으로 먹이가 어느 방향에 있는지 알아낸다. 혀끝은 공중에 떠도는 냄새 분자를 모은다. 뱀이 혀를 다시 입에 넣을 때 혀끝은 입천장에 있는 야콥손 기관이라는 미각 기관에 닿는다. 이때 먹이가 내는 냄새 분자의 맛을 느끼면, 뱀은 공격할 준비를 한다.

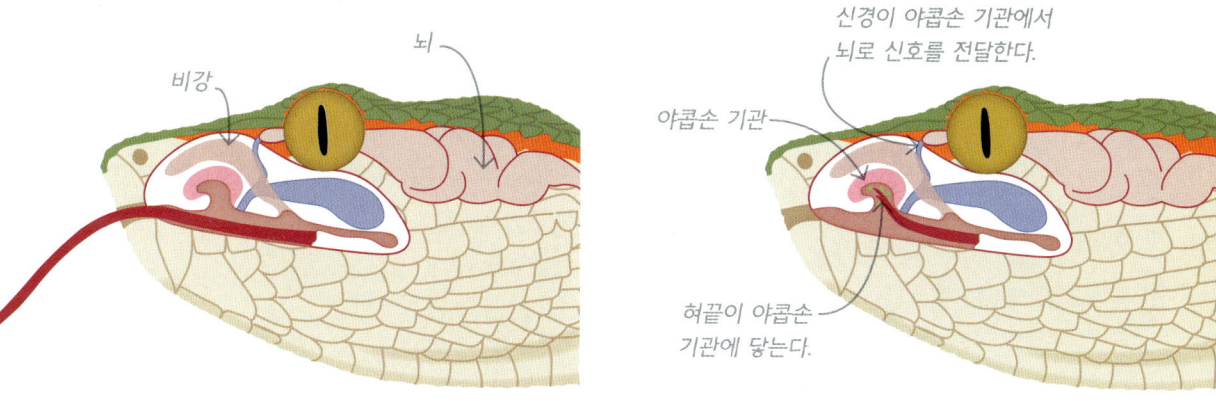

혀는 공기에 섞인 냄새 입자를 모은다.

비강

뇌

신경이 야콥손 기관에서 뇌로 신호를 전달한다.

야콥손 기관

혀끝이 야콥손 기관에 닿는다.

세로로 길쭉한 홈 같은 눈동자는 눈으로 들어오는 빛의 양을 조절한다. 밤에 사냥하기 위해 발달한 적응 형질이다.

녹색, 흰색, 갈색 무늬는 낮에 식물 사이에 위장하며 숨는 데 도움이 된다.

비늘 한가운데에 볼록한 용골이 있어서, 뱀의 피부는 거칠어 보인다.

파충류의 알은 어떻게 발달할까

대부분의 파충류는 알을 낳아서 번식한다. 알 안에는 새끼가 자라나는 데 도움을 주는 특수한 막들이 있다. 단단한 껍데기는 가죽질일 수도 있고 무를 수도 있지만, 껍데기 안의 새끼를 튼튼하게 보호하며, 속이 마르지 않게 막아 준다. 파충류는 대개 어미가 알을 따뜻한 곳에 묻어 놓고 떠나지만, 알이 부화할 때까지 부모가 지키는 종도 있다. 알을 낳는 능력 덕분에 척추동물은 육지에서 살아갈 수 있게 되었다.

▼**알까기(부화)**
알 속에서 15주 동안 성장한 아프리카가시거북이 밖으로 나오려고 첫발을 내디뎠다. 코에 난 난치 또는 알이빨이라는 뼈로 된 돌기를 써서 알껍데기를 깬다. 알이 자랄 때의 온도에 따라 거북의 성별이 정해져서 온도가 높을 때는 암컷, 낮을 때는 수컷이 된다.

튼튼한 다리를 움직여 껍데기 밖으로 기어 나온다.

알은 새의 알처럼 무른 껍데기다.

파충류의 알 속

부화하기 전의 새끼를 배아라고 한다. 배아는 양수로 차 있는 양막 안에서 자란다. 노른자가 배아에게 필수 영양소를 제공하고, 요막이라는 기관이 노폐물을 제거하고 산소를 공급한다. 배아, 노른자, 요막을 장막이 감싸고, 맨 바깥의 껍데기가 모두를 보호한다.

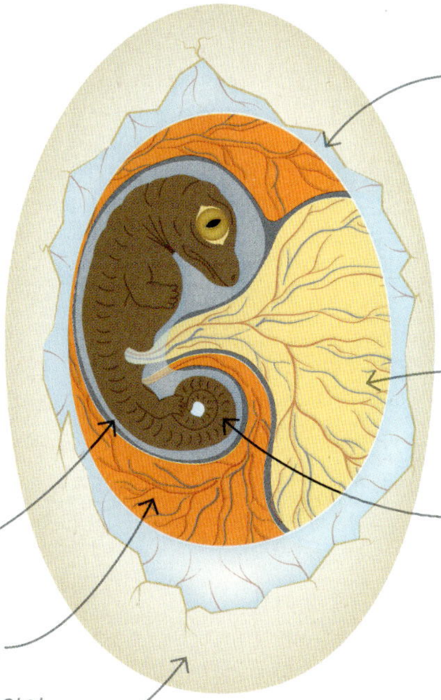

양막에는 양수가 들어 있다. 양수는 배아를 보호하고 양분을 제공한다.

요막은 노폐물을 제거한다.

껍데기는 알이 마르지 않게 한다.

악어 알

장막을 통해서 산소와 이산화탄소가 배아와 바깥 세계 사이를 오간다.

노른자는 배아가 양분을 쓸수록 점점 작아진다.

배아는 양막 안에서 보호받는다.

새끼를 낳는 파충류

이 코뿔살무사 같은 몇몇 뱀과 도마뱀은 알을 낳는 대신에 모습을 다 갖춘 새끼를 낳는다. 새끼를 낳는 파충류는 대개 알을 따뜻하게 해 줄 온기를 찾기가 어려운 추운 기후에 산다.

단단한 껍데기가 적으로부터 거북을 보호해 준다.

거북의 몸은 다 갖춰진 상태로 부화한다.

알이빨이라고 하는 뿔 같은 돌기로 껍데기를 깬다.

새끼 거북은 노른자를 달고 나온다. 노른자는 며칠 안에 몸으로 흡수되어 사라진다.

바다이구아나

세계에서 유일한 해양 도마뱀인 바다이구아나는 갈라파고스 제도에 산다. 차가운 태평양으로 뛰어들어서 물속 바위에 붙어 자라는 홍조류와 녹조류를 뜯어 먹는다. 잠수 한 번에 10분까지 숨을 참을 수 있다. 파충류가 다 그렇듯이 스스로 체온을 조절할 수 없으므로, 햇볕으로 몸을 데운 뒤에야 바닷물에 잠수하여 돌아다닐 수 있다.

파충류

악어는 어떻게 사냥할까

악어는 매우 뛰어난 사냥꾼이다. 먹이가 다가올 때까지 기다렸다가 공격하는 포식자이다. 악어는 물속에서 오랜 시간 동안 눈과 콧구멍만 물 위로 내민 채 꼼짝하지 않고 기다리곤 한다. 먹이가 충분히 가까이 다가오면 와락 달려들어서 날카로운 이빨과 강력한 턱으로 먹이를 재빨리 제압한다.

◀ 나일악어

가장 크면서 가장 위험한 악어에 속하는 나일악어는 영양과 얼룩말 같은 대형 포유동물까지 사냥할 만큼 강하다. 종종 강가나 연못에 숨어 있다가 물을 마시러 오는 목마른 동물들을 공격한다. 강둑에 있는 동물을 물어서 물속으로 끌고 들어와 익사시키기도 한다.

중요한 간막이

악어의 혀 안쪽에는 몸을 물에 담글 때 입과 이어진 공기 통로를 차단하는 살로 된 간막이가 있다. 그래서 악어는 물속에서 먹이를 물어도, 허파나 위장으로 물이 안 들어가도록 막을 수 있다. 잠수할 때도 콧구멍을 막는다.

물속에 있을 때는 목 뒤쪽의 입천장 간막이를 닫는다.

턱 근육이 엄청나게 굵어서 엄청난 힘으로 꽉 물 수 있다.

사냥 과정

악어는 놀라운 후각과 시각을 이용하여 먹이를 사냥한다. 적당한 순간을 노리기 위해서 머뭇대거나, 심지어 몇 주 동안 먹이를 지켜보기도 한다.

1 준비
악어가 물에 들어가 꼼짝하지 않은 채 강둑에서 물을 먹는 누를 유심히 지켜본다. 몸의 대부분이 물속에 숨겨져 있어서 누에게는 거의 보이지 않는다.

콧구멍이 주둥이 위쪽에 높이 달려 있어서, 악어는 반쯤 물에 잠긴 채로 숨을 쉴 수 있다.

비강과 입을 분리하는 뼈판이 있다.

날카로운 원뿔형 이빨은 먹이를 꽉 물 수 있도록 작용했다.

턱이 작은 압력 감지기들은 먹이의 움직임을 추적하는 데 도움을 준다.

사냥이 뛰어나서 밤에도 낯처럼 사냥할 수 있다.

악어의 귀는 눈 바로 뒤에 있으며, 청력이 뛰어나다. 귀는 눈 바로 뒤에 있다. 악어는 청력도 뛰어나다.

강한 다리로 아주 빠르게 달려가서 먹이를 공격할 때도 있다.

녹색 피부 덕분에 열대 숲 서식지에 잘 섞일 수 있다.

혀는 목과 아래턱의 뼈들 사이에 자리를 잡고 있다.

카멜레온의 발은 나뭇가지를 움켜쥐기 좋은 Y자 모양이다.

카멜레온은 어떻게 사냥할까

카멜레온은 빠르고 정확하게 먹이를 몰래 습격할 수 있도록 적응한 형질을 여러 개 지닌다. 원뿔 모양의 두 눈은 자유롭게 돌아가서 동시에 서로 다른 방향을 볼 수 있다. 또 끈적거리는 긴 혀를 먹이가 채 알아차리지 못하는 번개 같은 속도로 쏠 수 있다.

머릿속

카멜레온의 머리에는 긴 혀를 내미는 데 쓰이는 뼈와 근육이 들어 있다. 그중에서 가속 근육과 회수 근육이 혀의 속도와 힘을 담당한다.

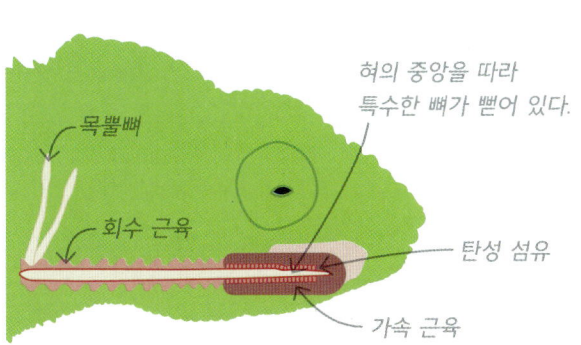

1 준비하고 대기할 때
혀는 쓰지 않을 때, 입의 바닥에 놓여 있다. 혀뼈와 가속 근육 사이에 놓인 탄성 섬유가 압축된 스프링처럼 가속 근육을 붙들고 있다.

2 혀를 발사할 때
먹이의 위치를 파악하면, 혀를 들어 올려서 발사한다. 먹이의 정확한 위치를 파악하면, 가속 근육이 수축하면서 압축된 탄성 섬유로부터 떨어진다. 혀는 탄성 섬유에 저장되었던 에너지를 써서 먹이를 향해 빠르게 날아간다.

▼번개처럼 빠르게 쏜다

팬더카멜레온은 마다가스카르가 원산이다. 잘 늘어나는 혀를 아주 정확히 발사할 수 있다. 카멜레온의 혀는 평소에는 입 속에 들어 있다가 제 몸길이보다 더 멀리까지 최대 초속 6미터의 속도로 발사된다. 끈적거리는 혀끝에 먹이가 붙잡히면, 혀는 다시 넓은 입속으로 회수된다.

카멜레온의 눈은 어떻게 움직일까
카멜레온의 눈은 원뿔 모양이 회전하는 형태로, 한쪽씩 따로따로 움직이며 360도를 돌아갈 수 있다. 사냥할 때는 양쪽 눈이 다 먹이를 향해서, 거리와 위치를 정확히 파악할 수 있다.

카멜레온은 어떻게 색깔을 바꿀까

카멜레온이 언제나 배경에 맞게 색깔을 바꿀 수 있는 것은 아니다. 하지만 주변과 뒤섞이도록 피부색을 조금 바꿀 수는 있다. 한편 많은 카멜레온은 색깔을 바꾸어서 자신의 기분을 드러낸다. 수컷은 선명한 색깔로 암컷을 유혹하거나 경쟁자를 위협한다.

일부 카멜레온은 추울 때 열을 더 흡수하기 위해 더 짙은 색을 띤다.

피부색을 어떻게 바꿀까

카멜레온의 피부 바로 밑에는 노란 색소를 지닌 세포가 있다. 그 바로 밑 세포층에는 액체에 떠 있는 결정들이 있다. 결정들이 모이면 파란빛이 반사되고, 파란빛은 노란 색소층을 통과하면서 녹색으로 변할 수 있다. 결정들이 흩어지면, 더 긴 파장의 빛들이 반사되면서 빨강, 주황, 노랑을 띠게 된다. 즉 카멜레온의 색깔은 피부층들이 어떻게 상호작용하느냐에 따라 달라진다.

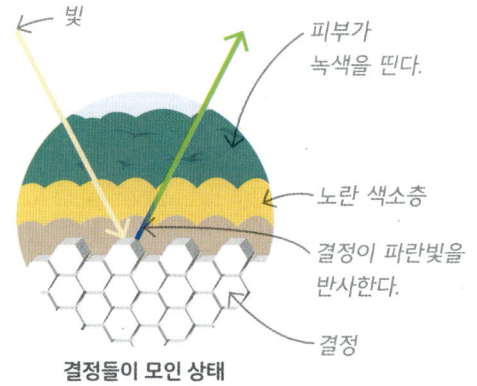

빛 / 피부가 녹색을 띤다. / 노란 색소층 / 결정이 파란빛을 반사한다. / 결정

결정들이 모인 상태

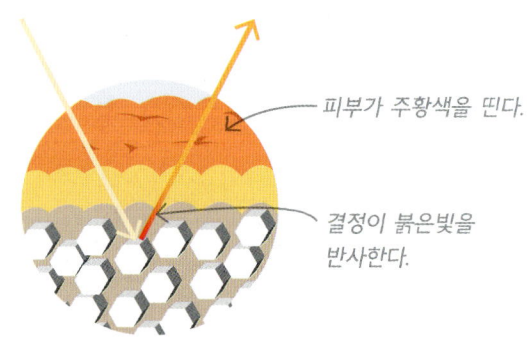

피부가 주황색을 띤다. / 결정이 붉은빛을 반사한다.

결정들이 흩어진 상태

근육질 꼬리로 가지에 매달린다.

삐죽 솟은 베일드카멜레온의 볏은 나이를 먹을수록 더 커진다.

◀ 밝았다가 짙었다가

베일드카멜레온은 예멘과 사우디아라비아 고유종이다. 경쟁자에게 위협을 받거나 위험에 처하면, 더 짙은 색을 띤다. 암수 모두 기분에 따라 색깔이 바뀐다. 암컷은 짝짓기를 할 준비가 되면 더 밝은색을 띠어서 수컷에게 알리고, 수컷은 여러 색깔을 띠어 과시함으로써 다른 수컷들에게 경고를 하거나 짝을 꾄다.

지역색

카멜레온은 기분에 따라 색깔을 바꿀 뿐 아니라, 사는 곳에 따라서도 색깔이 다를 수 있다. 마다가스카르의 팬더카멜레온은 빨강, 초록, 파랑, 노랑, 주황색을 띨 수 있는데, 색이 달라도 모두 같은 종이다.

팬더카멜레온

도마뱀붙이는 어떻게 기어오를까

도마뱀붙이는 작은 식충성 도마뱀이다. 주로 밤에 사냥하며 커다란 눈으로 먹이를 찾아낸다. 나무줄기와 잎을 붙잡는 데 적응한 발을 지닌 나무타기 전문가가 많다. 심지어 유리를 기어오르고, 천장에 거꾸로 붙은 채 달릴 수 있는 종류도 있다.

도마뱀붙이는 대개 눈꺼풀이 없으며, 눈을 혀로 핥아서 촉촉하게 유지한다.

피부는 낮에 들키지 않도록 위장되어 있다.

목에 뾰족뾰족한 볏이 있어서 '볏도마뱀붙이'라고 불린다.

꼬리는 수직 표면에서 아래로 미끄러지는 것을 막아 준다.

주름판

작은 비늘은 피부를 보호하고 수분이 마르지 않도록 막아 준다.

끈끈한 발가락
도마뱀붙이의 발바닥은 주름판이라는 넓은 판으로 나뉘어 있다. 각 판은 끝이 여러 갈래로 나뉜 수백만 개의 미세한 털처럼 생긴 구조로 덮여 있다. 이 털들은 표면과 약한 전기 결합을 형성함으로써, 도마뱀붙이가 달라붙게 해 준다.

발가락마다 나무껍질을 기어오르는 데 쓰는 발톱이 달려 있다.

각 주름판에는 표면과 결합하는 미세한 털 수백만 개가 있다.

헐거워진 피부는 정기적으로 벗겨지고 재생된다.

짧고 힘센 다리는 빽빽한 잎들을 헤치고 오르는 데 딱 맞다.

도마뱀붙이의 발

도마뱀붙이는 다양한 방식으로 각기 다른 생활 방식에 맞게 적응한 발을 지닌다. 기어오르는 데 알맞게 진화한 것들이 많지만, 뜨거운 모래 위를 달리거나 나무에서 나무로 뛰어 건너는 데 알맞은 것들도 있다.

이 도마뱀붙이의 물갈퀴 달린 발가락은 나뭇가지에서 뛸 때 낙하산 역할을 한다.

날도마뱀붙이

땅에 사는 도마뱀붙이는 대개 발에 전혀 끈끈하지 않은 발가락 판이 붙어 있다.

표범도마뱀붙이

근육질 꼬리 끝에 끈적거리는 도톰한 부위가 있다.

◀ 꼭 달라붙기

태평양의 뉴칼레도니아 섬에 사는 이 볏도마뱀붙이는 특수한 발을 써서 기어오르는 여러 도마뱀붙이 중 하나다. 열대 우림에 살며, 끈끈하고 넓은 발가락 판으로 높은 곳에 달린 반들반들한 잎에 달라붙을 수 있다. 작은 발톱은 더 거친 표면에 달라붙는 데 쓰인다.

이 도마뱀붙이의 발가락 판은 낮에 나무껍질을 붙들고 쉴 수 있도록 적응하였다.

나뭇잎꼬리도마뱀붙이

투아타라는 어떻게 살아갈까

평범한 도마뱀처럼 보이지만, 투아타라는 사실 공룡과 함께 살던 선사 시대 파충류 집단의 유일한 생존자다. 파충류치고는 특이하게도, 투아타라는 추운 뉴질랜드의 바위섬들에서 산다. 추위 때문에 투아타라는 알에서 부화하기까지 1년 넘는 시간이 걸린다. 그리고 번식할 준비가 되기까지 10년 이상 걸린다. 100년을 사는 것도 많다.

투아타라는 포식자에게 붙잡히면 꼬리를 끊고 도망갈 수 있다. 꼬리는 다시 자란다.

▲독특한 파충류
투아타라도 많은 도마뱀처럼 작고 겹치는 비늘을 지니며, 발사할 수 있는 혀로 먹이를 잡는다. 하지만 투아타라만의 특징들이 있다. 위턱에 두 줄로 난 이빨이 아래턱에 한 줄로 난 이빨과 딱 맞물리고, 양서류의 등뼈와 더 비슷한 원시적인 등뼈가 있다.

투아타라는 어릴 때에는 한 해에 3~4번 허물을 벗다가, 성체가 되면 연간 1번씩 벗는다.

제3의 눈

많은 어류, 양서류, 파충류가 머리 꼭대기에 '제3의 눈'을 지닌다. 하지만 투아타라는 그 눈이 유달리 잘 발달해 있다. 비록 나이를 먹으면서 제3의 눈은 비늘로 덮이지만, 여전히 빛에 민감하기에, 몸이 태양의 하루 주기에 반응하도록 돕는다.

수정체는 빛이 망막에 맺히도록 한다.

망막은 빛 신호를 포착한다.

신경이 제3의 눈이 포착한 정보를 뇌로 전달한다.

눈은 밤에 보도록 적응했고, 밤에 잘 볼 수 있도록 반사하는 층이 있다.

바깥으로 귀가 전혀 없지만, 소리를 못 듣는 것은 아니다. 낮은 소리에 민감하며, 진동 형태로 소리를 느낀다.

목과 배는 결절이라고 하는 둥글고 혹이 난 비늘로 덮여 있다.

긴 발톱과 짧고 강한 다리는 굴을 파는 데 알맞다.

투아타라의 피부는 갈색 또는 올리브색이다. 어린 투아타라는 노란색이나 크림색 반점이 있지만, 나이를 먹으면서 희미해진다.

집 함께 쓰기

투아타라는 낮에는 굴속에서 지내다가 어둠이 깔리면 밖으로 나온다. 직접 굴을 팔 때도 있지만, 번식하는 바닷새의 굴을 함께 쓰곤 한다. 바닷새의 배설물에 꼬이는 무척추동물을 먹는다. 때로 더 풍족한 먹이인 새끼 새를 잡아먹기도 한다.

뱀은 어떻게 움직일까

뱀의 매끄러운 배 비늘은 신발창의 홈처럼 표면에 잘 달라붙는다. 직사각형의 배 비늘마다 근육과 척추마디가 연결되어 있다. 연결된 세 부분이 함께 작동하기 때문에, 뱀은 강하면서 유연하게 움직여 앞으로 나아갈 수 있다.

초록나무비단뱀 암컷은 2미터까지 자란다.

나무 위에서 움직이기 쉽게 몸이 가늘고 길다.

강한 근육으로 나뭇가지를 꽉 움켜진다.

▶나무 위에서 움직이기

인도네시아와 오스트레일리아 북부에 사는 초록나무비단뱀 같은 일부 뱀은 평생을 나무 위에서 산다. 낮에는 나뭇가지에 몸을 걸치고 있다가, 밤에 작은 포유류와 파충류를 사냥한다. 평평하지 않은 나무 위에서 움직일 수 있도록, 척추마디들은 서로 얽혀서 튼튼하고 뻣뻣해져 긴 막대기가 되곤 한다. 다른 지지대 없이 막대기가 된 제 몸을 뻗어 이 가지에서 저 가지로 옮겨 갈 수 있다.

파충류

뱀의 해부 구조

사람의 등뼈가 33개의 뼈로 이루어진 데 비해, 뱀의 등뼈는 200~400개에 이른다. 척추마디마다 갈비뼈가 한 쌍씩 붙어 있고, 배에는 특수한 근육이 있다. 많은 뼈로 이루어져서 몸을 더 유연하게 구부릴 수 있고, 각각의 근육이 힘을 보탠다.

갈비뼈는 유연해서 먹이를 삼킬 때 늘어날 수 있다.

뱀의 몸 단면

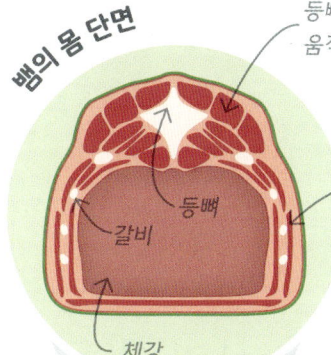

- 등뼈 옆의 근육은 좌우로 몸을 움직이는 데 쓰인다.
- 갈비뼈와 피부 사이의 근육은 앞으로 움직이는 데 쓰인다.
- 등뼈
- 갈비
- 체강

뱀은 혀로 냄새를 찾아내곤 한다.

뱀은 몸 앞쪽이 가늘고 가벼워서 머리를 다른 나뭇가지까지 뻗을 수 있다.

이동 방식

뱀은 주로 네 가지 방식으로 이동한다. 돌아다니는 지형에 따라서 이동 방식을 바꾼다.

직선 이동하기
직선으로 움직일 때, 뱀은 먼저 몸을 일으켜서 배의 비늘 중 일부를 앞으로 뻗는다. 배를 바닥에 대고 비늘을 닫으면서 몸을 앞으로 당긴다.

뱀의 몸이 S자 모양을 이룬다.

구불구불 나아가기
가장 흔한 이동 방식으로, 뱀은 땅 위의 사물을 몸 옆면으로 밀어내는 힘을 이용하여 구불구불하게 나아간다.

꼬리로 바닥을 누른다. 머리를 바닥에 대고 누른다.

아코디언처럼 접었다 펴기
매끄러운 표면에서 움직일 때, 뱀은 몸을 모아서 주름처럼 만들었다가 앞으로 쭉 민 뒤, 꼬리를 끌어당긴다.

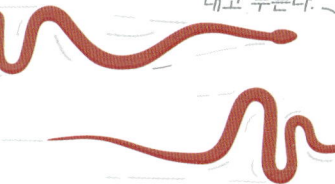

뱀이 대각선으로 나아간다.

옆으로 가는 사이드와인딩
모래밭처럼 변하는 표면에서는 사이드와인딩 방식을 쓴다. 먼저 머리를 들어 옆으로 옮겨 놓은 뒤 몸이 따라가는 식이다.

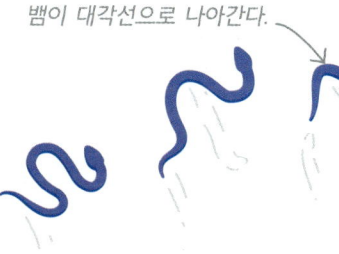

▶ 아마존나무보아

야행성 사냥꾼인 아마존나무보아는 나무 위에서 새, 도마뱀, 개구리, 작은 포유동물을 잡아먹는데, 꽉 조여서 죽인다. 먹이를 몸으로 감은 뒤 목숨이 끊길 때까지 서서히 압력을 가한다. 먹이가 죽으면 통째로 삼킨다.

독액 내뱉기

위 사진의 모잠비크스피팅코브라 같은 몇몇 아프리카 코브라 종은 포식자의 눈에 침을 뱉듯 독을 쏜다. 독니에 난 작은 구멍을 통해 독액을 높은 압력으로 뿜어낸다. 독액은 3미터까지 뻗는다. 독액에 닿으면 염증이 생기고, 심하면 눈이 멀기도 한다.

강한 근육의 힘으로 나뭇가지에 매달린다.

뱀은 먹이의 근육, 허파, 심장이 움직임을 느끼고 더욱 세게 조인다.

파충류 213

뱀은 어떻게 사냥할까

뱀은 무시무시하고도 매우 효율적인 포식자다. 냄새, 온기, 움직임으로 생기는 진동을 물론이고, 때로 시력까지 써서 먹이를 찾아낸다. 뱀은 먹이를 통째로 삼키지만, 먼저 물목시키고 죽여야 삼킬 수 있다. 보아 같은 왕뱀은 먹이를 친친 감아 조여서 죽이고, 바늘 같은 독니로 치명적인 독액을 주입하여 죽이는 뱀도 있다.

- 유연한 아래턱이 늘어나면서 먹이를 삼킨다.
- 새가 뱀에 짓눌려 숨을 헐떡거리고 있다.
- 열을 감지하는 구멍 기관으로 몸이 따뜻한 젖은 동물을 찾아낸다.

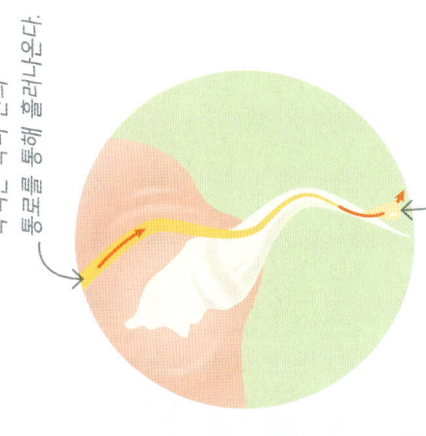

- 독액은 독니 안의 통로를 통해 흘러나온다.
- 독니로 먹이에 독액을 주입한다.
- 양쪽 근육에 눌러서 독샘에서 독액이 흘러나온다.
- 독샘에서 독액이 생산된다.

독액과 독니

일부 뱀은 위턱에 복잡하게 변형된 이빨인 '독니'를 한 쌍 지닌다. 독니는 먼저 같은 속도로 먹이를 찌르고 독액을 주입한다. 독사(오른쪽 사진)의 독액은 먹잇감의 몸을 부풀게 하고 피를 파괴하며, 심지어 조직도 파괴할 수 있다. 한편 먹이를 마비시키는 데 독액을 쓰는 뱀도 있다.

뱀은 어떻게 먹을까

다리가 없고 씹을 수도 없지만, 뱀은 엄청난 기술을 써서 먹는다. 뱀의 턱은 자기 몸보다 큰 먹이를 삼킬 수 있을 만큼 크게 벌어진다. 거의 모든 뱀은 부러지는 먹이를 굶주림 만큼 날카로운 이빨을 지닌다. 하지만 알을 먹는 뱀은 이빨이 없을 뿐 아니라 식생활에 걸맞게 다양한 적응 형질을 지닌다.

▶ 알 삼키기

알을 먹는 뱀은 자신의 머리나 몸의 지름보다 2배 넘게 큰 알도 삼킬 수 있다. 알은 뱀의 몸속에서 부수어지고, 뱀은 알 속의 영양가 높은 내용물을 소화한다.

1 알 크게 벌리기

인대가 늘어나면서 알을 삼킬 수 있을 만큼 턱이 넓게 벌어진다. 이때 머리를 살짝 내려서 아래턱을 앞으로 잡아낸다.

알을 목으로 쉽게 넘기기 위해 바위나 돌 같은 것을 지지대로 삼아 단단히 괴기도 한다.

위아래 턱뼈를 연결하는 근육 방향골은 턱이 더 넓게 벌어질 수 있게 해 준다.

아래턱은 양쪽이 분리되어 양옆으로 벌어질 수 있다.

2 목 안으로 밀어 넣기

일단 삼키면, 강한 목 근육이 알을 목 아래로 꾹꾹댄다. 이 다계에서는 알이 아직 깨지지 않았으며, 밖에서도 알 삼키는 모습이 보인다.

비늘 사이의 유연한 피부가 쫙 늘어난다.

목뼈의 아랫 돌기가 목 속으로 밀어낸다.

거북은 어떻게 살아갈까

거북은 갑옷을 늘 껴입고 다닌다. 몸을 뒤덮는 두꺼운 골질 껍데기 안으로 취약한 머리와 다리를 움츠려 보호할 수 있어 갑옷이라 할 만하다. 육지에 사는 땅거북은 높이 솟은 등딱지 안에 숨어서 포식자로부터 몸을 보호한다. 물에 사는 거북은 헤엄치기 쉽도록 더 매끄럽고 유선형인 껍데기를 지닌다.

들쭉날쭉한 커다란 인갑은 나이를 먹을수록 더 매끄러워진다.

배딱지의 밝은 주황색과 검은색 무늬로 포식자를 겁주어서 물리치곤 한다.

인도늪거북의 옆면

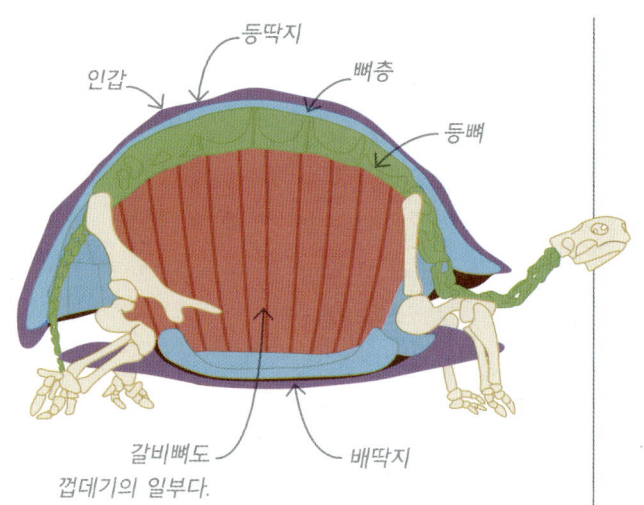

껍데기 만들기
거북의 바깥 껍데기를 이루는 단단한 판은 인갑이라는 크고 특수한 비늘로 이루어진다. 피부 위를 뼈로 된 등딱지가 덮고, 그 위를 인갑이 덮어서 바깥 덮개를 만든다. 등딱지는 등을 둥글게 덮고, 납작한 배딱지는 배를 덮는다.

가로목거북의 목은 몸이 뒤집히면 다시 뒤집을 수 있을 만큼 강하다.

머리 돌리기
위험이 닥칠 때, 거북은 머리를 껍데기 안으로 쏙 넣을 수 있다. 곡경아목이라는 집단에 속한 거북들은 등딱지 밑에서 머리를 옆으로 구부린다. 그 밖의 모든 땅거북을 포함한 집단들은 잠경아목에 속하며, 머리를 앞으로 향한 채 목을 껍데기 안으로 집어넣는다.

껍데기 중앙에 높이 솟은 용골이라는 중앙 맥이다. 인도늪거북 새끼의 용골은 붉은색을 띤다.

바다 밑
많은 거북은 헤엄치기 좋은 물갈퀴 달린 발을 지닌다. 단 커다란 원양 거북만 지느러미발을 지닌다. 바다거북은 생애의 대부분을 물속에서 지내지만, 모든 거북들처럼 껍데기를 지닌 알을 낳으므로 모래 해안으로 올라와서 알을 묻어야 한다.

◀위험으로부터 안전하게
새끼 인도늪거북이 머리와 발을 안전하게 움츠려 위험을 피하고 있다. 다른 많은 거북들처럼, 성숙함에 따라 껍데기도 모양이 변하면서 등딱지가 더 매끄러워진다. 인도늪거북은 남아시아의 강에 산다.

움츠리면 목 주위의 피부 주름이 머리를 에워싼다.

다리와 발이 얼굴 가까이에 놓여서 머리를 보호할 수 있다.

조류는 약 1억 5000만 년 전에 **공룡**으로부터
진화했으며, 현생 **파충류**의 가까운 친척이다.
모든 새는 피부가 **깃털**로 덮여 있고 날개를 지닌다.
새의 날개는 대부분 하늘을 나는 데 쓴다.
조류는 비행 능력을 써서 전 세계로 퍼져 나갈 수 있었다.
일부 조류는 해마다 겨울에 더 따뜻한 곳을 찾아
장거리를 날아 이주할 수 있다.

조류

새는 어떻게 살아갈까

조류를 정의하는 특징은 깃털이다.

깃털은 새의 몸을 덮으며, 다양한 기능을 한다. 우선 비행에서부터 단열, 위장, 화려한 색깔을 이용해 짝을 구하는 과시 행동에 이르기까지 쓰임이 다양하다. 박쥐를 제외하면, 현생 척추동물 중에서 조류만이 날개를 지닌다. 조류의 또 다른 주요 특징을 꼽자면 부리, 속이 빈 가벼운 뼈, 굵고 힘센 비행 근육이 있다.

호흡

새의 허파는 9개의 공기주머니와 연결되어 있고, 공기주머니는 공기가 한 방향으로 허파를 지나가도록 한다. 그래서 새는 공기에 든 산소를 다른 동물들보다 훨씬 더 잘 흡수할 수 있다. 덕분에 비행에 필요한 에너지를 충분히 얻어낸다.

- 새는 커다란 눈과 뛰어난 시각으로 포식자나 먹이를 알아차린다.
- 짝을 꾈 때는 머리 위 깃털을 들어 올려서 볏을 만들 수 있다.
- 부리 중간쯤은 짧은 윗몸 모양의 부리로 씨를 깬다.
- 무게를 줄여서 날아다니기 쉽도록 부리에는 이빨이 없다. 하지만 케라틴이라는 단단한 물질로 이루어졌고, 먹이를 으깰 만큼 튼튼하다.
- 새는 날아다니기 알맞게 몸이 유선형이다.
- 가슴에는 아주 커다란 비행 근육이 있다.
- 산소가 줄어든 공기가 위쪽 공기주머니를 기관으로 빠져나온다.
- 공기주머니 (가슴)
- 기관
- 산소가 풍부히 든 공기가 아래쪽 공기주머니를 통해 허파로 들어온다.
- 허파

조류 221

◀연작류 (참새목)

이 북부홍관조는 연작류라는 가장 큰 조류 집단에 속한다. 연작류의 모든 종은 나뭇가지나 횃대를 움켜쥐는 데 알맞은 길고 튼튼한 뒷발가락을 지닌다. 연작류는 아주 다양한 종에 속한 집단으로 약 5,800종이며, 모든 조류 종의 절반을 넘는다.

이 새는 수컷이며, 짝을 찾을 때 도움이 되는 화려한 색깔을 띤다. 이처럼 수컷이 암컷보다 화려한 깃털을 지닌 종이 많다.

유선형 비행 깃털은 공기가 날개 위로 매끄럽게 흐르게 한다.

긴 꼬리 깃털은 앉아 있을 때 균형을 잡고, 비행할 때 방향을 조정하는 역할을 한다.

연작류는 횃대에 앉으면, 다리에 있는 띠 모양의 조직이 당겨지면서 자동적으로 발가락이 오므라든다. 그래서 잠을 잘 때에도 나무에서 떨어지지 않는다.

발톱이 달린 긴 발가락으로 횃대를 움켜쥔다.

맹금류
포식자와 청소동물들이 집단이다. 사냥에 적합한 갈고리발톱과 구부러진 부리를 지니며, 아주 예리한 눈으로 멀리서도 먹이를 알아본다. 매, 독수리, 물수리, 수리가 속한다.

물새류
오리류, 왜가리류, 가마우지류, 해오라기류 등 물가에 다닌 발을 지니며, 대부분 넓고 납작한 부리로 먹이를 찾아 먹는다. 생애의 대부분을 물이나 그 주변에서 보낸다.

날지 못하는 새
타조 등 5개 과는 날지 못하는 새인 주금류(평흉류)에 속한다. 날지 못하는 새들은 달리는 데 알맞은 강한 다리와 발을 지닌다.

새의 종류
세계에는 1만 종이 넘는 새가 있다. 새는 목이라는 집단으로 나뉘어 36개 목으로 구분되고, 다시 더 작은 분류 단위인 236개 과로 나뉜다.

새의 뼈대는 어떻게 움직일까

새는 튼튼하고 유선형인 몸을 지닌다. 날기 좋게 고도로 발달한 뼈대도 갖추었다. 새의 뼈대는 항공 역학 원리에 따라 효율적으로 짜여졌다. 뼈는 무게를 줄이기 위해 속이 비었지만, 지지대가 들어 있어서 튼튼하다. 가슴뼈에는 강한 날개 근육이 붙어 있다. 아담한 몸은 두 다리로 서기에 알맞은 꼴을 할 테다.

커다란 눈이 들어갈 눈구멍

공막고리뼈라는 뼈로 된 고리에 대롱 공 모양의 눈이 들어가 있다. 눈이 공 모양이 아니라서 돌릴 수가 없다. 하지만 새는 목이 매우 유연해서 머리를 돌려 뒤쪽을 볼 수 있다.

일부 조류는 부리의 윗부분이 머리뼈의 나머지 부분들과 따로 움직인다. 조류는 이빨이 없다. 아마 무게를 줄이기 위한 적응일 것이다.

부리돌기라는 강한 뼈가 몸통 바깥으로 튀어나온 어깨를 지탱하고, 비행할 때 어깨를 들어 올릴 수 있게 한다.

가슴우리의 겹쳐져 있는 돌기들은 뼈대를 더 튼튼하게 한다.

목은 여러 개의 척추뼈로 이루어져 있으며, 그래서 유연하다.

차골은 탄력성이 좋아서 비행할 때 날개를 치는 에너지를 저장할 수 있다.

용골돌기는 매우 강한 비행 근육을 지탱한다.

손뼈들은 비행할 때의 충격을 견디기 위해 융합되어 있다.

새의 아래쪽 날개뼈들(자뼈와 노뼈) 사이에는 날개 깃을 구부리는 근육이 들어가는 공간이 있다.

▲ 매의 뼈대

매는 공중에서 빠른 속도로 내리꽂는 힘으로 먹이를 죽인다. 떨어지는 충격을 견디기 위해, 유선형이 단단한 뼈대를 지닌다. 비행 능력이 뛰어난 모든 새처럼 매도 가슴 한복판의 용골돌기가 크다. 그래서 더 큰 비행 근육이 붙고 날개를 치는 힘도 더 세다.

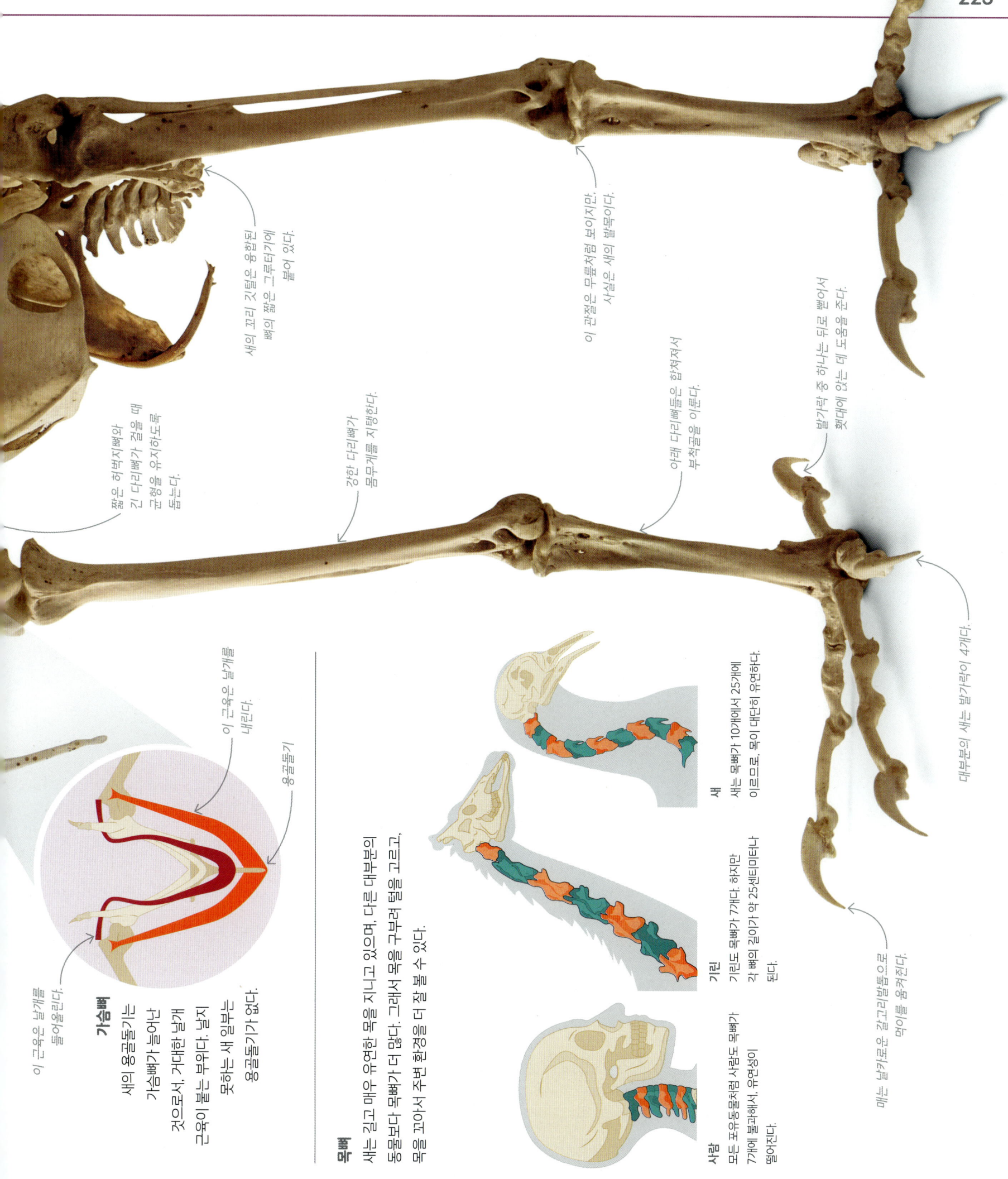

납막이라고 하는 가죽질 피부가 콧구멍을 감싸고 있다.

부리는 단단한 피부층으로 덮여 있다.

위턱과 아래턱이 부리를 이룬다.

독수리의 굽은 부리 끝은 날카로워서 먹이의 털과 깃털을 뜯어내고 살을 찢을 수 있다.

고기를 먹는 새들
검독수리 같은 맹금류는 끝이 날카롭게 굽은 부리로 고기를 찢는다. 맹금류 대부분은 강한 갈고리발톱으로 먹이를 죽이지만, 매를 비롯한 일부 맹금류는 부리로 물어뜯어 치명적인 상처를 입힌다.

검독수리

대백로

물고기를 먹는 새들
왜가리를 비롯하여 물고기를 먹는 많은 새들은 칼 같은 긴 부리로 먹이를 움켜쥔다. 물고기를 찌르는 일은 거의 없다. 대신에 미끄러운 물고기를 꽉 붙잡을 톱니가 부리 가장자리에 나 있다.

길쭉한 부리는 창처럼 생겼지만, 새가 부리로 물고기를 찍는 일은 드물다.

대백로의 긴 목은 물고기를 빠르게 낚아챌 만큼 유연하다.

부리의 종류

새가 무엇을 먹는지를 가장 잘 알려 주는 신체 부위는 바로 부리다. 부리는 수백만 년에 걸쳐 다양한 모양과 크기로 진화했다. 포식자인 육식성 조류는 사냥하거나 낚시할 때 무기처럼 작용하는 날카로운 부리를 지닌다. 반면에, 초식성 조류는 열매를 움켜쥐는 부리나 견과와 씨를 으깨는 강한 부리를 지닌다.

칼부리벌새의 부리는 나머지 몸보다 더 길다.

꿀을 먹는 새들
벌새는 길고 뾰족한 부리로 꽃의 꿀을 찾아내, 긴 혀로 할짝할짝 핥아 먹는다. 칼부리벌새는 부리가 길어서 대롱꽃 안으로 집어넣을 수 있다.

칼부리벌새

여과 섭식하는 새들
홍학의 부리는 짧고 뻣뻣한 털이 빗살처럼 달린 독특한 모양이다. 홍학은 부리를 살짝 벌린 채 거꾸로 물속에 담근 뒤 혀로 물을 끌어 들여서 빗살로 먹이 알갱이를 걸러 먹는다.

꼬마홍학

열매와 견과를 먹는 새들
앵무새의 부리는 윗부리와 아랫부리 양쪽에 유연한 관절이 있다. 그래서 앵무새는 부리로 먹이를 자유롭게 다루고, 열매와 견과를 움켜쥐어 쪼갤 수 있다. 부리가 매우 유연하여 앵무새는 기어오를 때 부리를 세 번째 발처럼 쓸 수도 있다.

검은머리흰배앵무

씨를 먹는 새들
되새 같은 새들은 씨를 눌러서 쪼갤 수 있는 짧은 원뿔 모양의 부리를 지닌다. 새가 먹는 씨의 종류에 따라 기본 모양에서 변화된 형태가 셀 수 없이 많다. 씨는 윗부리의 특수한 홈에 끼워서 쪼갠다.

호금조

짧고 두꺼운 부리로 씨의 단단한 껍데기를 부순다.

홍학 부리의 굽은 모양은 먹이를 모으는 데 알맞다.

날카롭게 굽은 부리는 열매를 움켜쥐는 데 알맞다.

날개 치기

새는 날개를 위아래로 쳐서 비행에 필요한 두 가지 힘, 추진력과 양력을 얻는다. 새가 날개를 쳐서 몸을 앞으로 떠밀면, 항력(공기 저항)에 맞서서 추진력이 일어난다. 일단 새가 공중에 뜨면, 공기의 흐름이 펼쳐진 날개의 굽은 표면을 위로 밀어 올림으로써 양력(띄우는 힘)을 일으킨다.

1 내려치기
검독수리가 날개를 아래로 퍼덕이는 내려치기를 하면, 날개 밑의 공기 압력이 몸을 앞으로 위로 밀어낸다.

2 올려치기
날개를 들어 올리면서 올려치기를 한다. 날개를 반쯤 접어 에너지를 아끼고, 몸을 아래로 끌어 내리는 항력을 줄인다.

▼ **선회 비행**
에너지를 절약하고 먹이를 포착할 수 있는 고도를 유지하기 위해, 이 검독수리 같은 맹금류는 날개를 치는 비행보다 날개를 편 채로 활공하며 빙빙 맴도는 선회 비행을 선호한다. 검독수리의 긴 날개는 날개폭이 2.3미터에 달하여 활공에 아주 적합하다.

서서히 내려앉도록 첫째날개깃의 바깥 끝을 넓게 펼친다.

작은날개깃이라는 깃털들이 느린 비행 때 펼쳐져서 떨어지지 않게 막는다.

꽁지깃은 부채처럼 펼쳐져서 공중에 떠 있도록 양력을 일으킨다.

새는 어떻게 날까

새는 뛰어난 비행 전문가다. 육중한 비행 근육이 몸무게의 적어도 4분의 1을 차지한다. 깃털은 몸을 유선형으로 감싸고, 비행할 때 날개와 꼬리의 위치와 모양을 원하는 대로 정확히 바꿀 수 있게 한다. 뼈대는 비행에 방해가 되지 않게끔 극도로 가볍지만, 비행의 충격을 견딜 수 있을 만큼 튼튼하다.

날개는 어떻게 움직일까

새의 날개는 가볍고 강하고 유연하다. 덕분에 새는 다른 어떤 동물보다도 더 빨리 더 멀리 날 수 있다. 새의 날개는 새를 공중에 떠 있게 하는 이상적인 형태다. 날개 앞쪽 끝이 뒤쪽보다 더 두껍고, 끝으로 갈수록 폭이 좁아지면서 가늘어진다. 깃털은 공기가 매끄럽게 흘러가도록, 날개 표면을 유선형으로 만든다. 날개는 속이 빈 가벼운 뼈에 연결되어 있고, 강력한 가슴 근육으로 움직인다.

작은 날개깃은 새가 낮은 속도로 날 때 양력을 조절한다.

날개덮깃은 다른 깃털들을 덮어서 날개를 유선형으로 만들어서 잘 날게 한다.

둘째날개깃은 양력을 일으켜서 공중에 떠 있게 한다.

셋째날개덮깃은 몸과 날개 사이의 공간을 덮는다.

아래날개덮깃은 다른 깃털들의 밑동과 겹쳐 있다.

길고 튼튼하고 뻣뻣한 첫째날개깃

날개 앞쪽 가장자리는 날개에서 맨 처음 공기와 부딪치는 부위다.

첫째날개깃은 공기를 가르고 나아가게 한다.

◀ 매의 날개

이 뾰족한 날개 덕분에 송골매는 고속으로 하강하여 먹이에게 충격을 가해서 죽일 수 있다. 송골매는 시속 320킬로미터로 날아 내려올 수 있는 날쌔고 민첩한 포식자다. 아마 하늘에서 가장 빠른 새일 것이다.

날개의 모양

새의 날개는 기본 구조는 모두 같지만 공중에서 날개를 치거나, 활공하거나, 맴돌거나, 내리꽂힐 수 있도록 다양한 모양과 크기로 진화했다. 날개의 모양은 어떤 식으로 비행을 하느냐에 따라 달라진다. 기동력이 좋은 짧은 날개를 지닌 새가 있는 반면, 몇 시간 동안 계속 맴돌 수 있는 긴 날개를 지닌 종도 있다.

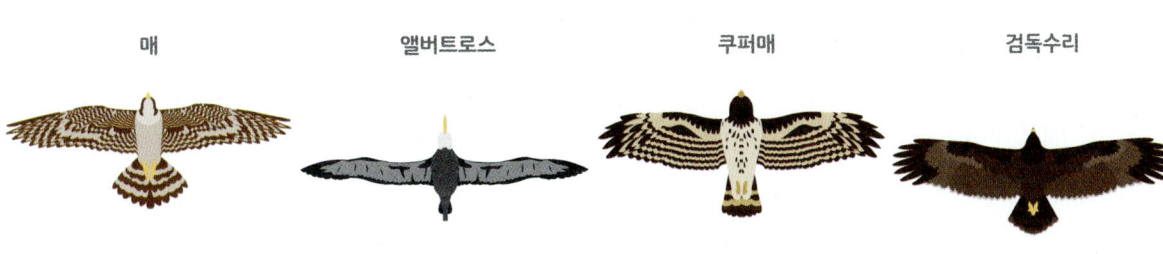

매   **앨버트로스**   **쿠퍼매**   **검독수리**

고속 비행형 날개
빨리 나는 새는 끝이 좁고 가느다란 날개를 지닌다. 갑자기 빠르게 퍼덕거려서 금세 빠른 속도에 다다른다.

활공형 날개
활공하는 새들의 날개는 대부분 폭이 좁고 매우 길다. 계속해서 날개를 치는 대신에, 바람을 타고서 높이 떠 있곤 한다.

기동성이 좋은 날개
숲에 사는 많은 새들은 짧고 둥근 날개를 지닌다. 좁은 공간을 이리저리 돌아다니고 포식자를 피해 빨리 이륙하기 적합한 날개 형태이다.

선회형 날개
많은 맹금류는 솟아오르는 따뜻한 공기를 타고서 높이 맴돌 수 있도록 길고 넓은 날개를 지닌다. 날개 끝의 깃털들 틈새도 공중에 뜨는 데 도움이 된다.

이 뼈는 날개를 몸통에 연결한다.

첫째날개깃은 이 융합된 뼈에 붙어 있다.

둘째날개깃은 이 뼈에 붙어 있다.

날개뼈
어깨 관절 외에 새의 날개에는 사람의 팔꿈치와 손목에 해당하는 두 가지 주요 관절이 있다. 날개를 펴고 접고, 회전하는 데 쓰는 관절이며, 비행에 반드시 필요한 부분이다.

깃털은 어떻게 일할까

깃털은 극도로 튼튼하면서 가볍고 유연하다. 깃털 무게는 새 몸무게의 고작 5~10퍼센트를 차지한다. 피부에서 자라며, 사람의 손톱과 머리카락처럼 케라틴으로 이루어져 있다. 각 깃털은 깃털집이라는 작은 구멍에 박혀 있고, 깃털 덮개라는 통 안에서 자란다. 완전히 자라면, 깃털이 펼쳐지고 덮개는 떨어져 나간다.

꿩의 깃털
대부분의 조류처럼, 꿩도 몇 종류의 깃털을 갖추고 있다. 겉깃털은 부리, 다리, 눈 주위 피부처럼 드러난 부위를 제외한 몸의 모든 부위를 덮는다. 겉깃털 밑의 솜털은 열이 빠져나가지 않게 단열을 해 준다.

겉깃털 / 둘째날개깃 / 꽁지깃 / 겉깃털 아래의 솜털 / 첫째날개깃

유선형 표면
깃털의 중심 기둥인 깃대는 나뭇가지처럼 양옆으로 빗살처럼 무수한 깃가지를 뻗는다. 깃가지마다 더 작은 깃가지들이 많이 나 있다. 일부 작은 깃가지들에는 미세한 갈고리가 달려 있어서 작은 깃가지들끼리 얽혀 비행하기 좋도록 날개 표면을 매끄럽게 만들어 준다.

작은 깃가지 / 나란한 깃가지 / 갈고리들이 작은 깃가지들을 엮는다.

깃털 밑동을 깃털뿌리 또는 깃촉이라고 한다. 피부의 깃털집에서 자란다. 깃털의 나머지 부위와 달리 속이 비어 있다.

이 꽁지깃의 솜털로 덮인 밑동은 열을 차단하여 체온을 보존한다.

깃털은 드러난 부위는 화려한 색을 띠지만, 숨겨진 부위는 대개 칙칙하다.

깃털에서 단단한 부위를 깃대라고 한다. 깃대는 깃가지를 지탱한다.

▼**깃털의 해부 구조**
깃털 중에 가장 길게 자라는 것은 중앙 꽁지깃이다. 다른 모든 꽁지깃처럼, 꿩의 깃털도 날기 좋게 휘어 있고, 나란한 깃가지와 얽힌 작은 깃가지가 유선형의 매끄러운 표면을 형성한다. 매끄러운 표면 덕분에 비행할 때 꽁지깃으로 균형을 잡고 조종할 수 있다.

깃털의 넓은 쪽을 안쪽 깃판이라고 한다. 더 좁은 쪽인 바깥쪽 깃판과는 무늬가 다를 때가 많다.

나란한 깃가지와 얽힌 작은 깃가지들이 매끄러운 표면을 이룬다.

깃털은 끝부터 자라난다.

깃털의 좁은 쪽을 바깥쪽 깃판이라고 한다.

깃털의 종류
깃털은 두 갈래로 나뉜다. 하나는 굵고 단단한 깃대가 달려서 겉깃털, 날개깃, 꽁지깃 등을 강화하는 중심축 역할을 한다. 더 가느다란 깃대를 지닌 것은 부드럽고 섬세하고 보풀거리며, 솜털이 붙어 있다.

잘 움직이는 깃가지

솜털
솜털은 서로 얽는 갈고리가 없기 때문에, 깃가지들이 자유롭게 움직일 수 있다. 공기를 가두어서 몸을 따뜻하게 한다.

열을 차단하는 솜털 부분

겉깃털
겉깃털은 새의 몸 형태를 만든다. 빽빽하게 모여 나고, 지붕을 이는 기와처럼 서로 겹쳐서 유선형 표면을 이룬다.

겉깃털의 노출된 겹친 부분

둘째날개깃은 날개의 휘어진 모양을 만든다.

둘째날개깃
나머지 깃털들보다 더 길고 빳빳한 깃털이다. 둘째날개깃은 위팔뼈에 붙어 있으며, 공중에 떠 있게 돕는 역할을 한다.

첫째날개깃의 좁은 바깥쪽 깃판은 공기를 가르는 데 쓰인다.

넓은 안쪽 깃판은 비행할 때 바람 반대편을 향한다.

첫째날개깃
새의 "손"과 같은 날개의 바깥쪽은 첫째날개깃 9~12개로 이루어진다. 공기를 가르고 날아가게 하는 부분이다.

벌새는 어떻게 날까

벌새처럼 열심히 날아다니는 새는 없다. 벌새는 비행 능력이 아주 뛰어나다. 몸이 눈에 흐릿하게 보일 정도로 빠르게 날개를 쳐서 정지해 있거나 뒤로 날 수도 있다. 그만큼 바쁘게 움직이므로 벌새의 심장은 우리 인간보다 10배 이상 더 빨리 뛴다. 또 벌새는 거의 에너지가 풍부한 꽃꿀만을 먹는다.

벌새가 공중에 멈춰 있는 방법

강한 근육, 빠른 날갯짓, 유연한 관절이 벌새 비행 기술의 열쇠. 주로 날개를 내려치기해서 공중에 떠 있는 다른 새들과 달리, 벌새는 강하게 올려치기도 한다.

❶ 내려치기
내려치기는 공중에 떠 있는 양력과 앞으로 나아가는 추진력을 일으킨다. 내려치기를 할 때는 날개를 빠르게 앞쪽 아래로 내린다.

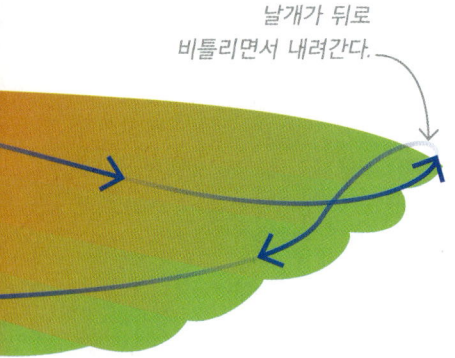

날개가 뒤로 비틀리면서 내려간다.

❷ 8자 그리기
내려치기가 끝날 때, 유연한 어깨 관절이 비틀리면서 날개가 매끄럽게 8자 모양을 그린다. 그러면 날개의 방향이 변함으로써 에너지 손실이 최소화한다.

❸ 올려치기
날개를 뒤로 올리면서 올려치기를 하므로, 내려치기할 때와 마찬가지로 추진력이 생긴다. 두 힘이 서로 균형을 이루기 때문에 벌새는 공중에서 정지해 있을 수 있다.

벌새는 날개를 수평으로 앞뒤로 움직임으로써, 공중에서 꽃꿀을 먹을 수 있다.

날개가 사람의 눈이 따라갈 수 없을 만큼 빨리 움직이기에 흐릿해 보인다.

벌새는 날 때 날개를 아주 빠르게 치기 때문에 벌처럼 윙윙거리는 소리가 난다. 그래서 벌새라는 이름이 붙었다.

깃털은 금속처럼 광택이 나며 움직일 때마다 색깔이 바뀌는 듯하다.

지치지 않는 날갯짓

벌새는 대개 1초에 약 80번씩 날개를 치지만, 갈색벌새는 구애 비행 중에 흥분하면 날개를 초당 200번 넘게도 친다. 작지만 강한 날개로 일부 벌새는 시속 100킬로미터까지 속도를 낼 수 있다.

▼에너지 충전소

벌새는 꽃꿀의 당에서 에너지를 얻는다. 긴 혀로 할짝할짝 꿀을 핥는 동안 꽃 앞에서 정지해 떠 있어야 한다. 여기 있는 밤색가슴벌새도 다른 벌새들처럼, 먹이의 90퍼센트를 꽃꿀에서 얻는다. 나머지 먹이인 작은 곤충에서는, 성장에 필요한 단백질을 얻는다.

- 유연하게 움직이는 어깨 관절로 날개를 180도 돌릴 수 있다. 그래서 앞뒤로 회전할 수 있다.
- 정지한 채로 꿀을 빨아 먹는 동안 머리는 같은 위치에 고정되어 있다.
- 벌새는 꿀을 얻는 꽃의 종류에 따라서 부리의 길이가 다르다.
- 커다란 가슴 근육은 몸무게의 30퍼센트까지 차지하며, 날개를 움직이는 역할을 한다.
- 작고 가벼운 발은 횃대에 앉을 때만 쓰인다.
- 무지개헬리코니아의 꽃가루는 벌새의 몸에 달라붙어서 벌새가 들르는 다른 꽃들을 수분한다.
- 꽁지깃은 수직으로 달려 있어서, 비행할 때 균형을 잡는 데 기여한다.

이동하는 삶

야생 사랑앵무 떼가 오스트레일리아의 어느 들판에 내려앉는 장면이다. 사랑앵무는 씨를 먹는 작은 앵무새로, 먹이와 물을 찾아 아주 먼 거리까지 날아가곤 한다. 번식기에는 수가 급증하여, 수천 마리까지 늘어나서 큰 무리를 이루기도 한다. 큰 무리를 이루어 날면 여러 가지 이점이 있다. 에너지도 절약되고, 포식자를 미리 알아차리거나 막을 가능성도 훨씬 높아진다.

새는 어떻게 이주할까

조류의 이주는 새가 계절이 바뀔 때 한 지역에서 다른 지역으로 날아가는 것을 말한다. 한 지역에서 번식을 하고, 혹독한 계절을 피해 겨울에는 다른 곳으로 옮겨서 먹이를 찾는다는 뜻이다. 새는 낮 길이와 온도의 변화를 느껴 이주할 때가 다가왔음을 알아차린다. 이주에는 많은 에너지가 필요하므로, 출발하기 전에 많이 먹어 둔다. 안전을 위해 큰 무리를 지어 날아가거나 에너지를 절약하기 위해 V자 대형을 이루며 나는 종류가 많다.

길 찾기

이주하는 새, 즉 철새는 하루 중 몇 시쯤인지를 알 수 있다. 시간에 따라 달라지는 햇빛의 각도를 비교하여, 동서남북이 어느 쪽인지 알아낸다. 별, 산맥이나 해안 같은 지형, 지구 자기장 같은 것들도 철새들이 날아갈 방향을 알려 주는 단서가 된다.

큰고니는 거대한 넓은 날개로 바람을 타고 활공할 수 있다.

북반구의 새는 하루 중 가장 높이 뜬 해를 보고서 자신이 해의 남쪽에 있음을 안다.

철새는 저녁에 해가 지는 방향을 보고 서쪽을 안다.

아침에 떠오르는 해를 보고 그곳이 동쪽임을 안다.

남반구의 새는 하루 중 가장 높이 뜬 해를 보고서 자신이 해의 북쪽에 있음을 안다.

해는 한낮에 가장 높이 뜬다.

이 어린 큰고니는 첫 이주 여행을 할 수 있을 만큼 튼튼히 자랐다.

▼효율적인 비행

큰고니는 스칸디나비아와 시베리아에서 번식을 한 뒤, 영국이나 일본을 비롯한 남쪽으로 이주한다. 많은 철새들처럼 큰고니도 무리를 지어서 이주한다. 출발하기 전에, 집중적으로 먹어서 여행에 필요한 살을 찌운다. 일단 하늘에 뜨면 시속 75킬로미터를 유지하며 날 수 있다. 하루에 300킬로미터 넘게 날 수도 있지만, 도중에 땅에 내려 쉬면서 에너지를 보충하기도 한다. 날씨가 나빠지면 경로를 바꿀 수 있다.

지방은 커다란 가슴 근육이 몇 시간 동안 쉬지 않고 비행할 에너지를 제공한다.

날개 끝의 길고 유연한 날개깃은 항력을 줄여서 더 효율적으로 비행할 수 있게 한다.

유선형인 목과 몸은 공기 저항을 줄여서 더 수월하게 날게 해 준다.

돌아오는 길에는 중국에 잠시 들른다. 번식하기에 좋은 몸 상태로 알래스카에 도착하기 위해 일부러 쉬는 것이다.

알래스카

태평양을 지나는 직항 경로

뉴질랜드

장거리 비행

큰뒷부리도요는 알래스카에서 뉴질랜드까지 8일간 쉬지 않고 날아간다. 새 중에서 최고 기록이다. 출발하기 직전에는 신체 조직이 거의 다 지방과 근육으로 바뀌어 있다.

이 새들은 아프리카나 남아메리카의 해안을 따라 날아간다.

남극과 북극을 오가면서

북극제비갈매기는 북극권에서 번식하고, 10월에서 3월까지는 북극권의 겨울을 피해 남극 대륙에서 지낸다. 왕복하는 여행 거리는 거의 90,000킬로미터에 달한다. 그러므로 일부 북극제비갈매기는 생애 동안 달에 3번 다녀오는 것과 같다.

V자 대형

이주하는 기러기는 V자 대형을 이루어 난다. 선두는 계속 교대한다. 선두를 제외한 나머지 새들은 앞에서 나는 새가 일으키는 공기 흐름을 탐으로써 에너지를 절약할 수 있다.

선두에 있는 새가 속도를 조절한다.

앞의 새를 따라가면 에너지가 절약된다.

다른 새들의 구애 행동

몇몇 조류는 수컷들이 '렉'이라는 공동 구혼 장소에 모여 구애 행동을 하면, 암컷들이 수컷들을 비교하여 짝을 선택한다. 수컷은 여러 암컷과 짝짓기를 하며, 자식을 키우는 역할은 하지 않는다. 하지만 오래 부부로 살면서 함께 새끼를 기르는 새들도 많다.

큰극락조
수컷 두 마리가 우림 꼭대기에서 암컷이 지켜보는 가운데, 머리를 숙이고 꽁지깃을 위로 세운 채 곡예를 부리면서 몸 색깔을 과시한다.

두루미
두루미는 암수가 모두 구애 의식을 한다. 우아하게 뛰면서 춤을 추고 크게 울어 대면서 짝을 맺는다. 짝짓기가 끝나면 평생 함께 새끼를 키운다.

바우어새
바우어새 수컷은 막대기로 바우어라는 건축물을 지은 뒤, 파란색 꽃 같은 것들로 장식한다. 녹색을 띤 암컷은 수컷이 지어 놓은 바우어들을 비교하여 가장 좋은 건축물을 고른다.

새의 구애는 어떻게 이루어질까

새는 짝을 얻기 위해 경쟁할 때, 수컷이 노래, 춤, 화려한 색깔을 내세워 암컷의 시선을 사로잡곤 한다. 이런 행동을 구애라고 한다. 암컷이 가장 크고 가장 밝은 색의 깃털을 지닌 수컷을 선호하는 경향이 있으므로, 많은 수컷은 화려한 깃털과 놀라운 구애 의식을 보여 준다.

공작의 꼬리는 꼬리 바로 위쪽 등의 끝부분에서 자란다.

인도공작 수컷

▶ 현란한 색깔로 유혹하기

공작 수컷은 암컷에게 좋은 인상을 심어 주기 위해 화려한 깃털을 펼쳐 보인다. 눈처럼 보이는 파란색과 금색 점무늬로 암컷을 유혹한다. 수컷은 뽐내기에 딱 맞는 각도로 멋지게 걸어야 한다. 수컷에 비해 공작 암컷은 깃털 색깔이 칙칙하다. 칙칙한 깃털은 홀로 새끼들을 키울 때 포식자의 눈을 피하는 데 도움이 된다.

깃털에 눈물무늬 반점이 있다.

이 부분은 무지갯빛을 띤다. 빛을 받으면 움직임에 따라 색깔이 변한다.

둥지는 어떤 일을 할까

새의 둥지는 알과 새끼를 포식자로부터 숨기고 따뜻하게 키울 수 있는 안전한 곳을 제공한다. 대부분의 새는 번식기가 시작될 때 둥지를 짓고 살다가 새끼가 홀로 날 수 있을 만큼 자라면 버리고 떠난다. 하지만 많은 물새, 왜가리, 맹금류는 한 둥지를 여러 해 동안 쓴다. 아주 복잡한 둥지를 짓는 새도 있고, 단순하게 낭떠러지의 튀어나온 곳이나 나무의 구멍, 땅속 구멍을 둥지로 쓰는 새도 있다.

▼매달린 둥지

이 넘아프리카베짜기새와 같이 참새과에 속하는 많은 종은 나뭇가지에 매달리는 복잡한 둥지를 짓는다. 수컷이 둥지의 뼈대를 지으면, 암컷이 보온을 위해 깃털로 안감을 댄다. 더 안전한 둥지로 만들기 위해, 이들은 종종 소규모 무리를 짓고, 포식자가 접근을 막을 수 있게 강이나 샘 너머에 둥지를 짓는다. 베짜기새가 홀로 둥지를 지을 때에는 일부러 말벌의 둥지 근처나 독수리의 둥지 밑에 짓기도 한다. 그러면 포식자가 접근하기 어렵기 때문이다.

둥지 짓기

넘아프리카베짜기새 수컷은 짝을 찾기 위해서 한 번에 둥지를 서너 개 짓기도 한다. 둥지가 암컷의 인정을 받지 못하면, 수컷은 둥지를 해체하고 다시 지어야 한다.

1 나선형으로 감기

수컷은 둥지를 지탱하는 지방향 나뭇가지에 풀잎을 친친 감는다.

2 둥지 만들기

풀을 더 많이 엮어서 새의 무게를 지탱하는 둥지를 만든다.

3 고리 만들기

두 둥지를 연결해서 고리로 만든다. 고리를 굵게 엮어서 둥지의 뼈대를 만든다.

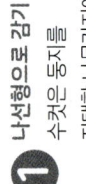

4 방 만들기

고리를 넓혀서 아래에 출입구가 있는 방으로 만든다. 그런 뒤에 암컷과 함께 둥지의 안쪽을 깃털에 마감한다.

둥지가 쭉 늘어지는 가느다란 가지 끝에 매달려 형태라서 포식자가 내려앉기 어렵다.

둥지는 새로 자란 싱싱한 풀잎으로 짜며, 때로 나뭇잎이 섞이기도 한다.

조류 241

날카로운 원뿔형 부리는 풀잎을 자르는 데 쓰인다.

긴 발톱이 달린 강한 발로 거꾸로 매달리곤 한다.

둥지의 종류

일반적으로 둥지는 새의 몸집과 서식지에 따라 달라진다. 막대와 잔가지에서 잎, 이끼, 털, 진흙, 조약돌, 플라스틱이나 쓰레기에 이르기까지 다양한 재료가 쓰이곤 한다.

컵 모양 둥지

컵은 둥지 모양 중에서 가장 흔한 것 중 하나다. 특히 작은 새들이 지으며, 벌새 둥지가 가장 작은 축에 든다. 벌새는 거미줄을 이용하여 재료들을 엮는다.

부착형 둥지

황새류 남따라지, 동굴, 벽에 붙여서 둥지를 짓는다. 진흙이나 식물을 침과 섞어서 짓는 종도 있지만, 이 재빼짐은 침만 써서 지어서 사람이 먹을 수 있다.

구멍 둥지

딱따구리와 올빼미부터 박새와 앵무새에 이르기까지 다양한 새들이 나무 구멍에 산다. 이런 둥지는 나무 부스러기와 깃털이 유일한 안감일 때도 종종 있다.

발판형 둥지

대머리수리라는 다른 대형 맹금류처럼 나무 꼭대기에 나뭇가지로 거대한 둥지를 짓는다. 부부가 평생 함께 살며, 암수가 새 재료를 추가하면서 해마다 둥지가 커진다.

떠 있는 둥지

뿔논병아리 같은 일부 물새는 수생 식물을 모아서 뗏목 같은 둥지를 짓는다. 물 위에 뜬 둥지는 육지의 포식자들로부터 안전하며, 물 높이에 따라 오르내린다.

알은 어떻게 발달할까

어미의 몸속에서 발달하는 포유동물 새끼와 달리, 조류의 새끼는 알속에서 발달한다. 알에는 배아, 즉 부화하지 않은 새가 자라는 데 필요한 영양소가 가득하다. 알에서 새끼로 부화하기까지 걸리는 시간은 종마다 다르다. 딱따구리는 겨우 10일인 반면, 커다란 앨버트로스는 80일이 걸린다.

성장과 부화

오리 배아가 완전히 발달하는 데 4주가 걸린다. 다 자랄 즈음에 오리는 알 속에서 머리를 배로 숙여 웅크린 자세가 된다. 부화할 때가 되면, 부리로 알껍데기를 쪼아서 둥그렇게 자른 뒤, 끝을 밀면서 밖으로 나온다.

❶ 자라는 배아

처음에 알은 하나의 거대한 세포다. 부모가 알을 따뜻하게 품으면, 그 세포가 분열을 거듭하면서 다양한 조직과 기관을 형성한다. 이때 알에 저장된 영양소와 물이 쓰인다. 알을 빛에 비추어 보면, 안에서 어떤 일이 벌어지는지를 볼 수 있다.

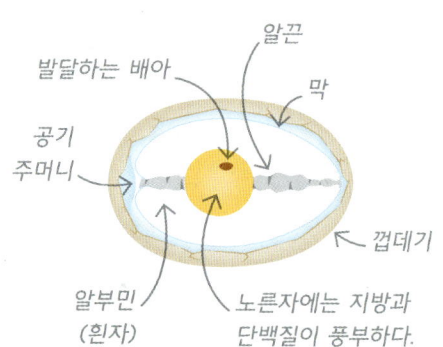

1일: 갓 놓은 알
- 껍데기에 난 미세한 구멍으로 공기가 드나든다.

알 속

껍데기와 보호막은 양분이 든 노른자와 배아가 받을 충격을 줄이는 흰자, 공기주머니를 감싸고 있다. 알끈이라는 밧줄 같은 가닥이 노른자를 붙잡는다.

발달하는 배아 · 알끈 · 막 · 공기주머니 · 껍데기 · 알부민(흰자) · 노른자에는 지방과 단백질이 풍부하다.

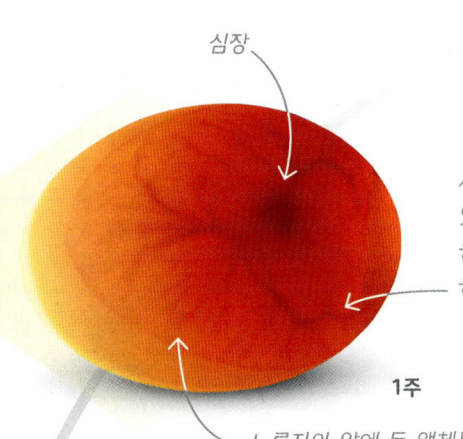

1주
- 심장
- 새끼가 스스로 호흡할 수 있을 만큼 자라면, 알의 뭉툭한 끝에 있는 공기주머니를 통해 산소가 공급된다.
- 노른자와 알에 든 액체는 배아에 양분을 공급한다.

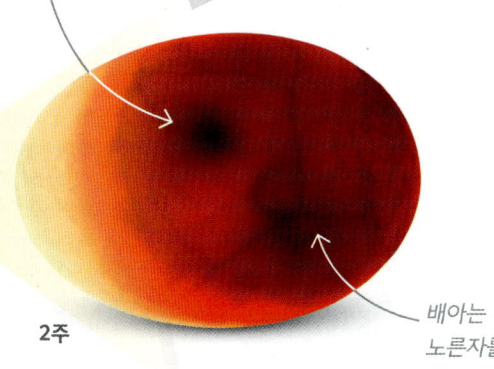

2주
- 배아의 눈이 발달한다.
- 배아는 자라면서 노른자를 흡수한다.

❷ 껍데기 깨기

28일이 지나면 새끼는 부화할 준비를 한다. 알 속의 공기주머니를 찢어서 처음으로 산소를 직접 호흡한다. 그런 뒤 부리 끝에 붙은 뾰족한 돌기인 알이빨로 껍데기를 계속 두드린다. 이윽고 껍데기에 금이 가고, 공기가 더 많이 들어오도록 구멍을 넓힌다.

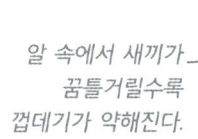

28일
- 알 속에서 새끼가 꿈틀거릴수록 껍데기가 약해진다.
- 새끼는 조금씩 알을 쪼아서 구멍을 넓힌다.

- 부리의 알이빨

28일
- 새끼가 껍데기를 원형으로 자른다.

28일
- 껍데기를 발로 밀면서 새끼가 알 밖으로 나온다.

조류 243

혈관
부화한 뒤 빈 알속에 혈관이 그물처럼 뻗어 있다. 배아에 산소를 공급하고 노폐물인 이산화탄소를 내보내는 일을 한 혈관이다.

깃털은 처음에는 젖은 채 엉켜 있지만, 깨어나고 몇 시간 안에 말라서 복슬복슬해진다.

작고 뭉툭한 날개는 약하고 날개깃이 없다.

새끼는 세균을 막아 주던 껍데기 막도 찢어야 한다.

❸ **부화**
새끼는 구멍을 넓히면서 알을 빙 둘러서 원형으로 깬 뒤, 발로 껍데기의 뭉툭한 쪽을 밀어낸다. 마지막으로 밀 때는, 몸을 돌려서 감싸여 있던 막에서 꿈틀거리며 빠져나온다.

새끼 오리는 눈을 뜬 채로 주위를 경계하면서 나온다.

완전히 발달한 새끼의 머리와 목 뒤에는 부화할 때 껍데기를 쳐서 깨는 것을 돕는 근육이 있다.

새는 어떻게 자랄까

아기 새가 자라는 발달 양상은 종마다 크게 다르다. 물새, 꿩, 바닷새 같은 일부 새들은 부화한 지 몇 시간 안에 걸을 수 있고, 자신을 방어하는 법도 곧 배운다. 대조적으로 대부분의 명금류는 부화한 직후에 연약하고 깃털도 적고 앞도 볼 수 없어서 부모에게 먹이, 온기, 보금자리를 전적으로 의지한다. 일부 커다란 바닷새들과 맹금류는 독립하기까지 몇 달이 걸린다.

▼ **자라나는 오리**

북경오리 같은 물새는 조기 성숙 조류라고 한다. 새끼가 부화할 때부터 다른 새보다 비교적 독립적이며, 금방 걷고 헤엄칠 수 있다는 뜻이다. 겨우 16주가 지나면, 오리는 물 위나 물가에서 살아가는 데 적합한 모든 특징들을 갖춘다. 방수가 되는 깃털과 완전히 덮인 물갈퀴가 달린 발도 갖춘다.

날개깃
새끼 오리의 날개깃이 깃털 덮개라는 통 안에서 자라는 모양을 볼 수 있다. 깃털은 덮개 안에서 덩어리처럼 자라기 시작하여, 끝이 서서히 나와서 칼날처럼 된다. 깃털이 다 자라면, 덮개는 떨어져 나간다.

성체의 깃털이 솜털을 대체한다.

자라고 있는 날개깃

6주째

날개가 다 자라서, 이제 날 수 있다.

부리와 다리가 성체 오리처럼 주황색을 띤다.

흰색인 성체 깃털을 다 갖춘다.

16주째

❸ **다 자란 성체**
이맘때의 오리는 부모와 똑같아 보인다. 몸은 여러 종류의 깃털로 덮이고, 커다란 가슴 근육도 완전히 발달했다. 이제 처음으로 하늘을 날 수 있다.

뻐꾸기는 어떻게 살아갈까

대부분의 새들이 새끼를 직접 키우지만 일부 새는 자기 새끼를 **키워 줄 다른 새를 구한다.** 뻐꾸기 암컷은 작은 명금류의 둥지에 알을 하나씩 낳는다. 부화한 새끼 뻐꾸기는 둥지 안의 다른 알과 새끼를 다 밖으로 밀어낸다. 양부모는 새끼가 사기꾼임을 결코 알아차리지 못하고, 뻐꾸기 새끼가 날아서 둥지를 떠날 때까지 본능적으로 계속 먹이를 가져다준다.

뻐꾸기의 입 안쪽 주황색은 포식자에게 둥지에 접근하지 말라는 경고일 수도 있다.

개개비 양부모는 커다란 뻐꾸기 새끼의 식욕을 충족시키기 위해 아주 열심히 일해야 한다.

▶ 사기꾼

날 준비가 될 무렵이면, 뻐꾸기 새끼는 이미 자신을 돌보는 양부모보다 몸집이 훨씬 더 커진 상태다. 자신이 키운 커다란 사기꾼보다 훨씬 작은 개개비가 곤충을 잡아다가 뻐꾸기에게 먹이느라 열심이다.

조류 247

날개 깃털이 자랐으므로, 이 뻐꾸기는 곧 날아갈 수 있을 것이다.

뻐꾸기는 다 자라면 둥지를 떠난다. 여전히 양부모에게 먹이를 얻어먹을 수도 있다.

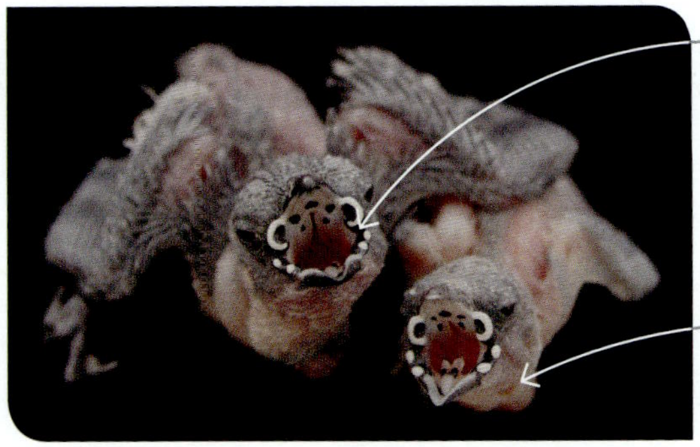

입 흉내 내기

뻐꾸기와 달리, 천인조 새끼는 둥지의 다른 알들을 없애지 않는다. 부화하도록 보두는 대신, 다른 새끼들을 흉내 내면서 먹이를 나눠 달라고 소리친다. 입을 쫙 벌렸을 때의 모습이 다른 새끼들과 똑같아 보인다.

천인조 새끼의 입은 긴꼬리맘바닥리 새끼의 입을 흉내 내어 똑같이 생겼다.

긴꼬리맘바닥리 새끼

알 바꿔 치기

뻐꾸기 성체 수컷은 때로 새가 둥지를 떠나도록 꾀어 암컷이 몰래 들어갈 수 있게 한다. 암컷은 둥지에 있던 알을 하나 깨내고 자기 알을 낳는다. 뻐꾸기 알은 둥지에 있던 알과 닮은 모양이다. 뻐꾸기 새끼는 부화하면, 다른 알들과 부화한 새끼까지 다 밀어낸다.

1 알 속이기
뻐꾸기는 희생자의 알과 무늬가 같은 알을 낳는다. 암컷은 알무늬가 가장 일치하는 종을 표적으로 삼는다. 무늬는 비슷해도 뻐꾸기 알이 대개 더 크다.

2 먼저 부화하기
뻐꾸기 알은 다른 알들보다 더 빨리 발달하여 먼저 부화한다. 갓 깨어난 뻐꾸기 새끼는 털이 없고 눈을 못 뜬 상태다.

3 살해 본능
부화한 뒤 몇 시간 안에 뻐꾸기 새끼는 다른 알들과 부화한 새끼들을 제 등에 올려서 둥지 밖으로 밀어낸다. 먹이를 두고 경쟁하지 않기 위해 경쟁자를 없앤다.

올빼미는 먹이를 어떻게 찾아낼까

올빼미는 예리한 감각을 지닌 은밀한 사냥꾼이다. 날카로운 발톱, 햇대에서 소리 없이 날아 내려와서 느닷없이 덮칠 수 있는 부드러운 깃털이 있기 때문이다. 대단히 예민한 청각과 시각으로 무장한 올빼미는 어둠 속에서 날아가는 나방이나 쌓인 눈 또는 낙엽 밑에서 쪼르르 달려가는 생쥐의 위치를 정확히 찾아낼 수 있다. 올빼미는 대부분 야행성이지만, 북방올빼미나 쇠부엉이 같은 몇몇 종은 낮에도 사냥을 한다.

귀깃이 있는 부엉이들과 달리 올빼미는 귀깃이 없다.

▶ 안면판

북방올빼미의 가장 두드러진 특징은 얼굴의 깃털이 원형으로 오목하게 배열되어 이루어진 커다란 안면판이다. 얼굴의 양쪽은 안면판의 반쪽에 해당하며, 소리를 귀로 모으는 역할을 한다. 게다가 얼굴의 깃털을 조정하여 더욱 정확히 소리를 모을 수 있다. 이 종은 유달리 큰 안면판으로 눈 속의 먹이가 내는 소리까지 들을 수 있다.

귀로 사냥하기

북방올빼미의 오른쪽 귀는 왼쪽 귀보다 조금 낮은 위치에 달려 있다. 즉 밑에서 오는 소리가 왼쪽 귀보다 오른쪽 귀에 아주 조금 더 일찍 도착한다는 뜻이다. 올빼미는 이 시간차를 이용하여 먹이의 정확한 위치를 알아낸다. 먹이가 낙엽이나 눈 속에 숨어 있어도 알아낼 수 있다.

얼굴판은 소리 에너지를 모아서 귀로 보낸다.

왼쪽 귀가 오른쪽 귀보다 더 높이 있어서 소리가 좀 더 늦게 도착한다.

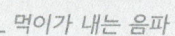

먹이가 내는 음파

조류 249

얼굴판은 깃털들로 이루어졌으며, 소리가 곧장 귀로 모이게 한다.

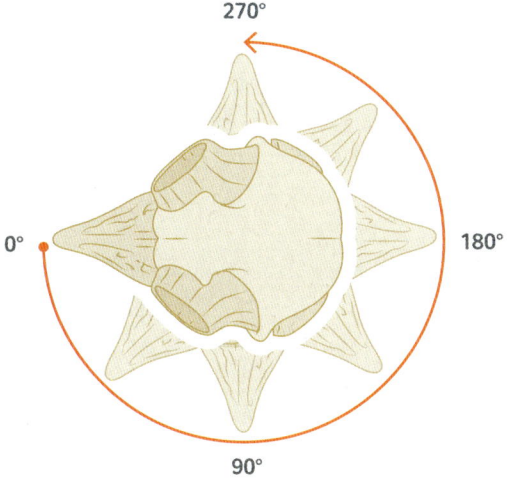

회전하는 머리
올빼미의 커다란 눈은 대롱 모양이어서 눈구멍에서 움직일 수 없다. 하지만 올빼미는 고개를 양쪽으로 각각 270도까지 돌릴 수 있어서, 몸을 움직이지 않고도 뒤를 볼 수 있다.

두 눈이 앞을 향해서 입체로 보이며 거리를 잘 파악할 수 있다.

이 올빼미의 깃털은 가장자리가 톱니 모양이다.

소리 없는 비행
북방올빼미와 올빼미를 비롯한 일부 올빼미 종은 첫째날개깃의 바깥 가장자리가 빗처럼 톱니 모양으로 되어 있다. 이런 깃털은 날개를 칠 때 나는 소리를 죽여서 거의 아무 소리도 나지 않게 만든다. 그래서 소리 없이 먹이를 덮칠 수 있다.

부리는 시야를 방해하지 않게 매우 짧다.

← 착륙할 때 깃털을 부채처럼 펼친다.

← 가벼우며 깃털이 겹쳐진 날개

→ 한쪽 발에 큰 갈고리발톱이 4개 달려 있다.

온난 기류를 타고 맴돌기
수리는 올라오는 따뜻한 공기 기둥인 온난 상승 기류를 타고 선회해 에너지를 절약한다. 온난 기류를 타고 올라왔다가 다른 온난 기류로 넘어가서 다시 빙글빙글 돈다. 그 덕분에 날개를 치지 않고도 아주 높이 떠 있으면서 먹이를 찾을 수 있다.

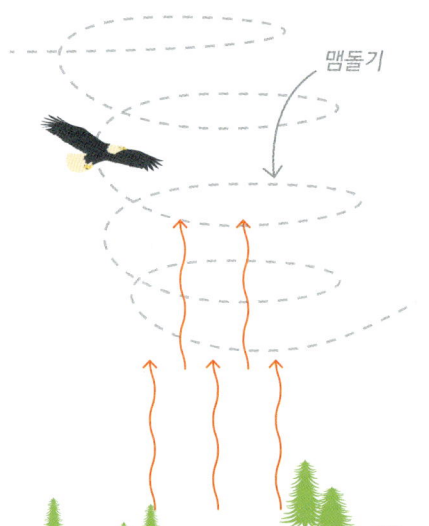

맴돌기

사냥 기술
흰머리수리는 물을 향해 급히 하강하여 수면 아래에 있는 물고기를 발로 움켜쥐고서 날아오른다. 때로는 물수리 같은 다른 새가 잡은 물고기를 훔치거나 곰이 남긴 죽은 물고기나 사람이 남긴 음식도 먹는다.

멀리 볼 때, 사람의 시야

수리의 시야

고해상도 눈
사람의 눈과 비교하면, 수리는 상을 가장 선명하게 볼 수 있는 부위의 광수용체가 5배나 많다. 그래서 3킬로미터 떨어진 곳의 먹이도 또렷이 볼 수 있다.

넓은 날개로 온난 상승 기류를 타고 선회 비행할 수 있다.

수리는 어떻게 사냥할까

거대한 날개폭과 굽은 부리, 예리한 시각을 갖춘 수리는 가공할 만한 사냥꾼이다. 육식을 하는 맹금류에 속하며, 치명적인 갈고리발톱으로 먹이를 죽인다. 맹금류 중 가장 큰 수리류는 갈고리발톱으로 땅이나 물에 있는 동물을 잡아채 꽉 움켜쥔다. 그런 뒤 횃대로 날아가 앉아서, 날카롭게 굽은 강한 부리 끝으로 사체를 찢어 먹는다.

발의 이랑은 먹이를 꽉 움켜쥐는 데 도움이 된다.

▲ **강한 갈고리발톱**
여기 있는 흰머리수리의 갈고리발톱은 대개 물고기를 물속에서 움켜쥐는 순간에 죽일 수 있을 만큼 강하다. 수리의 발에는 매끄럽고 꿈틀거리는 물고기를 잘 움켜쥘 수 있도록 오돌토돌한 이랑도 나 있다. 갈고리발톱으로 몸무게의 3분의 1에 달하는 물고기도 운반할 수 있다.

물수리의 바깥쪽 발가락은 앞뒤를 향하고 있어서 미끄러운 물고기도 꽉 움켜쥘 수 있다.

사냥하기
물수리 같은 맹금류는 먹이를 움켜쥐고 죽이는 데 쓸 수 있는 강한 갈고리발톱을 지닌다. 물수리의 억센 갈고리발톱은 물속의 물고기를 낚아채어 공중으로 나를 때도 유용하다.

청둥오리

물갈퀴 달린 발은 물에서 노처럼 쓰인다.

헤엄치기
오리 같은 새들은 발에 달린 물갈퀴를 펼쳐 물을 밀어낼 수 있어서 더 효율적으로 헤엄을 칠 수 있다. 물갈퀴는 새의 발가락 3개 또는 4개 전부를 연결하는 피부막이다.

물수리

발가락의 뾰족뾰족한 표면은 꿈틀거리는 먹이를 움켜쥐는 데 도움이 된다.

새의 발 종류

새의 발은 필요와 서식지에 따라서 크기와 모양이 아주 다양하다. 많은 새가 발로 먹이를 쥐고서 입으로 가져온다. 발을 잔가지나 나뭇가지에 앉는 데 쓰는 새들도 많다. 꿈틀거리는 물고기를 움켜쥐기 좋게 발에 빳빳한 가시가 달려 있는 새들도 있다. 날카로운 갈고리발톱으로 먹이를 움켜쥐어 죽이는 종도 있다.

구부러진 발톱으로 물속에서 물고기를 움켜쥔다.

발톱이 강해서 무거운 먹이를 멀리까지 들고 갈 수 있다.

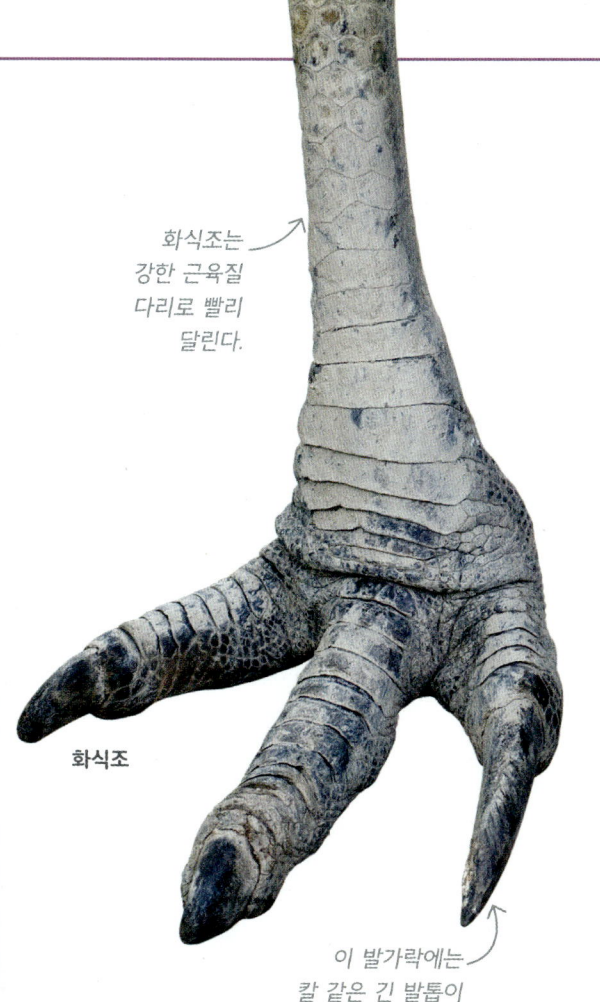

화식조는 강한 근육질 다리로 빨리 달린다.

화식조

이 발가락에는 칼 같은 긴 발톱이 달려 있다.

달리기

화식조 같은 날지 못하는 새는 근육질 다리에 짤막한 발을 지닌다. 화식조는 시속 50킬로미터까지 달리고, 1.5미터 높이까지 뛰어오를 수 있다. 칼 같은 발톱으로는 공격자를 차서 방어한다.

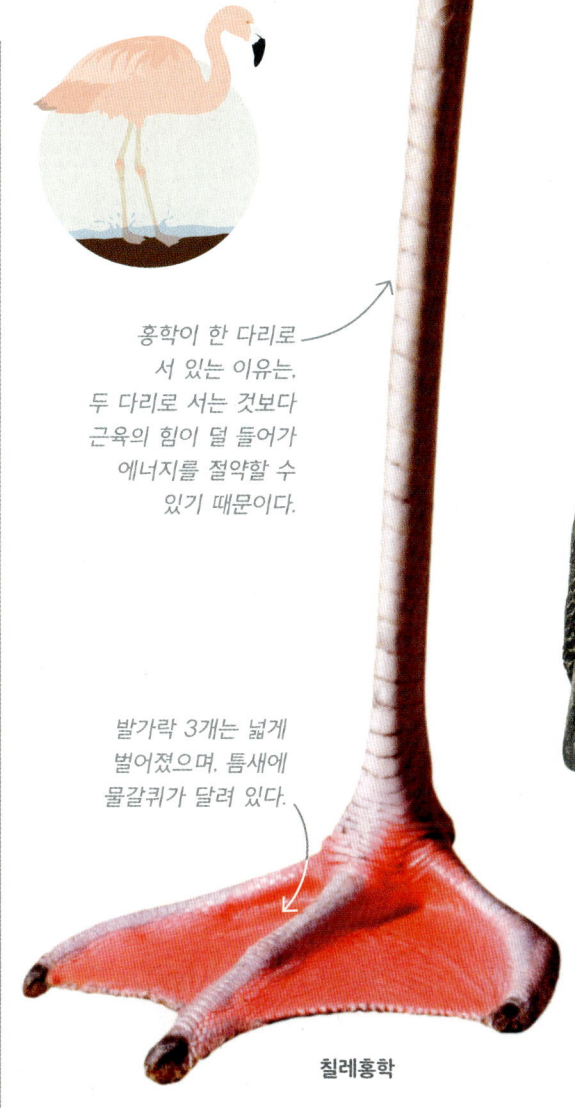

홍학이 한 다리로 서 있는 이유는, 두 다리로 서는 것보다 근육의 힘이 덜 들어가 에너지를 절약할 수 있기 때문이다.

발가락 3개는 넓게 벌어졌으며, 틈새에 물갈퀴가 달려 있다.

칠레홍학

물속을 걷기

얕은 물속을 걸으면서 먹이를 찾는 새들은 발가락이 길고, 발가락 사이에 물갈퀴가 달려 있곤 한다. 몸무게를 분산시켜서 모래나 개펄에 푹 빠지지 않게 막아 주고, 균형을 유지하는 데 도움이 된다. 또 이런 새들은 다리가 길어 깃털을 적시지 않으면서 물속을 걸어 다닐 수 있다.

임금펭귄

물갈퀴가 달린 납작한 발은 물속에서 헤엄칠 때 유용하다.

잠수하기

잠수하는 많은 새들은 물속에서 나아가는 데 유용한 물갈퀴 달린 발이나 비늘 같은 피부로 덮인 빳빳한 발가락을 지닌다. 임금펭귄은 수심 300미터까지 잠수할 수 있고, 얼음 위에서 극도의 추위를 견딜 수 있도록 적응한 특수한 발을 지닌다.

움켜쥐기

올빼미와 부엉이는 끝이 굽고 날카로운 갈고리발톱이 달린 아주 강한 발로 나뭇가지나 먹이를 움켜쥔다. 각 발에는 앞을 향한 발가락 2개와 뒤를 향한 발가락 2개가 있다. 발가락을 최대한 펼치면 더욱 강하게 움켜쥘 수 있다.

부엉이

갈고리발톱의 날카로운 끝으로 먹이의 살을 꿰뚫는다.

몸단장 기름은 우리 깃털이 물을 흡수하는 것을 막는다.

꽁지 근처의 기름샘은 등에 닿은 물이 그냥 흘러내리도록 방수 기름을 분비한다.

▶ 헤엄의 대가
오른쪽의 청둥오리 같은 오리류는 물갈퀴가 달린 발을 당겼다 밀면서 헤엄을 친다. 즉 발로 물을 차면서 나아간다. 오리는 발로 물을 밀 때는 물갈퀴를 펼치고, 앞으로 당길 때는 오므림으로써 더 효율적으로 헤엄칠 수 있다.

몸단장
오리를 비롯한 물새들은 매우 효과가 좋은 기름샘을 지닌다. 몸단장 기름을 깃털 전체에 바르면 물이 스며들지 않아서, 깃털이 젖지 않고 부력과 온기도 유지할 수 있다.

강한 근육질 발로 힘차게 헤엄친다.

앞쪽 발가락 3개 사이의 물갈퀴는 헤엄치고, 노처럼 밀고, 방향을 조절하고, 개펄에서 걷는 데 유용하다.

오리 발의 물갈퀴는 물을 찰 때는 펼쳐져서 추진력을 높인다.

깃털은 방수가 된다.

몸단장 기름을 온몸에 비빈다.

물에서 날아오르기
청둥오리 같은 오리류는 몸무게에 비해 비교적 커다란 날개를 지니며, 발을 한 번만 차서 날아오를 수 있다. 반면에 고니 같은 더 무거운 물새들은 물 위를 달려서 이륙할 추진력을 얻어야 한다.

오리는 어떻게 헤엄칠까

방수 깃털, 물갈퀴 발, 유선형 몸을 갖춘 오리는 뛰어난 수영선수이며, 수생 서식지에 아주 잘 적응했다. 오리는 부리로 물에서 먹이를 걸러 먹는다. 새끼 오리는 대개 부화하여 깃털이 마르자마자 헤엄칠 수 있다. 대부분의 오리 종은 헤엄을 잘 칠 뿐 아니라, 빠르고 힘차게 날면서 장거리를 이주할 수 있다.

오리의 긴 몸은 물에 뜨는 데 도움이 되지만, 땅 위에서는 뒤뚱거리게 만든다.

방수 깃털 밑의 솜털층은 차가운 물에서 체온을 유지하고, 공기를 가두어서 떠 있게 돕는다.

청둥오리는 물을 첨벙거리는 오리류로, 잠수하기보다는 수면에 떠 있다가 물속으로 머리를 집어넣어서 먹이를 잡는다.

눈에는 물속에서 수정체의 초점을 맞추는 강한 근육이 있다.

부리 안쪽에 늘어선 층판이라는 빗살 같은 구조로 먹이를 물에서 걸러 먹는다.

민감하며 납작한 부리로 촉감을 이용하여 먹이를 찾는다.

오리 몸속에 들어 있는 공기주머니 9개 중 6개가 보이는 옆모습이다. 공기주머니들은 허파를 비롯한 내장 기관들의 대부분을 감싸고 있다.

오리는 공기주머니를 부풀려서 물에 떠 있을 수 있다.

공기주머니
모든 조류처럼, 오리도 허파 주위에 9개의 공기주머니가 있다. 공기주머니는 허파로 들어가는 공기를 한 방향으로 흐르게 함으로써 산소를 혈액으로 꾸준히 공급한다. 물 위에서 헤엄칠 때는 공기주머니를 부풀리고, 잠수할 때에는 주머니를 약간 쪼그라뜨린다.

물에 내려앉기
오리는 날다가 물에 내려앉을 때, 빠른 속도로 땅에서보다 더 부드럽게 내려앉을 수 있다. 다리를 내리면서 물갈퀴를 쫙 폄으로써 충격을 줄이고 속도를 늦춘다.

물총새는 어떻게 잠수할까

물총새의 잠수는 몇 초 안에 끝난다. 그 짧은 순간에 유선형 몸으로 미사일처럼 물로 돌진하여 놀라울 만치 정확하게 물고기를 사냥한다.

❶ 표적 포착
물총새는 수면 바로 밑의 물고기를 찾으면, 공격 각도를 계산하기 시작한다. 수면에서 꺾이는 빛의 각도까지 고려한다.

물총새가 수면 위 나뭇가지에 앉아 있다.

❷ 잠수 시작
물총새는 앉아 있던 횃대에서 곧장 수면으로 뛰어내린다. 날개를 쳐서 방향을 조정할 수도 있다.

머리와 몸을 곧게 펴서 다이빙할 준비를 한다.

❸ 접근
수면이 가까워지면, 날개를 몸통 쪽으로 잡아당겨서 반쯤 접는다. 뒤쪽으로도 당겨서 몸이 유선형이 되게 한다.

날개 위치를 조금씩 바꿈으로써 속도와 방향을 조절할 수 있다.

❹ 물속으로
뾰족한 부리가 먼저 수면을 가른다. 이 순간에 물총새는 '제3의 눈꺼풀'을 닫아서 물에 부딪힐 눈을 보호한다.

새는 어떻게 잠수할까

잠수하는 새는 매우 극적인 전술을 써서 사냥을 한다.
시속 80킬로미터를 넘는 속도로 공중에서 물속으로 돌진하여 깜짝 놀라게 하면서 먹이를 잡는 종류도 있다. 한편, 수면에서 잠수하며, 능숙하게 헤엄치는 종도 있다. 잠수하는 새들은 몸이 가벼워서 물 위로 뜨는 경향이 있으므로, 물속에 머물려면 애써야 한다.

◀물총새
수심 1미터까지 잠수하여 작은 물고기를 주로 잡아먹지만, 양서류, 갑각류, 곤충도 먹는다. 물총새는 아주 빠르게 잠수하므로, 얼음을 깨고 들어갈 수도 있다. 잠수할 때는 순막이라고 하는 '제3의 눈꺼풀'을 감아서 물속에서 눈을 보호한다.

잠수하는 새들
잠수하는 새들 중에는 한 번에 몇 분씩 깊은 물속에서 사냥할 수 있는 종류도 많다. 물속에서는 다리나 날개의 강한 근육의 힘으로 나아간다.

발로 추진하는 잠수부
논병아리는 물갈퀴 달린 발과 강한 다리를 노처럼 쓴다. 사냥을 하거나 위험을 피하려고 잠수한다.

날개로 추진하는 잠수부
바다오리는 잠수하는 새 중에서 가장 깊이, 수심 210미터까지 들어갈 수 있다. 날개를 쳐서 헤엄친다.

물에 젖는 잠수복을 입은 잠수부
가마우지는 다른 새들과 달리 깃털이 방수되지 않아서 잠수한 뒤에 젖은 날개를 말려야 한다.

❻ 죽이고 먹기
부리로 물고기 꼬리를 문 채, 나뭇가지에 쳐서 물고기를 기절시킨다. 그러면 물고기의 등뼈도 부서져서 먹었을 때 소화계를 더 쉽게 지나갈 수 있다.

물은 방수가 되는 깃털 위로 굴러 내린다.

❺ 사냥 후 복귀
물고기를 잡으면, 본래 가진 부력에 날개를 두어 번 쳐서 추진력을 더하여 물 위로 올라온다. 날아오르는 동안 물고기는 부리로 물고 있다.

펭귄은 어떻게 움직일까

날지 못하는 새, 펭귄은 물 밖에서는 굼뜨지만, 물속에서 유용하게 쓸 수 있는 온갖 능력을 갖추고 있다. 아주 날렵한 몸, 치밀한 깃털, 날개를 대신하는 지느러미발, 몸 뒤로 쭉 뻗어서 물을 찰 수 있는 강한 다리가 있기 때문에, 여느 새들보다 더 빨리 더 깊이 헤엄칠 수 있다. 젠투펭귄은 물속에서 짧게 가속하면 시속 35킬로미터까지 속도를 낼 수 있어서 가장 빠르다. 펭귄은 물속에서 숨을 쉴 수 없다. 가장 오래 잠수할 수 있는 종은 황제펭귄으로 10분까지도 숨을 참는다.

▼ **바다에 살기**

임금펭귄은 뭍에서보다 바다에서 더 오래 지낸다. 얼어붙은 겨울에도 마찬가지이다. 깃털 밑의 두꺼운 지방층은 단열 능력이 매우 뛰어나다. 먹이로 어류와 오징어를 사냥하며, 부모는 배고픈 새끼를 먹이기 위해 하루에 100번까지도 잠수를 한다. 임금펭귄은 300미터 넘는 깊이까지 잠수할 수 있다.

- 펭귄이 잠수할 때 몸 주변에 생기는 공기방울들은 물의 저항을 줄이고 속도를 높이는 데 기여한다.
- 지느러미발은 날개에서 진화했고, 비행보다 헤엄에 적합하다.
- 펭귄은 체형이 유선형이어서 매우 민첩하게 헤엄치고 잠수할 수 있다.
- 펭귄의 몸통과 지느러미발을 덮은 짧고 기름진 깃털은 공기를 가두어서 몸을 보온하고 물에 뜨도록 돕는다.
- 강한 가슴 근육으로 지느러미발을 움직인다.
- 안에 미늘이 달린 긴 부리로 물고기를 잡는다.
- 물갈퀴 발은 방향키 역할을 하여 물속에서 방향을 조정하는 데 쓰인다.

얼음 위에서 움직이기

펭귄은 물에서 나오면, 뒤뚱거리면서 천천히 힘들게 움직여야 하기 때문에 가능한 한 바다 근처에 머문다. 무겁고 살진 몸에 짤막한 다리의 한계를 극복하기 위해, 할 수 있을 때마다 뛰어오르고 미끄러지고 잠수를 한다. 그렇게 할 수 없을 때에는 불안하게 뒤뚱거리며 걷는 것이 펭귄으로서는 최선의 이동 방식이다.

뛰어오르기
황제펭귄은 얼음 위로 돌아올 때, 물에서 쏜살같이 뛰어오른다. 이 속도가 중요하다. 포식자인 표범물범이 잡아먹으려고 근처에 숨어 있기 때문이다.

미끄럼 타기
시간과 에너지를 절약하기 위해, 턱끈펭귄 같은 펭귄들은 둥근 배로 얼음 비탈을 미끄러져 내려간다.

걷기
펭귄의 다리는 몸 뒤쪽에 치우쳐 있다. 그래서 펭귄이 곧추선 자세로 걸으면 굼뜨고 어정쩡하게 보인다. 걸을 때는 지느러미발을 뻗어 균형을 잡는다.

잠수하기
아델리펭귄은 번식기에 무리를 지어 지낸다. 서식지에서는 델리펭귄들이 줄지어 유빙 사이를 건너뛰거나 물속으로 뛰어드는 멋진 광경이 때로 펼쳐진다.

지느러미발 뼈

펭귄의 지느러미발은 빳빳하며 폭이 좁고 뒤쪽으로 완만하게 휘어져 있다. 노처럼 물을 젓기에 딱 맞는 모양이다. 보통 새의 날개는 손목과 팔꿈치 관절도 움직이지만, 펭귄의 지느러미발은 어깨 관절만 움직이고 속이 찬 뼈들이 꽉 들어차 있다.

펭귄은 등이 검어서 헤엄칠 때 위에서 보면 잘 보이지 않는다. 수리 같은 커다란 새들이 공중에서 펭귄을 공격하는 것을 막아 준다.

눈은 수중 시야에 적응해 있다.

펭귄의 흰색 배는 밑에서 보면 밝은 수면과 구별하기 어렵다. 물범 같은 포식자의 눈을 피하게 해 주는 위장술이다.

펭귄 눈 바로 위에 있는 샘은 물고기를 잡아서 삼킬 때 함께 들이켠 바닷물에서 염분을 걸러 내는 역할을 한다. 체내 염분 농도가 높아지면 건강에 해로우므로, 펭귄은 걸러 낸 염분을 부리를 통해 배출한다.

지느러미발은 나는 새의 날개와 비슷하게 위아래로 움직인다. 내려치기를 할 때만 몸이 앞으로 나아간다.

눈보라에서 살아남기

남아메리카와 얼어붙은 남극 대륙 사이에 있는 외딴 섬 사우스조지아에 사는 임금펭귄들이 눈보라 속에서 온기를 유지하기 위해 옹기종기 모여 있다. 번식기에 펭귄들은 알과 새끼를 보호하며, 혹독한 추위에서 모두가 살아남을 수 있도록 애쓴다. 한데 모인 채로 꼼짝하지 않고 장시간 버텨 온기를 보존함으로써, 펭귄은 에너지를 절약한다. 먹이를 충분히 찾기 어려운 겨울에는 에너지를 절약하는 것이 특히 중요하다.

타조는 어떻게 살아갈까

타조는 현생 조류 중 가장 큰 새이고, 두 다리로 걷는 동물 중 가장 빠르다. 타조가 사는 아프리카 평원에서는 몸집을 키우고 빨리 달리는 것이 포식자를 피하는 좋은 방법이다. 타조는 날지 못하므로, 날개를 치는 데 필요한 강한 가슴 근육이 없다. 레아, 에뮤, 키위는 타조의 가까운 친척이다.

달리는 데 쓰는 근육은 허벅지에 집중되어 있고, 다리는 가볍다.

힘줄이라는 강한 띠가 다리를 따라 쭉 뻗어서, 엉덩이 근육과 발뼈를 연결한다.

▶ 거대한 발

타조는 발가락이 2개뿐인 유일한 새다. 한쪽 발가락이 훨씬 더 크다. 큰 발가락이 발굽처럼 바닥에 착 달라붙기 때문에, 타조는 시속 70킬로미터까지 달릴 수 있다. 타조류와 그 친척들은 하늘을 날던 조상으로부터 진화했다. 후손들은 초원과 사막에서 달리는 능력에 점점 더 의지했고, 서서히 나는 능력을 잃어 갔다.

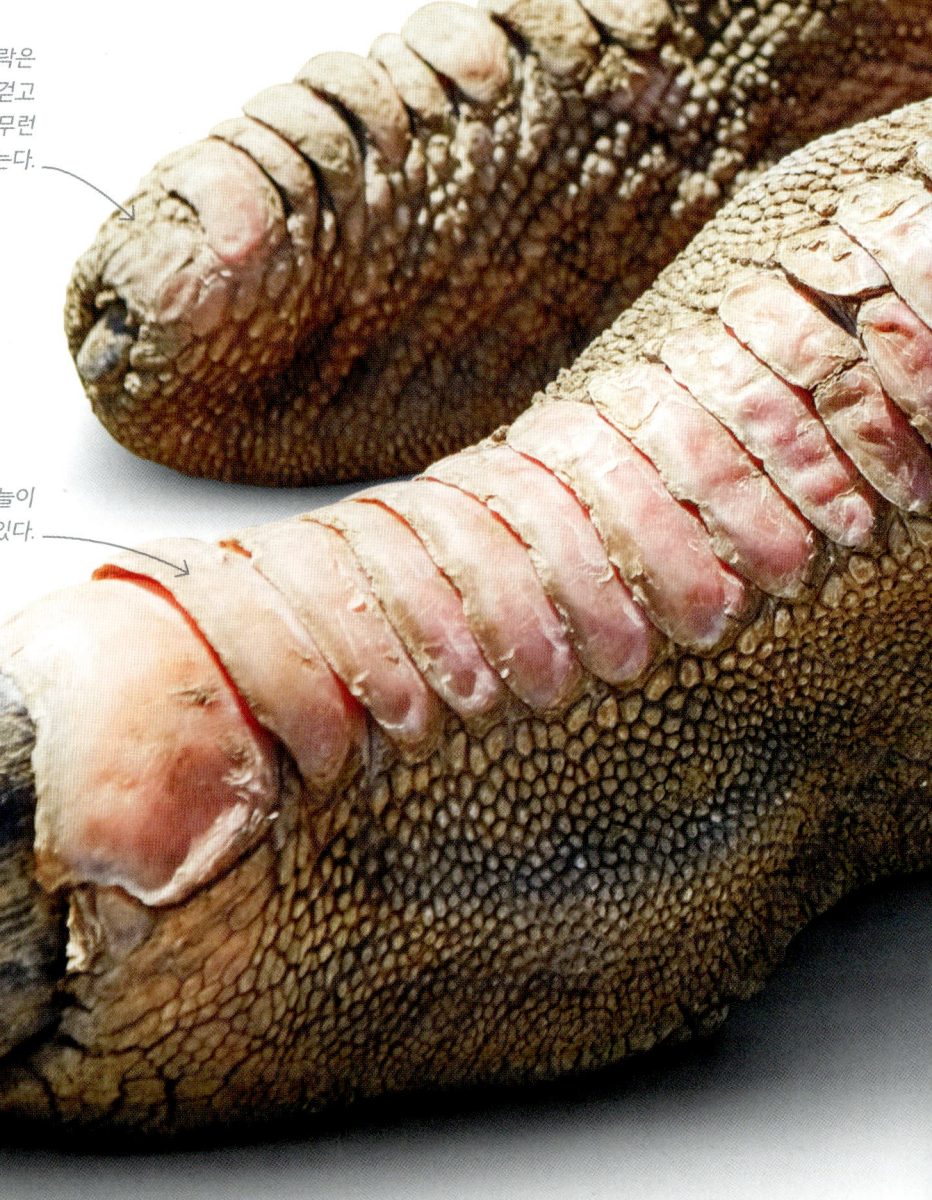

두 발가락 중에 작은 발가락은 땅에 거의 닿지 않으며, 걷고 달리는 데 거의 아무런 역할도 하지 않는다.

인갑이라는 커다란 비늘이 발가락 위를 덮고 있다.

길이 10센티미터의 튼튼한 발톱은 땅을 파서 영양가 있는 뿌리를 캐거나, 공격자를 차서 물리치는 데 쓴다.

조류 263

가까운 친척들

타조는 주금류라는 날지 못하는 조류 집단에 속한다. 주금류는 진화 과정에서 비행 능력을 갖추었다가 잃는 일을 여러 번 겪었다고 여겨진다. 각 대륙마다 고유한 주금류 종이 있다.

화식조
뉴기니 섬의 우림에 사는 화식조는 오스트레일리아 오지에 사는 에뮤의 친척이다.

레아
남아메리카의 레아는 아프리카의 타조처럼 날개가 뭉툭하지만, 몸집이 더 작다.

키위
주금류 중 가장 작고, 뉴질랜드의 숲에 산다. 다리가 짧고, 먹이를 찾는 데 쓰는 긴 부리가 있다.

발 옆면은 작은 구슬 같은 비늘로 덮여 있다.

타조는 양쪽 발의 큰 발가락으로 몸무게를 지탱한다.

달리기

타조는 긴 다리로 성큼성큼 걷는다. 다른 새들과 달리, 근육이 위쪽 허벅지에 집중되어 발달했으며, 다리의 아래쪽은 가볍고 힘줄을 통해 움직인다. 그래서 타조는 거대한 다리를 아주 빨리 움직일 수 있다.

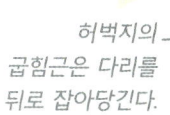

날개는 달릴 때 균형을 잡는 데 쓴다.

허벅지의 폄근은 다리를 앞으로 잡아당긴다.

종아리 근육은 힘줄을 당겨서 다리를 곧게 편다.

허벅지의 굽힘근은 다리를 뒤로 잡아당긴다.

포유류는 2억 2000만 년 전 파충류에게서 진화했다.
최초의 포유동물은 거대한 공룡을 피해
벌레를 먹고 살던, 땃쥐를 닮은 작은 동물이었다.
하지만 약 6500만 년 전에 공룡이 멸종하자,
포유류는 **다양하게** 진화하면서 지구 전체로 퍼졌다.
인간도 포유동물이므로, 우리는 포유류에 속하는
다른 동물들과 많은 공통점이 있다.

포유류

포유류의 다양성

포유류는 쥐만 한 크기의 식충 동물로부터 시작하여 놀랍게 다양한 형태로 진화했다. 오늘날 포유류는 육지 생태계를 지배한다. 한편 바다와 하늘에서 사는 데 적응한 종도 있다.

영장류
원숭이, 유인원, 이들의 친척들이 속한 집단으로서, 포유류 중 가장 지능이 뛰어나다.

발굽동물(유제류)
발 끝에 발굽이 있는 동물들로 주로 초식성이며, 무리 지어 사는 종이 많다.

설치류
포유류 종의 약 40퍼센트를 차지할 만큼 다양하다. 생쥐, 쥐, 친칠라 등이 있다.

박쥐류
날개를 쳐서 날 수 있는 유일한 포유동물이다. 박쥐는 주로 밤에 활동한다.

단공류
위의 바늘두더지를 비롯한 일부 포유류는 파충류처럼 알을 낳아서 번식한다.

유대류
아주 조그마한 새끼를 낳아 육아낭이라는 주머니에서 키우는 포유류다.

포유류는 바깥귀가 있는 유일한 동물이다. 튀어나온 귀는 소리가 들려오는 위치를 찾는 데 도움을 준다.

많은 포유동물이 예리한 후각으로 먹이나 짝을 찾는다.

대부분의 포유동물은 어둠 속에서 길을 찾을 수 있게 해 주는 민감한 수염이 나 있다.

▶지능적인 사냥꾼

포식성 사향고양이는 포유류의 전형적인 특징들을 많이 지닌다. 털로 뒤덮인 몸, 커다란 뇌, 잘 발달한 감각 기관들이 그렇다. 또한 포유류는 탐구심이 많고 빨리 배워서 생존에 필요한 기술을 갈고닦곤 한다. 사향고양이는 야행성이며, 예리한 시각과 청각, 후각을 이용하여 밤에 사냥한다.

따뜻한 피

피가 따뜻한 포유동물은 온혈 동물, 항온 동물로도 불린다. 체온을 일정하게 유지하는 '정온 동물'이다. 코끼리는 더운 날씨에 넓은 귀를 펄럭거려 몸을 식힌다. 열화상 사진에서 귀는 차갑기 때문에 나머지 부위와 다른 색깔로 보인다.

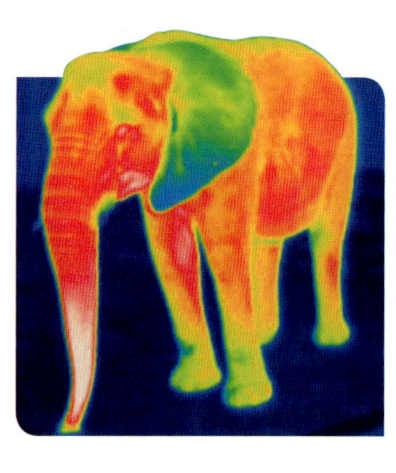

번식

대부분의 포유동물처럼, 사향고양이도 알이 아니라 새끼를 낳는다. 어미 뱃속의 태아는 어미의 혈액과 탯줄로 연결된 태반이라는 기관을 통해 양분을 받아 자란다.

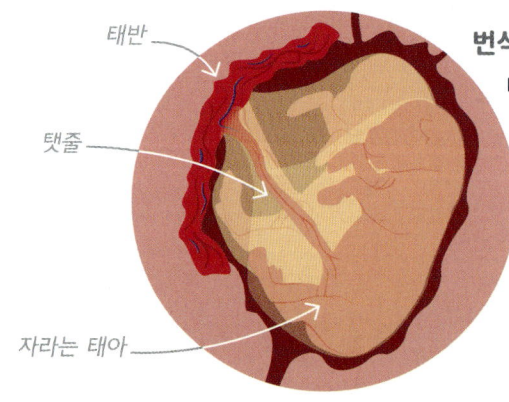

태반 · 탯줄 · 자라는 태아

포유동물은 어떻게 살아갈까

비늘 피부에 알을 낳으며 피가 찬 동물인 파충류 조상과 달리, 포유류는 피가 따뜻한 정온 동물이다. 몸은 털로 덮여 있으며, 새끼를 낳는다. 모든 포유동물은 젖을 먹여 새끼를 키우고, 새끼가 홀로 살아갈 수 있을 때까지 돌본다. 포유류는 5,000종이 넘으며, 지금까지 지구에 살았던 동물 중 가장 큰 대왕고래(흰긴수염고래)와 우리 인간도 포함된다.

두꺼운 털가죽은 추운 날씨에 체열이 몸 밖으로 빠져나가지 못하게 막는다.

대부분의 포유동물은 기어오르거나 뛸 때 균형을 잡아 주는 꼬리를 지닌다. 꼬리를 또 하나의 팔처럼 무언가를 움켜쥐는 데 쓰는 종도 있다.

대다수의 포유동물은 네발로 걷는다. 사향고양이도 고양이류처럼 발가락으로 걷는다.

털 층

대부분의 포유동물처럼, 북극곰도 털이 두 개의 층을 이룬다. 바깥층은 보호용 긴 털로 이루어져 안쪽 털이 너무 젖지 않게 막아 주며, 색깔을 띤다. 안쪽 층은 누비옷처럼 따뜻한 공기를 가두는 가는 털이 빽빽하게 들어차 있다. 북극곰 피부 밑에는 지방으로 된 두꺼운 단열층도 있다.

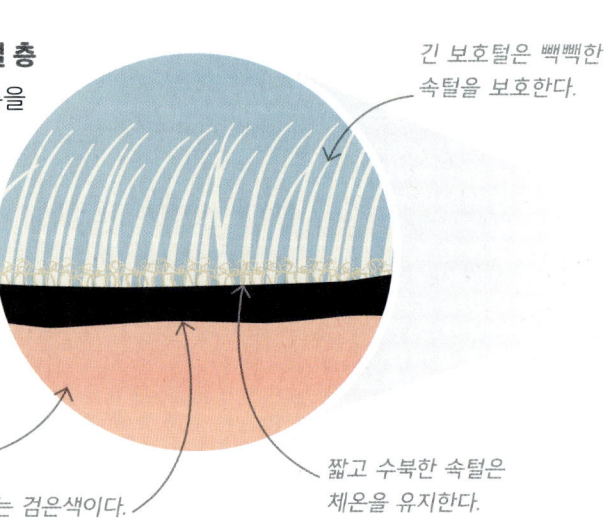

긴 보호털은 빽빽한 속털을 보호한다.

피부 밑의 지방층은 두께가 10센티미터까지 늘어날 수 있다.

하얀 털 밑의 피부는 검은색이다.

짧고 수북한 속털은 체온을 유지한다.

미늘이 난 가시

호저의 가시는 단단한 단백질인 케라틴이 두껍게 한 층 덮여 고도로 변형된 털이다. 미늘이 달려 있고, 피부에는 느슨하게 붙어 있다. 그래서 적에게 박히면 떨어져 나가 적의 상처에 그대로 남게 된다.

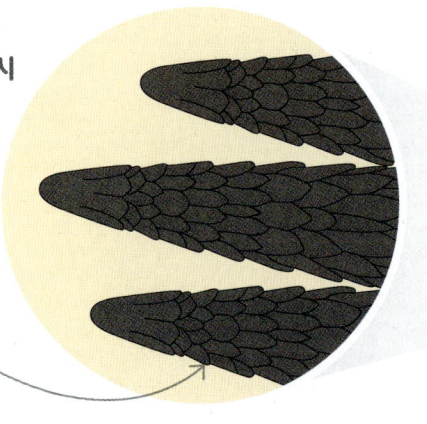

각 가시는 끝에 갈고리처럼 작용하는 역방향의 미세한 미늘들이 붙어 있어서, 한 번 박히면 빼내기 어렵다.

털은 어떤 일을 할까

포유동물이 먹는 먹이의 최대 90퍼센트는 몸을 따뜻하게 유지하는 에너지로 쓰인다. 열을 덜 잃을수록 먹이를 덜 먹어도 되므로, 추운 기후에서는 단열이 대단히 중요하다. 포유동물이 털을 지닌 이유가 바로 체온 유지 때문이다. 털은 포유동물 고유의 특징이며, 공기를 가두어서 따뜻한 공기층을 형성할 만큼 털이 빽빽하게 자라는 동물도 있다.

▶ 다양한 털가죽

피부가 거의 드러나 있는 포유동물도 있긴 하지만, 대부분의 포유류는 체온 유지를 돕는 털로 덮여 있다. 모든 털에는 미세한 근육이 붙어 있기 때문에 뻣뻣하게 세워 단열이 더 잘 되게 할 수 있다. 또 털은 여러 색깔을 띨 수 있어서 다양한 무늬를 이루곤 한다. 그래서 포식자를 방어하거나 먹이를 사냥할 때 들키지 않게 위장하는 용도로도 쓰인다. 몇몇 포유동물의 털은 방어용 가시나 비늘로 진화했다.

극지방의 단열하는 털
북극곰은 아주 빽빽한 털과 두꺼운 피부 밑에 지방층을 갖추어서, 북극권의 겨울 내내 따뜻하게 지낼 수 있다. 북극해의 해빙 위에서 살며, 거의 얼어붙을 듯한 물에서 헤엄치곤 하므로, 단열이 잘 되어야 생존할 수 있다.

바깥 털은 속이 비어 있고 투명하며, 하얗다.

방어용 가시
호저의 털가죽은 날카로운 가시로 덮여 있다. 가시는 털이 뻣뻣하게 굵어진 것이며, 피부에서 털과 같은 방식으로 자란다. 북아메리카 호저의 가시는 평소에는 몸에 납작하게 붙어 있다. 위협을 느끼면, 피부 근육이 가시를 바짝 세운다. 그러면 가시가 부채처럼 펼쳐져 공격자를 물리칠 준비가 된다.

호저의 몸은 약 3만 개의 가시로 덮여 있다.

위장하는 털
호랑이의 피부에서 자라는 검은색과 주황색의 털은 띠처럼 배열되어서 수직 줄무늬를 이룬다. 호랑이의 서식지인 숲에서 이 줄무늬는 나무와 긴 풀을 헤치고 먹이에게 다가갈 때 호랑이의 모습을 감추어 준다.

호랑이 털의 줄무늬는 숲의 그늘진 덤불 속에서 호랑이를 숨겨 준다.

털 대신 장갑판
천산갑의 털은 겹쳐지는 비늘로 이루어진 유연한 갑옷과 결합되어 있다. 비늘도 털과 발톱처럼 단단한 케라틴으로 이루어져 있다. 천산갑은 공격을 받으면, 몸을 말아 뾰족뾰족한 공처럼 된다. 각 비늘의 가장자리는 날카로운 칼날과 같은 역할을 한다.

천산갑은 머리부터 꼬리까지 비늘로 덮여 있다.

포유동물의 감각은 어떻게 작동할까

다른 동물들처럼, 포유동물도 다양한 감각들을 써서 몸을 안전하게 지키고 먹이를 찾는다. 대다수의 포유동물은 우리처럼 5가지 감각을 지니지만, 인간보다 후각과 청각에 더 의존하는 동물들이 많다. 밤에 활동하는 동물은 더욱 그렇다. 한편 우리가 거의 상상하기 어려운 또 다른 감각을 지닌 포유동물들도 있다.

▶예리한 감각들
많은 포유동물 종은 자기가 사는 환경에 알맞은 감각을 갖추고 있다. 야행성 붉은여우 같은 사냥꾼은 두더지와 생쥐 같은 먹이를 뒤쫓을 때 주로 후각과 청각을 이용한다.

시각
포유동물의 눈은 카메라와 거의 같은 식으로 작동한다. 빛은 눈동자라는 구멍을 통해 눈으로 들어온다. 눈동자(동공)는 밝기에 따라 크기가 조절된다. 빛은 각막과 수정체를 거쳐 감각 세포들이 늘어선 망막이라는 층에 초점이 맞추어진다. 시각 세포는 망막에 맺힌 상을 전기 신호로 바꾼다. 전기 신호는 시신경을 통해 뇌로 전달되어 뇌에서 해독된다.

후각
여우의 긴 코에는 뇌 영역과 연결된 후각 망울이라는 작은 감각기들이 가득하다. 일부 포유동물이 지니는 야콥손 기관은 같은 종의 냄새 신호를 찾아내며, 입으로 들어오는 냄새 물질에 반응한다.

미각
혀의 표면에 난 구멍에는 먹이의 맛을 감지하는 수많은 맛봉오리들이 들어 있다. 하지만 맛봉오리가 구별하는 맛의 범위는 매우 한정되어 있다. 냄새와 뒤섞인 복잡한 맛은 주로 후각을 통해 감지된다.

길고 빳빳한 수염은 접촉에 아주 민감하다. 근처에서 움직임 때문에 생기는 공기 흐름까지 느낄 수 있다.

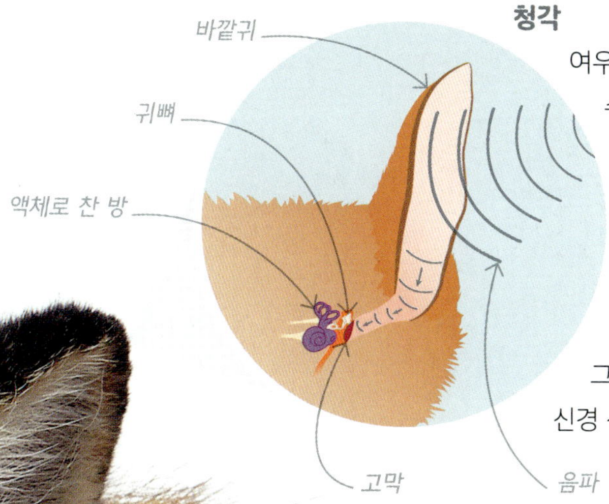

청각

여우는 소리가 나는 곳을 향해 쫑긋 움직일 수 있는 커다란 바깥귀를 지닌다. 모든 포유동물의 귀에서처럼, 음파는 각 귀로 들어와서 팽팽한 고막을 진동시킨다. 그 고막의 진동을 작은 귀뼈들이 포착하여 액체가 들어찬 나선형 방(달팽이관)으로 보낸다. 그 방에 있는 감각 세포들은 진동을 신경 신호로 바꾼다.

- 바깥귀
- 귀뼈
- 액체로 찬 방
- 고막
- 음파

특수한 감각들

많은 포유동물은 특수한 환경에서 살아가기 알맞게 적응하며 발달한 특수한 감각들을 갖추고 있다. 일부 감각을 잃은 종도 있다. 컴컴한 어둠 속에서 굴을 파며 사는 동물들은 때로 눈이 멀어 있다. 반면에 일반적인 감각이 별 소용이 없는 곳에서도 살 수 있도록, 특수한 감각들을 지닌 종도 있다.

클릭 음은 돌고래 앞쪽의 물로 레이저처럼 발사된다.

먹이에 부딪쳤다가 되돌아오는 음파를 돌고래의 뇌가 처리한다.

반향정위

돌고래가 소리를 통해 주변을 감지하는 방식은 우리와 다르다. 돌고래는 먼저 빠르고 짧게 연속해서 클릭 음을 내보내고, 그 소리가 물속에 있는 것들에 부딪혀 돌아오는 메아리를 듣는다. 소리의 메아리를 이용해 눈을 쓰지 않고도 주변에 뭐가 있는지 알아낼 수 있다. 시각이 소용없는 탁한 물에서 사냥할 때 대단히 중요한 감각이다. 박쥐도 이와 비슷한 반향정위 방식을 쓴다.

부리가 먹이에게서 나오는 전기 신호를 포착한다.

부리 끝에 미세한 감지기가 약 4만 개 들어 있다.

전기 수용 감각

오스트레일리아에 사는 오리너구리의 오리처럼 생긴 고무질 부리는 포유동물에게서 찾기 힘든 감각을 거의 유일하게 갖추고 있다. 작은 먹이가 근육을 움직일 때 나오는 전기 신경 신호를 검출할 수 있다. 오리너구리는 이 색다른 감각을 써서, 눈이 소용없는 진흙 웅덩이 속에서도 먹이를 찾아낸다.

포유동물은 어떻게 태어날까

대부분의 포유동물은 어미의 몸속에서 오랜 시간 동안 자란다. 태반이라는 기관을 통해 양분을 받으면서다. 태반은 탯줄을 통해서 어미의 혈액에서 양분과 산소를 받는다. 새끼가 어미의 몸 밖에서 살아남을 만큼 충분히 자라면, 어미는 출산을 한다. 하지만 갓 태어난 새끼는 여전히 연약하며, 스스로 살아갈 수 있을 때까지 보살핌을 받아야 한다.

▶ **갓 태어난 새끼**
갓 태어난 많은 포유동물처럼, 새끼 고양이도 첫 몇 주 동안 어미에게 의지해 살아간다. 온기를 얻기 위해 어미에게 달라붙고, 양분이 풍부한 어미의 젖을 먹으며 자란다. 젖에는 새끼가 빨리 자라는 데 필요한 양분이 가득하다. 포유동물 어미와 새끼는 독특한 냄새를 통해 서로를 알아보는 법을 배운다.

갓 태어난 새끼 고양이는 어미의 몸속에서 자라는 동안 양수에 들어 있었기 때문에 축축하다.

한배에 난 새끼들

새끼는 눈을 감은 채 태어나며, 적어도 1주일 동안은 눈을 뜨지 못한다.

앞을 못 보는 새끼 고양이들은 후각을 써서 어미를 알아본다.

고양이는 대개 한 배에 새끼를 2~5마리 낳는다. 다른 많은 포유동물들도 한배에 새끼를 여러 마리 낳는다. 야생 포유동물은 자연에서 여러 가지 위험에 빠지므로 모든 새끼가 성체 때까지 살아남지는 못한다.

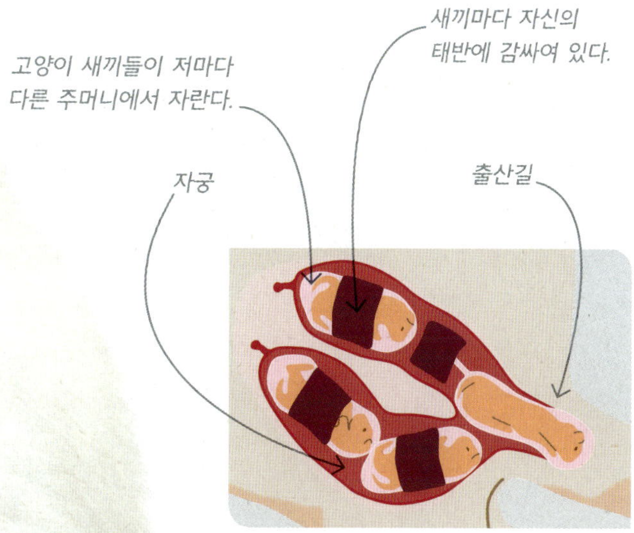

출산

고양이 새끼들이 저마다 다른 주머니에서 자란다.

새끼마다 자신의 태반에 감싸여 있다.

자궁

출산길

새끼 포유동물은 자궁(포궁)이라는 기관에서 발달하며, 개체마다 태반이 따로 있다. 각 새끼는 보호 주머니 안에서 자라며, 주머니는 액체로 채워져 있다. 새끼가 태어날 준비가 되면, 자궁벽의 근육이 수축하면서 새끼를 한 번에 한 마리씩 출산길로 밀어낸다.

태어날 때의 크기

코끼리와 고래 같은 대형 포유동물은 대개 긴 임신 기간을 보낸 뒤에 커다란 새끼를 낳는다. 이들의 새끼는 태어나자마자 곧 돌아다닐 수 있다. 반면에 자궁에서 지내는 기간이 짧아서, 앞이 보이지 않는 무력한 상태로 태어나는 새끼도 있다.

기린은 자궁에서 1년 반을 자란 뒤에 태어나며, 몸무게가 어미 몸무게의 10분의 1에 달한다. 태어난 직후에 걸을 수 있다.

범고래는 자궁에서 약 550일을 자라다가 물속으로 태어난다. 몸무게는 어미 몸무게의 50분의 1이다.

갓 태어난 새끼 대왕판다는 아주 작고 무력하다.

대왕판다는 임신한 지 160일이 지나면 태어나며, 몸무게가 어미 몸무게의 1000분의 1에 불과하다. 다른 포유류 새끼보다 더 오래 돌봐야 한다.

어른 캥거루는 새끼보다 10만 배 이상 무겁다

캥거루는 유대류다. 태반이 없는 포유류이다. 새끼는 작고 덜 발달한 상태로 태어나서 어미의 육아낭 주머니 속으로 기어 들어가 더 자란다.

포유동물은 어떻게 새끼를 먹일까

어미의 젖을 빠는 새끼 기니피그를 옆에서 본 모습

동물계의 다른 동물들과 달리, 포유동물 암컷은 젖샘이라는 독특한 기관에서 젖을 만들어 낸다. 포유동물의 새끼는 몇 주, 심지어 몇 년 동안 젖을 먹으며 자란다. 젖떼기라는 과정을 거쳐서 성체가 먹는 먹이를 먹을 수 있을 때까지 어미의 젖으로 산다.

▶ **태반이 있는 포유류**
기니피그를 비롯한 포유동물은 대부분 알이 아니라 살아 있는 새끼를 낳는다. 태어나기 전의 새끼는 어미의 자궁에서 태반을 통해 양분을 공급받는다. 태어난 뒤에는 어미의 젖샘과 연결된 젖꼭지에서 젖을 먹는다.

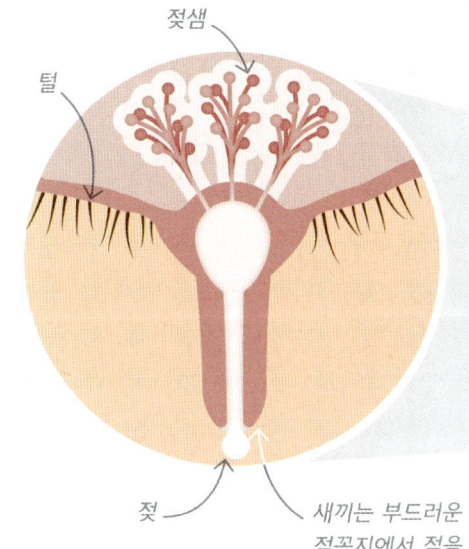

새끼는 부드러운 젖꼭지에서 젖을 빤다.

특별한 혼합물
젖은 새끼가 자라는 데 필수적인 지방, 단백질, 당의 혼합물이다. 젖에 든 여러 지방 분자들이 빛을 반사하여 하얀색으로 보인다.

단공류
포유류 중에서 단공류는 새끼가 아니라 알을 낳는다. 바늘두더지와 오리너구리가 단공류에 속한다. 알이 부화하여 새끼가 나오면, 어미는 젖을 먹인다. 하지만 단공류는 젖꼭지가 없다. 대신에 젖이 젖샘에서 나와서 털 사이로 스며 배를 적시면 새끼가 핥아 먹는다.

젖샘 / 젖 / 털 / 오리너구리 / 배에 난 젖샘에서 젖이 스며 나온다.

밑에서 본 모습

기니피그 새끼는 잘 발달한 상태로 태어난다. 태반이 있는 다른 많은 포유류와 같다.

회색캥거루 / 주머니

유대류
태반이 있는 포유류와 달리, 캥거루 같은 유대류는 임신 기간이 짧고 자라다가 만 작은 새끼를 낳는다. 무력하고 덜 발달한 새끼는 어미의 몸을 기어올라서 대개 주머니 안으로 들어간다. 그 안에서 필요한 양분을 공급하는 젖꼭지를 물고 자란다. 주머니 안에서 몇 주, 심지어 몇 달까지도 지내곤 한다.

포유동물은 어떻게 새끼를 돌볼까

포유동물은 새끼를 포식자로부터 보호하고, 먹이고, 따뜻하게 하고, 피신처를 제공하는 등 다양한 방식으로 돌본다. 새끼의 생존 가능성을 최대로 높이기 위해서, 새끼를 기르는 데 많은 시간과 에너지를 투자한다. 또 다른 대부분의 동물보다 새끼를 적게 낳아서, 낳은 새끼를 더 정성껏 돌볼 수 있다.

새끼에게 위험이 닥칠까 봐 어미는 늘 귀를 쫑긋 세우고 살핀다.

보호
어린 새끼도 포식자에게 손쉬운 먹잇감이어서, 부모가 포식자로부터 보호해 주어야 한다. 새끼 딸나귀는 어미 곁에서 떨어지면 공격을 받기 쉬우므로, 어미가 새끼를 꼭 붙들고 보호해야 한다.

276 포유류

포유류

▶새끼 운반과 피신처

대부분의 포유동물처럼, 호랑이도 새끼를 몇 마리만 낳아 무사히 생존할 수 있도록 돌본다. 굴 밖을 탐험할 수 있을 만큼 자란 새끼가 독수리와 마주치거나 하는 위험한 상황에 놓이면 어미는 새끼를 입에 물고 옮겨서 지킨다. 다른 포식자가 호랑이 굴을 발견해서 식구들 전체가 이사해야 할 때에도 새끼를 입에 물고서 옮긴다.

위험한 상황에서는 새끼를 물어서 옮긴다.

포식자에게 맞설 수 없는 새끼는 위장 무늬로 몸을 숨긴다.

이 새끼는 어미와 굴 밖을 탐험할 만큼 자랐다.

호랑이는 날카로운 발톱으로 새끼에게 닥칠 위험을 막는다.

덕분에 날카로운 발톱이 닿지 않으며 호랑이는 소리를 내뿜에 감으며 새끼를 돌아다닐 수 있다.

먹이

소 등으로 사냥하는 발을 배울 때까지, 육식성 포유동물 새끼는 부모가 가져오는 먹이를 받아먹는다. 고양잇과 부모들은 종종 살아 있는 먹이를 새끼에게 가져다준다. 산 먹이로 새끼는 사냥 기술을 연습할 수 있다.

온기

어린 포유동물은 부모로부터 온기를 받아야 한다. 몸이 작아서 열을 쉽게 잃기 때문이다. 포유류 부모들은 새끼를 꼭 껴안아서 추위를 막아 준다. 눈 덮인 산에 사는 일본 마카크원숭이가 새끼를 꼭 껴안는 것처럼 따뜻하게 감싸 준다.

포유동물은 어떻게 자랄까

포유동물은 태어나서 홀로서기까지 다른 동물들보다 더 오랜 시간이 걸린다. 부화하자마자 자신을 지킬 수 있는 새끼 파충류와 달리, 어린 포유동물은 부모의 보살핌을 받으면서 스스로 생존하는 데 필요한 기술을 서서히 습득해야 한다.

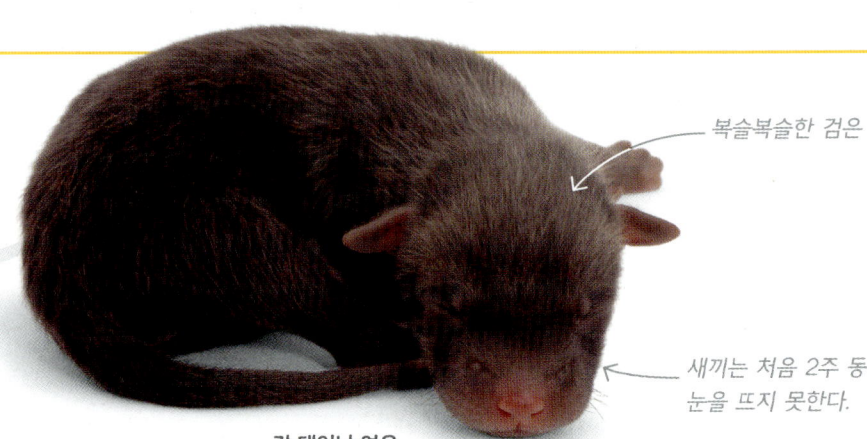

갓 태어난 여우
- 복슬복슬한 검은 털
- 새끼는 처음 2주 동안 눈을 뜨지 못한다.

❶ 갓 태어난 여우
여우는 눈도 못 뜨고 귀도 안 들리고 이빨도 없이 거의 무력한 상태로 태어난다. 그저 어미의 젖을 빠는 본능만 있다. 여우의 젖에는 소의 젖보다 지방이 3배 더 많다. 새끼는 빠르게 자라서, 10일 사이에 몸무게가 3배로 는다.

- 여우의 눈은 처음에는 파랗다.

❷ 첫 걸음 떼기
새끼의 눈과 귀는 2주가 되어야 열려서 주변 세계를 알아볼 수 있다. 4주가 되면, 후들거리며 첫 걸음을 뗀다. 젖뿐 아니라, 부모가 게워 낸 반쯤 소화된 먹이도 먹기 시작한다.

4주째

여우는 어떻게 자랄까 ▶

새끼가 자라서 자신의 새끼를 낳을 수 있는 어른이 될 때까지, 여우는 몸과 마음에 많은 변화를 겪는다. 더 크고 더 강해질 뿐 아니라, 볼 수 있고, 걷고 사냥하고 새끼를 낳아 돌볼 수 있게 된다.

- 귀가 더 커지면서 경계할 때면 쫑긋해진다.
- 파란 눈이 노랗게 변한다.

❸ 빨리 배우는 시기
8주째에 새끼는 부모가 가져온 고형 먹이를 먹는다. 스스로 사냥을 하지는 못하지만, 곤충을 비롯한 작은 동물들을 뒤쫓고 때로 잡으면서 연습을 시작한다.

8주째

초기 학습

새끼 포유동물이 처음 배우는 것은 자신의 부모를 알아보는 일이다. 새끼가 자신을 돌보는 첫 상대에게 애착을 갖는 각인 과정이다. 자라는 동안 부모의 보살핌을 받아야 하므로, 부모를 알아보는 것은 매우 중요하다.

지켜보고 배우기

포유동물은 남의 행동을 지켜보고 흉내 내는 과정을 통해 기술을 습득한다. 새끼 코끼리가 난생처음 물을 마실 때는 어설프게 엎드려서 입술로 들이켠다. 어른의 행동을 지켜본 뒤에야, 코를 입에 가져와 물을 뿜어내는 법을 배운다.

> 아직 어린 여우들이지만, 털은 어른처럼 밝은 색깔을 띠고 있다.

❹ 청년기
12주가 되면, 새끼들 사이에 서열이 정해진 상태다. 새끼들은 몰래 다가가고 덮치고 추적하는 행동을 하며 논다. 그러면서 나중에 살아가는 데 필요할 사냥과 싸움의 기술을 배운다.

12주째

서열은 어떻게 매겨질까

많은 포유동물이 몇몇 어른들과 그 새끼들로 사회 집단을 이루어 산다. 집단은 우두머리 한 마리나 한 쌍이 이끈다. 나머지 동물들은 모두 지위가 비슷하거나, 차례로 서열이 매겨진다.

▶ **우두머리**
고릴라는 무리를 지어 살고, 고릴라 무리는 어른 수컷 한 마리가 이끈다. 우두머리 수컷을 실버백이라고 한다. 등에 은색의 털이 나 있기 때문이다. 실버백은 무리가 어디에서 먹고 잘지를 결정하며, 무리를 차지하려고 시도하는 경쟁자나 포식자를 물리친다.

무리
고릴라 무리의 나머지는 어른 암컷들과 새끼들이다. 때로는 등의 털이 검은색이고 덜 성숙한 수컷인 블랙백도 몇 마리 끼어 있다. 무리 내에서의 지위는 모두 비슷하다.

위협 행동을 하면서 소리를 지르기도 한다.

실버백은 경쟁자 수컷을 물리치기 위해 가슴을 쿵쿵 치면서 위협 행동을 한다.

무리에 속한 모든 새끼 고릴라는 실버백의 자식이다.

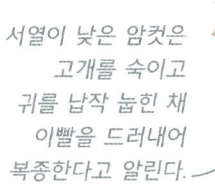
우위

복종

우위에 있는 암컷은 고개를 들어서 자신이 중요한 존재임을 과시한다.

서열이 낮은 암컷은 고개를 숙이고 귀를 납작 눕힌 채 이빨을 드러내어 복종한다고 알린다.

순위제

대부분의 포유동물 집단에서는 으뜸 수컷이 무리를 지배하지만, 점박이하이에나 무리는 암컷이 지배한다. 고릴라와 달리 이들은 순위제를 택한다. 무리의 구성원은 자신보다 서열이 높은 상위 개체에게 굴복하지만, 서열이 낮은 하위 개체를 지배한다. 지배와 복종 관계는 몸짓을 통해 표현된다.

통치하는 여왕

동아프리카의 벌거숭이두더지쥐는 굴 파는 설치류이며, 꿀벌처럼 복잡한 군체를 이루어 사는 사회성 동물이다. 군체는 여왕의 통제를 받고, 여왕은 모든 새끼의 어미다. 여왕 곁에는 번식을 맡은 수컷 두세 마리가 따른다. 다른 모든 개체들, 때로 300마리까지 되는 두더지쥐들은 굴을 파고, 먹이를 찾고, 여왕을 지키는 일꾼들이다.

더 작은 일꾼들은 먹이를 구해 오고, 새끼를 돌보고, 굴을 유지하는 일을 한다.

몸집이 더 큰 일꾼들은 굴을 방어하는 일도 맡는다.

번식하는 수컷

여왕과 새끼들

▶ **수중 전술**

무리 사냥 기술 중에서 가장 정교한 전술 일부는 해양 포유동물들이 개발했다. 돌고래와 범고래가 쓰는 전술들이 특히 뛰어나다. 돌고래나 범고래는 지능이 뛰어나며, 주로 가족끼리 모여 다니면서 계속 의사소통을 하므로 조직적으로 사냥을 하기에 알맞다.

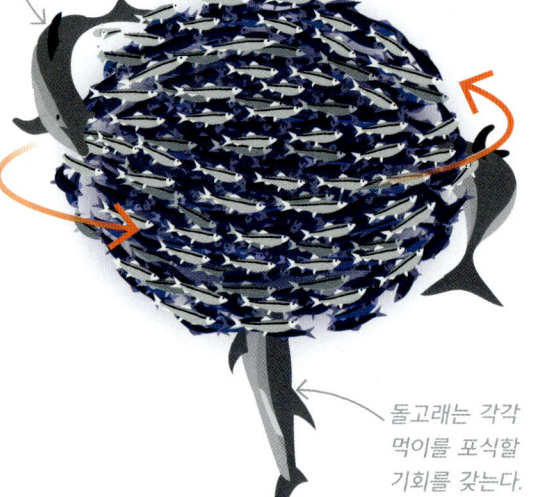

돌고래는 먹이가 달아나지 못하게 둘러싸고 몰아서 물고기 떼를 공처럼 만든다.

물고기들은 한데 몰려서 빙빙 도는 공 모양이 된다.

돌고래는 각각 먹이를 포식할 기회를 갖는다.

물고기 떼 몰기

돌고래들이 사냥할 때 쓰는 전술 한 가지는 물고기 떼를 몰아서 공처럼 뭉치게 하는 것이다. 돌고래들은 물고기 떼의 주위를 맴돌면서 공격하여 겁먹게 한다. 물고기들을 촘촘히 몰아 놓은 다음, 차례로 달려들어서 가능한 한 많은 먹이를 입에 넣는다.

무리 사냥은 어떻게 이루어질까

대부분의 육식성 포유동물은 홀로 사냥을 하지만, 일부는 무리를 지어 사냥하고 잡은 먹이를 나누어 먹는다. 무리로 사냥하는 전술은 몇 가지 이점이 있다. 홀로 사냥할 때보다 더 크고 더 강한 동물까지 잡을 수 있다. 또 먹이로 삼을 동물을 포위할 수도 있고, 무리를 흩어지게 만들어서 매복한 곳으로 내몰 수도 있다. 가장 지능이 높으면서 고도로 사회적인 포유동물만이 이런 협력 작업을 할 수 있다.

장거리 추격

아프리카 들개 무리는 단순한 사냥 전략을 쓴다. 먹이가 지칠 때까지 뒤쫓는 것이다. 먹이가 지치면, 들개 한 마리가 앞으로 달려 나가서 길을 막는다. 다른 들개가 달려들어서 먹이의 꼬리를 물고, 가장 민첩한 들개가 먹이의 윗입술을 문다. 그러면 먹이는 금세 죽는다.

돌고래는 무리가 협력하여 먹이를 잡는다.

- 암사자들이 임팔라영양을 함정 쪽으로 내몬다.
- 임팔라영양들이 포식자로부터 달아난다.
- 암사자들이 임팔라영양을 습격하기 위해 숨어 있다.

죽음의 파도

범고래는 물범을 비롯한 포유동물들을 잡아먹는 거대한 돌고래다. 남극 대륙 해역에서, 범고래는 유빙에 올라 쉬고 있는 물범을 잡는 완벽한 방법을 쓴다. 떼 지어 헤엄치면서 몇 마리가 유빙을 향해 빠르게 다가가다가 그 밑으로 잠수한다. 그러면 파도가 일면서 유빙 위를 덮쳐 물범이 바다로 떨어진다. 범고래는 물범을 물속으로 끌어들여서 익사시킨 뒤, 나누어 먹는다.

- 물범이 파도에 휩쓸려 물로 떨어진다.
- 범고래가 빠르게 움직여서 죽음의 파도를 일으킨다.

매복하는 사냥

사자는 사냥을 주로 암컷이 한다. 암컷들은 서로 역할을 나누고 무리를 지어 사냥한다. 일부는 먹이 뒤쪽으로 몰래 가서 매복한다. 다른 암사자들은 먹이 앞쪽으로 슬그머니 다가가서 불쑥 모습을 드러낸다. 놀란 먹이가 반대편으로 달아난다. 좌우에 있던 암사자들도 다가와 먹이를 겁주어서 함정 쪽으로 내몬다.

바다의 거인들

전 세계의 바다에서 살고 있는 향유고래는 무리를 지어서 생활한다. 향유고래는 현재 지구에서 가장 큰 포식자이며, 좋아하는 먹이인 심해 오징어를 찾아서 수심 2킬로미터 이상 깊은 곳까지 잠수할 수 있다. 한 어미가 먹이를 찾아 잠수하면, 무리의 구성원들은 그 어미의 새끼를 상어와 다른 포식자들로부터 지킨다. 잠수하지 않을 때에는 수면 바로 밑에서 햇빛을 받으며 떠 있기를 좋아한다.

위협 전술

포유동물 사이의 충돌은 대부분 싸움이 일어나기 전에 한쪽이 다른 쪽을 겁주어 쫓아내면서 끝난다. 상대에게 더 무시무시해 보일수록, 성공할 가능성이 더 높아진다. 바로 그런 이유로 경고하는 위협 행동이 진화했다.

송곳니를 드러내 겁주기
싸움을 피하기 위해, 올리브개코원숭이 수컷은 가능한 한 입을 크게 벌린다. 그러면서 길고 날카로운 송곳니를 드러내며 하품을 함으로써 서로를 위협한다.

몸집을 2배로 키우기
스라소니는 편히 있을 때, 털이 얼굴 주위로 매끄럽게 늘어져 있다. 하지만 위협을 느끼면 얼굴 털을 바짝 세워서 몸집이 훨씬 더 커 보이게 함으로써, 적을 물러서게 한다.

위험한 싸움
다른 종끼리 충돌할 때는 위험이 더 크다. 사진처럼 점박이하이에나와 사자가 먹이를 두고 맞설 때, 위험이 먹이치 앞으면 치명적인 싸움이 벌어질 수 있다.

충돌은 어떻게 이루어질까

포유동물들은 생존하고 번식하기 위해 경쟁하면서 충돌을 빚곤 한다.

서로 다른 종끼리 먹이를 놓고 싸우기도 하지만, 대부분은 같은 종의 구성원끼리, 대개 수컷들끼리 영역과 짝을 차지하기 위해 다툰다. 이런 충돌은 때로 공격적인 위협 행동으로 시작되어, 싸움으로 끝날 수도 있다.

머리 부딪히기
아프리카 평원에서, 경쟁하는 톰슨가젤 수컷들은 영역을 놓고 충돌한다. 싸우면 위험해질 수 있으므로, 수컷들은 힘을 과시함으로써 상대를 단념시키려고 한다. 그러다가 실패할 때에만 머리를 부딪치며 싸운다.

1 풀 뜯기 대결
때로 경쟁적으로 풀을 뜯어 먹는 행동을 통해서 영역에 도전하곤 한다. 각자 풀을 뜯으며 자신이 그곳에서 상대를 뒤로 물러 밀어내려고 애쓴다.

2 머리 숙이기
어느 쪽도 물러서지 않는다면, 수컷들은 머리를 숙이고 뿔을 보여 주는 과시 행동을 시작해 싸울 준비가 되었음을 알린다.

3 전면적인 싸움
마지막 수단으로써 싸움을 벌인다. 대개 뿔을 서로 엉으면서 힘을 과시하는 식으로 싸우며, 심각한 상처를 입는 일은 드물다.

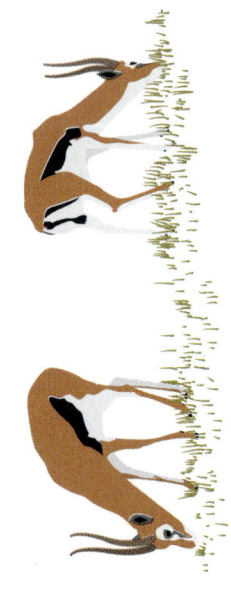

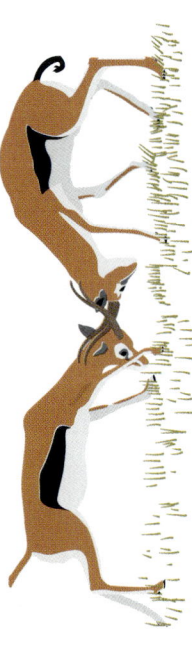

포유류 287

수컷만이 이렇게 이랑이 난 두꺼운 뿔을 지닌다. 암컷의 뿔은 훨씬 가늘고 짧다.

수컷은 눈 밑의 이 샘에서 분비되는 냄새 물질로 영역의 경계를 표시한다.

싸울 때 두꺼운 뿔 밑동이 머리뼈를 보호한다.

▲ **정면충돌**

톰슨가젤 수컷의 뿔은 이랑이 진 완만하게 휘어진 형태로, 정면충돌을 할 때 상대의 뿔을 얽어서 붙들도록 진화했다. 하지만 뿔은 끝이 날카롭기 때문에, 패자는 몸을 돌려서 달아날 때 찔리지 않도록 재빨리 움직여야 한다.

방어는 어떻게 이루어질까

대부분의 포유동물에게는 천적인 포식자가 있다. 공격을 받을 때, 몇몇 포유동물은 달리거나 숨는 반면, 일부는 그 자리에서 방어 적응 형질을 써서 자신을 보호한다. 아르마딜로의 갑옷처럼 신체적인 방어 수단도 있고, 미어캣의 방어 전술처럼 행동을 이용한 수단도 있다.

유연한 피부로 연결된 세 개의 갑옷 띠가 어깨판과 엉덩이판을 연결한다.

아르마딜로의 단단한 뼈판은 거친 비늘로 덮여 있다.

부드러운 배쪽은 갑옷이 덮여 있지 않다.

함께 살기

포유동물의 방어 행동은 다양하게 진화했다. 가장 흔한 방법 중 하나는 이 미어캣처럼 무리를 지어 사는 것이다. 무리 생활을 하면 위험을 알아채는 눈이 많아진다. 무리가 굴 밖에 나와 있으면, 누군가가 보초 역할을 한다. 보초 미어캣은 포식자를 발견하면, 소리를 내어 경고한다.

미어캣은 교대로 보초를 선다.

공중 공격
맹금류가 다가오면, 보초가 경고 소리를 내고 미어캣들은 재빨리 구멍 속으로 숨는다. 구멍 안에는 많은 미어캣이 들어갈 특수한 굴들이 있다.

지상 공격
코브라 같은 뱀은 오히려 미어캣의 공격을 받을 수도 있다. 처음에 미어캣들은 한데 모여 서서 포식자를 겁준다. 뱀이 물러서지 않으면 뱀을 물려고 시도한다.

▼갑옷을 입은 공

남아메리카의 세띠아르마딜로는 어깨와 엉덩이가 커다란 골질의 등딱지 같은 판으로 이루어진 갑옷으로 덮여 있다. 이 판들은 움직일 수 있는 세 개의 좁은 띠로 연결되어 있다. 연결하는 갑옷은 아주 유연하여 세띠아르마딜로는 몸을 갑옷으로 감싸인 공처럼 말 수 있다. 그러면 포식자도 아르마딜로의 부드러운 배를 공격할 수 없다.

안쪽 모습
아르마딜로의 골질 갑옷은 피부로부터 발달했으며, 거북의 등딱지와 달리 뼈대에 붙어 있지 않다.

갑옷을 입은 공은 완벽하게 보호된다.

머리와 다리를 안으로 넣는다.

방어벽

무리를 지어 사는 동물은 힘을 합쳐서 포식자를 물리칠 수도 있다. 북극 지방의 사향소들은 새끼들을 원형으로 둘러싸는 방어 대형을 짜서 공격하는 늑대 무리를 물리칠 수 있다. 머리를 숙여서 길게 굽은 뿔로 방어하면 늑대들도 때로 그냥 포기하고 물러난다.

사향소들의 원형 방어진

새끼들은 중앙에 숨겨진다.

사냥하는 늑대 무리

화학 물질 방어

많은 포유동물이 방어용 냄새 분비샘을 지닌다. 가장 강력한 냄새를 풍기는 동물은 스컹크다. 포식자의 얼굴에 악취를 풍기는 액체를 뿜어 스스로를 방어한다. 스컹크의 흑백 줄무늬는 경고 표시 역할을 한다. 포식자는 스컹크를 놔두는 편이 낫다는 것을 알게 된다.

눈에 쏘이면 일시적으로 앞을 못 보게 될 수도 있다.

육식 동물은 어떻게 살아갈까

육식 동물은 다른 동물의 살을 먹는 동물이다.
개, 고양이, 곰 같은 식육목 포유동물은 날카로운
발톱과 살을 꿰뚫는 이빨이 있다. 먹이를 잡고
죽이고 찢는 특수한 무기들이다. 또 경계하는
먹이를 이길 영리함과 압도하는 힘도 지닌다.

표범은 추운 환경에서 두꺼운 털로 체온을 유지한다.

포유류

표범은 청력이 사람보다 5배나 뛰어나다.

위장술 덕분에 표범은 먹이에게 몰래 다가갈 수 있다.

수염은 야행성 동물이 어둠 속에서도 길을 찾을 수 있게 해 준다.

강한 목과 어깨 근육

긴 꼬리는 균형을 잡도록 돕는다.

아무르표범

소리를 죽이는 발바닥을 갖춘 발

혀에는 뼈에서 살을 바르는 미세한 면도날 같은 이랑들이 나 있다.

꿰뚫는 날카로운 송곳니

◀ 몰래 다가가는 데 적합한 몸

대부분의 고양이류처럼 아무르표범은 은밀한 사냥꾼이다. 먹이가 다가올 때까지 매복한 채 기다리거나, 소리 없이 가까이 다가가서 와락 덮친다. 강한 발과 뾰족한 발톱으로 먹이를 붙잡은 뒤, 커다란 송곳니로 목을 꽉 물어 숨을 끊는다.

강한 턱으로 살을 쉽게 꿰뚫는다.

꿰뚫는 송곳니

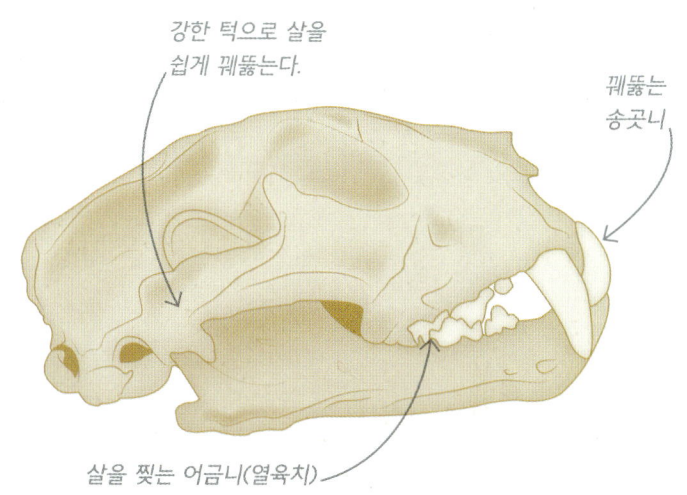

살을 찢는 어금니(열육치)

이빨

육식성 포유동물은 대개 고기를 먹기에 적합한 두 종류의 이빨을 지닌다. 앞으로 튀어나온 긴 송곳니로는 먹이를 찔러서 꽉 문다. 뒤쪽의 칼날 같은 열육치는 살을 찢는다.

근육과 뼈를 연결하는 힘줄

탄성이 있는 조직으로 발톱을 내밀거나 움츠릴 수 있다.

뼈

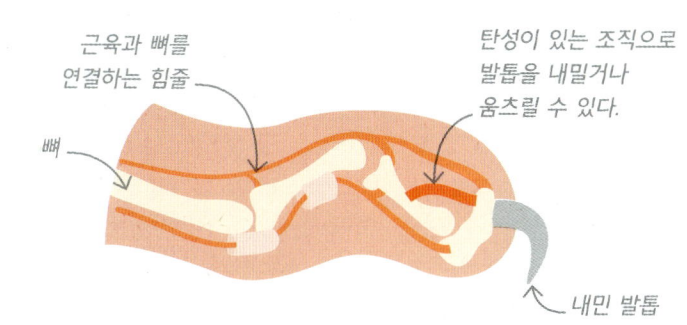

내민 발톱

발톱

육식성 포유동물은 사냥하고 기어오르고 파고 싸우는 발톱을 지닌다. 고양이류의 움츠릴 수 있는 발톱은 끝이 닳지 않도록, 쓰지 않을 때에는 발 안에 쏙 들어가 있다. 발톱을 내밀면 보드라운 발이 가공할 무기로 바뀐다.

식충 동물은 어떻게 먹이를 잡을까

일부 포유류는 곤충, 달팽이, 그 밖의 무척추동물을 비롯한 작은 동물들을 사냥한다. 식충 동물이라고 불리는 이 동물들은 대개 길쭉한 주둥이, 먹이를 찾아내는 예민한 코, 먹이를 파내는 발톱 달린 발, 먹이의 겉뼈대를 부술 날카로운 이빨을 지닌다. 대부분은 밤에 활동한다. 눈이 작고 시력이 나쁜 동물이 많으며, 대개 후각, 청각, 촉각에 기대어 살아간다.

▼ **사냥하는 고슴도치**
고슴도치는 대개 낮에는 굴에서 자다가 어두워지면 나와서 먹이를 찾아 다닌다. 무척추동물뿐 아니라, 개구리, 파충류, 열매, 버섯, 썩어 가는 고기도 먹는다. 강한 턱으로 달팽이의 껍데기나 새의 알도 쉽게 부술 수 있다.

- 날카로운 앞니
- 강한 어금니

고슴도치 머리뼈
대부분의 식충 동물처럼, 고슴도치도 머리뼈가 길쭉하고 작은 공간에 뇌가 들어 있다. 이빨은 36개이며, 단단한 껍데기를 부수는 튼튼한 어금니와 부드러운 살을 꿰뚫을 엄니 같은 앞니가 있다.

- 고슴도치는 등의 근육으로 가시를 세워서 자신을 방어할 수 있다.
- 고슴도치는 눈이 나쁘지만, 귀가 아주 좋다.
- 고슴도치의 작은 눈은 시력이 나쁘다.
- 긴 주둥이에는 후각 수용체가 가득하다.
- 뾰족한 앞니는 붙잡고 꿰뚫는 데 쓰인다.
- 딱정벌레 애벌레

사냥 기술

많은 종류의 포유동물은 무척추동물을 먹으며, 먹이를 잡기 위해 다양한 전략을 펼친다. 많은 식충 포유동물은 이빨이 아예 없는 대신에 다른 적응 형질을 지닌다.

두더지
두더지는 거의 평생을 땅속에서 지내며, 삽처럼 생긴 앞발로 이리저리 연결된 긴 굴을 판다. 그 안에서 지렁이를 비롯한 무척추동물을 잡아먹으며 산다.

땃쥐
작지만 매우 활동적인 포유동물. 땃쥐는 속도와 포악함을 무기로 엄청난 식욕을 채운다. 땃쥐는 살아남으려면 매일 자기 몸무게만큼의 먹이를 먹어야 한다.

개미핥기
개미핥기는 이빨이 없는 입 밖으로 긴 혀를 내밀어서 개미집 깊숙이 밀어 넣는다. 혀에 가득한 작은 갈고리들과 끈적거리는 침으로 먹이를 잡는다.

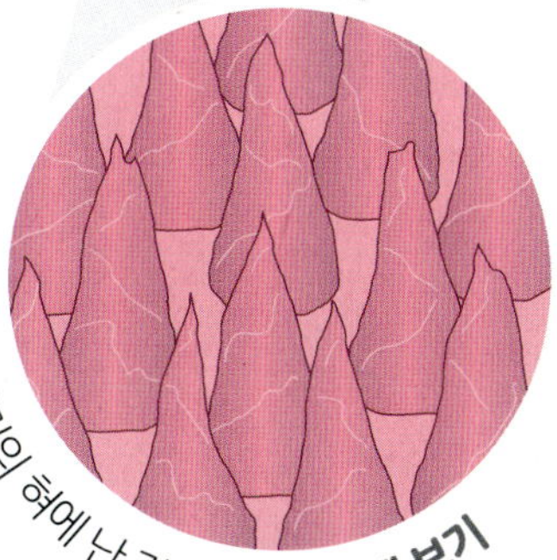

개미핥기의 혀에 난 갈고리를 확대해 보기

보호 가시는 단백질로 덮여서 빳빳해진 특수한 털이다.

날카로운 발톱은 흙을 파고 나아가는 데 쓰인다.

특수한 이빨

대부분의 초식성 포유동물은 입 앞쪽에서 잎을 잘라 내는 앞니와 소화하기 쉽게 잎을 씹어서 걸쭉하게 짓이기는 크고 튼튼한 어금니를 지닌다. 두 종류의 이 사이에는 잎을 씹기 전에 입 안에 한가득 저장해 두는 공간이 있다.

- 앞니와 어금니 사이에 이빨 틈이 있다.
- 앞니
- 어금니

- 기린의 뿔은 인각이라고 하며, 털가죽으로 덮여 있다.

▶ 더 높이 적응한 몸

풀을 뜯는 초식 동물은 풀과 낮게 자라는 덤불을 주로 먹는다. 한편 기린처럼 나뭇잎을 뜯는 초식 동물은 높은 잎을 뜯을 수 있는 긴 목이나 긴 다리를 지닌다. 같은 서식지에 사는 초식 동물들은 서로 다른 먹이를 먹는 쪽으로 진화하여 먹이 경쟁을 피한다.

- 아래턱은 좌우로 움직이면서 잎을 짓이길 수 있다.
- 기린은 목이 길어서 다른 초식 동물들이 못 따는 높은 나뭇가지의 잎도 뜯을 수 있다.

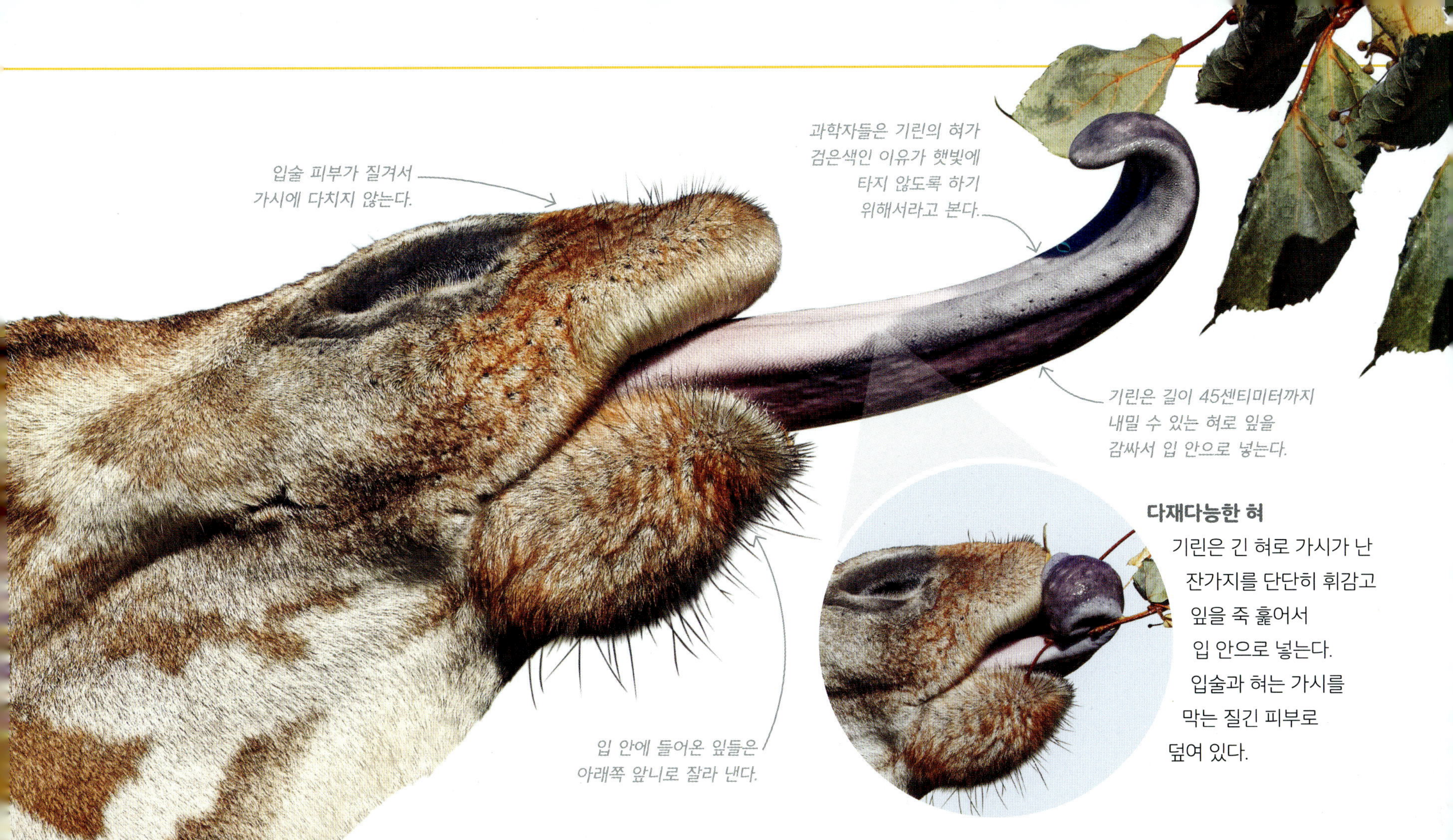

입술 피부가 질겨서 가시에 다치지 않는다.

과학자들은 기린의 혀가 검은색인 이유가 햇빛에 타지 않도록 하기 위해서라고 본다.

기린은 길이 45센티미터까지 내밀 수 있는 혀로 잎을 감싸서 입 안으로 넣는다.

다재다능한 혀
기린은 긴 혀로 가시가 난 잔가지를 단단히 휘감고 잎을 죽 훑어서 입 안으로 넣는다. 입술과 혀는 가시를 막는 질긴 피부로 덮여 있다.

입 안에 들어온 잎들은 아래쪽 앞니로 잘라 낸다.

초식 동물은 어떻게 먹을까

초식 동물은 식물을 먹는 동물이다. 사냥하는 것보다 식물을 먹는 편이 더 쉬울 거라고? 하지만 초식 동물이 필요한 영양분을 충분히 얻으려면 식물을 많이 먹어야 하며, 식물에는 소화하기 힘든 셀룰로오스라는 물질이 있다. 이 질기면서 섬유질이 많은 먹이에 대처하기 위해 초식 동물은 특수한 이빨과 긴 소화계를 갖추었다.

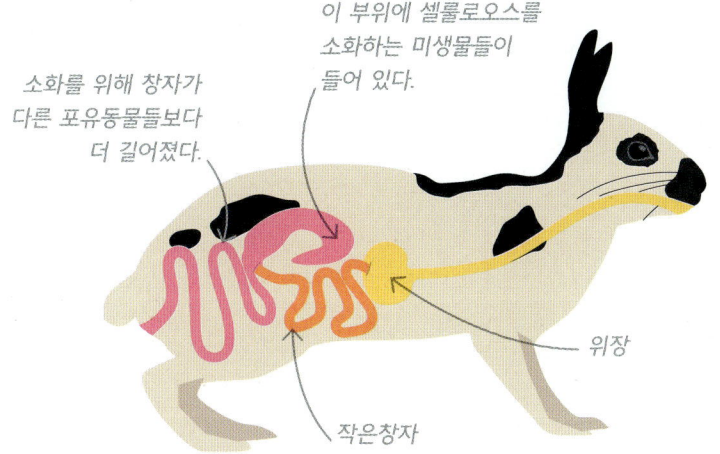

소화를 위해 창자가 다른 포유동물들보다 더 길어졌다.

이 부위에 셀룰로오스를 소화하는 미생물들이 들어 있다.

위장

작은창자

발효통인 큰창자를 가진 동물
이런 포유동물들은 큰창자에 셀룰로오스를 소화하는 미생물들이 들어 있다. 토끼는 먹이에서 양분을 최대한 흡수하기 위해서, 자신의 배설물을 먹기도 한다.

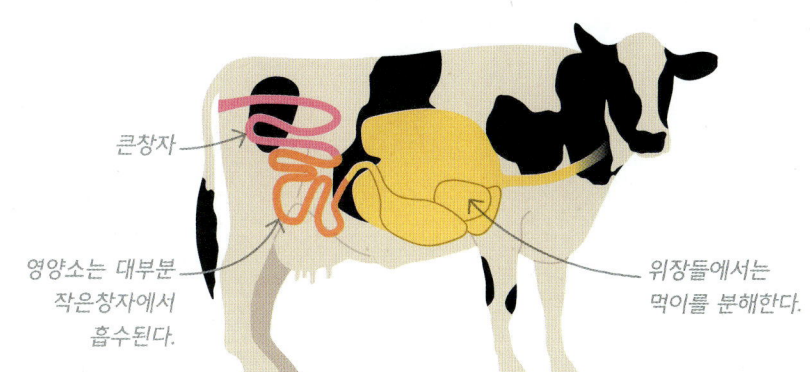

큰창자

영양소는 대부분 작은창자에서 흡수된다.

위장들에서는 먹이를 분해한다.

되새김하는 동물(반추 동물)
소를 비롯한 반추 동물들은 4개의 위장에 셀룰로오스를 분해하는 미생물들이 들어 있다. 한번 삼킨 먹이를 게워 내어 다시 씹어서 소화하기 쉽게 만든다.

▼두더지쥐

두더지쥐는 거의 평생을 땅속에서 지낸다. 커다란 앞니로 굴을 파고 돌아다니면서 식물의 뿌리를 찾아 먹는다. 굴은 길이가 1킬로미터에 이르기도 한다. 흙을 팔 때 삼키지 않도록 두더지쥐의 입술은 이빨 바로 뒤에 붙어 있다.

두더지쥐는 눈이 작고 시력이 나쁘지만, 청력이 아주 뛰어나다.

피부 주름이 땅을 팔 때 콧구멍으로 흙이 못 들어오게 막는다.

앞니는 뿌리가 머리뼈까지 뻗어 있다.

입술은 이빨 바로 뒤에 붙어 있다.

앞니

두더지쥐는 촉각이 뛰어나서 어둠 속에서도 길을 찾는다.

설치류는 어떻게 살아갈까

설치류는 포유류 중에서 규모가 가장 큰 집단으로 쥐, 모래쥐, 두더지가 포함된다. 커다란 앞니로 굴을 파거나, 단단한 먹이를 쏠거나, 자신을 방어한다. 대부분의 환경에서 먹이를 찾고 보금자리를 마련할 수 있어서, 북극권의 툰드라에서 뜨겁고 메마른 사막에 이르기까지 거의 어디에서든 살아남을 수 있다.

두더지쥐는 촉각이 뛰어나서 어둠 속에서도 길을 찾는다.

견과로 가득 찬 볼

견과 같은 먹이를 볼주머니에 담아서 운반한다.

볼주머니
많은 설치류는 날카로운 앞니와 먹이를 안전한 곳까지 운반하는 볼주머니를 지닌다. 햄스터는 볼주머니에 자기 몸무게의 절반에 해당하는 먹이를 담을 수 있고, 갓 태어난 새끼도 볼주머니에 넣어 옮길 수 있다. 침이 나지 않아서, 볼주머니는 늘 보송보송하다.

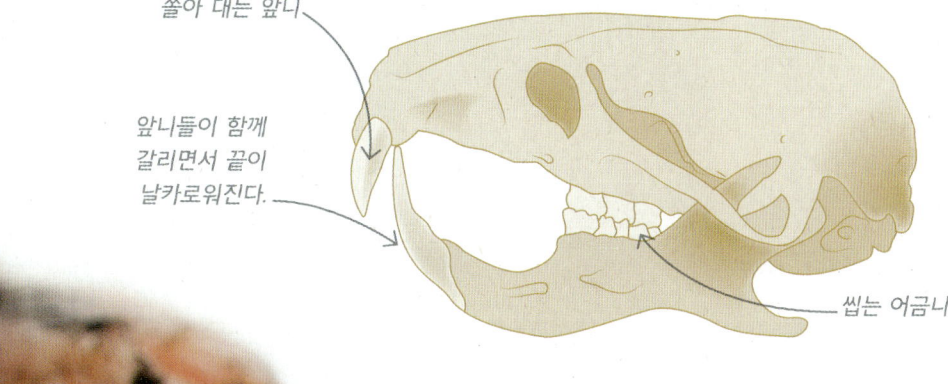

쏠아 대는 앞니

앞니들이 함께 갈리면서 끝이 날카로워진다.

씹는 어금니

설치류의 이빨
설치류의 앞니는 계속 자라기 때문에 쏠아 대어 닳아도 상관없다. 앞니는 앞쪽은 단단한 사기질로 되어 있고, 뒤쪽은 상아질이라는 더 부드러운 물질로 되어 있다. 위아래 이빨이 맞닿아서 움직일 때 상아질이 닳아서 이빨 끝이 날카로워진다.

설치류는 이빨을 어떻게 쓸까
대부분의 설치류는 쏠아 대는 이빨로 견과, 씨 등 단단한 먹이를 먹는다. 날카로운 앞니 끝으로 단단한 껍데기를 갉아서 부순다. 일부 설치류는 앞니를 굴을 파거나 나무를 쓰러뜨리거나 동물을 잡아먹는 데에도 쓴다.

메뚜기쥐
포식자인 메뚜기쥐는 이빨로 물어서 메뚜기, 전갈, 뱀의 뼈까지 뚫는다. 먹이의 신경을 잘라 내어 꼼짝 못하게 한 뒤에 먹어 치운다.

비버
강을 가로지르는 댐을 짓기 위해, 비버는 나무를 이빨로 쏠아서 자른다. 댐으로 물이 고이면 비버는 그 한가운데에 집을 짓는다.

다람쥐
추운 겨울을 지낼 먹이를 충분히 저장하기 위해, 다람쥐는 땅속에 견과를 잔뜩 묻어 둔다. 앞니로 견과의 단단한 껍데기를 부수어 먹는다.

비버는 어떻게 살아갈까

비버만큼 자기 서식지를 바꿔 놓는 야생 포유동물은 없다. 커다란 반수생 설치류인 비버는 쥐와 다람쥐의 먼 친척이며, 이빨로 나무를 베는 자연의 기술자다. 베어 온 나무로 포식자가 오지 못하게 물 한가운데에 견고한 집을 짓는다.

▶ 쏠아 대는 이빨

비버는 북반구의 숲에 산다. 춥고 습한 기후에서 물이 흐르는 곳에 넓은 습지를 만든다. 흐르는 물을 가두는 댐을 지어서 연못을 만든 뒤, 그 안에 집을 짓는다. 집짓기에는 주로 커다란 앞니를 쓴다. 비버의 앞니는 계속 쏠아 대어 끝이 날카로우며, 평생 계속 자란다.

수중 일꾼

비버는 물속에서 많은 시간을 보내며, 최대 15분까지 잠수할 수 있다. 물갈퀴가 달린 뒷발과 노 모양의 꼬리로 헤엄을 친다. 물속에서 생활하기 쉽게 해 주는 다른 적응 형질들도 있다. 반면에 몸이 무겁고 다리가 짧아서 땅 위에서는 좀 굼뜨다.

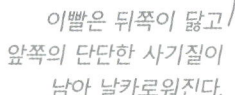

포유류 299

집짓기
비버는 강에 댐을 짓기 위해 열심히 일한다. 연못이 만들어지면 한가운데에 집을 짓는다. 집은 물속에 있는 출입구로 드나든다.

1 나무 쓰러뜨리기
비버는 강가의 나무를 골라서 밑동을 쏠아서 물 쪽으로 쓰러뜨린다. 벤 나무들을 층층이 쌓아 울타리를 만든다.

줄기 지름이 60센티미터에 달하는 나무도 쓰러뜨릴 수 있다.

2 댐
댐을 짓기 위해, 비버는 나뭇가지들을 강바닥에 수직으로 놓아 울타리를 보강한다. 그런 뒤 수평으로 나뭇가지들을 덧대고, 돌, 잡초, 진흙으로 틈새를 메운다.

댐은 높이가 4미터를 넘기도 한다.

3 집
댐이 완성되면, 막대기와 진흙으로 집을 짓는다. 집 바닥은 마른 상태로 있도록 수면보다 높게 짓는다. 아래쪽에 몸을 말리는 데 쓸 마루도 만든다.

추운 겨울을 대비하여 물속에 먹이를 저장한다.

4 안전한 피신처
여름에는 물에 둘러싸여 있어서 집은 안전하다. 겨울에 수면이 얼면 집 위에 바른 진흙도 얼기 때문에, 포식자는 침입할 수 없다.

포유동물의 팔다리 종류

모든 포유류의 공통 조상은 다리가 4개에 발가락이 5개였다. 하지만 포유동물이 각자 다양한 서식지에 적응하면서, 생활 방식에 맞게 다리가 변하였다. 지금은 발가락 수가 더 적은 종류도 많으며, 앞다리가 팔이나 지느러미발, 심지어 날개로 변한 종도 많다.

사람
더 이상 다리로 쓰이지 않지만, 사람의 팔에는 여전히 손가락이 5개 달려 있다. 팔, 손목, 손가락의 뼈들은 다른 모든 포유동물들에게도 있으며, 그저 형태가 바뀌었을 뿐이다.

- 위팔뼈
- 자뼈
- 노뼈
- 손목뼈
- 손허리뼈
- 손가락뼈

코뿔소는 몸무게의 대부분을 가운뎃발가락으로 지탱한다. 양쪽에 있는 더 작은 발가락들은 균형을 잡고 고정하는 데 쓰인다.

세 발가락 모두 끝이 넓은 발굽으로 변했다.

코뿔소
코뿔소의 앞다리는 거대한 몸집을 지탱하기 알맞게 강한 뼈를 갖춘 굵은 기둥이 되어 있다. 세 개의 발가락은 펼쳐져서 몸무게를 지탱하고 부드러운 땅에 빠지지 않게 막아 준다.

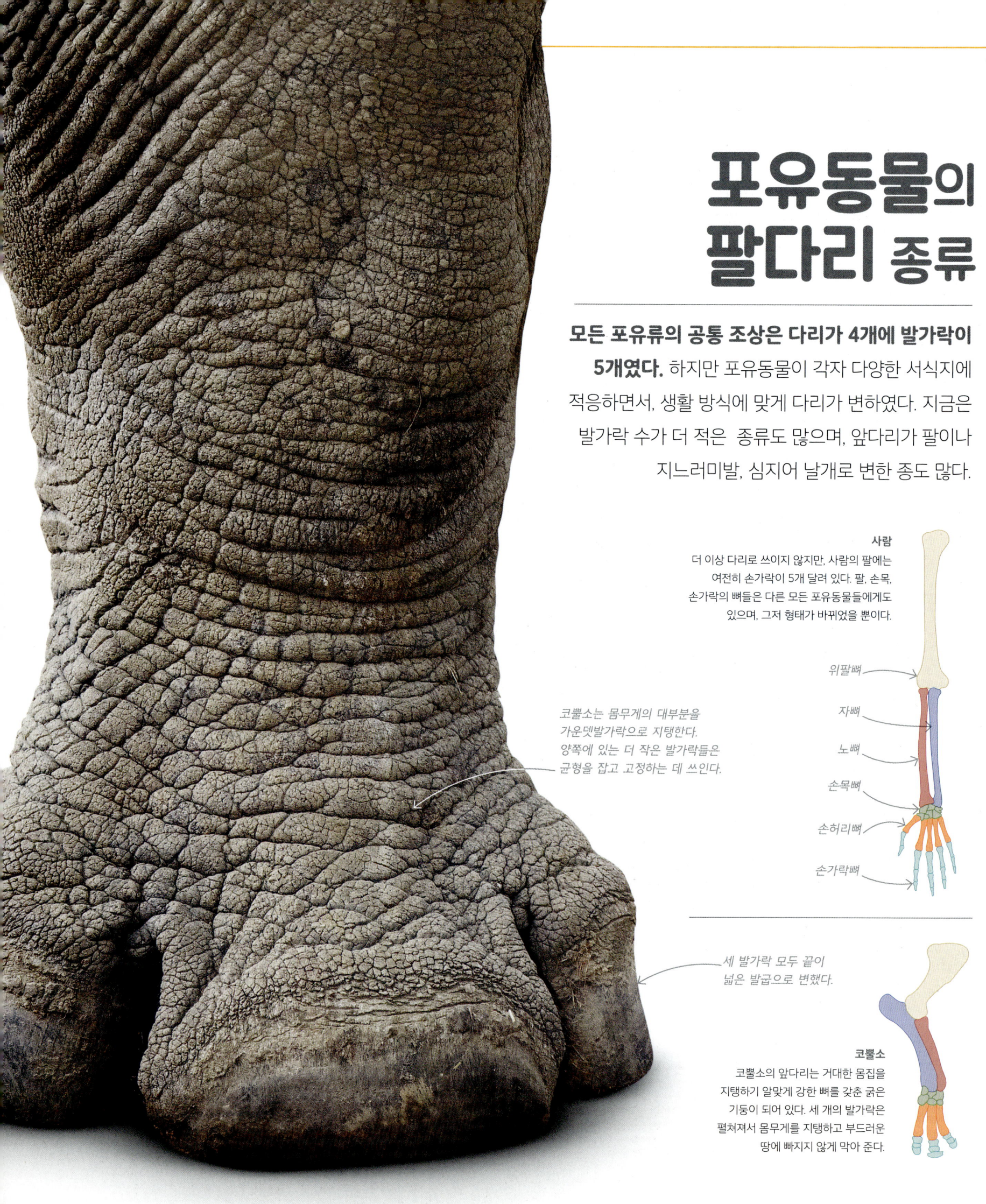

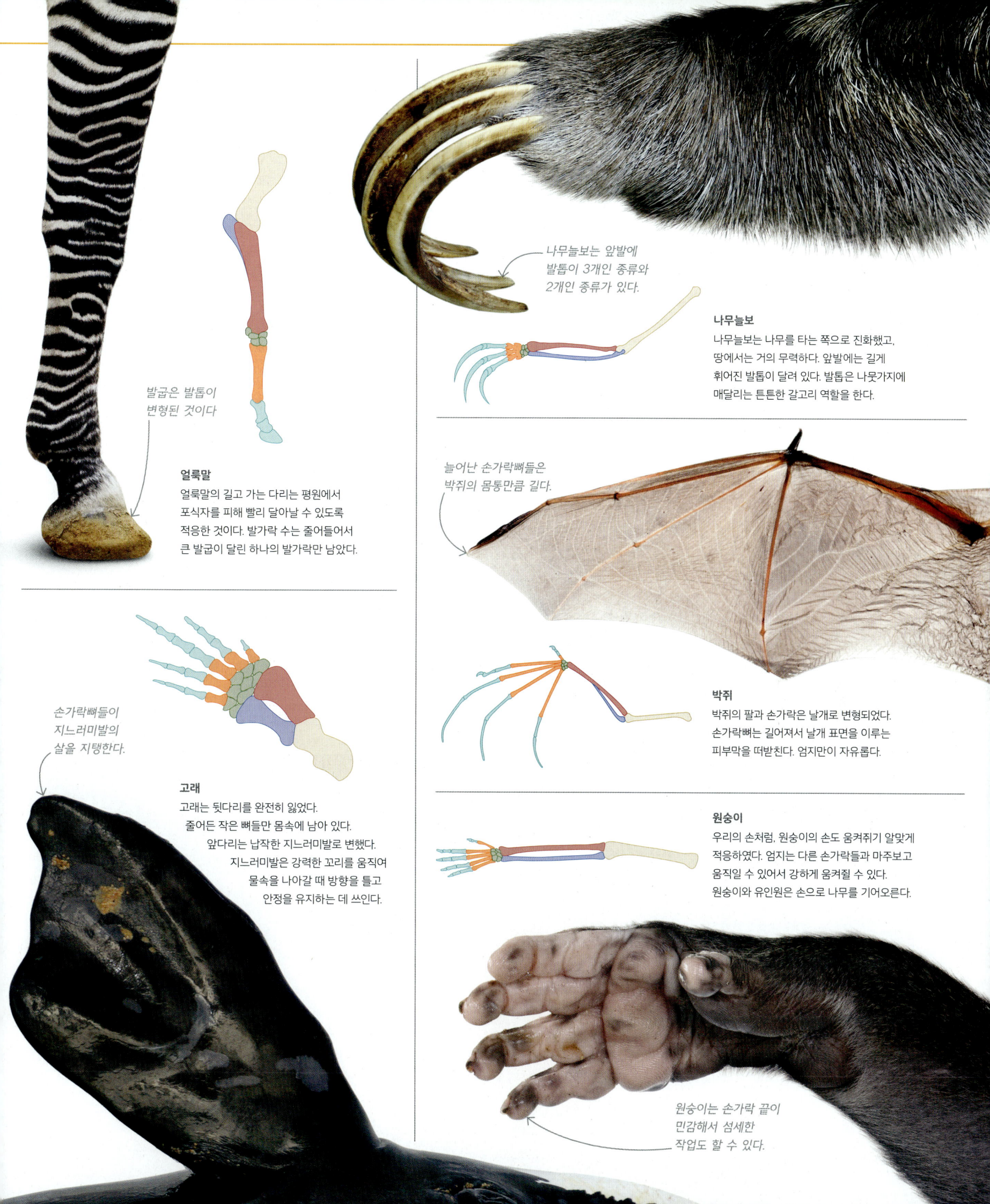

박쥐는 어떻게 살아갈까

박쥐는 날 수 있는 유일한 포유동물이다.
박쥐의 날개는 여러 개의 관절로 연결된 아주 길어진 손가락뼈들과 그 사이에 걸쳐 있는 탄력적인 피부로 이루어진다. 이 유연하고 자유자재로 움직이는 손가락뼈들은 새의 깃털 달린 날개와 전혀 다르다. 박쥐는 야행성이며, 어둠 속에서 능숙하게 날고 사냥하도록 진화했다.

▼야간 비행
대부분의 조류와 달리, 박쥐는 밤에 난다. 커다란 과일박쥐류는 예민한 큰 눈으로 어둠 속에서도 볼 수 있다. 하지만 이 작은갈색박쥐처럼 작은 식충 박쥐류는 음파를 보내어 메아리를 듣고서 먹이나 장애물을 파악한다. 이 방법은 반향정위라고 하며, 자신이 사는 컴컴한 동굴로 돌아갈 때에도 쓴다.

박쥐 날개는 많은 관절로 이루어져 있어서 공중에서 자유자재로 움직이면서 날 수 있다.

아주 높은 소리를 내어서 장애물이나 먹이를 찾는다.

피부막(비막)은 꼬리와 다리 사이에도 있다.

박쥐는 사람이 손의 손가락을 움직이는 것과 거의 비슷하게 날개의 '손가락'을 움직인다.

거꾸로 매달리기
박쥐는 낮에는 높은 횃대에 거꾸로 매달린 채로 지낸다. 쉽게 날기 위한 자세이다. 몸무게로 발톱에 연결된 힘줄이 잡아당겨져 발톱이 저절로 꽉 움츠리게 된다. 발톱을 펼 때에만 에너지를 쓰므로, 매달린 채로

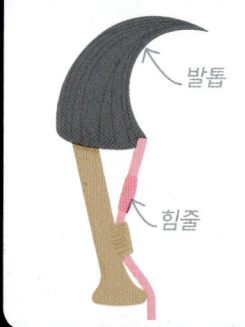
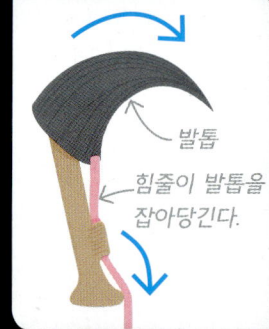

힘줄이 발톱을 잡아당긴다.

박쥐의 '엄지손가락'은 날개 위로 작은 발톱처럼 튀어나와 있으며, 기어오르는 데 쓴다.

긴 손가락뼈는 날개의 뼈대가 된다.

날개는 두 겹의 탄력적인 피부로 이루어져서 가볍고 튼튼하다.

박쥐는 나방에게 부딪혀 돌아온 메아리를 감지한다.

대개 숲의 나방을 잡아먹는다.

반향정위는 어떻게 작용할까

일부 박쥐는 높은 클릭 음을 빠르게 연달아 내어서, 나방 같은 대상에 부딪혀 돌아오는 메아리를 듣고 방향을 잡는다. 박쥐의 뇌는 이 메아리를 선명한 영상으로 바꾼다. 그래서 박쥐는 주변 환경을 인식할 수 있다.

전 세계의 박쥐들

비행 능력에 힘입어 박쥐는 다양한 서식지에 퍼졌다. 1,000종이 넘는 박쥐는 설치류 다음으로 규모가 큰 포유류 집단이다. 과일과 꽃꿀에서 물고기, 피, 다른 박쥐에 이르기까지 다양한 먹이를 먹지만, 곤충을 먹는 종류가 대부분을 차지한다.

흡혈박쥐
열대 아메리카의 흡혈박쥐는 날카로운 이빨로 동물의 피부를 찢고 새어 나오는 피를 핥아 먹는다.

천막을 치는 박쥐
특이하게도 이 열대 박쥐는 잎을 접어서 만든 방수 '천막' 밑에 매달려 잠을 잔다.

과일박쥐
열대림에 사는 이 커다란 박쥐류는 나무 꼭대기에서 쉬고, 일 년 내내 풍부한 과일을 찾아 먹는다.

관박쥐
코에 있는 U자형 피부막은 반향정위 클릭 음을 집중시켜 내보내는 역할을 한다.

천장에 매달려 자는 동물들

박쥐는 포유동물 중에서 가장 큰 무리를 이룬다. 필리핀의 어느 동굴 천장에 과일박쥐의 일종인 조프루아과일박쥐가 200만 마리가량 매달려 있다. 이들은 낮에 쉬다가 밤이 되면 먹이를 찾아 밖으로 나간다. 동굴 주변의 숲에서 과일과 꽃꿀을 먹으면서 털로 꽃가루를 옮긴다. 수많은 식물들을 번식시키는 역할을 한다.

날지 않을 때
떠 있지 않을 때에는 늘어진 피부막을 앞다리와 뒷다리 사이에 접어 넣고서 걷고 기어오른다.

▼슈가글라이더
작은 유대류 슈가글라이더는 이름처럼 꽃꿀과 유칼립투스 나무의 즙 같은 달콤한 먹이를 좋아한다. 나무 위에서 뛰고 활공하면서 먹이를 찾아다닌다. 활공하는 다른 포유동물처럼 날개가 없으므로 동력 비행은 하지 못한다.

슈가글라이더

긴 꼬리는 목적지에 다다를 때 제동 장치 역할을 한다.

슈가글라이더는 나무 사이를 뛸 때 새끼를 주머니에 담고 다닌다.

마주보는 발가락

뒷발가락 중 2개는 하나로 합쳐졌다.

포유동물은 어떻게 날까

숲에 사는 일부 포유동물은 나무에서 나무로 활공한다.
활공함으로써 포식자들이 기다리고 있는 땅에 발을 딛지 않은 채 숲을 돌아다닐 수 있다. 나무 꼭대기를 돌아다니기 위해 나는 것보다 더 효율적이다. 날려면 에너지가 훨씬 더 많이 들기 때문이다. 활공 능력을 갖춘 포유동물은 날다람쥐, 날여우원숭이, 하늘다람쥐, 슈가글라이더(주머니하늘다람쥐) 등 몇 종류가 있다.

몸 양쪽으로 앞발과 뒷발 사이에 뻗어 있는 털로 뒤덮인 피부막을 비막이라고 한다.

민감한 귀는 빙빙 돌릴 수 있다.

수염은 나무 사이에서 길을 찾는 데 도움을 준다.

움켜쥐는 발
강한 발로 나무를 기어오를 때 가지를 꽉 잡을 수 있다. 날카로운 발톱은 활공하여 착륙할 때 표면을 꽉 움켜쥐는 데 쓴다. 슈가글라이더는 뒷발의 마주보는 발가락이 따로 움직일 수 있어서 잘 움켜쥘 수 있다.

슈가글라이더는 각 발에 발가락이 5개다.

활공은 어떻게 할까
활공하는 포유동물의 앞다리와 뒷다리 사이에 뻗은 피부막은 낙하산 역할을 한다. 이 피부막이 비막이며, 하강 속도를 늦추어서 더 멀리 날게 한다. 활공하는 포유동물의 활공 거리 최고 기록은 150미터였다. 축구장의 1.5배 길이다.

이륙
글라이더는 높이를 확보하기 위해 위쪽을 향해 폴짝 뛰어오른다.

몸을 위로 쭉 편다.

펼치기
다리를 쫙 벌려서 다리 사이의 비막을 넓게 펼친다.

다리를 쭉 뻗는다.

공기를 받기
비막으로 공기를 받아서 떨어지는 속도를 늦춘다.

몸 밑으로 공기를 받는다.

착륙 준비
목표물이 가까워질 때, 발을 앞으로 내밀면서 착륙 준비를 한다.

날카로운 발톱으로 나무를 움켜쥘 준비를 한다.

긴팔원숭이는 어떻게 나무를 탈까

기어오르는 포유동물 중 가장 뛰어난 재주를 지닌 긴팔원숭이는 다른 동물들이 따라올 수 없는 속도와 민첩함으로 나무 사이를 돌아다닌다. 긴 손은 나뭇가지에 매달려서 옮겨 다닐 때 갈고리 역할을 한다. 놀랄도록 멀리까지 건너뛰면서 시속 56킬로미터까지 속도를 낼 수 있다. 다른 유인원들(긴팔원숭이는 이름과 달리, 사실 원숭이가 아니라 유인원이다.)보다 더 작고 더 홀쭉해서 아주 가느다란 나뭇가지에도 안전하게 매달릴 수 있고, 매달려 몸을 흔들어서 다른 동물들이 따지 못하는 열매도 딸 수 있다.

손바닥의 맨 피부는 나뭇가지를 움켜질 때 미끄러지지 않게 해 준다.

강한 근육질 팔은 장시간 몸무게를 지탱할 수 있다.

모든 유인원처럼 긴팔원숭이도 발톱 대신 손톱을 지닌다.

움켜쥐는 손

긴팔원숭이는 사람의 친척이며, 우리와 손이 비슷하다. 하지만 우리보다 손바닥과 손가락이 더 길어서 매달릴 때 갈고리를 이룬다. 엄지는 짧고, 방해되지 않게 쉽게 움츠릴 수 있다. 사람의 엄지처럼, 긴팔원숭이의 엄지도 다른 손가락과 마주본다. 따라서 다른 손가락들과 반대 방향으로 움직이면서 물건을 움켜질 수 있다. 사람과 달리, 긴팔원숭이는 발에도 마주보는 커다란 발가락이 있다.

긴팔원숭이는 매달려 가는 동안 입으로 이런 나뭇잎 같은 것을 운반할 수 있다.

포유동물은 어떻게 굴을 팔까

굴은 동물들이 살거나 자거나 숨기 위해 파는 구멍이나 터널이다. 일부 포유동물은 찌는 더위를 피할 때 굴을 이용하는 반면, 추위를 피하기 위해 굴을 이용하는 동물도 있다. 굴은 육아실로도 쓰이고, 포식자를 피하는 피난처로도 쓰인다. 일부 포유동물은 거의 평생을 땅속에서 산다.

두꺼운 발가락 바닥은 발의 충격을 줄인다.

발톱은 부러지지 않게 끝이 뭉툭하다.

▶ 굴 파는 발톱
오소리는 긴 발톱이 달린 삽 모양의 커다란 앞발로 복잡하게 연결된 굴을 판다. 아담한 체형과 짧지만 근육질 다리 덕분에 오소리는 굴속을 쉽게 돌아다닐 수 있다. 대개 낮에는 굴속에서 잠을 자며, 밤에 먹이를 찾아 밖으로 나온다.

털이 빳빳해서 흙이 달라붙지 않는다.

긴 발톱은 튼튼해서 많은 양의 흙을 옮길 수 있다.

통통하고 강한 다리로 짧은 시간 동안이나마 시속 30킬로미터까지 속도를 낼 수 있다.

오소리

지하 집
오소리 굴은 부드러운 흙에 지어지며, 출입구, 통로, 방을 많이 갖추고 수백 미터까지 뻗어 가기도 한다. 잠을 자거나 어미가 새끼를 기르는 방에는 크고 부드러운 풀 같은 것으로 안감이나 깔개를 댄다. 오소리는 아주 깨끗한 동물이며, 정기적으로 낡은 깔개를 제거하고 새로 깐다.

육아실

출입

늘 쓰는 통로는 벽이 매끄럽다.

지푸라기를 깐 침실

손바닥은 털이 없고 피부가 두껍다.

빠르게 굴을 파는 전문가

벌꿀오소리는 대개 방이 하나뿐인 단순한 굴에 산다. 긴 발톱이 달린 강한 발로 10분 사이에 굴을 팔 수 있는 능력이 있다.

눈굴

임신한 북극곰은 눈에 굴을 판다. 굴속에서 출산할 때까지 아무것도 먹지 않은 채 겨울잠을 자는 것과 비슷한 상태에 들어간다. 새끼가 바깥을 돌아다닐 수 있을 만큼 자란 뒤에야 굴을 나선다.

코끼리는 어떻게 살아갈까

코끼리는 현생 육상 동물 중 가장 크다. 또한 선사 시대에 번성했던 거대한 초식 동물 집단의 생존자다. 육중하고 거대한 몸집 외에, 코끼리의 가장 두드러진 특징은 움직일 수 있는 커다랗고 민감한 코이다. 손처럼 쓰는 독특한 기관이다.

▼땅 위의 거인

완전히 자란 아프리카코끼리 수컷의 키가 4미터에 몸무게가 7톤에 달한다. 송용장이 약 5배 무게다. 코끼리는 거대한 몸집과 힘으로 나무를 뿌리째 뽑아서 잎을 뜯어 먹는다. 몸집이 커서 성체가 되면 천적이 아래 없지만, 상아를 원하는 인간 사냥꾼들 때문에 거의 멸종 지경에 이르렀다.

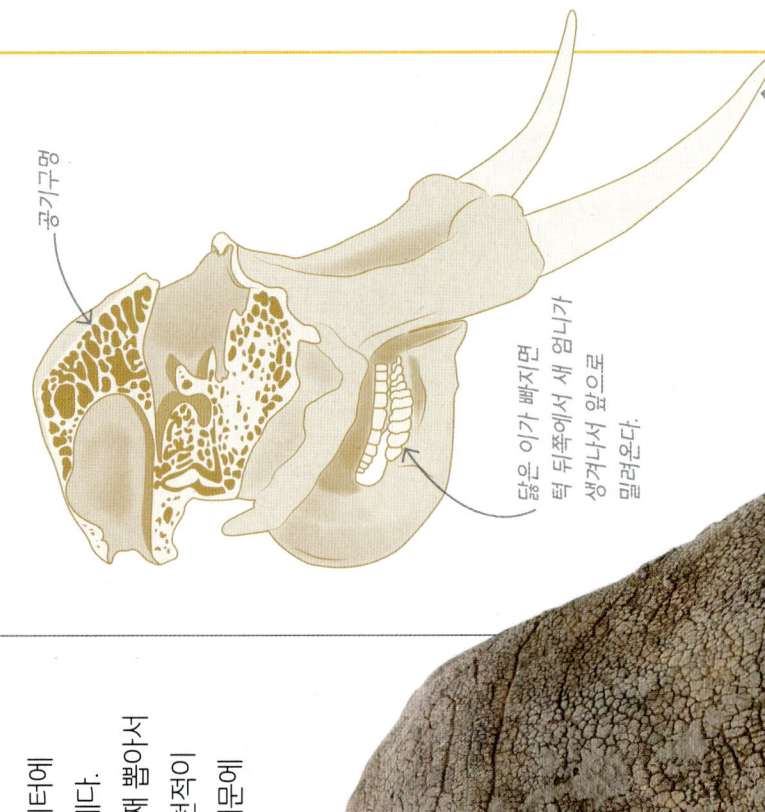

가벼운 머리뼈

돔 모양이 거대한 머리뼈에는 무게를 줄이기 위해 공기구멍이 많다. 그래도 상당한 충격을 견딜 만큼 튼튼하다. 거대한 어금니는 질긴 섬유질을 짓이기는 데 쓰이며 평생 동안 6번 새로 난다.

- 공기구멍
- 앞니는 앞니가 길어진 것이며, 나무껍질을 벗기거나, 땅을 파거나, 방어를 하는 데 쓰인다.
- 닳은 이가 빠지면 턱 뒤쪽에서 새 어금니가 생겨나서 앞으로 밀려온다.
- 코는 먹고, 마시고, 세상을 탐사하는 데 쓰는 주된 도구다. 굵은 등뼈는 몸무게를 지탱하는 데 도움을 준다.

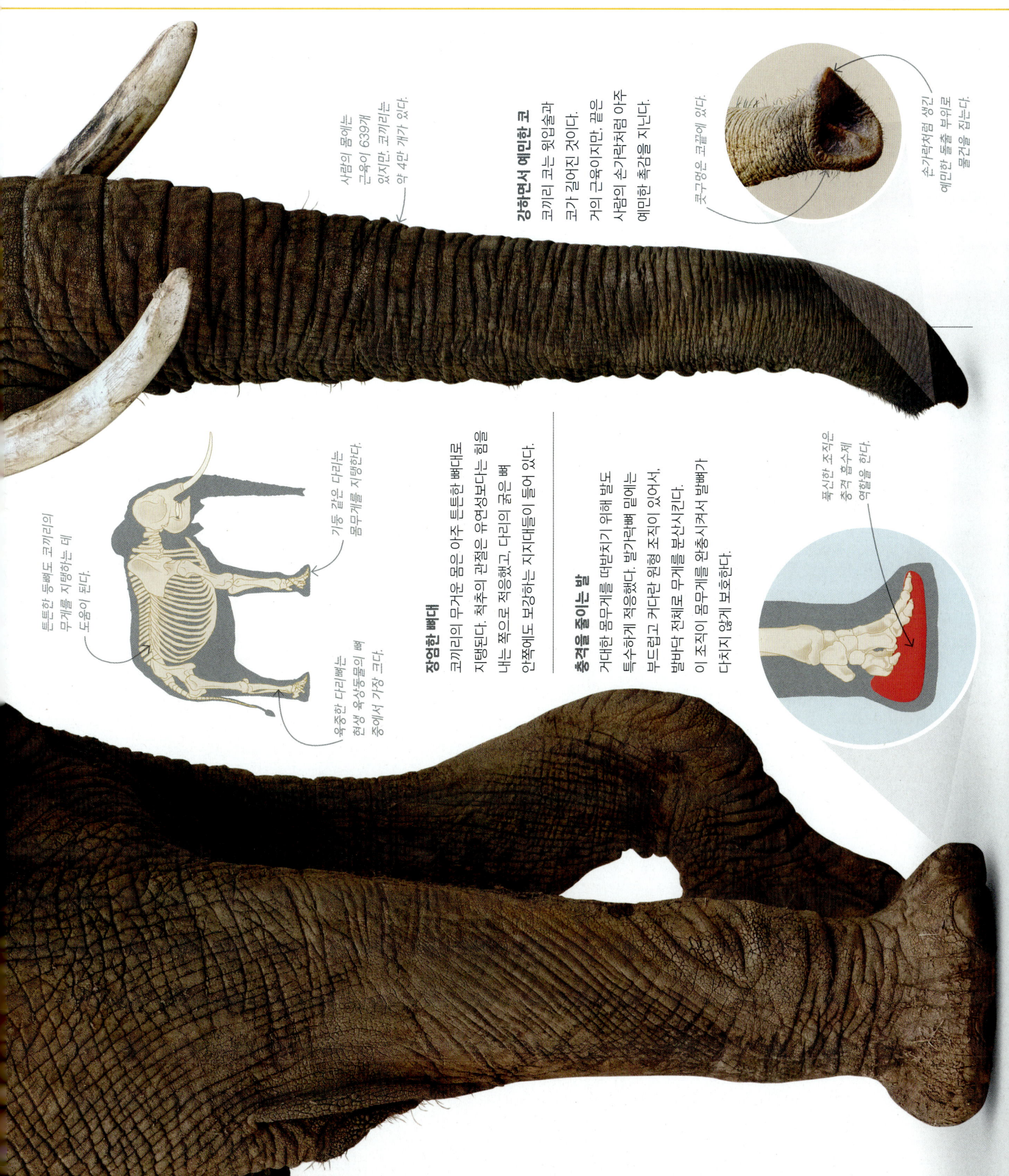

포유류 313

강하면서 예민한 코
코끼리 코는 윗입술과 코가 길어진 것이다. 끝은 거의 근육이지만, 사람의 손가락처럼 아주 예민한 촉감을 지닌다.

사람의 몸에는 근육이 639개 있지만, 코끼리는 약 4만 개가 있다.

콧구멍은 코끝에 있다.

손가락처럼 생긴 예민한 돌출 부위로 물건을 집는다.

장엄한 뼈대
코끼리의 무거운 몸은 아주 튼튼한 뼈대로 지탱된다. 척주의 관절은 유연성보다는 힘을 내는 쪽으로 적응했고, 다리의 굵은 뼈 안쪽에도 보강하는 지지대들이 들어 있다.

튼튼한 등뼈도 코끼리의 무게를 지탱하는 데 도움이 된다.

기둥 같은 다리는 몸무게를 지탱한다.

육중한 다리뼈는 현생 육상동물의 뼈 중에서 가장 크다.

충격을 줄이는 발
거대한 몸무게를 떠받치기 위해 발도 특수하게 적응했다. 발가락뼈에는 부드럽고 커다란 원형 조직이 있어서, 발바닥 전체로 무게를 분산시킨다. 이 조직이 몸무게를 완충시켜서 발뼈가 다치지 않게 보호한다.

푹신한 조직은 충격 흡수제 역할을 한다.

육지의 거인들

코끼리 무리가 아프리카 초원을 돌아다니면서 먹이를 찾고 있다. 가장 나이가 많고 가장 현명한 암컷이 우두머리가 되어 무리를 이끈다. 우두머리는 어디에 먹이와 물이 있는지 기억하며, 위기가 닥칠 때 해결한다. 코끼리는 암컷 약 10마리와 그 새끼들로 이루어진 긴밀한 집단을 이루어 살아간다. 수컷은 사춘기가 되면 가족을 떠나서 홀로 살아가거나 수컷만으로 이루어진 집단에 들어간다. 하지만 수컷 집단은 암컷 집단만큼 유대가 강하지 않다.

여과 섭식자
수염고래류는 거대한 여과 섭식자들이다. 이들의 입에는 이빨 대신에 고래수염이라는 뻣뻣한 판들이 죽 늘어서 있다. 거대한 입을 벌려 물을 빨아들인 뒤, 고래수염 사이로 내뿜으면서 작은 동물들을 걸러 먹는다.

혹등고래는 고래수염이 400개까지 있다.

위턱에서 자란 고래수염은 물에서 작은 물고기와 새우처럼 생긴 크릴을 거른다.

호흡할 때에는 근육이 수염고래의 두 숨구멍을 연다.

숨을 쉬러 물 위로
모든 포유동물처럼, 고래도 공기 호흡을 해야 한다. 머리 꼭대기에 숨구멍이라는 콧구멍이 있다. 고래는 수면에 올라올 때마다, 숨구멍으로 공기를 내뱉고 물방울을 뿌리면서 숨을 쉰다.

새끼 고래는 1년까지 어미 곁에 머문다.

혹등고래의 머리에 난 거대한 혹에는 털집(모낭)이 들어 있다.

머리에 빨판이 달린 빨판상어는 헤엄치는 고래의 피부에 달라붙어 다닌다.

목의 커다란 피부 주름들은 먹이를 걸러 먹기 위해 엄청난 양의 물을 삼킬 때 늘어난다.

▶ **바다의 거인**
고래는 두 종류가 있다. 이빨이 있으면서 주로 한 번에 한 마리씩 어류와 오징어를 잡아먹는 종류가 있다. 한편 오른쪽의 혹등고래와 새끼처럼 물에서 한꺼번에 작은 먹이를 수백 마리씩 걸러 먹는 종류가 있다. 후자인 여과 섭식자는 이빨고래류보다 훨씬 크며, 지구에서 가장 큰 동물인 대왕고래도 포함된다.

고래는 어떻게 살아갈까

모든 해양 포유동물 중에서 고래는 수중 생활에 가장 잘 적응한 종류다.
물범은 번식하려면 뭍으로 돌아가야 하지만, 고래와 고래보다 작은 친척인 돌고래는 평생을 물속에서 지낸다. 고래는 몸이 어류와 비슷하게 수생에 알맞게 진화했고, 어류와 비슷한 속도와 효율로 헤엄치고 잠수하면서 먹이를 찾아 드넓은 대양을 돌아다닌다.

포유류 317

안쪽 모습

고래는 뼈 대신에 물이 엄청난 무게를 떠받치기 때문에 거대한 크기로 자랄 수 있다. 그래서 고래의 뼈대는 먹고 헤엄치는 데 꼭 필요한 것들만 남기고 줄어들었다. 지느러미발과 턱은 강한 뼈들로 유지되고, 힘센 꼬리를 움직이는 근육은 튼튼한 등뼈에 붙어 있다. 땅에 살던 고래의 조상들은 다리가 4개였지만, 고래는 뒷다리가 아예 필요 없기에 뼈는 흔적만 남아 있다.

가슴우리는 잠수할 때 내장 기관들이 수압에 짓눌리지 않게 막아 준다.

강하면서 유연한 등뼈에는 꼬리 근육이 붙어 있다.

늘어난 턱뼈로 고래수염을 지탱한다.

팔뼈와 손가락뼈는 길고 납작한 지느러미발을 지탱한다.

골반뼈와 뒷다리뼈는 거의 사라지고 없다.

고래 꼬리에는 뼈가 없다. 섬유질 연골로 지탱된다.

작은 등지느러미는 헤엄칠 때 몸을 안정시켜 준다.

꼬리를 힘차게 위아래로 쳐서 물속을 나아간다.

혹등고래의 거대한 몸집과 비교한 사람 잠수부의 크기. 혹등고래는 19미터까지 자랄 수 있다.

혹등고래는 고래 중에서 지느러미발이 가장 크다. 방향키로 쓰인다.

많은 향유고래의 몸에는 대왕오징어의 이빨 달린 빨판에 물린 흉터가 나 있다.

수염고래와 달리, 이빨고래는 숨구멍이 하나뿐이다.

향유고래의 **이빨**은 **20센티미터**까지 자란다.

눈

입

길고 좁은 아래턱에는 이빨이 52개까지 나며, 위턱에는 이빨이 전혀 없다.

이빨을 지닌 사냥꾼

대부분의 고래 종은 미끄러운 어류를 잡는 데 적합한 원뿔형의 뾰족한 이빨을 지닌다. 하지만 범고래는 종종 물범이나 다른 고래도 잡아먹곤 한다. 가장 큰 종은 거대한 향유고래로서, 주로 희미한 빛이 닿는 깊은 바다의 약광층에서 오징어를 잡아먹는다.

생물이 살아가는 **환경**을 서식지라고 한다.
서식지는 나뭇잎 한 장의 뒷면처럼 작을 수도 있고,
우림 전체처럼 클 수도 있다. 우림과 대양에서 사막과
얼어붙은 황무지에 이르기까지, 주요 서식지에 사는 **생물 군집**은
같은 환경에서 살기 때문에 비슷한 **도전 과제**와 맞닥뜨린다.
하지만 각 생물 종은 나름의 독특한 방식으로
문제에 대처하도록 진화해 왔다.

서식지

생물 군계는 어떻게 살아갈까

열대에서 극지방까지, 가장 깊은 심해에서 가장 높은 산꼭대기까지, 생명은 지구의 어디에나 존재한다. 우림이나 사막 같은 주요 서식지에 사는 동식물 군집을 '생물 군계'라고 한다. 생물 군계는 대부분 특정한 기후에 따라 정해진다. 한 예로, 우림은 일 년 내내 덥고 비가 내리는 곳에서 생긴다.

▶ **생물 군계 지도**

과학자들은 주요 생물 군계가 적어도 16개 있다고 본다. 지구를 생물 군계로 나누면 세계의 다양한 지역에서 동식물들이 비슷한 환경 조건에 어떻게 대처하며 진화했는지를 알아볼 수 있다. 예를 들어, 아프리카와 오스트레일리아처럼 서로 멀리 떨어진 곳에 있는 사막에서 비슷하게 가뭄에 적응한 식물들을 찾을 수 있다.

- 열대 우림
- 열대 초원
- 건조림
- 온대 우림
- 온대 초원
- 뜨거운 사막
- 추운 사막
- 해양
- 지중해
- 온대림
- 한대림
- 툰드라
- 극지방
- 고산 지대
- 습지
- 호수와 강

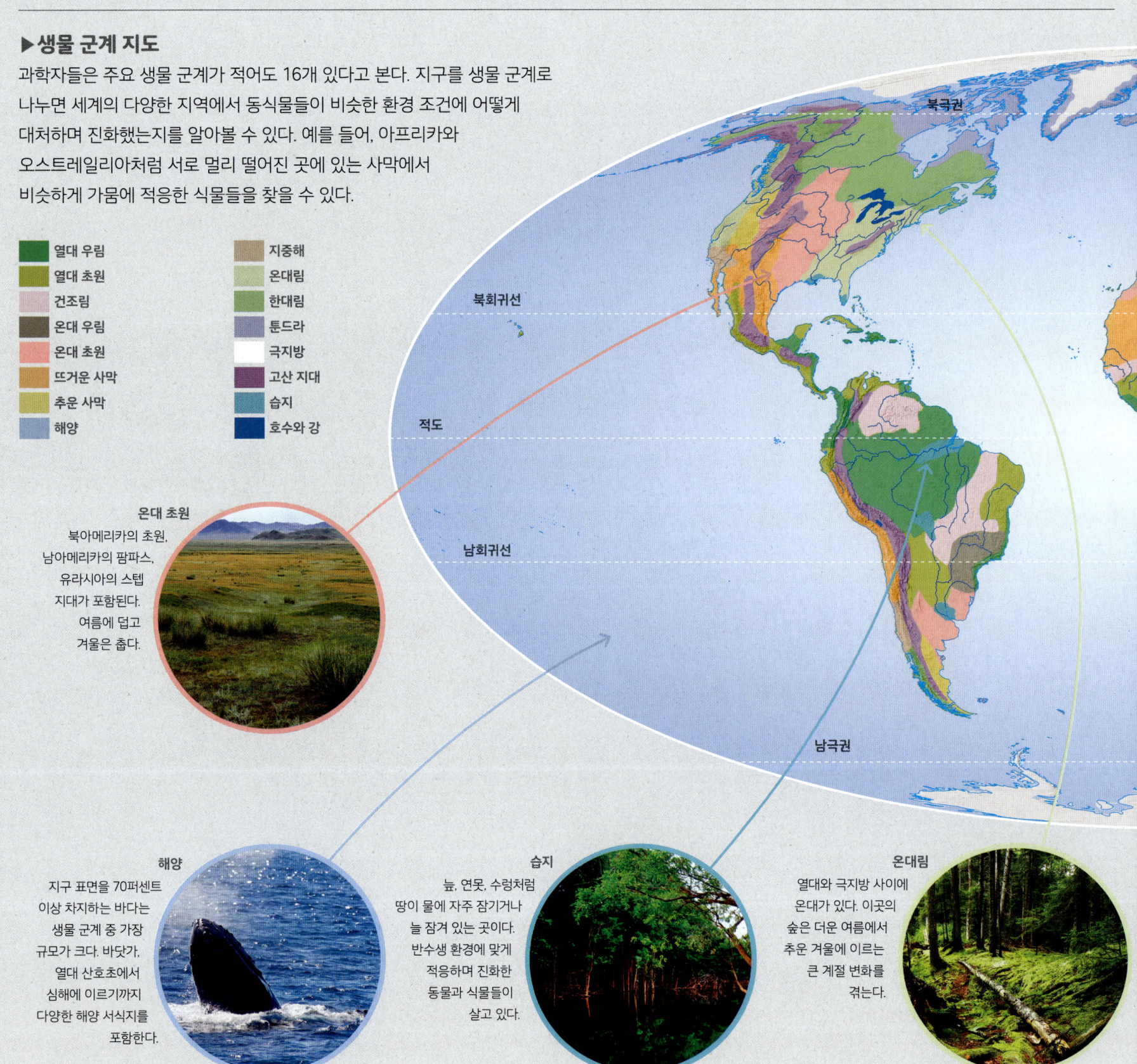

온대 초원
북아메리카의 초원, 남아메리카의 팜파스, 유라시아의 스텝 지대가 포함된다. 여름에 덥고 겨울은 춥다.

해양
지구 표면을 70퍼센트 이상 차지하는 바다는 생물 군계 중 가장 규모가 크다. 바닷가, 열대 산호초에서 심해에 이르기까지 다양한 해양 서식지를 포함한다.

습지
늪, 연못, 수렁처럼 땅이 물에 자주 잠기거나 늘 잠겨 있는 곳이다. 반수생 환경에 맞게 적응하며 진화한 동물과 식물들이 살고 있다.

온대림
열대와 극지방 사이에 온대가 있다. 이곳의 숲은 더운 여름에서 추운 겨울에 이르는 큰 계절 변화를 겪는다.

서식지

사막
비가 거의 오지 않는 곳은 땅이 모래와 돌로 덮여 있다. 사막의 동식물은 긴 가뭄을 견디고 살아남는 방법을 갖추었다.

한대림
녹았다가 얼어붙곤 하는 땅에서 자라난 가장 북쪽의 숲이다. 침엽수가 주류를 이룬다. 겨울에 바늘잎을 떨구지 않으면서 추위를 견딜 수 있는 나무들이다.

툰드라
북극에 가까운 지역으로 너무 추워서 땅이 일 년 내내 얼어 있고 나무가 드물게 자란다. 여름에는 낮이, 겨울에는 밤이 오래 지속된다.

고산 지대
가장 높은 산봉우리는 기온이 낮고 공기가 희박하다. 숲 대신에 고산 초원, 헐벗은 바위, 빙하가 있다. 열대 지방에서도 산꼭대기에는 종종 눈이 오곤 한다.

호수와 강
바다에서 증발해 공기 중으로 옮겨 간 물은 육지에 비가 되어 내린다. 그러면 연못, 호수, 개울, 강이 생긴다. 민물 동식물이 사는 서식지다.

열대 초원
숲을 지탱하지 못할 만큼 건조하면서 사막이 될 정도는 아닌 곳에서는 초원이 번성한다. 열대 초원에는 대형 포유동물 무리들이 살아간다.

극지방
지구의 북쪽 끝과 남쪽 끝은 빙하로 덮여 있다. 북쪽에는 부분적으로 얼어붙은 북극해가 있고, 남쪽에는 눈 덮인 남극 대륙이 있다.

열대 우림
열대 우림에는 다른 어떤 서식지보다 많은 종이 산다. 이곳은 일 년 내내 공기가 습하고 식물이 빽빽하며 땅이 젖어 있다.

열대 우림의 생물들은 어떻게 살아갈까

열대 우림에는 다른 모든 육상 서식지보다 훨씬 더 많은 종이 산다. 다양성이 아주 높은 열대의 숲은 무성하면서 울창하다. 까마득히 솟은 나무들을 각종 덩굴과 기는 식물들이 뒤덮고 있다. 낙엽으로 뒤덮인 바닥에서 높디높은 나무 꼭대기에 이르기까지 숲은 여러 층으로 이루어지며, 층마다 서로 다른 동식물이 산다. 열대 우림의 생물 다양성이 엄청나다는 것은 그만큼 먹이와 보금자리를 차지하려는 경쟁이 극심하다는 뜻이다.

▲숲 바닥
바닥에서는 균류가 낙엽을 비롯한 식물 잔해들을 분해하는 데 핵심적인 역할을 한다. 분해되면서 나오는 영양소들은 식물의 뿌리가 금방 흡수하므로, 토양 자체는 척박하다. 그늘지고 습한 숲 바닥에는 양서류처럼 습기를 사랑하는 많은 동물이 산다.

▲숲 하층
새로 난 어린나무들은 숲 하층 또는 관목층을 이룬다. 천천히 자라면서, 나무가 쓰러져 빈 틈새로 햇빛이 바닥까지 닿아 쑥쑥 클 날을 기다린다. 나무줄기에서 양치류와 꽃식물이 자라기도 한다. 교살무화과는 높은 나뭇가지에 떨어진 조류 배설물에 섞인 씨에서 자라난다. 먼저 뿌리를 뻗어서 땅에 박은 뒤, 친친 감으며 자라서 숙주를 죽인다.

수염멧돼지
숲 바닥을 헤집고 다니면서 떨어진 열매와 견과에서 균류, 뿌리, 썩어 가는 동물 사체까지 모든 것을 먹어 치운다. 냄새로 먹이를 찾고, 나무의 씨가 섞인 배설물로 식물을 퍼뜨리는 데 도움을 준다.

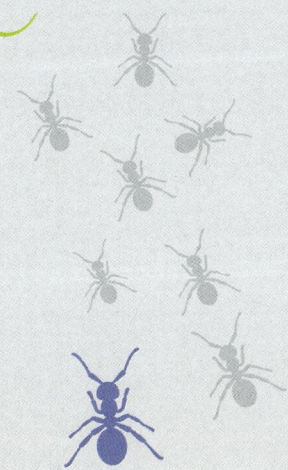

서부안경원숭이
몸무게가 110그램에 불과한 작은 야행성 영장류로 포유동물 중에서 몸집에 비해 눈이 가장 크다. 숲 하층에서 나무를 기어오르고 뛰어다니면서 딱정벌레와 매미 같은 곤충을 사냥한다.

세계의 열대 우림

열대 우림은 늘 덥고 축축한 곳에 자라난다. 면적으로는 지구 육지 표면의 6~7퍼센트를 차지하지만, 동식물 종의 50퍼센트 이상이 산다. 전 세계의 우림은 인간 활동으로 인해 위협을 받고 있다.

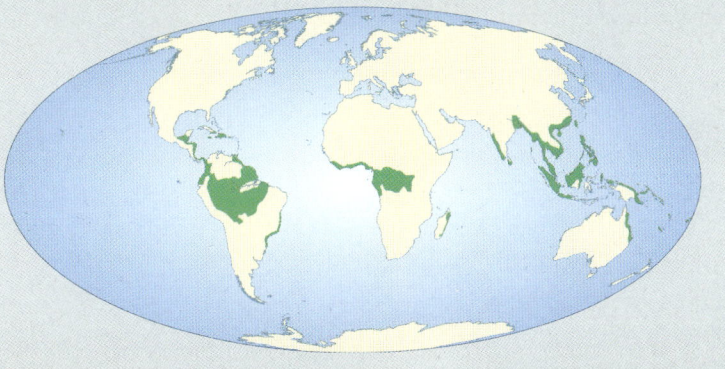

기후의 이모저모

낮의 온도는 35도에 달하기도 하며, 밤에도 20도 밑으로는 떨어지지 않는다.

연간 강수량은 2,000밀리미터를 넘기도 한다. 많은 우림에서는 거의 매일 비가 온다.

세계 식물 종의 3분의 2는 우림에서 자란다.

▲ **수관층**
나무 꼭대기가 두꺼운 녹색 담요처럼 거의 끊임없이 이어진 층이다. 수관층에 닿는 빛의 약 75퍼센트는 꼭대기에 있는 수십억 장의 잎에 흡수된다. 원숭이에서 곤충, 개구리, 앵무새에 이르기까지 우림 동물들은 대부분 이 층에서 다양한 나무들에 달리는 과일, 씨, 꽃을 먹으며 살아간다.

▲ **돌출목 층**
몇몇 거대한 나무들은 수관층 위로 높이 잎과 가지를 내민다. 보르네오 우림에서는 투알랑나무가 그런 나무에 속하며, 높이 88미터까지도 자란다. 투알랑나무는 버팀뿌리(지주근)라는 땅 위로 솟아난 거대한 뿌리들을 통해 지탱된다. 밑동에서부터 넓게 뻗어서 강한 바람과 폭우에도 견딜 수 있다.

보르네오오랑우탄
멸종 위기에 처한 유인원으로 생애의 대부분을 나무 위에서 보낸다. 팔그네로 나뭇가지 사이를 오간다. 매일 저녁 잎이 달린 나뭇가지들을 쌓아서 새 잠자리를 만든다. 먹이의 약 60퍼센트는 과일이며, 특히 무화과를 즐겨 먹는다.

관머리뿔매
키 큰 나무는 우림 맹금류인 관머리뿔매가 터를 잡기에 이상적인 곳이다. 뱀, 새, 도마뱀 같은 먹이를 찾기에 딱 좋은 위치이기 때문이다. 나무줄기에서 굵은 가지들이 갈라지는 지점에 거대한 둥지를 짓는다.

온대림의 생물들은 어떻게 살아갈까

수천 년 전까지만 해도, 적도와 극지방 사이의 온대 지역을 비롯하여 지표면은 띠처럼 쭉 이어지는 숲으로 덮여 있었다. 오늘날 온대림은 대부분 개간되고 잘려 나가 파괴되었다. 하지만 아직 살아남은 곳도 많다. 온대림을 이루는 나무는 대부분 겨울에 낙엽이 지고 가지만 남는 활엽수이다. 온대림은 계절에 따라 아주 극적으로 변한다.

▲봄
기온이 올라가고 눈이 녹고, 낮이 길어지기 시작하면서, 숲 바닥에는 화려한 봄꽃들이 가득 피어난다. 겨울잠을 자던 동물들도 깨어나고, 많은 조류와 포유류는 짝을 찾아서 번식기에 들어선다.

▲여름
여름이 오면 나뭇잎들은 완전히 자라서 햇빛을 받아 광합성을 하여 양분을 만들어 낸다. 모충 같은 수많은 곤충들이 잎을 먹고, 그 곤충들은 여러 명금류가 잡아먹는다. 수관층을 뚫고 바닥까지 충분히 햇빛이 들어와서 숲 하층에 덤불, 작은 나무, 어린나무 등이 자란다. 동물들은 대부분 여름에 새끼를 키운다.

붉은꼬리솔새
이 솔새는 중앙아메리카와 남아메리카에서 겨울을 보내고, 5월에 북아메리카 온대림으로 돌아와 번식을 한다. 나뭇가지 사이를 빠르게 돌아다니면서 잎에 붙은 곤충을 잡아먹는다.

북아메리카호저
북아메리카호저에게 여름은 먹이가 풍부한 계절이다. 열매에서 뿌리와 싹까지, 먹을 수 있는 식물 부위는 다 먹어 댄다.

세계의 온대림

온대림은 여름이 상쾌하고 더우며, 겨울이 춥고 때로 기온이 장기간 영하로 떨어지는 지역에 형성된다. 비는 계절별로 고루 내리며, 겨울에는 눈이 되어 내린다.

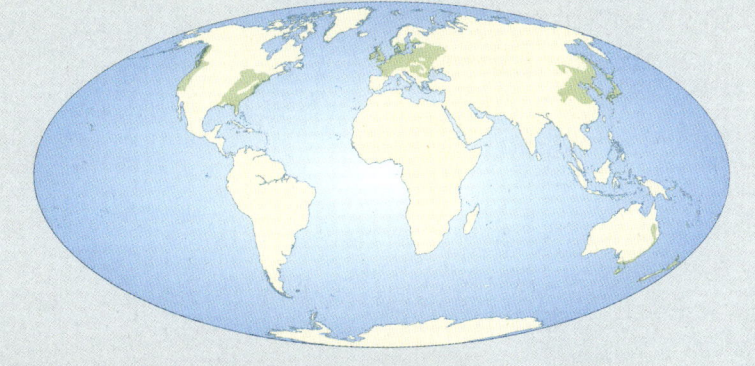

기후의 이모저모

온대림은 대개 연간 강수량이 750~1,500밀리미터다. **연 평균 기온은 10도이며, 여름의 평균 기온은 21도다.** 이 생물 군계에서 가장 큰 나무는 키가 18~30미터다.

▲가을

낮이 짧아지면서, 빛이 줄어들어 나무가 광합성을 하기가 점점 어려워진다. 그래서 나무들은 잎을 떨군다. 떨어진 잎들은 축축한 낙엽층을 두껍게 형성하며, 그 속에 무척추동물, 작은 설치류, 양서류가 우글거린다. 많은 나무가 견과와 씨를 맺으며, 동물들은 열매를 먹고 씨를 퍼뜨려 새 나무가 자라도록 돕는다.

▲겨울

겨울에 나무는 헐벗고, 식물은 대부분 성장을 멈춰서 먹이가 부족해진다. 다람쥐에서 어치에 이르기까지 많은 동물들은 가을에 저장한 먹이를 먹으면서 이 힘겨운 계절을 견딘다. 한편, 박쥐와 곰 같은 동물들은 깊은 겨울잠에 든다. 주로 곤충을 먹는 조류들은 대부분 멀리 이주했다가 봄에 돌아온다.

동부다람쥐

다람쥐는 땅 위에서 낙엽을 뒤지며 쪼르르 돌아다니면서 씨와 견과를 모은다. 커다란 볼주머니에 먹이를 담아서 굴로 가져와 저장한다. 겨울 내내 그 먹이로 버틴다.

숲개구리

북아메리카의 숲에 사는 숲개구리는 낙엽 밑에서 겨울잠을 자며, 몸이 반 이상 얼어붙어도 살아남을 수 있다. 겨울잠에서 가장 먼저 깨는 동물에 속하며, 이르면 1월에 깨어나 작은 연못에서 짝짓기를 한다.

한대림의 생물들은 어떻게 살아갈까

북반구의 여러 대륙들에 녹색 띠처럼 펼쳐져 있는 한대림 또는 아한대림은 지구에서 가장 큰 육상 생물 군계다. '타이가'라고도 하는 한대림은 주로 침엽수로 이루어져 있고, 유라시아와 북아메리카 북부의 넓은 지역을 덮고 있다. 여름은 짧고 습하며, 겨울은 길고 눈이 많이 오기 때문에, 동물들에게는 생존하기에 상당히 어려운 과제를 안겨 주는 서식지이다.

▲겨울
한대림의 겨울은 길고 혹독하다. 8개월까지 지속되면서 기온이 영하 70도까지 떨어지는 곳도 있다. 많은 동물은 겨울잠을 자거나, 더 따뜻한 남쪽으로 이주한다. 겨울에는 비가 전혀 내리지 않고 눈만 내리므로, 물이 희귀해져서 동식물 모두 겨울 가뭄을 견뎌야 한다.

전나무
전나무 같은 북부 지방의 침엽수들은 수분을 보존하고 얼어붙은 기나긴 겨울 동안 물 없이 견디는 데 도움이 되는 왁스 같은 물질로 덮인 바늘잎을 지닌다. 원뿔형 모습과 늘어진 가지는 쌓이는 눈을 떨구는 데 도움이 된다.

비버
비버는 겨울에 얼어붙는 연못과 강의 물가에 집을 짓는다. 하지만 집의 수중 출입구는 물속으로 열려 있어서 비버는 얼음 밑에서 먹이를 계속 찾아다닐 수 있다.

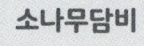

소나무담비
소나무담비는 추운 겨울이면 비단 같은 털이 더 길게 자라서 체온을 보존한다. 먹이가 희귀해지는 얼어붙은 겨울 동안에는 죽은 동물을 주로 찾아 먹는다.

서식지 327

세계의 한대림

한대림 생물 군계는 지표면의 17퍼센트를 차지하며, 캐나다, 스칸디나비아, 러시아의 상당 지역을 뒤덮으면서 북극 지방을 에워싼다.

기후의 이모저모

한대림 중 일부 지역은 땅이 항상 얼어 있는 영구 동토대를 이룬다. 그래서 물이 거의 빠지지 못하고 토양이 늘 질척거린다.

여름에는 낮이 20시간까지 이어질 수 있다.

▲여름

한대림의 여름은 따뜻하고 습하고 짧다. 겨우 3개월 동안 이어진다. 이 시기에 숲은 다시 생명으로 가득해진다. 식물들은 꽃을 피우고, 겨울잠을 자던 동물들이 굴에서 나오고, 철새들도 남쪽에서 돌아온다. 얼음이 녹은 곳에 넓고 얕은 늪이 형성되면서 파리와 모기가 들끓는다.

솔잣새

부리가 침엽수 구과의 씨를 꺼내 먹는 데 알맞게 위아래 끝이 어긋나 있다. 구과는 짧은 여름 동안 많아진다.

흑곰

흑곰은 봄에 겨울잠에서 깨어나 굴에서 나오는데, 새끼들을 데리고 함께 나오곤 한다. 다음 겨울이 와서 겨울잠을 자기 전에 가능한 한 많은 먹이를 먹으면서 여름을 보낸다.

물이끼

숲 바닥의 춥고 젖은 흙에서 자랄 수 있는 꽃식물은 거의 없지만, 이끼는 번성한다. 물이끼는 건조할 때 무게의 20배에 달하는 물을 머금을 수 있어 두꺼운 깔개를 형성한다.

열대 초원의 생물들은 어떻게 살아갈까

많은 열대 지역들에는 긴 건조한 계절과 짧게 폭우가 내리는 계절이 번갈아 온다. 가뭄이 드는 여러 달 동안 살아남을 수 있는 나무는 거의 없으므로, 식생은 주로 풀이다. 건조한 계절에는 풀도 말라붙고 때로 들불까지 번진다. 하지만 비가 내리면 풀은 다시 자라난다. 아프리카에서 풀은 초식 동물 떼의 먹이가 되며, 초식 동물들은 강한 포식자들의 먹이가 된다.

▲ **건기**
비가 그치고 풀이 마르는 시기에, 풀을 뜯는 많은 초식 동물들은 북부에서 아직 풀이 자라고 있는 남쪽으로 이주한다. 강이나 샘 주변처럼 세렝게티의 더 습한 곳에 머무는 초식 동물들도 있다. 초원에서 초식 동물은 사자와 점박이하이에나 같은 육식 동물의 손쉬운 표적이 된다.

기린
목이 긴 기린은 가죽질 혀를 써서 가시가 달린 아카시아 관목의 잎을 뜯어 먹는다. 다른 동물들이 먹을 수 없는 큰 나무에 높이 달린 잎도 뜯을 수 있다.

사자
사자는 일 년 내내 같은 지역에서 영역을 지키며 머문다. 물을 마시러 샘을 찾는 동물을 표적으로 삼아 사냥한다. 독수리 같은 청소동물들은 사자가 먹고 남긴 잔해를 뜯어 먹는다.

바오바브나무
열대 초원에는 몇 달에 걸친 가뭄에 대처하는 데 적응한 나무들이 점점이 흩어져 산다. 아프리카의 바오바브나무는 우기에 물을 빨아들여서 부풀어 오른 줄기에 저장하여 건기를 견딘다.

서식지 329

세계의 열대 초원
가장 넓은 열대 초원은 아프리카 사하라사막의 남쪽에 있다. 사바나라고 한다. 인도, 남아메리카, 동남아시아, 오스트레일리아 북부에도 열대 초원이 있다.

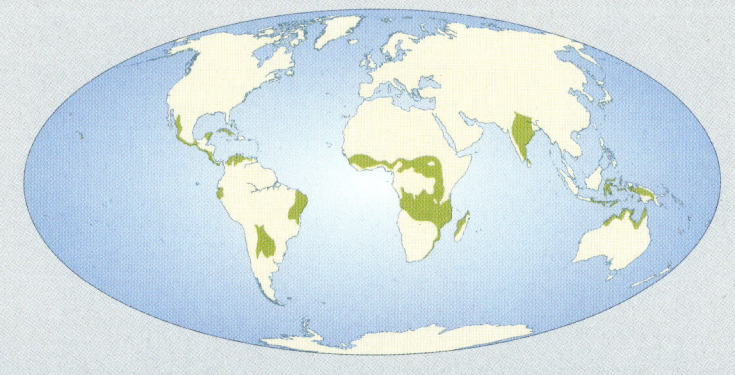

기후의 이모저모
기온은 17도 밑으로 떨어지는 일이 거의 없다.

연간 강수량은 500~1,300밀리미터다.

아프리카 대륙은 거의 절반이 열대 초원으로 덮여 있다.

▲우기
비가 오는 시기에 동아프리카 세렝게티 평원은 무성한 풀들로 뒤덮인다. 대부분의 식물이 끝이 자라는 반면, 풀은 밑동이 자라기 때문에, 굶주린 얼룩말, 영양, 가젤에게 뜯어 먹혀도 계속 자란다. 또 풀은 흰개미와 메뚜기 떼 같은 엄청난 수의 곤충들을 먹여 살린다.

누
누는 우기가 시작될 때 새끼를 낳는다. 그래서 어미는 풀을 풍족하게 뜯어 먹고 영양이 많은 젖을 만들 수 있다. 새끼는 태어나자마자 걸을 수 있다.

스페케이베짜기새
베짜기새는 우기에 번식을 한다. 둥지를 지을 긴 녹색 풀잎들을 모을 수 있는 시기다. 둥지는 나뭇가지에 매달려 있다. 나무 한 그루에 둥지가 200개까지 매달리곤 한다.

쇠똥구리
쇠똥구리는 풀을 뜯는 초식 동물들의 배설물을 재순환시킨다. 초식 동물의 똥을 공으로 뭉쳐서 땅에 묻은 뒤, 거기에 알을 낳는다. 알에서 깨어난 애벌레는 똥을 먹으면서 자란다.

온대 초원의 생물들은 어떻게 살아갈까

너무 건조하여 숲이 자랄 수 없지만, 사막이 될 만큼 건조하지는 않은 곳들이 북아메리카, 유라시아, 남아메리카 남부의 몇몇 추운 지역에 있다. 이런 지역에서는 풀이 번성한다. 온대 초원은 대개 눈이 내리지만 건조한 겨울과 이따금 격렬한 폭풍이 들이닥치는 뜨겁고 건조한 여름이 특징이다. 풀을 뜯는 동물들이 대규모로 떼 지어 돌아다니며 산다.

▲겨울
북아메리카 초원의 겨울 기온은 영하로 떨어진다. 풀은 성장을 멈추고, 풀을 뜯는 동물들은 눈 밑을 파서 먹이를 찾아야 할 때가 많다. 많은 새들은 더 따뜻한 지역으로 이주하고, 작은 포유동물들은 대부분 땅속으로 들어가서 겨울잠을 잔다.

코요테
늑대의 친척인 코요테는 적응력이 뛰어난 사냥꾼이다. 겨울에는 혹독한 기후를 견디지 못하고 죽은 사슴 같은 큰 동물의 사체를 뜯어 먹는다.

들소
들소는 소규모 무리를 지어서 먹이를 찾아 초원을 돌아다니며 추운 겨울을 견딘다. 큰 몸집과 두꺼운 털로 겨울 추위를 견딘다.

프레리도그
땅다람쥐의 일종이며, 매우 크고 복잡한 굴을 파고 산다. 좀 따뜻한 겨울날에는 밖으로 나와서 날카로운 이빨로 풀과 씨를 갉아 먹고, 추울 때에는 굴속에 틀어박힌다.

세계의 온대 초원

아메리카와 캐나다의 초원, 유라시아의 스텝 지대, 남아메리카에서도 주로 아르헨티나에 형성된 팜파스가 온대 초원 중 가장 넓다.

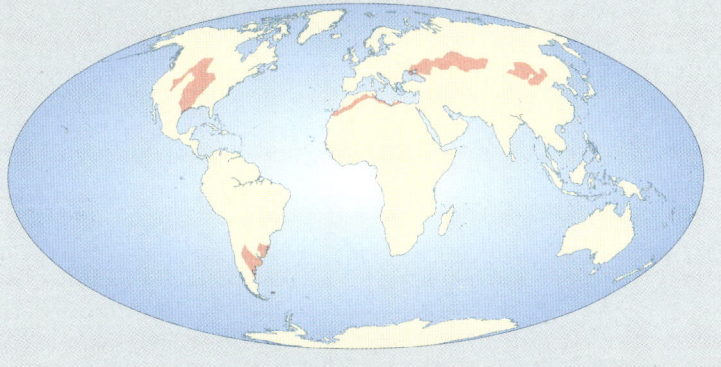

기후의 이모저모

여름 기온은 38도를 넘을 수 있고, 겨울 기온은 영하 40도를 밑돌기도 한다.

겨울에 초원에 내리는 눈은 봄에 풀이 자라기 시작할 때 저수지 역할을 하곤 한다.

초원은 나무처럼 바람을 막아 주는 자연물이 적기 때문에 바람이 많이 분다.

▲여름

유라시아 스텝 지대는 봄이면 생명으로 가득해진다. 봄은 풀들이 가장 왕성하게 자라는 계절이다. 덥고 건조한 여름에는 풀들이 마르고, 번갯불에 들불이 번질 수도 있다. 경쟁하는 여러 식물들은 불길에 휩싸여 죽지만, 풀은 살아남아서 비가 내린 뒤 다시 싹을 내민다.

풀

풀잎은 식물의 끝이 아니라 밑동에서 자란다. 그래서 위가 물어 뜯어도 계속 자랄 수 있다. 풀의 긴 뿌리는 땅속으로 깊이 들어가서 가물 때에도 물을 찾을 수 있다.

사이가영양

사이가영양의 코끼리 코와 비슷한 코는 여름에 몸을 식히는 일도 한다. 후각이 예민한 코는 비가 내린 뒤 싱싱한 새 풀이 자라는 곳을 찾는 데에 쓰인다.

초원수리

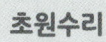

날개를 활짝 펼친 채 지친 기색 없이 초원 위를 맴도는 초원수리는 드넓은 영역에서 먹이를 포착할 수 있다. 위에서 내려다보고 낮게 자라는 풀들 사이에서 먹이를 쉽게 찾아낸다.

습지의 생물들은 어떻게 살아갈까

대부분의 식물은 땅이 물에 잠겨 있는 곳에서 살아남을 수 없다. 짠물이라면 더욱 살기 힘들다. 땅이 물에 잠기는 곳들은 늪, 소, 수렁으로 발달하며, 물에 잠긴 흙에서 살아가는 데 적응한 별난 동식물이 자리를 잡는다.

▲민물 늪
늪은 나무로 가득한 습지다. 세계에서 가장 큰 늪들은 남아메리카의 아마존 우림에 있다. 열대의 열기로 식생이 무성하게 자라는 곳이다. 우기에는 강물이 넘쳐 주변 숲이 물에 잠기면서 계절적인 늪도 생기곤 한다.

▲소
낮게 자라는 식물들이 가득한 습지를 소라고 한다. 미국 플로리다 남부의 에버글레이즈 습지는 주로 드넓은 소로 이루어져 있다. 벼과식물처럼 생긴 소그래스라는 질긴 식물들이 물살이 느린 곳에서 번성한다. 다른 많은 습지 식물처럼, 수위가 낮아지는 건기에도 살아남을 수 있도록 부풀어 오른 뿌리를 지닌다.

큰가시연꽃
얕은 연못의 진흙 바닥에 뿌리를 내리며, 물 위로 잎과 꽃을 내민다. 쟁반 모양의 동그란 잎은 폭이 3미터에 이르고 어린아이의 몸무게도 지탱할 수 있다.

아메리카앨리게이터
아메리카 남부의 민물 습지와 염습지의 상위 포식자이다. 에버글레이즈 습지가 건기에 말라붙으면, 앨리게이터는 스스로 땅을 파서 소를 만든다. 앨리게이터가 만든 소를 악어 웅덩이라고 한다.

아마존강돌고래
우기에 아마존강돌고래는 강을 떠나서 일시적으로 물에 잠긴 숲을 돌아다닌다. 물에 잠긴 나무의 수관 사이에서 어류, 거북, 게를 잡아먹는다. 돌고래는 탁한 물에서 반향정위로 먹이를 찾는다.

세계의 습지

습지는 전 세계에 있다. 민물 습지는 비가 충분히 내리는 곳이라면 어디에든 형성된다. 염습지는 추운 지역의 강어귀에 생긴다. 맹그로브 늪은 대부분 열대 해안에서 발달한다.

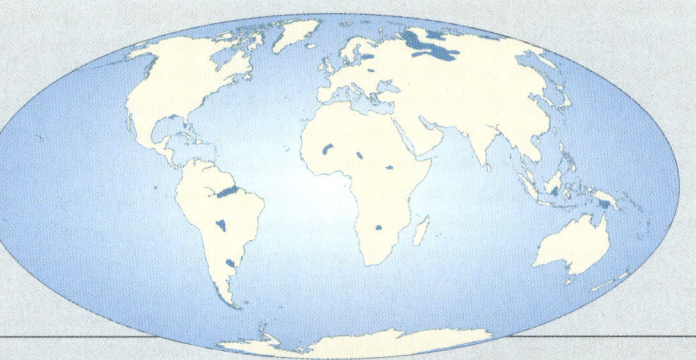

기후의 이모저모

많은 민물 습지가 여름에 마르지만, 물이 차면 식물들도 다시 자란다.

지난 100년 사이에, 세계 습지의 약 50퍼센트가 경작과 개발로 인하여 사라졌다.

맹그로브의 뒤엉킨 뿌리는 열대 폭풍으로부터 해안을 보호한다.

▲맹그로브 늪
남아시아 타이 같은 열대 지역에는 맹그로브 늪 대신에 염습지가 있다. 밀물 때 바닷물에 잠기는 해안 숲이다. 맹그로브 나무는 늪에 적응하여 공중에서 산소를 흡수하는 특수한 뿌리를 지녀서, 물에 잠긴 짠 진흙에서 자랄 수 있다.

넓적부리홍저어새
넓적부리홍저어새는 습지를 걸어 다니면서 먹이를 찾는 섭금류 중 하나다. 걸을 때 부리를 물속에 넣고 움직여서 진흙에 사는 새우, 곤충, 양서류를 걸러 먹는다.

맹그로브뱀
독이 있는 맹그로브뱀은 진흙 위 나무에서 산다. 밤에 나뭇가지 위에서 도마뱀, 청개구리, 새, 작은 포유동물을 사냥한다.

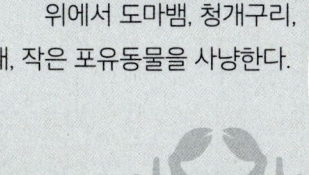

말뚝망둥어
개구리처럼 젖은 피부로 숨을 쉴 수 있어서 썰물 때 개펄에서 살 수 있다. 지느러미를 다리처럼 써서, 개펄 위를 뛰어다니며 작은 게 같은 먹이를 찾는다.

고산 지대의 생물들은 어떻게 살아갈까

고산 지대는 야생 생물들이 살기에 힘겨운 서식지다. 해발 고도가 높아질수록 기온은 떨어지므로, 열대의 산꼭대기도 북극 툰드라만큼 추울 수 있다. 고산 동물은 혹독한 추위, 위험한 지형, 희박한 공기의 낮은 산소 농도와 같은 자연 조건에 대처해야 한다.

▲고산림

고산 지대의 아래쪽 비탈은 고산림이라는 숲으로 덮여 있곤 한다. 동물들에게 먹이와 보금자리를 제공하는 숲이다. 중국 주자이거우(구채구)에서는 침엽수의 바늘잎이 겨울에 물을 머금는다. 얼어붙은 땅에서 물을 흡수하기가 어렵기 때문이다.

▲고산 초원

산림 위로는 나무가 사라지고 낮게 자라는 덤불과 꽃이 가득한 풀밭이 펼쳐진다. 유럽 알프스의 고산 초원은 겨울에 눈으로 덮이지만, 여름에는 풀을 뜯는 동물에게 좋은 풍성한 목초지가 된다. 고산 꽃들은 나비를 비롯한 꽃꿀을 빠는 곤충들을 끌어들인다.

판다

판다는 중국 남서부의 산지에서만 살며, 춥고 습한 기후에서 자라는 대나무를 먹는다. 다른 곰들과 달리 판다는 겨울잠을 자지 않으며, 약간 기름기 있는 치밀한 털로 비와 추위를 막는다.

대나무

대나무는 아주 빨리 자라는 거대한 풀이다. 중국 아열대 지역의 산비탈에는 대나무 숲이 우거져 있다. 침엽수처럼 단단하지는 않지만, 일부 대나무 종은 영하 29도의 낮은 온도도 견딜 수 있다.

수염수리

험한 산지 서식지에서는 많은 동물들이 목숨을 잃지만, 수염수리 같은 청소동물은 많은 먹이를 확보한다. 독수리의 일종인 이 새는 뼈를 바위에 떨어뜨려 부수어서 영양가 많은 골수를 먹는다.

세계의 산지

산지 서식지는 전 세계에 있지만, 아메리카의 로키 산맥, 남아메리카의 안데스 산맥, 아시아의 히말라야 산맥, 유럽의 알프스 산맥이 가장 크다.

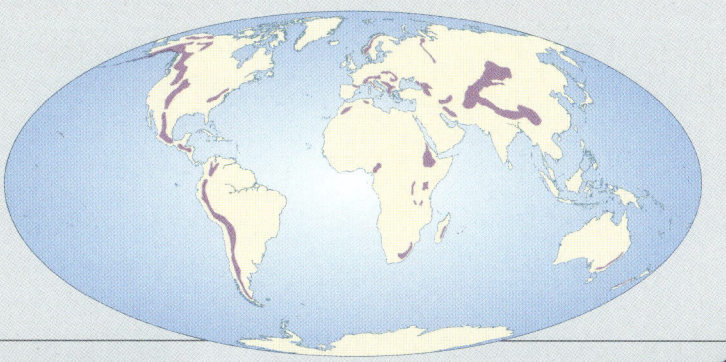

기후의 이모저모

해발 고도가 높아질수록 기온은 낮아져서 1,000미터에 6.5도씩 떨어진다.

아프리카의 킬리만자로산은 적도 근처에 있지만, 봉우리는 아주 추워서 녹지 않는 만년설로 덮여 있다.

산지는 주변의 평탄한 땅보다 기후가 훨씬 더 습한 경향이 있다.

▲암봉

산봉우리에 사는 동물은 거의 없다. 히말라야 산맥 같은 높은 산맥의 꼭대기에는 거의 바위, 자갈, 눈뿐이다. 일부 곤충과 거미는 눈밭에서 살아가고, 포식자는 높은 바위 위에서 내려다보며 먹이를 찾는다.

아이벡스

유럽의 높은 산에 사는 야생 염소인 아이벡스는 가장 험한 바위 지대를 기어올라서 고지대 풀밭으로 간다. 아이벡스는 놀랍도록 민첩하여, 낭떠러지에 튀어나온 바위와 험한 바위 지대를 자신 있게 뛰어넘는다.

눈표범

헐벗은 바위 지형에 숨는 쪽으로 적응해 잘 위장되는 눈표범은 사냥할 때 바위에 몸을 숨긴다. 먹이에게 소리 없이 몰래 다가가서 아래로 돌진하여 먹이가 놀라 꼼짝 못하는 사이에 덮친다.

에베레스트깡충거미

이 작은 거미는 에베레스트산의 높고 헐벗은 비탈에 있는 바위 틈새에 산다. 바람에 실려 날아온 곤충을 잡아먹는다. 가장 높은 고도에서 평생을 살아가는 동물로 알려져 있다.

사막의 생물들은 어떻게 살아갈까

사막은 뜨겁거나 추울 수 있다. 하지만 모든 사막은 연평균 강수량이 250밀리미터 미만이며, 매우 건조한 지역에 생긴다. 텅 빈 황무지처럼 보일지 모르지만, 사막의 바위와 모래 언덕 사이에는 혹독한 기후와 물이 없는 환경에 적응한 많은 동식물들이 살고 있다.

▲ 뜨거운 사막

북아메리카의 소노란 사막처럼 뜨거운 사막은 낮에는 기온이 50도까지 치솟았다가 밤에는 급격히 떨어져, 심지어 영하로도 내려갈 수 있다. 소노란 사막에는 대부분의 비가 특정한 계절에만 내린다. 비가 오면 사막이 녹색으로 물들고 선인장 같은 식물들이 꽃을 피운다. 동물들은 낮에는 태양을 피해 보금자리에 머물며, 보다 선선한 밤에 더 활동을 한다.

사막주머니생쥐

사막에는 먹이가 희귀하다. 주머니생쥐는 씨를 모아서 굴에 저장했다가 나중에 먹는다. 털은 위장하기 좋은 모래색이며, 위장술로 포식자를 피한다.

사와로선인장

선인장은 폭풍우가 온 뒤 물을 흠뻑 빨아들여서 부풀어 오른 줄기에 저장한다. 사와로선인장은 세상에서 가장 키가 큰 선인장이며, 일 년 동안 비 한 방울 안 내려도 살아갈 수 있을 만큼 충분한 물을 저장한다.

사막거북

사막거북은 수분을 보존하기 위해, 낮에 가장 뜨거운 시간에는 굴속에 숨어 있다. 우기에 가장 활발하게 돌아다니면서, 선인장 꽃과 다른 식물들을 먹어 치운다.

서식지 337

세계의 사막
사막은 지표면의 5분의 1 이상을 덮고 있으며, 모든 대륙에 있다. 뜨거운 사막(지도에서 주황색 지역)은 열대에 가까운 반면, 추운 사막(노란색)은 더 북쪽이나 남쪽에 있다. 극지방은 비가 거의 오지 않으므로 사막이라고 본다.

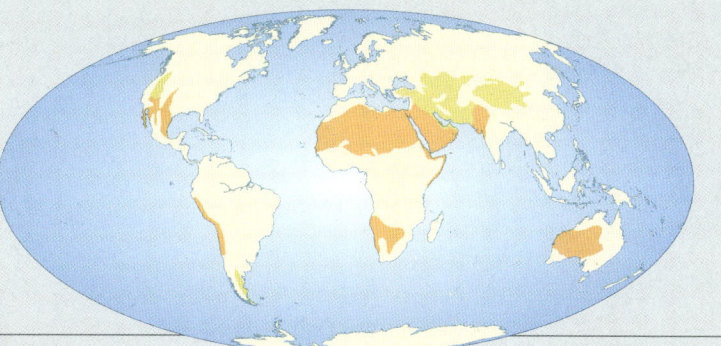

기후의 이모저모
가장 건조한 사막은 비가 일 년에 10밀리미터도 내리지 않는다.

몇몇 사막에서는 비가 너무 안 내려서 식물이 여러 해 동안 물 없이 지내기도 한다.

기온의 최고 기록은 이란 루트 사막에서 잰 70.7도였다.

▲추운 사막
아시아의 고비 사막처럼 추운 사막은 뜨거운 사막보다 더 북쪽이나 남쪽에 있을 뿐 아니라, 고도도 더 높아서 매서운 겨울에는 땅의 많은 부분이 서리와 눈으로 뒤덮이곤 하다. 고비 사막의 겨울 기온은 영하 40도까지 떨어진다. 식물은 주로 덤불과 풀이 자라며, 추위를 피해 땅속에 굴을 파고 지내는 동물들이 많다.

아시아당나귀
말의 친척으로 아시아에 산다. 필요한 물의 상당 부분을 식물로부터 얻지만, 마른 강바닥에 구멍을 파서 지하수를 마시기도 하고 겨울에는 눈도 먹는다. 모래색 털은 포식자의 눈을 피하는 데 기여한다.

퉁퉁마디
퉁퉁마디는 뿌리가 깊어서 메마른 땅에서도 수분을 빨아들이고 바위나 모래흙에도 단단히 고정된다. 풀을 뜯는 동물로부터 자신을 보호하기 위해 염분 함량이 높아졌다.

쌍봉낙타
이 낙타는 몇 달 동안 물을 안 마시고 살 수 있고, 한 번에 50리터 넘게 마실 수 있다. 지방은 혹에 저장되어 먹이가 부족할 때 양분을 제공한다.

툰드라의 생물들은 어떻게 살아갈까

얼어붙은 극지방의 가장자리를 따라 툰드라가 있다. 툰드라는 지표면 아래의 땅이 늘 얼어 있는 지역이다. 겨울은 어둡고 춥고 눈으로 덮여 있지만, 봄이 되면 눈이 녹고 땅의 겉층이 녹는다. 그 결과 북극권에서 넓은 면적이 물에 잠긴 늪으로 변한다. 그곳에는 곤충들이 우글거리고, 그들을 먹는 새들도 몰려든다.

▲겨울
북극 툰드라는 겨울의 상당 기간 어둠에 잠긴다. 땅은 얼어붙고 눈으로 덮인다. 식물은 성장을 멈추고, 곤충은 사라진다. 새들은 대부분 떠난다. 하지만 흰올빼미를 비롯한 사냥꾼들은 남아서 눈 밑에서 살아가는 작은 포유동물을 잡아먹는다.

사향소
야생 염소의 친척으로 무겁고 털이 덥수룩한 사향소는 무리를 지어 산다. 툰드라를 돌아다니면서 눈을 파헤쳐 풀과 이끼를 뜯어 먹는다. 사향소의 포식자는 북극늑대 무리이다.

툰드라들쥐
겨울 내내 작은 들쥐와 레밍은 얼어붙게 하는 바람이 들지 않는 눈 밑에서 활동을 한다. 그들은 풀과 즙이 많은 뿌리를 먹고, 굴속에 저장해 둔 씨도 먹는다.

북방족제비
족제비와 북방족제비는 들쥐와 레밍을 사냥한다. 이들은 굴로 들어가서 들쥐를 뒤쫓을 수 있다. 겨울에 북방족제비는 털이 새하얗게 변하는데, 꼬리 끝만 검은색으로 남아 있다.

세계의 툰드라

툰드라는 대부분 북반구 대륙의 타이가 숲과 북극해 사이에 있다. 또한 남극 대륙의 해안과 남극해의 인근 섬에도 툰드라가 있다.

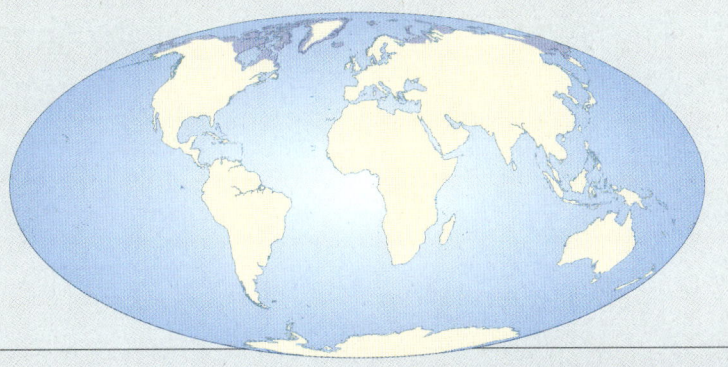

기후의 이모저모

툰드라의 겨울 기온은 영하 50도까지 떨어질 수 있다. **지표면 밑의 일 년 내내 계속 얼어 있는 땅을 영구 동토라고 한다.** 영구 동토 때문에 여름에 얼음 녹은 물이 빠지지 않아서, 툰드라가 늪으로 변한다.

▲여름

여름에 북극 툰드라는 거의 24시간 동안 햇빛을 받는다. 지표면은 얼음이 녹아서 늪처럼 변하고, 낮게 자라는 강인한 식물들이 꽃을 피운다. 모기를 비롯한 곤충 수백만 마리가 부화한다. 이주해 온 새들은 곤충을 먹으면서 둥지를 틀고 새끼를 키운다. 그러다가 다시 추워지면 남쪽으로 날아간다.

순록

대규모 순록 떼는 봄에 눈이 녹으면 식물을 찾아 먹으면서 북쪽으로 향한다. 여름이 시작될 무렵, 새끼들이 태어난다. 어미가 먹을 먹이가 풍족한 시기다.

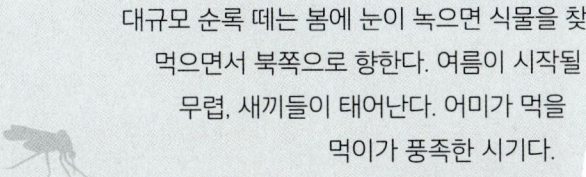

자주범의귀

툰드라 식물은 대부분 땅에 바짝 붙어 자란다. 또 추운 바람을 견디기 위해 빽빽하게 모여 방석 같은 형태로 자라곤 한다. 자주범의귀가 대표적이며, 여름에 맨 먼저 꽃을 피우는 식물 중 하나다.

꼬까도요

해안에 사는 새이며 북쪽으로 날아와 북극 툰드라에서 번식을 한다. 여름은 새끼가 먹을 곤충이 풍부한 계절이다. 땅에 둥지를 트는데, 여름 깃털이 여러 색깔을 띠어서 위장을 잘한다.

극지방의 생물들은 어떻게 살아갈까

극지방은 지구에서 가장 살기 힘든 곳에 속한다. 매섭게 차가운 바람과 극도로 낮은 기온 때문이다. 짧은 여름에는 매일 햇빛이 24시간 비치는 반면, 긴 겨울에는 온종일 어둠에 잠긴다. 나무가 살기에는 조건이 너무 좋지 않고, 낮게 자라는 몇몇 식물 종만이 산다. 야생 동물은 다양한 종들이 살아갈 수 있다. 극지방 동물들은 대부분 바다에서 먹이를 구한다.

▲북극 해빙
북극해는 북극점을 중심으로 한 얼어붙은 바다이며, 육지로 거의 완전히 에워싸여 있다. 식물은 조류만이 살 수 있는데, 얼음 밑에 달라붙거나 수면에서 살아간다. 물범은 유빙 위에서 쉬고 새끼를 낳으며, 북극곰은 유빙을 이용하여 돌아다닌다.

그린란드상어
그린란드상어는 추운 북극해의 약 1.2킬로미터 깊이에서 산다. 척추동물 중 수명이 가장 길다고 알려졌으며, 500년 넘게 사는 듯하다.

하프물범
하프물범은 잠수 한 번에 15분씩 물속에 머물면서 어류와 갑각류를 잡을 수 있다. 피부 밑에 아주 두꺼운 지방층이 있어서 차가운 물에서도 체온을 유지한다.

북극곰
북극곰은 해빙을 물범을 잡는 사냥터로 삼는다. 얼음에서 미끄러지지 않는 날카로운 짧은 발톱과 추위를 막아줄 두꺼운 지방층이 있다.

세계의 극지방

극지방 생물 군계는 지구의 가장 남쪽과 북쪽에 있다. 남극 대륙은 비가 거의 오지 않아서 지구 최대의 사막이기도 하다. 많은 과학자들은 극지방 생물 군계가 인간 활동으로 가속된 지구 온난화로 위협을 받고 있다고 본다.

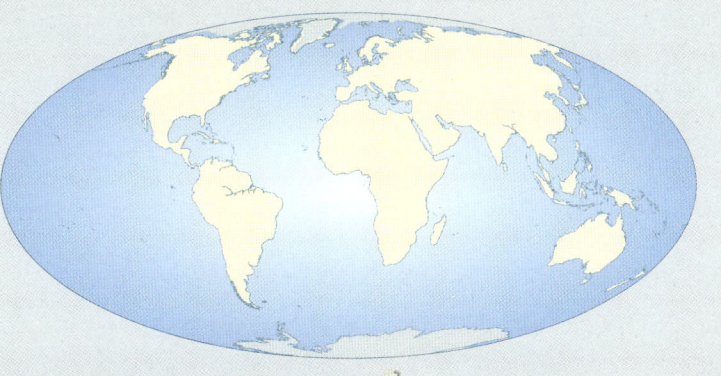

기후의 이모저모

지구에서 가장 추운 기온의 기록은 영하 89.2도이며, 1983년 남극 대륙에서 잰 값이다.

북극해의 얼음 두께는 50미터에 달한다.

▲남극 대륙

남극 대륙은 남극점에 걸쳐 있으며, 거의 다 얼음으로 덮여 있다. 식생은 얼음이나 바위에 붙어 자라는 조류, 지의류, 이끼가 거의 전부이다. 꽃식물은 단 2종이 산다. 반면에 동물은 펭귄, 물범, 흰바다제비 같은 여러 종이 산다. 흰바다제비는 거의 오로지 남극 대륙에서 번식을 하는 극소수의 조류에 속한다.

황제펭귄

얼음 위에 살지만, 차가운 물로 잠수하며 물고기를 잡아먹는다. 유선형 몸으로 바다 깊이 잠수할 수 있고, 한번에 20분까지도 숨을 참을 수 있다.

데캄프시아

남극 대륙에 사는 꽃식물인 데캄프시아는 혹독한 환경에 살도록 적응하여 자가 수분한다. 추위에 손상되지 않도록 꽃봉오리는 열리지 않는다.

남극크릴

크릴은 새우처럼 생긴 갑각류로서, 남극 대륙 주변의 물에 엄청나게 많이 산다. 지구에서 가장 수가 많은 동물에 속할 정도다. 고래, 물범, 펭귄 같은 동물들의 먹이가 된다.

강과 호수의 생물들은 어떻게 살아갈까

지구 물의 약 1퍼센트만이 연못, 호수, 강을 채우고 있는 민물이다. 이 민물 서식지에는 세계 어류 종의 40퍼센트와 많은 수생 동식물이 산다. 호수와 강은 빗물로 채워지며, 전 세계의 생물들이 빗물에 의지해 살아간다.

▲ 연못과 호수
로몬드 호수는 영국에서 가장 큰 민물 호수다. 다른 호수들처럼, 우묵한 땅을 채운 고인 물이다. 호수는 연못보다 더 크고 깊다. 수생 식물은 물이 얕은 호수 가장자리를 따라 무성하게 자란다. 몇몇 오래된 외진 호수에는 다른 곳에는 없는 종들이 산다.

물부추
수심 4미터를 넘는 곳에서 사는 물부추는 긴 가시 같은 잎이 달리며, 차고 깨끗한 물이 고인 곳에 덤불처럼 자란다.

개구리
연못과 호수에서 멀리 떨어지지 않으며, 봄에 모여서 민물에 산란을 한다. 겨울에는 많은 성체들이 물로 돌아가 연못이나 호수 바닥의 진흙 속에서 겨울잠을 잔다.

강꼬치고기
매복 포식자이며 날카로운 이빨을 지닌 어류이다. 호수의 얕은 가장자리에 자라난 물풀 사이에 숨어 있다가, 다른 물고기나 개구리를 덮쳐서 잡는다.

세계의 강과 호수

세계 최대의 민물 서식지는 북아메리카의 5대호, 아마존과 콩고의 넓은 강 유역이다. 대부분의 종은 열대 서식지에 산다. 아마존 유역에는 대서양 전체보다 많은 어류 종이 산다.

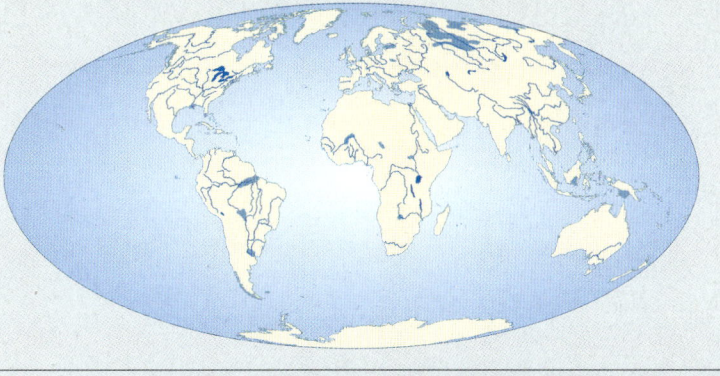

기후의 이모저모

강과 호수는 전 세계에 있으므로, 기후 조건은 민물 서식지마다 다르다.

겨울에 온대의 호수와 강은 많이 얼어붙지만, 얼어붙은 수면 아래에서 동물들은 여전히 활동한다.

▲하천

메콩강은 티베트 고원에서 남중국해로 흐른다. 도중에 여러 하천들이 합류하면서 물이 불어난다. 물살이 아주 빠른 곳에서 떠내려가지 않도록 특수한 적응 형질을 갖춘 동물들도 있다. 강물은 강어귀에서 바닷물과 섞이면서 좀 더 짜진다.

큰징거미새우

갑각류의 일종으로 유생 단계에는 물이 짠 강어귀에 살다가, 성체가 되면 강을 따라 올라와서 민물에서 여생을 산다.

가오리비파

물살이 빠른 계곡에 사는 물고기로 바위에 달라붙어 센 물살을 견디기 위해 빨판 같은 넓은 지느러미를 지닌다.

유럽수달

수달은 반수생동물이다. 즉 물과 땅을 오가면서 살아간다. 어류, 갑각류, 개구리를 사냥해 먹는다.

바다의 생물들은 어떻게 살아갈까

바다는 지표면의 5분의 3 이상을 뒤덮고 있다. 해안을 따라 늘어선 해변과 바위 웅덩이에서 가장 깊고 어두운 심해에 이르기까지, 바다의 모든 곳에는 그곳의 서식지 환경에서 살아가도록 적응한 생물들이 산다. 산호초 같은 일부 해양 서식지는 생물 다양성이 유달리 풍부하다.

▲**해안 지대**
바다와 육지가 만나는 곳에서는 바닷물이 들고나는 조석의 움직임이 강력한 영향을 미친다. 바닷가에 사는 동물과 바닷말은 파도가 들이치고 공기에 주기적으로 노출되는 곳에서 살아가야 한다. 앞바다로 더 나아가면, 햇빛이 드는 물에서 훨씬 더 많은 동물들이 살고 있다.

켈프
켈프와 같은 바닷말은 부착기라는 빨판 같은 구조를 이용하여 바위에 달라붙는다. 이 거대한 조류의 엽상체는 식물의 잎처럼 햇빛을 받아서 양분을 만들어 낸다.

산호
얕은 열대 바다에 사는 산호는 미세한 동물이다. 산호의 돌 같은 뼈대가 오랜 세월에 걸쳐 쌓여서 산호초를 이룬다. 산호초에는 다양한 해양 생물들이 살아간다. 산호는 해안 근처의 햇살 가득한 따뜻한 물에서 가장 잘 자란다.

▲**난바다**
육지에서 멀리 떨어진 먼 바다에는 미세한 플랑크톤에서 지구에서 가장 큰 동물인 거대한 고래에 이르기까지 다양한 생물들이 산다. 먼 바다의 동물들은 대부분 더 따뜻하고 밝은 가까이에 살지만, 일부는 해저나 그 가까이에 산다.

플랑크톤
바닷물에는 플랑크톤이라는 미세한 생물들이 우글우글 떠다닌다. 많은 플랑크톤은 수면 가까이에 사는 조류이며, 햇빛 에너지로 양분을 만든다.

세계의 바다
해양 종의 95퍼센트 이상은 대륙 가장자리의 얕은 바닷물에 산다. 이 얕은 바다 너머에는 수심이 4,000미터가 넘는 해저가 펼쳐진다.

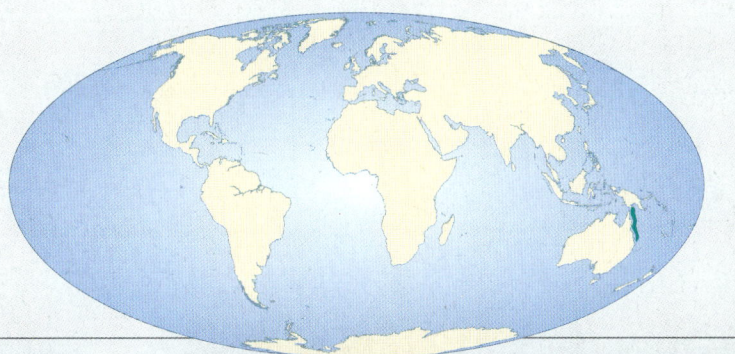

바다의 이모저모
바다에서 가장 깊은 곳은 수심 10,994미터다.
바다에 사는 생물 종의 4분의 1은 산호초에 산다.
현생 동물 중 가장 큰 것은 대왕고래로서, 25미터까지 자란다.

▲심해
태양에서 오는 빛은 수심 약 250미터까지만 도달하여, 그보다 깊은 바다는 어두컴컴하다. 수심 1,800미터를 넘는 심해대의 동물들은 위에서 떨어지는 부스러기를 먹거나, 먹이를 꾀는 특수한 전략을 써서 사냥한다.

혹등고래
이 바다 포유동물은 입에 난 거대한 뻣뻣한 털(고래수염)로 물에 든 작은 동물들을 걸러 먹는다. 모든 포유류처럼 혹등고래도 공기 호흡을 해야 한다. 하지만 잠수할 때 30분까지도 숨을 참을 수 있다.

심해 아귀
이 어류는 빛을 발하는 세균들이 든 기관을 이용하여 작은 물고기를 꾄다. 물고기가 다가오면 거대한 입으로 꿀꺽 삼킨다.

덤보문어
덤보문어는 귀처럼 생긴 지느러미를 펄럭이면서 헤엄친다. 수심 3,000미터의 해저 위를 돌아다니면서 환형동물 같은 무척추동물들을 찾아 먹는다.

낱말 풀이

가뭄
비가 적게 내려서 물이 부족하고 매우 건조한 상태가 지속되는 시기.

가슴(가슴부)
곤충이나 척추동물의 몸 중심부.

각막
눈의 앞쪽을 덮고 있는 투명한 층.

갑각류
단단한 겉뼈대, 아가미, 대개 10쌍 이상의 부속지를 지닌 무척추동물. 새우와 가재 등이 속한다. 갑각류는 대부분 물에 산다.

강모
생물의 몸에 난 뻣뻣한 털. 단세포 생물도 강모를 지닌 것이 있다.

개체
독립된 하나의 생물체. 분리할 수 없는 생물의 단위.

거미류
거미나 전갈처럼 다리가 8개인 절지동물.

겉뼈대(외골격)
곤충의 겉을 감싼 껍데기처럼 겉에 있는 뼈대.

겨울잠(동면)
겨울에 일부 동물이 아주 깊이 잠든 것처럼 가만히 있는 상태.

겹눈
빛을 감지하는 작은 단위들이 많이 모여서 이루어진 눈. 각 단위마다 수정체가 갖추어져 있다. 곤충은 겹눈을 지닌다.

고래류
고래나 돌고래처럼, 지느러미발을 지닌 수생 포유동물.

고치
나방 유충이 실을 자아서 자기 몸을 감아 만든 껍데기. 유충은 그 안에서 번데기가 된다.

공생
서로 다른 두 종이 함께 긴밀하게 협력하면서 사는 관계.

광합성
식물이 태양 에너지를 써서 물과 이산화탄소로부터 양분을 만드는 과정.

구기
곤충 같은 절지동물은 입 구조가 복잡한데, 전체적으로 구기라고 한다.

구애
암수가 짝짓기 전에 하는 친밀해지기 위한 행동.

균류
살아 있거나 죽은 생물로부터 양분을 흡수하는 생물. 버섯과 곰팡이는 균류에 속한다.

근육
수축하여 움직임을 일으키는 동물 조직.

기관
위장이나 뇌처럼 특정한 일을 맡아서 하는 동식물의 신체 부위.

기생 생물
다른 생물의 몸속이나 피부에 살면서 장기간 살을 먹는 생물. 숙주에 해를 끼친다.

깃털
새의 몸을 덮고 있는 털.

꽃가루
꽃의 꽃밥에서 만들어지는 수 생식 세포가 들어 있는 가루 물질. 곤충은 자신도 모르게 이 꽃에서 저 꽃으로 꽃가루를 옮겨서 식물의 번식을 돕는다.

꽃가루받이(가루받이, 수분)
꽃가루가 암술머리로 옮겨지는 것. 꽃가루받이는 꽃식물의 유성 생식에 필요하다.

꽃꿀
꽃에서 나오는 달콤한 액체. 벌은 꽃꿀을 모아서 꿀을 만든다.

난소
동물 암컷의 몸에서 난자를 만드는 기관.

낱눈
곤충의 겹눈을 이루는 한 개의 눈.

냉혈 동물
파충류처럼 주변 온도에 따라서 체온이 오르내리는 동물. 변온 동물이라고도 한다.

노른자
알에서 자라는 배아에 단백질과 지방을 공급하는 기관.

다양성
생물 종이 얼마나 많이 있는지를 가리키는 용어.

단공류
알을 낳는 포유동물. 단공류는 오리너구리류와 바늘두더지류뿐이다.

단백질
성장에 필요하고 다양한 신체 조직을 만드는 데 쓰이는 필수 영양소. 털, 거미줄, 근육은 주로 단백질로 이루어져 있다.

단열
털, 지방, 깃털 같은 것으로 체온 손실을 막는 것.

더듬이
곤충 같은 무척추동물의 머리에 달린 감각 기관.

독
접촉하거나 먹으면 해를 끼치는 물질.

독액
독니, 침 같은 구조를 통해서 동물의 몸속으로 주입되는 해로운 액체.

되새김
삼킨 먹이를 다시 입으로 게워 내는 것. 많은 조류는 먹이를 게워 내어 새끼에게 먹인다.

되새김 동물(반추 동물)
위장이 4개인 초식 동물. 사슴과 소는 되새김 동물이다.

마비
신경이 근육으로 전달하는 신호를

차단하여 움직이지 못하게 하는 것.

막
어떤 물질을 통과시키고 막을지를 결정하는 얇은 덮개.

망막
눈의 안쪽에 들어 있는 빛을 감지하는 세포층.

먹이
다른 동물에게 잡아먹히는 동물.

멸종
영구히 사라짐. 멸종한 종은 더 이상 세상에 없다.

무지갯빛
윤기 나는 밝은 색을 띠는 물체의 보는 각도에 따라서 변하는 색깔.

무척추동물
곤충이나 지렁이처럼 등뼈가 없는 동물.

미생물
세균처럼 너무 작아서 맨눈에는 안 보이는 생물.

반향정위
소리를 낸 뒤 돌아오는 메아리를 듣고서 대상을 파악하는 방식. 박쥐와 돌고래는 밤이나 탁한 물에서 반향정위로 주변을 "본다".

발굽
말이나 사슴 같은 동물의 발끝이 단단해진 것. 빨리 달리는 데 유용하다.

발아
씨나 포자가 자라기 시작하는 것.

배(복부)
동물 몸의 뒤쪽 부분. 포유동물과 달리 곤충처럼 배마디가 뚜렷이 구별되는 동물도 있다.

배아
동식물이 처음 발달하기 시작할 때의 단계를 가리킨다.

번데기
탈바꿈을 하는 곤충의 한살이에서 휴식에 들어간 단계.

번식
새 자식을 낳는 것.

부리
새의 턱.

부속지
동물의 몸통에 가지처럼 붙어 있는 기관이나 부분.

부착기
식물의 뿌리와 비슷하게 생긴 조류의 기관. 바위 같은 곳에 조류를 단단히 붙인다.

분비
세포가 만들어서 내보내는 물질.

분자
둘 이상의 원자가 결합하여 만든 화학적 단위. 거의 모든 물질은 분자로 이루어져 있다.

분해
더 단순한 화학 물질로 쪼개는 과정. 죽은 생물은 다른 생물들이 먹어서 조직을 소화하기 때문에 분해된다.

뿌리
식물을 땅에 고정시키고 흙에서 물과 영양소를 빨아들이는 기관.

산소
지구 대기의 21퍼센트를 이루는 기체. 생물은 대부분 호흡이라는 과정을 통해 공기의 산소를 흡수하여 양분을 에너지로 바꾼다.

산호
침을 쏘는 촉수로 먹이를 잡는 작은 해양 동물. 대규모 군체를 이루어 사는 산호들의 단단한 뼈대에서 산호초가 생긴다.

샘
동물의 몸에서 특정한 물질을 만들어서 분비하는 기관. 사람의 땀샘은 피부로 땀을 분비한다.

생물
살아 있는 것.

생물 군계
우림, 사막, 온대 초원 등 생물 세계를 크게 나누는 범주 중 하나. 생물 군계마다 기후, 식생, 동물의 종류가 다르다.

생태계
생물들과 생물들이 사는 환경을 함께 가리키는 용어. 연못처럼 작을 수도 있고, 우림처럼 클 수도 있다.

서식지
생물이 사는 곳.

세균
지구 생물의 주요 계 중 하나를 이루는 미세한 단세포 생물. 유용한 세균도 많지만, 질병을 일으키는 종류도 있다.

세포
생물의 최소 단위. 세포는 모든 생물의 기본 구성단위다.

세포질
세포의 안에 차 있는 젤리 같은 물질.

세포핵
세포의 사령부. 세포의 유전자가 든 DNA 분자가 있는 곳이다.

셀룰로오스
식물의 세포벽에 들어 있는 물질. 세포벽은 식물의 구조를 지탱한다.

수생
물에 사는 동식물을 가리키는 말.

수용체
자극을 알아차리는 분자, 세포, 기관을 가리키는 말. 동물의 눈에 든 빛 수용체 세포는 빛을 감지하여 시각을 구성한다.

수정
암수의 생식 세포가 하나로 합쳐져서 수정란이 되는 과정.

수정체
눈에서 빛을 구부려서 선명한 상이 맺히도록 하는 부위.

숙주
기생 생물의 먹이가 되는 생물.

숨구멍
고래나 돌고래의 머리 꼭대기에 나 있는 1개나 2개의 구멍. 숨을 쉴 때 쓴다.

식충 동물
곤충이나 다른 무척추동물을 주로 먹는 동물.

신경
몸에서 전기 신호를 전달하는 특수한 세포 다발.

씨
식물의 배아와 양분이 들어 있는 생식 기관.

씨방
꽃에서 씨가 자라는 기관.

아가미
물속에서 호흡하는 데 쓰이는 기관.

알
조류, 파충류 같은 동물의 배아를 감싸서 보호하는 구조물.

알이빨(난치)
새끼 조류의 부리나 새끼 파충류의 턱에 난 단단한 혹. 부화할 때 알껍데기를 깨는 데 쓰이며, 진짜 이빨은 아니다.

야콥손 기관
동물의 입천장에 있는 냄새를 맡는 기관.

야행성
낮에는 가만히 있다가 밤에 활동하는 성질.

양서류
개구리나 도롱뇽 같은 등뼈를 지닌 냉혈 동물로서, 물과 땅을 오가면서 산다.

연골(물렁뼈)
척추동물의 뼈대에 있는 튼튼하면서도 유연한 조직. 연골어류는 뼈대가 연골만으로 이루어진다.

연체동물
부드러운 몸을 지닌 무척추동물. 단단한 껍데기로 몸을 보호하기도 한다. 달팽이, 조개, 문어는 연체동물이다.

열매
꽃의 씨방이 부풀어서 자란 것. 안에 하나 이상의 씨가 들어 있다. 동물을 꾀기 위해 달콤하면서 즙이 많은 것도 있으며, 그중에 사람이 먹는 큰 열매를 과일이라고도 한다.

엽록소
햇빛에서 에너지를 흡수하는 식물의 초록 색소. 광합성을 통해 양분을 만들 수 있게 해 준다.

엽록체
식물 세포에 있는 작은 구조물로서, 안에 엽록소가 들어 있다. 광합성이 일어나는 곳이다.

엽상체
식물의 잎처럼 생긴 조류의 기관. 식물의 잎처럼 광합성을 한다.

영구 동토층
땅 표면 밑에 영구히 얼어 있는 층.

영양소
동식물이 흡수하여 살아가고 자라는 데 쓰는 필수 물질.

용골
새의 커진 가슴뼈. 커다란 비행 근육이 용골에 붙어 있다.

위장
주변 환경과 잘 뒤섞이는 색깔, 무늬, 모양. 동물은 위장술로 몸을 숨기곤 한다.

위족
세포 표면으로 나왔다가 들어갔다가 하는 돌기의 일종으로서, 움직이거나 먹이를 잡거나 하는 여러 용도로 쓰인다.

유대류
덜 발달한 새끼를 낳아서 주머니에서 더 키우는 포유류.

유생
성체로 발달할 때 큰 변화를 겪는 동물의 초기 단계.

유선형
공기나 물속을 움직이기 쉽게 해 주는 매끄러운 형태. 물범은 몸이 유선형이어서 빨리 헤엄칠 수 있다.

유전자
세포 안의 DNA분자에 암호로 들어 있는 명령문. 부모로부터 자식에게 전달되며, 각 생물의 특징을 결정한다.

육상 생물
땅에서 사는 생물.

육식 동물
고기를 먹는 동물. 살을 찢는 날카로운 이빨을 지녔다.

의태
다른 동물을 흉내 내는 것. 더 위험한 동물의 모습을 흉내 내기도 한다. 많은 곤충은 독 있는 종을 흉내 내어서 포식자를 물리친다.

이산화탄소
공기에 든 기체 중 하나. 동물은 호흡할 때 이산화탄소를 노폐물로 내보내며, 식물은 이산화탄소를 흡수하여 양분으로 바꾼다.

이주
동물이 새 서식지로 옮겨 가는 긴 여행. 많은 새는 해마다 이주를 하여 여름과 겨울을 서로 다른 서식지에서 보낸다.

인대
관절 부위에서 뼈들을 연결하는 질긴 섬유질 조직 띠.

자궁
포유류 암컷의 몸에서 태아가 자라는 기관.

적응 형질
자기 환경이나 생활 방식에 더 적합하게 해 주는 생물의 특징. 돌고래의 유선형 몸은 물에 살도록 적응한 형질이다.

전기 수용 감각
전기장을 검출하는 감각. 상어는 전기 수용 감각을 써서 공격할 때 먹이의

위치를 정확히 파악한다.

절지동물
겉뼈대와 관절로 연결된 다리를 지닌 무척추동물. 곤충, 거미, 전갈, 지네는 모두 절지동물이다.

점액
동물이 다양한 목적으로 만드는 미끈거리는 진한 액체. 창자의 안쪽도 먹이가 매끄럽게 지나가도록 점액으로 덮여 있다.

정온 동물
조류와 포유류처럼 체온을 일정하게 유지하는 동물. 피가 따뜻해서 온혈 동물, 항상 같은 체온이 유지되어 항온 동물이라고도 한다. 대개 털이나 깃털로 체온을 유지한다.

정자
수컷 생식 세포. 수컷 생식 세포가 암컷 생식 세포와 합쳐져서 새로운 생물로 자란다.

조류(말무리)
식물처럼 생긴 단순한 생물로서 주로 물에 살면서, 광합성으로 양분을 만든다. 바다에 사는 것들을 바닷말이라고 한다.

조직
생물의 몸을 이루는 비슷한 세포들의 집합. 피부도 조직이다.

종
치타나 기린처럼 생물의 각 종류를 가리키는 말. 같은 종의 구성원끼리는 야생에서 서로 번식을 할 수 있다.

진화
종이 서서히 변하는 과정. 대개 여러 세대에 걸쳐 이루어진다.

짝짓기(교미)
동물 암수가 신체 접촉을 통해 생식 세포를 합쳐서 배아를 만드는 과정.

착생 식물
다른 식물을 지지대로 삼아서 붙어 자라는 식물.

창자
먹이가 지나가면서 소화되는 관 모양의 신체 기관. 창자는 위장과 항문을 연결한다.

척추동물
등뼈가 있는 동물.

척추뼈
척추동물의 등뼈를 이루는 작은 뼈.

청소동물
죽은 동식물을 먹는 동물. 독수리는 청소동물이다.

초식 동물
식물을 먹는 동물.

케라틴
털, 머리카락, 깃털, 손톱, 뿔, 발굽을 만드는 단단한 단백질. 동물 피부의 바깥층도 케라틴이 섞여서 튼튼하다.

탄수화물
먹이에 든 에너지가 풍부한 물질. 설탕과 녹말도 탄수화물이다.

탈바꿈(변태)
동물이 성숙할 때 모습이 크게 바뀌는 과정. 모충은 탈바꿈을 거쳐서 나비가 된다.

태반
포유동물이 모체의 혈액에서 태아의 혈액으로 양분과 산소를 전달하는 기관.

탯줄
포유동물 어미의 몸과 태아 사이에 양분과 산소를 비롯한 중요한 물질을 전달하는 밧줄 같은 구조물.

파충류
피부가 비늘로 덮인 냉혈 척추동물. 뱀과 도마뱀도 파충류다.

페로몬
동물이 만들어서 같은 종의 다른 개체들에게 영향을 미치는 화학 물질. 많은 동물은 짝을 꾀기 위해 페로몬을 만든다.

포식자
다른 동물을 잡아먹는 동물.

포유동물(포유류)
새끼에게 젖을 먹이고 대개 털로 뒤덮여 있는 피가 따뜻한 척추동물.

폴립
해파리, 말미잘, 산호 같은 일부 해양 동물에게 나타나는 형태. 폴립은 한쪽 끝에 입이 있고, 바위나 바다 밑에 밑동이 꽉 붙어 있는 형태다.

허물벗기(탈피)
껍데기, 털, 깃털을 벗는 과정. 겉뼈대를 지닌 동물은 더 크게 자라려면 허물을 벗어야 한다.

형질
각 생물이 지닌 고유한 특징.

호흡
살아 있는 세포가 산소를 써서 먹이 분자에 든 화학 에너지를 얻는 과정.

홀씨(포자)
균류나 일부 식물이 만드는 미세한 가루 같은 세포. 자라서 새 개체가 된다.

홍채
동물 눈의 눈동자를 에워싼 색깔을 띤 고리 모양의 근육. 눈동자의 크기를 조절하여 들어오는 빛의 양을 조절한다.

효소
생물이 특정한 화학 반응을 촉진하기 위해 만드는 물질. 동물은 창자에 든 먹이를 분해하는 화학 반응을 촉진하기 위해 소화 효소를 만든다.

흰자(흰자위)
알의 투명한 부분으로서, 알 속에서 배아가 발달하는 데 필요한 물과 단백질이 들어 있다.

힘줄
근육과 뼈를 연결하는 질긴 섬유 같은 조직 띠. 힘줄은 근육이 수축할 때 뼈를 잡아당겨서 몸을 움직인다.

찾아보기

굵은 글씨로 표시된 페이지에는 보다 자세한 내용이 있습니다.

ㄱ

가리비 80
가마우지 257
가슴 100, 115, 134
가시
  곤충 15, 113, 117, 120
  뱀 215
  불가사리 94
  식물 67, 68, 71
  양서류 182
  어류 161, 162
  포유류 16, 17, 268, 269, 292, 293
가시복 161
가오리 146, 159
가젤 286~7, 329
가터뱀 192~3
가오리비파 343
각다귀 115
각인 279
갈고리발톱 221, 223, 251
갈라파고스 제도 18, 199
갈색곰 157
갑각류 77, 142~3
감각
  무척추동물 11, 79, 84, 85, 108~13, 134
  어류 150~1, 158, 16
  조류 220, 248
  파충류 190, **194~5**
  포유류 266, **270~1**

감각털
  곤충 101, 105, 111, 122,
  식물 68
  어류 151
  절지동물 134, 138
강 **342~3**
  동물 200~1, 298~9, 332
  식물 72
강모 97, 98, 99, 120, 121
  미생물 24, 25
강꼬치고기 342
개구리 12, **172~183**, 177
  개구리 알 174, 177
  겨울잠 **325**, 342
  방어 182~3
  의사소통 180~1
  이동 **178~9**, 182
  한살이 174~5
개미 67, 102, 111, **130~1**
개미귀신 102
개미핥기 293
개코원숭이 286
갯지렁이 99
거미 77, 127, **134~7**, 335
  거미줄 106, 136~7
  거미집 136~7
거북 191, 196~7, **216~7**, 336
  비늘 192
  진화 18
건기 328
걸러 먹기(여과 섭식) 89, 159, 225, 255, 316
검은키아스모돈 169
겉날개 105, 114
겉뼈대 77, 100, **104~5**, 113, 124
  허물벗기 105, 141, 142
게류 82, 86, 142~3

겨울잠 324, **325**, 326, 327, 342
견과 60
경고색
  곤충 120, 122, 126, 140
  균류 34
  양서류 182, 184
  어류 160
  조류 246
  파충류 205
  포유류 289, 310
계절
  봄 324
  여름 325, 327, 334, 338
  가을 64~5, 325
  겨울 325, 326, 334, 337, 338, 341, 343
고래 10, 284, 301, 316~7, 345
고래수염 316
고릴라 280~1
고비 사막 337
고세균 11
고슴도치 16~17
고양이류 272~3, 276, **290~1**
고치 106, 107
곤충 10~11, 76, **100~33**
  감각 11, 108~13
  구기 104~5
  날개 101, 105, **114~5**, 131
  번식 10, 13
  성장 10, 105
  식물 11, 56, 57, 58, 67, 68~9
곰
  흑곰 327
  갈색곰 157
  북극곰 268, 311, 340
곰팡이 38~9
공기 32, 54

공기방울 154, 258
공기주머니 255
공룡 218, 264
공생 41, 67, 86, **166~7**
공작 238~9
관벌레 98
관족 94, 95
광합성
  식물 45, 54, 55
  조류 26, 41, 89
구라미 154
구애
  곤충 113, 132
  양서류 173
  조류 232, **238~9**
  파충류 205
군체
  곤충 102, 111, 123, **128~9**, 130, 131
  두더지쥐 281
  산호 88
굴 139, 140
  거미류 136
  파충류 209
  포유류 281, 296, 310, 311, 336
귀
  곤충 112
  어류 151
  조류 248
  포유류 266, 271, 307
귀뚜라미 102, 110, 113
귀상어 159
규조류 27
균류 10, 28, 34~9, 130, 322
  지의류 40
극락조 238

극지방 321, 337, **340~1**
　이주 237
극피동물 76, 94~5
근육
　곤충 105, 114
　조류 220, 222, 226, 239, 262
　포유류 268, 313
　파충류 211, 212, 214
　환형동물 96~7
글래스피시 146~7
기니피그 274~5
기린 223, 273, **294~5**, 328
기생 생물 **118~9**, 167
기어오르기 179, 206~7, 301
기후
　강과 호수 343
　극지방 241
　사막 337
　산지 335
　바다 345
　열대 초원 329
　온대림 325
　툰드라 339
　한대림 327
긴꼬리밀납부리 247
긴팔원숭이 308~9
깃털 220, **226~31**, 243, 245, 249
　구애 238~9
　방수 254, 257
껍데기
　거북 197, 216
　연체동물 78, 80, 82~3
꼬리 317
　양서류 173, 184, 185
　어류 148
　전갈 138
　파충류 207
　포유류 267, 306
꼬까도요 339
꽃 44, **46~7**, 56~9, 60, 72
　씨 46~7, 57, 62~3

꽃가루 56~9, 129, 304
꽃가루 매개자 56~9, 304
꽃꿀 56, 58~9, 128, 225, 233
꽃등에 127
꽃받침 56, 57
꽃밥 56, 57
꽃잎 56
꽃차례 59
꿀 128, 129
꿀벌 111, 128~9
꿩 230

ㄴ

나무 **52~3**, 59, 323
　가을 52, 65
　낙엽 65
　둥지 240~1
　맹그로브 72, 333
　방어 67
　사막 71
　산지 334
　숲 322~7
　씨 62, 63
　우림 322~3
　초원 328
나무늘보 31, 301
나뭇잎벌레 125
나뭇진 67
나방 103, 106~7, 113, 125
　더듬이 110~1
　모충 103, **106~7**, 120~1, 126~7
나비 58, 104, 126, 127
　모충 103, 121, 126
　이주 111
나일악어 **200~1**
낙엽 65, 140
낙타 337
난초 58
날개

곤충 101, 105, **114~5**, 131
　박쥐 301, 302
　조류 226~9, 232
날씨 91, 237
남극 대륙 237, **341**
남아메리카 67, 184, 237, 263, 289
낭상엽식물 68
냉혈 동물 191
노래기 140~1
노른자 152, 153, 197, 242
노린재 10~1, 102
논병아리 241, 257
뇌
　달팽이 79
　뱀 195
　아홀로틀 187
　어류 146, 150, 159
　지렁이 97
　포유류 266, 270, 303
누 329
눈
　거미류 135
　게류 142
　겹눈 108, 109
　곤충 108~9
　사람 109
　양서류 183, 185
　어류 150, 168
　연체동물 79, 80
　전갈류 138
　조류 249, 250, 259
　파충류 195, 203, 208~9
　포유류 270
눈꺼풀 146, 173
눈꼴무늬 103, 127, 238
눈동자 183, 195, 270
눈물 28
눈표범 335
뉴질랜드 191, 237, 263
늑대 289
늪 320, 327, 332~3

ㄷ

다람쥐 297, 325
다리
　문어 84
　재생 84, 94, 143, 184, **187**
다족류 140
단공류 266, 275
단물 68~9, 130
단백질 17, 233, 274
단각류 143
단세포 생물 10, 11, **24~7**, 30
　번식 24
달팽이 **78~9**, 83
대기 27, 32
대나무 334
대백로 224
대벌레 100
대보초 88, **90~1**
데스스토커 138
도마뱀붙이 206~7
더듬이 11, 76, 77, **110~1**, 113, 141
도롱뇽 173, **184~5**
　아홀로틀 186~7
도마뱀 **190~1**, 206~7
　허물벗기 193
도토리 63
독
　거미 134, 135, 137
　고깔해파리 161
　곤충 120~3
　균류 34
　노래기 140, 141
　뱀 212, 213
　식물 67
　양서류 183, 184
　어류 161, 162, 163
　전갈 138, 139
　지네 141

해파리 92, 93
환형동물 99
독니 135, 168, 212~3
독사 194~5, 197, 213
독수리 224, 334
독화살개구리 181
돌고기 162
돌고래 271, **282~3**
  강 332
돌연변이 17
동물 **10~1**, 15
  냉혈 191
  번식 12~13
  분류 20~21
  선사 시대 19, 21, 188, 208
  온혈 266, 267
  육식 동물 276, 282~3, **290~1**
  의사소통 132
  종 20
  지하 96, 293, 296, 310
  진화 18~19
  초식 동물 190, **294~5**, 312
되새김 215
두꺼비 173, 175
  방어 182~3
두더지 293
두더지쥐 281, 296
두루미 238
두족류 82, 84~5
둥지
  벌 128~9
  어류 154
  조류 **240~1**, 247, 329
들쥐 338
등각류 167
등딱지 142, 216
등뼈
  어류 147, 159
따개비 89, 143
딱따구리 241, 242

딱정벌레 59, 102, 126, 329
  겉뼈대 104~5
  눈 108~9
  비행 114
  화학 물질 121, 132
딱지조개 82
땃쥐류 293
땅속 96, 293, 296, 310
땅콩벌레 99
떡잎 46, 49

ㄹ

러시아 157, 327
레아 263
로렌치니 기관 158
로몬드 호수 342

ㅁ

마다가스카르 203, 205
마카크원숭이 277
말뚝망둥어 333
말미잘 13, **86~7**, 167
말벌 102, **122~3**
  기생성 118
망둑어 167
매 222, 224, 228~9
매머드 18
매미 113
맴돌기 229, 250
맹그로브 72, 333
맹금류 221, **226~9**, 323, 334
  부엉이류 **248~9**, 253, 338
  수리류 224, **226~7**, 229, 241, 250~1
머리가슴 134
머리뼈
  어류 147

조류 222
포유류 292, 312
먹이 사슬
  해양 32
메기 150~1
메뚜기 103, 104, 112, 121
메콩강 343
멕시코 186
멜라닌 17
모기 104, 113, 339
모충 76~7, 103
  방어 120~1, 126~7
  탈바꿈 106~7
무당개구리 182~3
무리 284
무리 사냥 159, **282~3**
무족영원류 173
무척추동물 74~143
  갑각류 77
  거미류 77
  곤충 76, **100~17**
  극피동물 76, 94~5
  분류 21
  연체동물 77, 78~85
  자포동물 77, 86~93
  절지동물 77
  지렁이 96~7
무지갯빛 108, 238
문어류 **84~5**, 345
물
  민물 서식지 321, 342~3
  생명 11, 27, 48
  식물 70, 71, 72~3
물범 283, 340
물새류 221, 241, 254~5
  성장 242~5
물수리 252
물총새 **256~7**
미각 151, 195, 270
미국 332
미끼 168

미늘 63, 123, 258, 268
깃털 230, 231
미어캣 288
미생물 24~9
  병균 28~9
미토콘드리아 15
민달팽이 13, 78
밑씨 57

ㅂ

바나나 59
바늘두더지 266, 275
바다 320, **344~5**
  기후 변화 89
  생명 13
  갑각류 142~3
  무척추동물 80~95, 98~9
  미생물 27, 30, 32
  식물 72
  어류 146, 152~5, 158~69
  조류 257, 258~9
  파충류 **198~9**, 217
  포유류 282~5, 316~7
  오염 91
바다오리 257
바다이구아나 198~9
바닷가재 77, 143
바닷말 30, 344
바람
  균류 37
  식물 56, 59, 62, 63
바우어새 238
바이러스 28
바이퍼피시 168~9
바퀴 118~9
박쥐 59, 266, 301, **302~5**, 325
반딧불이 132
반추 동물 295
반향정위 271, 302, 303

발
　거미류 135
　곤충 101
　물갈퀴 178, 244, 252, 253, 254
　양서류 178, 179, 187
　전갈류 138
　조류 221, 223, 244, 251, **252~3**, 262
　파충류 217
　포유류 277, 307, 310, 313
발광포 169
발굽동물 266, 300, 301
발아 46, 48
발톱
　게류 142
　굴 파는 동물 310, 209
　노래기류 141
　전갈류 139
　조류 221, 223, 224, 251, 252
　파충류 191, 209
　포유류 277, 291, 301
방산충 27
방수 기름 254
방어
　곤충 **120~1**, 124~7
　다족류 141
　식물 **66~7**
　미생물 32
　양서류 **182~3**, 184
　어류 **160~1**, 163
　연체동물 78, 85, 87
　조류 262
　포유류 28, 269, **288~9**
　화학 물질 **120~1**, 289
방어피음 159
방울뱀 192
배 내밀기 반사 182
배설 11
배아
　식물 48, 57
　양서류 174

조류 242
　파충류 197
뱀 191, **192~3**, 288, 333
　감각 194~5
　먹기 214~5
　먹이 포착 212~3
　이동 210~211
번식 10, **12~3**, 17
　게류 142
　곤충 10, 13
　미생물 13, 24
　바이러스 28
　식물 12, 13, **56~7**
　어류 152~3
　연체동물 86
　조류 242~5
　파충류 **196~7**, 208
버섯 34~7
번데기 106, 129
벌새 225, 233
벌집 **128~9**
범고래 273, 282~3
벌 102, 109, 111, **128~9**
　꽃가루 매개자 12, 56, 58
　침 123
벌새류 225, **232~3**
　둥지 241
벼 185, 205, 206
병균 28~9
볕 쬐어 몸 데우기 191
보르네오 323
복족류 83
부레 146, 148, 151
부력 148
부리
　문어 84, 85
　조류 220, **224~5**, 233
북극곰 268, 311, 340
북극권 237, 338, **340**
북극제비갈매기 237
북부홍관조 220~1

분해 39
불가사리 76, **94~5**
불도롱뇽 184
붉은귀거북 191
비늘
　어류 146, 169
　포유류 269
　파충류 190, **192~3**
비단뱀 210
비버 297, **298~9**, 326
빨판 84, 95, 166, 179
빨판상어 **166~7**, 316
뻐꾸기 **246~7**
뼈판 192, 193, 200, 288
뼈
　고래류 317
　사람 223, 300
　산호 88
　어류 147, 151, 160, 169
　조류 220, **222~3**, 229, 259
　파충류 211
　포유류 223, 271, **300~1**, 309, 312~3, 317
뿌리 46, 48, **50~1**, 70, 72
　지주근 323
　버팀뿌리 323
뿔 286, 287
뿔매미 125
뿔조개 82

ㅅ

사냥꾼
　물속 158~9, 282~3, 317
　양서류 185
　어류 158, 163, 168
　절지동물 115, 116, 139, 283
　조류 248~9, 250~1
　파충류 194~5, 200~1, **212~3**
　포유류 266, 270, 290, 317, 330

사랑앵무 235
사마귀 **116~7**, 125
사막 321, **336~7**
　동물 139, 262, 297
　식물 70~1
사바나 329
사우디아라비아 205
사자 283, 286, 328
사향고양이 266~7
사향소 289, 338
산란 153
산소 10, 27, 32, 48, 54
　호흡 82, 100, 147, 185, 220, 243, 255
산지 277, 321, **334~5**
산호 **88~9**, 90~1, 344
산호초 88, 89, **90~1**, 160, 162, 167, 344~5
살무사 194~5
상어 **158~9**, 340
　공생 167
　번식 152~3
　부력 148
　비늘 146
　뼈대 147
새가라지 164~5
새끼
　어류 152~5
　조류 242~5
　파충류 196~7
　포유류 266, 267, **272~9**, 280
새우 343
색소 17, 30, 65, 162
색소포 162
생물계 10~11, 20~21
생물 발광 32, 132, 168
생물 군계 320~1, 322~345
생쥐 12, 194, 266, 297, 336
서식지 318~345
서열 279, **280~1**
석회석 88

선사 시대 동물 18, 20, 188, 208
선인장 67, **70~71**, 336
설치류 266, 281, **296~9**
섬모충 26
섭식(먹는 방법)
　게류 143
　새끼 154, 274~5
　어류 154, 169
　전갈류 139
　조류 224~5
　파충류 191, **214~5**
　포유류 274~5
세균 10, 11, 13, 27
　어류 168
　인체 28~9
세렝게티 328, 329
세발치 169
세포 **14~5**
　감각 158, 270
　분열 13, 24
　색소포 162
　식물 55~7
　재생 187
　조류(말무리) 30
　호흡 11
　DNA 16
세포질 24, 26, 30
세포핵 15, 26, 30
소 332, 333
소나무담비 326
소노란 사막 336
소드테일 153
소화
　초식 동물 295
손톱 308
솔잣새 327
송골매 222, 228~9
쇠똥구리 329
수달 343
수리남두꺼비 175
수리류 224, **226~7**, 229, 241, 331, 334
　사냥 250~1
수염 266, 270, 291, 307
수염멧돼지 322
수염상어 159, 163
수염수리 334
순록 339
숨구멍 316
슈가글라이더 306~7
숲
　산지 334
　온대 320, **324~5**
　한대 321, **326~7**
시각 108~9
　거미류 135
　어류 150
　조류 249, 250
　파충류 190
　포유류 270
스라소니 286
스칸디나비아 237, 327
스컹크 289
스트로마톨라이트 11
습지 **332~3**
시베리아 237
시체꽃 59
식중독 28
식충 동물 206, 292~3
신경계 84, 135, 147
실버백 280
실잠자리 102
심해 먹장어 169
싸움 286
쌍떡잎 48
쏠배감펭 160~1
씨 44, **46~9**, 57
　퍼뜨리기 61, **62~3**
씨방 57, 60
씬벵이 162

ㅇ

아가미 80, 142, 147, 174, 185
　겉아가미 174, 186
아귀 168, 345
아르마딜로 288~9
아마존 332, 343
아마존나무보아 **212~3**
아메바 26
아시아 217, 329, 333, 335, 337
아시아당나귀 337
아이벡스 335
아프리카 328~9, 335
　무척추동물 79, 121, 134, 138, 142
　식물 71
　양서류 172
　조류 237, 240, 247, 262
　파충류 196, 212
　포유류 19, 281, 283, 286, 312, 315
아프리카 들개 283
아홀로틀 186~7
악어 191, **200~1**
　비늘 192
　알 197
안경원숭이 322
알
　게류 142
　곤충 100, 106, 107, 128, 129
　양서류 174, 175, 177
　어류 152, 153, 157
　조류 220, **242~3**, 247, 255
　파충류 **196~7**, 217
　포유류 266, 275
알비노 16, 17
알래스카 237
알이빨 196~7, 242, 244
알프스 산맥 334
암수한몸 13

암술머리 56, 57
액포 15, 30
　수축포 24~6,
앵무새 225, 235
앵무조개 82
야콥손 기관 195, 270
야행성 동물 59
　갑각류 143
　곤충 103, 125, 131
　양서류 180, 185
　전갈류 139
　조류 248
　파충류 195, 206, 210, 212
　포유류 266, 271, 291, 302
양목갯지렁이 99
양서류 **170~87**
　방어 182~3
　한살이 174~5
　탈바꿈 172, **174~5**
　이동 178~9
양치류 45
앨리게이터 332
앨버트로스 229, 242
어류 **144~69**, 316, 333, 343
　감각 **150~1**, 158, 168
　경골 146~7, 148, 151
　근육 146~7, 149
　떼 164
　무악 147
　방어 160~1
　번식 152~3
　분류 21
　뼈대 147
　심해 168~9
　연골 147, 148
　위장 161, 162~3
　종류 147
　헤엄 148~9
얼룩말 301
얼음 30, 253, 259, 269, 283, 340, 341

엄니 18, 19, 173, 312
엄지 301, 308
에너지
  세포 15, 30
  이주 236, 237
  태양 14, 30, 31, 45, 51, 54
에버글레이즈 습지 332
에베레스트산 335
여과 섭식(걸러 먹기) 89, 159, 225, 255, 316
여왕
  개미 131
  벌 128, 129
  두더지쥐 281
여우 270~1, **278~9**
여치 112~3
연골 147, 159
연어 157
연작류 221
연체동물 77, 78~85
열 감지 구멍 기관 194
열매 44, 60~1
엽록소 30, 55
엽록체 15, 27, 30
영구 동토 327, 339
영국 342
영원류 173, **185**
영장류 266, 322
옆줄계 151
예멘 205
오랑우탄 323
오리너구리 271, 275
오리류 242~5, 252, **254~5**
오소리 310, 311
오스트레일리아 88, 90~1, 178, 210, 271
오염 91
온혈 동물 266, 267
올빼미 **248~9**, 253, 338
올챙이 174~5
왕뱀 212~3

왕털갯지렁이 99
왜가리 221
외떡잎 48
용골 193, 195, 217
우기 329
우림
  열대 131, 139, 175, 194, 207, 238, 263, 309, 321, **322~3**
원생동물 11
원숭이 266, 301
위장
  곤충 102, 116, **124~7**
  거미류 127
  게 86
  양서류 182
  어류 159, 161, **162~3**
  연체동물 83, 85
  위산 28
  의태 58, 85, 125, **126~7**, 162, 163, 247
  조류 220, 259, 339
  파충류 194, 201, 206
  포유류 269, 277, 291
위협 행동 280, 286
유대류 266, 273, 275, 306
유럽 181, 184, 334
유생
  게류 142
  곤충 102, 103, 104, 106, 118, 129
  노래기 141
  양서류 174
  어류 153
  해파리 93
유선형
  공중에서 220, 237
  물에서 146, 148, 149, 258
유인원 266, 301, **308~9**
유전자 17
유충 102~4, 106, 118, 129
육식 동물 276, 282~3, **290~1**

의사소통
  곤충 111~3, 132
  양서류 180~1
  파충류 190
의태 58, 85, 125, **126~7**, 162, 163, 247
이구아나 **190~1**, 198~9
이끼 45, 327, 341
이매패류 **80~1**, 82
이빨
  무척추동물 79
  어류 158, 168, 169
  파충류 208, 213
  포유류 286, 291, 294, 296, 297, 312, 313, 317
이산화규소 27
이산화탄소
  광합성 45, 54
  벌 111
  호흡 100, 147, 185, 197, 243
  효모 27
이주 111, 157, **236~7**, 326
인갑 192, 201, 216
인간 264
  병 28, 138
  뼈 223, 300
인어의 지갑 152~3
인위 선택 19
임신
  어류 152, 153
  포유류 273, 275
잎 14~15, 46, 49, 51, 54~5, 66
  광합성 45, 54, 55
  나무 52, 65
  사막 식물 71
  수생 식물 72
  식충 식물 69

ㅈ

자궁 273
자기장 157, 236
자연 선택 18
자포동물 77, 86~93
작물 19
작은 혹 183, 194
잠수하는 새 256~7, 259
잠자리 102, 115
재생 84, 94, 143, 184, **187**
저어새 333
전갈 **138~9**
전기 수용 감각 151, 271
절굿대 58
전기 신호 151, 271
점액 28, 36, 78, 96, 98
  양서류 172, 183
  어류 146, 154, 167
정온 동물 267
젖 274
젖꼭지 274, 275
제3의 눈 208
제트 추진 85, 92
조개류 81~3
조류(말무리) 24, 27, **30~3**, 89, 341
  산소 27, 32
  지의류 40, 41
조류(새) **218~63**
  감각 220, 248, 251
  구애 232, **238~9**
  깃털 230~1
  날지 못하는 221, 253, **262~3**
  둥지 **240~1**, 247, 329, 323
  맹금류 221, 224, **226~9**, 248~51, 323, 334
  분류 20
  비행 226~9
  뼈대 222~223

식물 58, 63
알 242~3
잠수 **256~7**, 259
존스턴 기관 113
종 20
주금류 221, 253, **262~3**
주름판 206
주머니 266, 273, 275
줄기 51, 70
중국 334
쥐며느리 143
지구 온난화 89, 341
지네류 140, 141
지느러미 146, 148, 149, 160, 163, 166, 167, 317
  양서류 175
지느러미발 217, 259, 301, 317
지렁이 **96~9**, 119
지의류 **40~1**, 341
진드기 13, 119
진딧물 130
진주 81
진화 18~9, 20, 218, 264
질병 28
집게발 139, 143
집게벌레 103

참새류 20, 221, **240~1**, 329
척수 147, 159
척추동물 21
천산갑 269
청각
  곤충 **112~3**
  어류 151
  조류 248
  파충류 200, 209
  포유류 271, 291, 296
청개구리 173, 178~9, 181

청소동물 77, 130, 221, 250, 328, 334
청줄청소놀래기 167
체온 조절 190, 192, 199, 266
체체파리 119
초식 동물 **294~5**, 312
초원 315, 320, 321, **328~9**, 330~1
  고산 334
촉각 110, 139, 181, 297
촉수 77, 79, 81
  말미잘 86~7, 167
  문어 84
  바다 지렁이 98, 99
  폴립 88
  해파리 92, 93
촌충 119
층판 255
침
  곤충 118, 120, **122~3**, 128
  말미잘 86
  산호 폴립 88
  식물 66
  어류 161~2
  자포동물 77
  전갈 138, 139
  해파리 92, 93
침엽수 326, 334

ㅋ

카멜레온 **202~5**
칼새 241
캥거루 273, 275
케라틴 190, 193, 220, 230, 268, 269
켈프 30, 344
코끼리 12, 266, **312~3**, 315
  새끼 279
  진화 18~9

코브라 212
코뿔소 300
코코넛 62
콧구멍 150, 180, 194, 200, 224, 296, 298, 313, 316
크릴 341
큰고니 236~7
큰뒷부리도요 237
키위 263
키틴 104, 115

ㅌ

타이 333
타이가 326~7
타조 **262~3**
탄수화물 54
탈바꿈 76, **106~7**, 172, **174~5**
태반 266, 272, 273
태평양 157, 165, 199, 237
탯줄 266, 272
턱
  곤충 100, 102, 117, 130
  양서류 173
  어류 173
  전갈 139
  파충류 200, 202, 213~4
  환형동물 98, 99
턱다리 143
털 103, 267, **268~9**, 338
  감각 101, 105, 111, 122, 134, 139
  포유류 267, **268~9**
토끼 295
통구멍 163
투아타라 191, **208~9**
툰드라 321, **338~9**
퉁소상어 151
퉁퉁마디 337

파나마황금개구리 181
파리 59, **102**, 119, 327
  끈끈이주걱 69
  버섯 37
  시각 109
  의태 127
  흡혈 119
파리지옥 68
파충류 **188~217**, 264
  감각 190, **194~5**, 208
  방어 192
  번식 **196~7**, 208
  분류 21
  비늘 190, **192~3**
  습지 332~3
  체온 조절 190, 192
  초식 190
판다 273, 334
팔그네 이동 **308~9**, 323
페로몬 110, 111, 131
펭귄 253, **258~61**, 341
편모충 27
평형곤 115
포궁 273
포식 기생 118
포유류 20, 264~317
  감각 266, **270~1**, 291
  난생 275
  방어 288~9
  번식 266
  비행 302
  새끼 266, 267, **272~9**, 280
  서열 280~1
  설치류 296~7
  식충 동물 292~3
  육식 동물 282~3
  젖 274
  초식 동물 294~5, 312

해양 282~3, 316~7
활공 307
폭탄먼지벌레 121
폴립
  산호 88
  해파리 93
표범 290~1
풀잠자리 102
플랑크톤 88, 159, **344**
핀치류 225
피부 24
  색깔 17, 204
  양서류 172, 183, 185, 186
  어류 150
  조류 224
  파충류 190, **192~3**, 204
  허물벗기 190, **192~3**
  활공 306, 307

ㅎ

하이에나 281, 286
한살이
  개구리 174~5
  꿀벌 129
  나방 106~7
  보석말벌 118
  해바라기 46~7
  해파리 93
해룡 163
해마 154, 163
해면동물 13
해바라기 46~7
해오라기 224
해캄 30~1
해파리 92~3
햄스터 297
햇빛(그리고 광합성)
  식물 45, 54, 55
  조류(말무리) 26, 41, 89

허물 190, **192~3**
허물벗기 105, 141, 142
허파 79, 175, 180, 185, 186, 220
헤엄
  고래 317
  양서류 178
  어류 146, **148~9**
  해파리 92
혀 59, 295
  어류 167
  연체동물 77, 79
  조류 225, 233
  파충류 194, 195, 200, 202~3, 208
  포유류 270, 291, 293, 295
호랑이 269, 276~7
호르몬 49, 187
호박 67
호수 321, 342~3
호저 268~9, 324
홍학 225, 253
호흡
  고래 316
  곤충 100
  물속 80, 147, 152
  양서류 185, 186
  지렁이 96
화석 11, 19, 67
화식조 253, 263
화학 물질
  곤충 110, **120~1**, 132
  방어 67, **120~1**, 289
  색소 17, 30, 65, 162
  자취 131
  페로몬 110, 111, 131
활공
  조류 226, 229, 236
  포유류 306~7
황소개구리 172
횃대 221, 233
효모균 27

후각 110, 151
  곤충 110
  어류 151
  파충류 190
  포유류 270
후각 망울 270
흑곰 327
흙 52, 96
  균류 34
  생성 40
  식물 42~52
  집 310
흡혈 119, 303
흰동가리 167
히말라야 산맥 335
힘줄 179, 262, 263, 291, 302

DNA 15, **16~7**

Acknowledgments

DK would like to thank consultant Derek Harvey for his support and dedication throughout the making of this book.

In addition, DK would like to extend thanks to the following people for their help with making the book: Jemma Westing for design assistance; Steve Crozier at Butterfly Creative Solutions and Phil Fitzgerald for picture retouching; Victoria Pyke for proofreading; Carron Brown for indexing.

The publisher would also like to thank the following institutions, companies, and individuals for their generosity in allowing DK to photograph their plants and animals or use their images:

Leopold Aichinger

Animal Magic
Eastbourne, East Sussex, UK
www.animal-magic.co.uk

Animals Work
28 Greaves Road, High Wycombe
Bucks, HP13 7JU, UK
www.animalswork.co.uk

Alexander Berg

Charles Ash
touchwoodcrafts.co.uk

Colchester Zoo
Maldon Road, Stanway,
Essex, CO3 0SL, UK
www.colchester-zoo.com

Cotswold Wildlife Park Bradwell Grove, Burford, Oxfordshire, OX18 4JP, UK
www.cotswoldwildlifepark.co.uk

Crocodiles of the World
Burford Road, Brize Norton,
Oxfordshire, OX18 3NX, UK
www.crocodilesoftheworld.co.uk
With special thanks to Shaun Foggett and Colin Stevenson.

Norman and Susan Davis

Stefan Diller
www.stefan-diller.com

Eagle Heights
Lullingstone Lane, Eynsford,
Dartford, DA4 0JB, UK
www.eagleheights.co.uk

The Goldfish Bowl
118-122 Magdalen Road, Oxford,
OX4 1RQ, UK
www.thegoldfishbowl.co.uk

Incredible Eggs South East Ltd
www.incredibleeggs.co.uk

Thomas Marent
www.thomasmarent.com

Waldo Nell

Oxford Museum of Natural History
Parks Road, Oxford, OX1 3PW, UK
www.oum.ox.ac.uk

Lorenzo Possenti

School of Biological Sciences, University of Reading
With special thanks to Dr Geraldine Mulley, Dr Sheila MacIntyre and Agnieszka Kowalik.

Scubazoo
www.scubazoo.com

Snakes Alive Ltd
Barleylands Road,
Barleylands Farm Park,
Billericay, CM11 2UD, UK
www.snakesalive.co.uk
With special thanks to Daniel and Peter Hepplewhite.

Sally-Ann Spence
www.minibeastmayhem.com

Triffid Nursery
Great Hallows, Church Lane, Stoke Ash, Suffolk IP23 7ET, UK
www.triffidnurseries.co.uk
With special thanks to Andrew Wilkinson.

Wexham Park Hospital, Slough
With special thanks to the Microbiology department for assistance with identification of selected bacterial isolates.

Explanatorium of Nature Picture Credits

The publisher would like to thank the following for their kind permission to reproduce their photographs:

(Key: a-above; b-below/bottom; c-centre; f-far; l-left; r-right; t-top)

1 123RF.com: cobalt (circle). **Dreamstime.com:** Christos Georghiou (screws); Mario Lopes. **naturepl.com:** SCOTLAND: The Big Picture (c). **2-3 Dreamstime.com:** Mario Lopes. **2 DK:** Courtesy of Colchester Zoo. **3 123RF.com:** cobalt (circle). **Alamy Stock Photo:** Fernando Quevedo de Oliveira (c). **Dreamstime.com:** Christos Georghiou (screws). **4-5 123RF.com:** cobalt (circles). **Dreamstime.com:** Mario Lopes. **4 123RF.com:** Serg_v (sky). **5 123RF.com:** Serg_v (sky). **6-7 123RF.com:** cobalt (circles); Serg_v (sky). **Dreamstime.com:** Mario Lopes. **6 DK:** Courtesy of The Goldfish Bowl (tl); Courtesy of Snakes Alive Ltd (tr). **7 DK:** Courtesy of Eagle Heights (tl); Courtesy of Cotswold Wildlife Park (tc); Courtesy of Scubazoo (tr). **8-9 Dreamstime.com:** Mario Lopes. **8 Dreamstime.com:** Christos Georghiou (screws). **9 123RF.com:** cobalt (circle); Serg_v (sky). **10-11 Dreamstime.com:** Wong Hock Weng John. **10 123RF.com:** Morley Read (bc). **naturepl.com:** Alex Mustard (br). **11 DK:** Wolfgang Bettighofer / DK (bl). **Dreamstime.com:** Robert Bayer (tr). **Science Photo Library:** Wolfgang Baumeister (bc). **12-13 Warren Photographic Limited. 13 Alexander Hyde:** tr. **Dreamstime.com:** Dennis Sabo (cr). **Science Photo Library:** David Wrobel, Visuals Unlimited (br). **14 Science Photo Library:** Michael Abbey (br). **16-17 Alamy Stock Photo:** Erich Schmidt / IMAGEbroker. **18 DK:** Dave King / Natural History Museum, London (bl, bc). **18-19 DK:** Jon Hughes (c). **20 123RF.com:** Cathy Keifer (cra/two frogs); Eduardo Rivero (br/toucan). **DK:** Fotolia: fotojagodka (cla/dog); Jerry Young (ftl/red fox, tl/arctic fox, cra/echidna); Fotolia: anyaivanova (cr); Fotolia: Eric Isselee (ca). **21 123RF.com:** Ermolaev Alexander Alexandrovich (fbl/snake); Morley Read (cb); Richard Whitcombe (fcla); smileus (fclb). **DK:** Wolfgang Bettighofer (cra/protozoa); David Peart (ftl/shark); Liberty's Owl, Raptor and Reptile Centre, Hampshire, UK (t); Jerry Young (clb, fbl/crocodile); Chris Hornbecker / Ryan Neil (bl). **naturepl.com:** Alex Mustard (br). **Science Photo Library:** Eye of Science (cra); Dorit Hackmann (tl). **22-23 Dreamstime.com:** Mario Lopes. **22 Dreamstime.com:** Christos Georghiou (screws). **23 123RF.com:** cobalt (circle); Serg_v (sky). **Dreamstime.com:** Christos Georghiou (screws). **24-25 Waldo Nell. 26 iStockphoto.com:** micro_photo (tc). **Science Photo Library:** Gerd Guenther (crb). **27 Getty Images:** Thomas Deerinck, NCMIR (tr); Wim van Egmond / Visuals Unlimited (c); Dr. Stanley Flegler / Visuals Unlimited (cra). **Science Photo Library:** Eye of Science (crb); Frank Fox (cl); Steve Gschmeissner (cb). **28 Science Photo Library:** Eye of Science (tr); Scimat (br). **29 DK:** Courtesy of the School of Biological Sciences, University of Reading (c). **Science Photo Library:** Dennis Kunkel Microscopy (tr); Dennis Kunkel Microscopy (br). **30 Alamy Stock Photo:** Jean Evans (tc). **naturepl.com:** Alex Mustard (tr). **31 Alamy Stock Photo:** Joe Blossom (bl). **naturepl.com:** Visuals Unlimited (tl). **32-33 Joanne Paquette. 35 Science Photo Library:** AMI Images (clb). **37 Dreamstime.com:** smikeymickey (cr). **39 Alexander Hyde:** (bl). **40 Science Photo Library:** Ashley Cooper (bl). **42-43 Dreamstime.com:** Mario Lopes. **42 Dreamstime.com:** Christos Georghiou (screws). **43 123RF.com:** cobalt (circle); Serg_v (sky). **Dreamstime.com:** Christos Georghiou (screws). **44-45 Alamy Stock Photo:** Olga Khomyakova. **46-47 123RF.com:** Dr Ajay Kumar Singh (bc). **46 Alamy Stock Photo:** Nigel Cattlin (cl). **50 Leopold Aichinger:** (c). **51 Leopold Aichinger. 52 DK:** Will Heap / Mike Rose (clb). **53 DK:** Courtesy of Charles Ash. **54-55 DK:** Courtesy of Stefan Diller (c). **59 Alamy Stock Photo:** Arterra Picture Library (cla). **Dreamstime.com:**

(cra). **Alamy Stock Photo:** Minden Pictures (crb). **Dreamstime.com:** Stephenmeese (cr). 264-265 **Dreamstime.com:** Mario Lopes. 264 **Dreamstime.com:** Christos Georghiou (screws). 265 **123RF.com:** cobalt (circle); Serg_v (sky). **DK:** Courtesy of Cotswold Wildlife Park (c). **Dreamstime.com:** Christos Georghiou (screws). 266-267 **DK:** Courtesy of Animal Magic (c). 266 **DK: Fotolia:** Eric Isselee (tc); Jerry Young (tl). **Science Photo Library:** Ted Kinsman (bl). 268-269 **Getty Images:** Joe McDonald (ca). **naturepl.com:** Eric Baccega (tc); Roland Seitre (bc). 269 **123RF.com:** Daniel Lamborn (crb). **Alamy Stock Photo:** imagebroker (cra). **Getty Images:** Alex Huizinga / Minden Pictures (tr). **iStockphoto.com:** 2630ben (br). 272-273 **naturepl.com:** Jane Burton. 273 **Alamy Stock Photo:** Phasin Sudjai (tl). 274-275 **DK:** Courtesy of Animal Magic (c). 275 **Alamy Stock Photo:** Panther Media GmbH (cr). **National Geographic Creative:** Joel Sartore (tc). **naturepl.com:** John Cancalosi (crb). 276-277 **naturepl.com:** Andy Rouse (tc). 276 **FLPA:** Klein and Hubert (br). 277 **DK:** Thomas Marent / Thomas Marent (bc). **naturepl.com:** Anup Shah (bl). 278-279 **naturepl.com:** Jane Burton (bc). 279 **FLPA:** Gerry Ellis / Minden Pictures (tr). **naturepl.com:** ARCO (tl). 280 **Ardea:** Adrian Warren (bl). 280-281 **naturepl.com:** Andy Rouse (c). 282-283 **Science Photo Library:** Christopher Swann (tc). 283 **naturepl.com:** Jabruson (tr). 284-285 **naturepl.com:** Tony Wu. 286-287 **FLPA:** Yva Momatiuk & John Eastcott / Minden Pictures (tc). **naturepl.com:** Denis-Huot. 288 **Getty Images:** Joel Sartore / National Geographic (cl). 288-289 **123RF.com:** Robert Eastman (c). 288 **DK:** Courtesy of Cotswold Wildlife Park (bl). 289 **National Geographic Creative:** Joel Sartore, National Geographic Photo Ark (cr). 290-291 **DK:** Wildlife Heritage Foundation, Kent, UK (c). 291 **DK:** Wildlife Heritage Foundation, Kent, UK (tr). 292-293 **DK:** Courtesy of Animal Magic (c). 293 **Alamy Stock Photo:** Edo Schmidt (tc). **DK: Corbis** image100 (tl). 294-295 **DK:** Courtesy of Cotswold Wildlife Park (c). 296 **National Geographic Creative:** Joel Sartore. 297 **Alamy Stock Photo:** Rick & Nora Bowers (cra); Design Pics Inc (cr); George Reszeter (br). 298-299 **Getty Images:** Jeff R Clow (b). 298 **Alamy Stock Photo:** Calle Bredberg (bc). 300 **DK:** Courtesy of Cotswold Wildlife Park (l). 301 **Alexander Hyde:** (cr). **DK:** Courtesy of Colchester Zoo (tl). **FLPA:** Hiroya Minakuchi / Minden Pictures (bl). **naturepl.com:** Daniel Heuclin (tr). 302-303 **National Geographic Creative:** Michael Durham / Minden Pictures. 303 **DK:** Frank Greenaway / Natural History Museum, London (br); Jerry Young (cb); Jerry Young (bc). 304-305 **MerlinTuttle.org.** 306-307 **DK:** Courtesy of Animal Magic (c). 307 **Dreamstime.com:** Junnemui (cr). 308-309 **DK:** Courtesy of Colchester Zoo (c). 308 **naturepl.com:** Ingo Arndt (bc). 310-311 **Ardea:** John Daniels. 311 **Alamy Stock Photo:** robertharding (br). **Greg Dardagan.** 312-313 **DK:** Courtesy of Colchester Zoo. 313 **FLPA:** Richard Du Toit / Minden Pictures (cr). 314-315 **Getty Images:** Michael Poliza / Gallo Images. 316 **Getty Images:** Kent Kobersteen (tr). 316-317 **naturepl.com:** Tony Wu (c). 317 **naturepl.com:** Tony Wu (bl). 318-319 **Dreamstime.com:** Mario Lopes. 318 **Dreamstime.com:** Christos Georghiou (screws). 319 **123RF.com:** cobalt (circle). **DK:** Courtesy of Scubazoo (c). **Dreamstime.com:** Christos Georghiou (screws). 320 **Alamy Stock Photo:** Robert Fried (bc); mauritius images GmbH (clb); David Wall (bl). **Getty Images:** Phil Nelson (br). 321 **Alamy Stock Photo:** Hemis (cra); Mint Images Limited (br). **FLPA:** Colin Monteath, Hedgehog House / Minden Pictures (bc). **Getty Images:** Sergey Gorshkov / Minden Pictures (tc); ViewStock (tl); Anton Petrus (tr); Panoramic Images (crb). **Imagelibrary India Pvt Ltd:** James Owler (bl). 322 **Alamy Stock Photo:** blickwinkel (cr); Nature Picture Library (cl). **iStockphoto.com:** blizzard87 (bl); Stephane Jaquemet (br). 323 **Alamy Stock Photo:** Mint Images Limited (cl); Steve Bloom Images (cr). **DK:** Blackpool Zoo, Lancashire, UK (bl). **iStockphoto.com:** Utopia_88 (br). 324 **Getty Images:** Alan Murphy / BIA / Minden Pictures (bl); Phil Nelson (cr). **iStockphoto.com:** jimkruger (br); Ron Thomas (cl). 325 **Alamy Stock Photo:** Andrew Cline (cr); Jon Arnold Images Ltd (cl). **Getty Images:** Joe McDonald (br); Ed Reschke (bl). 326 **Dreamstime.com:** Rinus Baak (bc); Jnjhuz (bl); Tt (crb). **Getty Images:** Sergey Gorshkov / Minden Pictures (c). 327 **Alamy Stock Photo:** Design Pics Inc (c). **Dreamstime.com:** Radu Borcoman (br); Sorin Colac (bl); Steve Byland (cb). 328 **Imagelibrary India Pvt Ltd:** James Owler (ca). **iStockphoto.com:** brytta (cb); MaggyMeyer (bl); memcockers (bc). 329 **Alamy Stock Photo:** Frans Lanting Studio (cb); hsrana (c). **Dreamstime.com:** Anke Van Wyk (bl). **iStockphoto.com:** RainervonBrandis (bc). 330 **Dreamstime.com:** Denis Pepin (crb). **Getty Images:** Andre and Anita Gilden (bl). **naturepl.com:** Gerrit Vyn (c). 331 **Alamy Stock Photo:** mauritius images GmbH (c); Victor Tyakht (bl); Zoonar GmbH (cb). **Getty Images:** M Schaef (br). 332 **Alamy Stock Photo:** Robert Fried (cla). **Getty Images:** Kevin Schafer / Minden Pictures (bl); Leanne Walker (c). 332-333 **Getty Images:** Jupiterimages (ca). 333 **Alamy Stock Photo:** Jan Wlodarczyk (cra). **Dreamstime.com:** Steve Byland (clb); Tinnakorn Srikammuan (crb). **Getty Images:** Ben Horton (bc). 334-335 **Getty Images:** Dennis Fischer Photography (ca). 334 **Dreamstime.com:** Lynn Watson (bc); Minyun Zhou (clb). **iStockphoto.com:** hackle (cla). **naturepl.com:** David Kjaer (crb). 335 **123RF.com:** Christian Musat (cl). **Alamy Stock Photo:** Hemis (cra). **Dreamstime.com:** Kwiktor (cb). **naturepl.com:** Gavin Maxwell (bc). 336 **Alamy Stock Photo:** Rick & Nora Bowers (crb); mauritius images GmbH (ca). **FLPA:** Richard Herrmann / Minden Pictures (br). **iStockphoto.com:** KenCanning (bl). 337 **Alamy Stock Photo:** Hemis (br). **Dreamstime.com:** Pahham (bl). **Getty Images:** Barcroft (crb); ViewStock (ca). 338 **Getty Images:** Patrick Endres / Visuals Unlimited (cb); Anton Petrus (ca). **iStockphoto.com:** mihalizhukov (br). **naturepl.com:** Gerrit Vyn (bl). 339 **Getty Images:** Daniel A. Leifheit (bc); Jason Pineau (ca). **iStockphoto.com:** Maasik (bl). **naturepl.com:** Andy Sands (crb). 340 **Alamy Stock Photo:** blickwinkel (bl); WaterFrame (crb). **Dreamstime.com:** Outdoorsman (bc). **Getty Images:** Galen Rowell (ca). 341 **DK:** Frank Krahmer / Photographers Choice RF (cb). **FLPA:** Colin Monteath, Hedgehog House / Minden Pictures (ca). **Getty Images:** Ralph Lee Hopkins (bl); Visuals Unlimited (br). 342 **Alamy Stock Photo:** Nature Photographers Ltd (bc); VPC Animals Photo (crb). **Getty Images:** Alan Majchrowicz (ca). **Science Photo Library:** John Clegg (b). 343 **Alamy Stock Photo:** blickwinkel (bl). **Getty Images:** Panoramic Images (ca). **Science Photo Library:** Dante Fenolio (crb); Bob Gibbons (br). 344-345 **Alamy Stock Photo:** David Wall (ca). 344 **Alamy Stock Photo:** Mark Conlin (crb). **Getty Images:** Daniela Dirscherl (bl); Mauricio Handler (cla). **iStockphoto.com:** NaluPhoto (cb). 345 **Alamy Stock Photo:** NOAA (br). **naturepl.com:** David Shale (cb); Tony Wu (clb). **Science Photo Library:** B. Murton / Southampton Oceanography Centre (cra)

Cover images: Front: **123RF.com:** cobalt (inner circle), Kebox (text fill), nick8889 (outer circle), olegdudko cr/ (iguana right arm); **Dreamstime.com:** Amador García Sarduy c, Christos Georghiou (screws), Mario Lopes (background); Back: **123RF.com:** cobalt (inner circle), nick8889 (outer circle), Serg_v c; **Dreamstime.com:** Christos Georghiou (screws), Mario Lopes (background); Spine: **123RF.com:** Kebox (text flll), olegdudko (iguana right arm); **Dreamstime.com:** Amador García Sarduy c, Mario Lopes (background), Pawel Papis (behind iguana)

Endpaper images: Front: **123RF.com:** cobalt cl (inner circle), cr (inner circle), lightpoet cr (monkey), NejroN cra (macaw), nick8889 cl (outer circle), cr (outer circle), olegdudko cl (iguana left arm); **Dreamstime.com:** Amador García Sarduy cl, Christos Georghiou (screws), Mario Lopes (background), Pawel Papis cr; Back: **123RF.com:** cobalt cl (inner circle), cr (inner circle), nick8889 cl (outer circle), cr (outer circle), Serg_v cl (sky), cr (sky); **Dreamstime.com:** Christos Georghiou (screws), Mario Lopes (background);

All other images © DK For further information see:

www.dkimages.com

Elena Frolova (ca). **63 DK:** Emma Shepherd (bc). **64-65 Alamy Stock Photo:** Kumar Sriskandan. **67 Science Photo Library:** Matteis / Look at Science (crb); Pan Xunbin (br). **70 Dreamstime.com:** Mikhail Dudarev (bl). **71 Alamy Stock Photo:** Chris Mattison (tc). **74-75 Dreamstime.com:** Mario Lopes. **74 Dreamstime.com:** Christos Georghiou (screws). **75 123RF.com:** cobalt (circle); Serg_v (sky). **Dreamstime.com:** Christos Georghiou (screws). **Thomas Marent:** (c). **76-77 DK:** Courtesy of Thomas Marent (c). **80 National Geographic Creative:** David Liittschwager (clb). **80-81 David Moynahan. 84-85 DK:** Frank Greenaway / Weymouth Sea Life Centre (c). **85 Gabriel Barathieu. 86-87 DK:** Courtesy of The Goldfish Bowl (c). **87 Getty Images:** Helen Lawson (tr). **88-89 DK:** Courtesy of Scubazoo (c). **88 DK:** Courtesy of Scubazoo (tr). **90-91 Alex Mustard. 92-93 Alexander Semenov. 94-95 DK:** Courtesy of The Goldfish Bowl (c). **94 Science Photo Library:** Andrew J, Martinez (ca). **95 Alamy Stock Photo:** Nature Picture Library / WWE (br). **98-99 DK:** Courtesy of The Goldfish Bowl (b). **99 Alamy Stock Photo:** cbimages (crb); Images & Stories (tr); imageBROKER (cra); National Geographic Creative (br). **100-101 Alexander Berg. 102 Alexander Hyde:** (tr). **DK:** Gyuri Csoka Cyorgy (cl); Forrest Mitchell / James Laswel (bc). **naturepl.com:** Julian Partridge (cr). **110-110 Alexander Hyde:** (c). **111 DK:** Frank Greenaway / Natural History Museum, London (tc). **112 DK:** Ted Benton (tr). **113 DK:** Colin Keates / Natural History Museum, London (tl); Koen van Klijken (tc). **Dreamstime.com:** Digitalimagined (tr). **Science Photo Library:** Wim Van Egmond (ca). **115 DK:** Courtesy of Scubazoo (c). **Science Photo Library:** Claude Nuridsany & Marie Perennou (tc). **116-117 naturepl.com:** MYN / Paul Harcourt Davies (c). **117 Getty Images:** Toshiaki Ono / amanaimagesRF (bc). **iStockphoto.com:** Andrea Mangoni (bl). **118-119 FLPA:** Emanuele Biggi (c). **119 Science Photo Library:** Pascal Goetcheluck (tl); Science Picture Co (ca). **120-121 Thomas Marent. 121 Getty Images:** Piotr Naskrecki / Minden Pictures (cr). **naturepl.com:** Nature Production / naturepl.com (tr). **Science Photo Library:** Frans Lanting, Mint Images (br).

125 Alexander Hyde: (tr, cr). **Thomas Marent:** (br). **126 naturepl.com:** Ingo Arndt (bc). **Science Photo Library:** F. Martinez Clavel (br); Millard H, Sharp (bl). **126-127 Andreas Kay:** (c). **127 Alexander Hyde:** (bl). **DK:** Frank Greenaway / Natural History Museum, London (crb). **naturepl.com:** Nature Production (bc). **130 Alamy Stock Photo:** Christian Ziegler / Minden Pictures (bc). **Dreamstime.com:** Yunhyok Choi (cb). **130-131 Nick Garbutt. 131 Nick Garbutt:** (ca). **132-133 FLPA:** Hiroya Minakuchi / Minden Pictures. **136-137 FLPA:** Malcolm Schuyl. **138 naturepl.com:** Daniel Heuclin (tr). **143 Science Photo Library:** Alexander Semenov (br). **144-145 Dreamstime.com:** Mario Lopes. **144 Dreamstime.com:** Christos Georghiou (screws). **145 123RF.com:** cobalt (circle). **DK:** Courtesy of The Goldfish Bowl (c). **Dreamstime.com:** Christos Georghiou (screws). **146-147 DK:** Courtesy of The Goldfish Bowl (c). **148-149 DK:** Courtesy of The Goldfish Bowl (c). **150-151 naturepl.com:** Krista Schlyer / MYN (c). **153 Alamy Stock Photo:** blickwinkel (cra). **naturepl.com:** Jane Burton (br); Tony Wu (tr); Tim MacMillan / John Downer Productions (crb). **154 Alamy Stock Photo:** Maximilian Weinzierl (bc). **Animals Animals / Earth Scenes:** Kent, Breck P (clb). **Getty Images:** Paul Zahl (cl). **154-155 SeaPics.com:** Steven Kovacs (c). **156-157 AirPano images. 158 Alamy Stock Photo:** Visual&Written SL (bc). **Oceanwidelmages.com:** C & M Fallows (cl). **158-159 Chris & Monique Fallows / Apexpredators.com. 162 Alamy Stock Photo:** Hubert Yann (cl). **naturepl.com:** Alex Mustard (bl). **162-163 Oceanwidelmages.com. 163 FLPA:** OceanPhoto (cr); Norbert Wu / Minden Pictures (crb). **naturepl.com:** Alex Mustard (cra). **Oceanwidelmages.com. 164-165 FLPA:** Reinhard Dirscherl. **166-167 DK:** Courtesy of The Goldfish Bowl (c). **166 DK:** Courtesy of The Goldfish Bowl (tc). **167 FLPA:** Reinhard Dirscherl (cr, br); Colin Marshall (bc). **naturepl.com:** David Fleetham (tr); Alex Mustard (tl). **168 naturepl.com:** David Shale (bl). **168-169 Oceanwidelmages.com. 170-171 Dreamstime.com:** Mario Lopes. **170 Dreamstime.com:** Christos Georghiou (screws). **171 123RF.com:** cobalt (circle); Serg_v (sky).

Dreamstime.com: Christos Georghiou (screws). **173 DK:** Twan Leenders (br). **174 iStockphoto.com:** GlobalP (tl). **175 Alamy Stock Photo:** Michael & Patricia Fogden / Minden Pictures (br). **Dreamstime.com:** Isselee (c). **Warren Photographic Limited:** Kim Taylor (tl). **176-177 Biosphoto:** Michel Loup. **179 Alamy Stock Photo:** Survivalphotos (cla). **180-181 Photoshot:** blickwinkel (c). **181 iStockphoto.com:** stevegeer (cr). **182-183 DK:** Courtesy of Snakes Alive Ltd (c). **182 DK:** Jerry Young (cl). **FLPA:** Jelger Herder / Buiten-beeld / Minden Pictures (bl). **Gary Nafis:** (tl). **183 DK:** Courtesy of Snakes Alive Ltd (tr). **184 Gary Nafis:** (cla). **185 naturepl.com:** MYN / Paul van Hoof (crb). **188-189 Dreamstime.com:** Mario Lopes. **188 Dreamstime.com:** Christos Georghiou (screws). **189 123RF.com:** cobalt (circle); Serg_v (sky). **DK:** Courtesy of Snakes Alive Ltd (c). **Dreamstime.com:** Christos Georghiou (screws). **190-191 DK:** Courtesy of Snakes Alive Ltd (b). **191 123RF.com:** marigranulla (tr); mnsanthushkumar (tl). **192 Alamy Stock Photo:** Ian Watt (cl). **192-193 Chris Mattison Nature Photographics. 194 Science Photo Library:** Edward Kinsman (bc). **194-195 Alamy Stock Photo:** Tim Plowden (c). **196 iStockphoto.com:** Somedaygood (c). **197 iStockphoto.com:** Somedaygood (cb). **Photoshot:** Daniel Heuclin / NHPA (cra). **198-199 Alamy Stock Photo:** Michel & Gabrielle Therin-Weise. **200-201 DK:** Courtesy of Crocodiles of the World (c). **203 Alamy Stock Photo:** Todd Eldred (tr). **206-207 DK:** Courtesy of Snakes Alive Ltd (c). **206 Science Photo Library:** Power and Syred (bl). **208-209 Getty Images:** Joel Sartore / National Geographic Photo Ark. **208 123RF.com:** Molly Marshall (bc). **209 John Marris. 212-213 Alamy Stock Photo:** Nature Picture Library (tl). **Getty Images:** Joe McDonald (c). **213 naturepl.com:** Guy Edwardes (tr). **216 Alamy Stock Photo:** BIOSPHOTO (ca). **216-217 Alamy Stock Photo:** BIOSPHOTO (c). **217 iStockphoto.com:** babel film (tr). **218-219 Dreamstime.com:** Mario Lopes. **218 Dreamstime.com:** Christos Georghiou (screws). **219 123RF.com:** cobalt (circle); Serg_v (sky). **DK:** Courtesy of Eagle Heights (c). **Dreamstime.com:** Christos Georghiou (screws). **220-221**

naturepl.com: MYN / JP Lawrence (c). **221 Alamy Stock Photo:** blickwinkel (cr). **naturepl.com:** Klein & Hubert (crb). **222-223 Science Photo Library:** Gustolmages (c). **224 123RF.com:** Jon Craig Hanson (br). **DK:** Courtesy of Eagle Heights (l). **225 123RF.com:** Isselee (br). **FLPA:** Photo Researchers (tc). **226-227 DK:** Courtesy of Eagle Heights. **228-229 DK:** Courtesy of Eagle Heights (c). **230 123RF.com:** Eric Isselee (tr). **232 123RF.com:** Koji Hirando (br). **232-233 iStockphoto.com:** Kenneth Canning (c). **233 iStockphoto.com:** environmantic (cr). **234-235 FLPA:** Martin Willis / Minden Pictures. **236-237 FLPA:** Marion Vollborn, BIA / Minden Pictures. **238 123RF.com:** BenFoto (cl); John79 (bl). **238-239 123RF.com:** BenFoto (c). **239 Getty Images:** Per-Gunnar Ostby (cr). **Gerhard Koertner:** (br). **naturepl.com:** Tim Laman / Nat Geo Creative (cra). **240-241 FLPA:** Jurgen & Christine Sohns (c). **241 Alamy Stock Photo:** Arterra Picture Library (tr); Michael DeFreitas North America (cra); blickwinkel (crb). **FLPA:** Tom Vezo / Minden Pictures (br). **Science Photo Library:** Frans Lanting, Mint Images (cr). **242-245 DK:** Courtesy of Incredible Eggs South East Ltd. **246-247 Alamy Stock Photo:** blickwinkel (c). **247 Alamy Stock Photo:** blickwinkel (cr, crb). **Getty Images:** John Watkins / FLPA / Minden Pictures (tr). **Justin Schuetz:** (bl). **248-249 DK:** Courtesy of Eagle Heights (c). **249 DK:** Peter Chadwick / Natural History Museum, London (br). **250-251 DK:** Courtesy of Eagle Heights (t). **250 Alamy Stock Photo:** Marvin Dembinsky Photo Associates (clb). **Getty Images:** Daniel Hernanz Ramos (bc, br, fbr). **253 naturepl.com:** Edwin Giesbers (tl). **254 Science Photo Library:** Pat & Tom Leeson (br). **255 Alamy Stock Photo:** Arco Images GmbH (br). **256-257 FLPA:** Ernst Dirksen / Minden Pictures. **257 Alamy Stock Photo:** Cultura RM (crb); Hans Verburg (cr). **Dreamstime.com:** Alexey Ponomarenko (br). **258-259 DK:** Frank Greenaway (cb). **259 123RF.com:** Dmytro Pylypenko (tr). **Alamy Stock Photo:** All Canada Photos (ftr); Steve Bloom Images (tl); Minden Pictures (tc). **260-261 naturepl.com:** David Tipling. **262-263 iStockphoto.com:** Rocter (c). **262 123RF.com:** Alexey Sholom (tr). **263 123RF.com:** Andrea Izzotti